Leistungs- und Verlustfähigkeit

Europäische Hochschulschriften
Publications Universitaires Européennes
European University Studies

Reihe II
Rechtswissenschaft

Série II Series II
Droit
Law

Bd./Vol. 3629

PETER LANG
Frankfurt am Main · Berlin · Bern · Bruxelles · New York · Oxford · Wien

Stephanny Reil

Leistungs- und Verlustfähigkeit

Das Leistungsfähigkeitsprinzip und das System des Verlustausgleichs im deutschen Einkommensteuerrecht

PETER LANG
Europäischer Verlag der Wissenschaften

Bibliografische Information Der Deutschen Bibliothek
Die Deutsche Bibliothek verzeichnet diese Publikation in der Deutschen Nationalbibliografie; detaillierte bibliografische Daten sind im Internet über <http://dnb.ddb.de> abrufbar.

Zugl.: Osnabrück, Univ., Diss., 2002

D 700
ISSN 0531-7312
ISBN 3-631-50613-9

www.peterlang.de

Vorwort

Die Anregung für diese Dissertation stammt von Prof. Dr. Mössner, Institut für Finanz- uns Steuerrecht an der Universität Osnabrück, der mir durch die Überlassung eines so umfangreichen Themas wie des Leistungsfähigkeitsprinzips viel Vertrauen entgegengebracht hat.
Das Zeitgutachten übernahm VorsRiFG Prof. Dr. Brune.
Stets ein offenes Ohr und fachlichen Rat aus wirtschaftswissenschaftlicher Sicht fand ich bei Prof. Dr. Wosnitza, Institut für Bilanz-, Steuer- und Prüfungswesen an der Universität Osnabrück, der mich engagiert ermutigt hat, meinen Standpunkt gegen die herrschende Meinung in der Steuerrechtswissenschaft zu vertreten.
Ihnen allen bin ich zu Dank verpflichtet.
Mit ihrer großzügigen finanziellen Unterstützung in Form eines Stipendiums hat die Graduiertenförderung des Landes Niedersachsen zum zügigen Gelingen der Arbeit beigetragen.
Insbesondere gilt mein Dank aber meiner Familie:
Meinem Mann Christian für seinen unerschütterlichen Optimismus, meiner Mutter Elfriede Breitlauch für ihre Unterstützung und ihre Sorge um mein Wohl in allen Lebenslagen und meinem Vater Rolf Breitlauch. Er hat mich mit seinem Interesse, seinem Fleiß und seiner Geduld stets als Vorbild angespornt.
Ihm sei die Arbeit auch gewidmet.

Oldenburg, im Dezember 2002 Stephanny Reil

Inhaltsverzeichnis

"Man kann nicht über einen Gegenstand diskutieren, wenn jeder darunter etwas anderes versteht."[1]

Einleitung

"Für die Zukunft ist es Sache des Gesetzgebers, die allgemeinen Grundsätze der Verlustverrechnung nach § 2 Abs. 3 und § 10d EStG zu überprüfen und die Regelung des § 22 Nr. 3 EStG gleichheitsgerecht auf diese Grundsätze abzustimmen."[2]

Diese Prüfungsaufforderung erging in einem Beschluß des Bundesverfassungsgerichts, in welchem das Gericht den völligen Ausschluß der Verlustverrechnung in § 22 Nr. 3 a. F. EStG[3] als Verstoß gegen das Gleichbehandlungsgebot des Art. 3 I GG und mithin als verfassungswidrig bewertete.

Durch diesen Auftrag wird der ebenso zentrale wie umstrittene Komplex der Verlustbehandlung auf die Reformbühne ins Rampenlicht gehoben[4].

Dieser Frage nach dem rechtsdogmatischen System des Verlustausgleichs soll in der vorliegenden Arbeit nachgegangen werden, wobei dieses Ziel bereits den Weg, das heißt die Gliederung der Arbeit vorgibt: Es ist zu erörtern, welche Rolle der Verlust generell im Einkommensteuerrecht spielt und damit, wie sich die Behandlung des Verlustes zu den tragenden Prinzipien unseres Steuerrechts verhält[5].

Letztlich führt dies zu Grundfragen der Besteuerung überhaupt, deren Beantwortung nicht eingleisig, sondern nur im Wege einer umfassenden, die vielschichtigen Ansätze und Methoden verbindenden Untersuchung erfolgen kann.

A. Allgemeine steuerwissenschaftliche Methodik

Diese Grundfragen der Besteuerung sind zum einen allgemein steuerwissenschaftlich anzugehen[6]. Es ist zu prüfen, ob überhaupt sachgerechte Prinzipien im Steuerrecht bestehen oder ob solche Prinzipien als Werturteile generell ab-

---

1 *Wolff*, Ungeschriebenes Verfassungsrecht (2000), S. 187.
2 BVerfG v. 30.09.1998, 2 BvR 1818/91, DB 1998, 2247, 2249.
3 BGBl 1997 I, 821.
4 *Luttermann*, Anmerkung, FR 1998, 1032, 1033.
5 *Mössner*, Beschränkungen des Verlustausgleichs, DStJG 17 (1994), 231, 233.
6 siehe unten in Teil 1.

zulehnen sind bzw. ob sie für den Gesetzgeber in seinem Gestaltungsspielraum verbindlich sein müssen und dürfen[7].
Weiterhin bedarf es der Prüfung, welche Prinzipien sich historisch entwickelt haben und wie diese zu bewerten sind[8]. Dabei wird insbesondere der geschichtliche Ursprung der Leistungsfähigkeit als Prinzip für die Verteilung der Steuerlast deutlich. Ein derartiger historischen Rückblick ist allerdings nur sinnvoll, wenn nicht kompilatorisch einzelne Stationen der Geschichte aufgezählt werden[9], sondern wenn Grundströmungen aufgezeigt und Zusammenhänge verfolgt werden, die sich auch gegenwärtig noch in aktuellen Fragen und Konflikten des Steuerrechts wiederfinden. Diesbezüglich ist insbesondere die gesellschaftspolitische Entwicklung des Leistungsfähigkeitsprinzips und sein Verhältnis zu sozialer Gerechtigkeit von Bedeutung[10].

B. Verfassungsrechtliche Methodik

Nach einer solchen allgemein steuerwissenschaftlichen Betrachtung stellt sich die Frage, ob und auf welche Weise das Leistungsfähigkeitsprinzip rechtlich verortet ist und wie es sich gegen die bestehenden kritischen Ansätze im Schrifttum nach staats- und verfassungsrechtlicher Methodik behauptet[11].
"Der Grundsatz der Besteuerung nach der wirtschaftlichen Leistungsfähigkeit, der sich aus einem Zusammenwirken des Demokratieprinzips, der Freiheitsrechte, der Gleichheitsrechte und des Sozialstaatsgedankens ableitet, ist freiheitsschützend (Art. 2, Art. 14 des Grundgesetzes --GG--), fordert zugleich aber auch sozial ausgewogene Verteilungsgerechtigkeit (Art. 2 Abs. 1, Art. 20 GG)."[12]
Mit einer derartigen Verortung des Leistungsfähigkeitsprinzips in einer Kombination unterschiedlichster Verfassungsprinzipien kann sich eine verfassungsrechtliche Überprüfung allerdings nicht zufrieden geben. Eine solche globale Herleitung macht das Leistungsfähigkeitsprinzip auch global einsetzbar: Indem bei der Anwendung des Leistungsfähigkeitsprinzips der jeweils argumentativ günstigste dieser Aspekte in den Vordergrund gerückt wird, lassen sich auch die unterschiedlichsten Positionen argumentativ begründen.

---

[7] siehe unten S.21ff.
[8] siehe unten S. 27ff.
[9] So *Franke*, Leistungsfähigkeitsprinzip, StuW 1984, 32, 36 als kritische Anmerkung zu Birk, Leistungsfähigkeitsprinzip (1983).
[10] siehe unten S. 41ff.
[11] siehe unten in Teil 2.
[12] BFH v. 09.05.2001, XI B 151/00, Bundesfinanzhof-Dateien/11B15100.html, 1, 3.

Zum Beispiel führt der Gesetzgeber Normen unter Berufung auf das Leistungsfähigkeitsprinzip ein[13], welche von der Literatur als Verstoß gegen eine leistungsfähigkeitsgerechte Besteuerung zurückgewiesen werden[14]. Die Rechtsprechung hebt Normen wegen einer Verletzung des Leistungsfähigkeitsprinzips auf[15] und bestätigt andere als leistungsfähigkeitsgerecht[16], wobei verschiedene Instanzen durchaus zu unterschiedlichen Ergebnissen kommen[17]. Zahlreiche, zum Teil widersprüchliche Steuerreformkonzepte werden im Namen einer Steuerlastverteilung nach der Leistungsfähigkeit entworfen, wie der "Karlsruher Entwurf zur Reform des Einkommensteuergesetzes"[18], das sog. "Peters-Papier"[19] der SPD oder das Diskussionspapier "Neue Soziale Marktwirtschaft"[20] der CDU.
Ein derartiger argumentativer Einsatz des Leistungsfähigkeitsprinzips ist unwissenschaftlich und sinnlos[21].
Daher ist auch eine genaue und differenzierte Prüfung notwendig, um zu ermitteln, in welcher Weise das Leistungsfähigkeitsprinzip grundrechtlich verortet ist und welche Prinzipien ihm abwägungsbedürftig gegenüberstehen. Wie jedes Rechtsgebiet ist auch das Steuerrecht nicht monistisch ausgeprägt, sondern es wird von einer Prinzipienmehrheit beherrscht[22]. Folglich wird die Aufklärung des Grundverhältnisses von Prinzipien im Steuerrecht erforderlich.
An dieser Stelle bietet sich auch ein kritischer Blick auf die Rechtsprechung des Bundesverfassungsgerichts zum Leistungsfähigkeitsprinzip an[23].

C. Wirtschaftswissenschaftliche Methodik

Weiterhin gehen auch die Wirtschaftswissenschaften den Grundfragen der Besteuerung nach und versuchen, diese mit dem Konzept einer entscheidungsneutralen Besteuerung zu beantworten.
Es gilt also, dieses Konzept der Entscheidungsneutralität zu beschreiben und vor allem dessen Verhältnis zum Leistungsfähigkeitsprinzip aufzuklären[24]. Da-

---

13 BT-Drs. 14/23 in der Begründung zu § 2 III EStG.

14 vgl. nur *Raupach/Böckstiegel*, Verlustregelungen des Steuerentlastungsgesetzes, FR 1999, 617, 620ff, m.w.N.

15 BVerfG v. 30.09.1998, 2 BvR 1818/91, DB 1998, 2247, 2249.

16 BFH v. 09.05.2001, XI B 151/00, Bundesfinanzhof-Dateien/11B15100.html, 1ff.

17 ebd. und FG Münster v. 07.09.2000, 4 V 1612/00 E, FR 2000, 1204ff als Vorinstanz.

18 Kirchhof (Hrsg.), Karlsruher Entwurf (2001), S. 28.

19 Zitiert nach *Raupach/Böckstiegel*, Verlustregelungen des Steuerentlastungsgesetzes, FR 1999, 487, 488.

20 Diskussionspapier der CDU Deutschland, Neue Soziale Marktwirtschaft (2001), S. 73.

21 siehe oben Fn. 1.

22 *Lang*, Prinzipien und Systeme der Besteuerung von Einkommen, DStJG 24 (2001), 49, 56.

23 siehe unten S. 104ff.

bei können die Ausgangspunkte und Wirkungsweisen des verfassungsrechtlichen und des wirtschaftswissenschaftlichen Ansatzes verglichen und die Folgen von Übereinstimmungen und Widersprüchen aufgedeckt werden.
Es ist fraglich, ob sich durch dieses Vorgehen ein gemeinsames Fundament der rechtlichen und der wirtschaftswissenschaftlichen Betrachtungsweise herausstellt, so daß sich ein gemeinsamer Weg zur Konzeption eines Besteuerungssystems ergibt. Dabei muß auch untersucht werden, welche Vorteile dieser gemeinsame Weg mit sich brächte.

D. Konkret steuerrechtliche Methodik

Nach dieser verfassungsrechtlichen und wirtschaftswissenschaftlichen Grundlegung sind vor allem die konkreten Inhalte des Leistungsfähigkeitsprinzips zu klären[25].
Sowohl in sachlicher als auch in zeitlicher Hinsicht müssen die Aussagen des Leistungsfähigkeitsprinzips für konkrete steuerrechtliche Probleme erörtert werden, wobei insbesondere die Vorgaben für den Steuergegenstand zu beachten sind. Hier bietet sich auch die Gelegenheit, diese inhaltlichen Vorgaben in die bereits bestehenden Theorien zum Steuergegenstand einzuordnen und diese Ansätze gleichzeitig zu bewerten. Ein besonderes Gewicht fällt dabei auf die Markteinkommenstheorie[26].
Diese Vorgehensweise zeigt, wie aus dem Leistungsfähigkeitsprinzip konkrete Normen zur Regelung steuerrechtlicher Sachverhalte gewonnen werden können.
Wiederum sind an dieser Stelle nicht nur die verfassungsrechtlichen, sondern auch die wirtschaftswissenschaftlichen Vorgaben und Auswirkungen im Auge zu behalten.

E. System des Verlustausgleichs

Durch die Verbindung von allgemein steuerwissenschaftlichen, verfassungsrechtlichen, wirtschaftswissenschaftlichen und konkret steuerrechtlichen Methoden sind mithin die Grundlagen der tragenden Prinzipien im Steuerrecht und insbesondere des Leistungsfähigkeitsprinzips gelegt. Damit schließt sich die Frage an, welche Bedeutung dem Leistungsfähigkeitsprinzip für das System des Verlustausgleichs zukommt[27]. Es genügt in diesem Zusammenhang nicht, ein-

---

24 siehe unten S. 117ff.
25 siehe unten in Teil 3.
26 siehe unten S. 135ff.
27 siehe unten in Teil 4.

zelne, den Verlustausgleich regelnde Normen herauszugreifen und zu bewerten, zumal die Steuergesetzgebung in jüngster Zeit in einer atemberaubenden Geschwindigkeit verläuft[28]. Daher wäre eine Bewertung der gegenwärtigen Normen genauso kurzlebig wie dieses Recht selbst.
Vielmehr sind die Grundsätze des Verlustausgleichs in seinen Ausprägungen als horizontalem, vertikalem und intertemporalem Verlustausgleich darzulegen und die diesbezüglich geltenden, aktuellen Regelungen lediglich als Beispiel heranzuziehen.
An dieser konkreten Bewertung wird sich auch zeigen, ob das Leistungsfähigkeitsprinzip als sachgerechtes Prinzip zur Verteilung der Steuerlast den Anforderungen der Praxis genügt.

---

28 *Seer* , Steuergerechtigkeit durch Steuervereinfachung, StuW 1995, 184, 184; *Jachmann*, Grundthesen zu einer Verbesserung der Akzeptanz der Besteuerung, StuW 1998, 193.

Teil 1: Dogmatische und Ideengeschichtliche Grundlagen

A. Sachgerechte Prinzipien im Positivismus und im Realismus

Es stellt sich zunächst die Frage, ob es im Steuerrecht überhaupt sachgerechte Prinzipien gibt, an die der Steuergesetzgeber gebunden ist. Denn nur in diesem Fall können diese Prinzipien einen zulässigen Gegenstand der wissenschaftlichen Auseinandersetzung darstellen, aus welcher sich auch Rückschlüsse auf das materielle Steuerrecht ziehen lassen.
Diese Frage nach sachgerechten Prinzipien im Steuerrecht wird mit verschiedenen Grundauffassungen beantwortet, wobei sich insbesondere der rechtstheoretische Standpunkt der Positivisten und der rechtsphilosophische Standpunkt der Relativisten gegenüberstehen.

I. Positivismus

1. Entwicklung des Standpunkts

Im Steuerrecht gibt es eine besondere positivistische Tradition[29].
In der Hochblüte des Absolutismus leiteten die Fürsten ihre Autorität vom Volke her. Aufgrund dieser Herrschaftsableitung war das Volk auch verpflichtet, ihrem Herrscher die notwendigen Mittel zu leisten.
Das legitime Innehaben der Landeshoheit zog das Besteuerungsrecht nach sich[30].
Insbesondere wurde die positivistische Tradition aber durch ständisches Gedankengut beeinflußt[31].
Um Steuern erheben zu können, war der Landesherr an die Einwilligung der Betroffenen gebunden. Obwohl für die Bewilligungsentscheidung noch keine bürgerlichen, sondern partikulare Interessen maßgeblich waren[32], liegt dieser ständischen Steuerbewilligung schon der Gedanke zugrunde, daß eine Belastung des einzelnen durch die Obrigkeit nur rechtmäßig ist, wenn die Belasteten

---

29 *Tipke*, Steuerrechtsordnung, Bd. I (2000), S. 121 und 264.

30 *Mann*, Steuerpolitische Ideale (1937), S. 15; *Merzbacher*, Das Wesen der Steuer in: Kruse (Hrsg.), FS für Paulick (1973), S. 265; *Tipke*, Steuergerechtigkeit (1981), S. 32.

31 *Walz*, Steuergerechtigkeit (1980), S. 24; *Tipke*, Steuerrechtsordnung, Bd. I (2000), S. 121.

32 *Hartung*, Deutsche Verfassungsgeschichte (1959), S. 50; *Friauf*, Staatshaushaltsplan (1968), S. 26; *Walz*, Steuergerechtigkeit (1980), S. 25.

oder zumindest ihre Repräsentanten in sie einwilligen. Dieser demokratische Gedanke ist bis heute noch Grundlage des modernen Gesetzmäßigkeitsprinzips und soll verhindern, daß die Steuer der einzelnen Bürger willkürlich festgelegt wird[33]. Im Sinne der Rechtssicherheit und des formalen Ordnungswerts des Rechts wird also angenommen, daß jedes formell ordnungsgemäß zustande gekommene Gesetz verbindlich sei.

Rechtspositivisten[34] ziehen somit eine scharfe Trennungslinie zwischen Recht und Moral, so daß der Jurist für den Inhalt des Rechts nicht verantwortlich zeichne.

Die Rechtfertigung des Gesetzesbefehls, welcher den Bürgern Steuern auferlegt, besteht bereits in seiner Legitimität und ist unabhängig von seiner Legalität. Methodische Technik und Wortwissenschaft stehen im Vordergrund und verdrängen ethische Ideale und Prinzipien völlig aus der Jurisprudenz[35].

2. Bewertung

Es ist also zu prüfen, ob im Sinne dieses positivistischen Standpunkts eine Entstehung von Steuergesetzen im demokratischen Gesetzgebungsverfahren eine inhaltliche Auseinandersetzung mit Prinzipien im Steuerrecht überflüssig ist.

Das hätte zur Voraussetzung, daß ein solches Gesetzgebungsverfahren in einem internen Automatismus stets zu sachgerechten Ergebnissen führte, ohne daß externe Prinzipien diesen Gesetzgebungsvorgang beeinflussen müßten. Es ist aber fraglich, ob diese Voraussetzung einer Betrachtung der steuerpolitischen Willensbildung des Gesetzgebers in der Praxis standhält. Folglich müssen die für die tatsächlichen politischen Entscheidungen wesentlichen Zusammenhänge aufgedeckt werden.

Dabei ist vom einzelnen Steuerpflichtigen auszugehen, der in seiner gleichzeitigen Eigenschaft als Wähler mit seiner Stimmabgabe die Steuerpolitik bewertet, wobei sich seine Erwartungen aus typisch menschlichen Anlagen und gesellschaftlichen Strukturen ableiten lassen[36]. Bei der Mehrheit der Wähler ist mit einem Informationsdefizit und Desinteresse hinsichtlich politischer Zusammen-

---

[33] *Jesch*, Gesetz und Verwaltung (1961), S. 104f; *Brinkmann*, Tatbestandsmäßigkeit der Besteuerung (1982), S. 32ff; *Tipke*, Steuerrechtsordnung, Bd. I (2000), 121.

[34] *Hobbes*, Leviathan (1651), 23. Kap, S. 299ff; dazu *Roellecke*, Positives Gesetz (1969), S. 44f; *Bergbohm*, Jurisprudenz und Rechtsphilosophie (1892), S. 134f und 149f; *Kelsen*, Reine Rechtslehre (1960), S. 68ff und 403; *Hoerster*, Rechtspositivismus (1989), S. 9ff; ders. Rechtspositivistische Trennungsthese, in: Dreier (Hrsg.), Rechtspositivismus (1990), S. 27ff; *Ott*, Rechtspositivismus (1992), 267.

[35] ebd.

[36] v. *Hayek*, Recht, Gesetzgebung und Freiheit, Bd. III (1981), S. 24f; *Franke*, Steuerreformpolitik in der Demokratie, in: Hansmeyer (Hrsg.), Staatsfinanzierung im Wandel (1983), S. 178; *Bach*, Perspektiven des Leistungsfähigkeitsprinzips, StuW 1991, 116, 131.

hänge zu rechnen[37]. Statt dessen hat man sich mit dem bestehenden Steuerrecht arrangiert und begrüßt Steuerentlastungen, unabhängig davon, ob sie gerechtfertigt oder priviligierend sind, als selbstverständlich und notwendig. Diese einmal gewährten Steuerentlastungen werden dann aber als sozialer Besitzstand aufgefaßt, deren Wegfall mit großer persönlicher Betroffenheit empfunden wird[38].

Auf diese Wählererwartungen trifft ein System von Verbänden, Lobbyisten und Wählergruppen, welche die vorgefertigte öffentliche Meinung in konkrete Forderungen gefaßt an die Entscheidungsträger in Regierung, Parlament und Verwaltung heranträgt[39]. Die gewünschten Regelungen laufen darauf hinaus, daß der Staat gruppenspezifische Ausgaben erhöhen und/oder steuerliche Entlastungen gewähren soll, um sich die Stimmen dieser Gruppen zu sichern.

Die Regierung befriedigt diese Partikularinteressen durch vielfältige Differenzierungen im Steuersystem, so daß es zwangsläufig zu Ergänzungen und Änderungen der Steuergesetze kommt. Das nachvollziehbare und für die Regierung auch im Sinne einer "Überlebenseffizienz"[40] rationale Verhalten führt also nicht zu volkswirtschaftlich erwünschten Ergebnissen, sondern es beruht auf politischer Zweckmäßigkeit, so daß sachgerechte Prinzipien im Steuersystem gerade abhanden kommen[41].

Zudem gefährdet der Prozeß der Steuerpolitik nach den skizzierten Bedingungen einen fairen Interessenausgleich, da die Regierung überwiegend auf Interessen eingehen wird, die sich aufgrund ihres hohen Organisationsgrades in eine

---

37 *Franke*, Zum Leistungsfähigkeitsprinzip, StuW 1984, 32, 34; *Mielke*, Spitzenbelastung, StuW 1994, 232, 236; *Rose*, Entstehung von "Dummensteuern", in: Lang (Hrsg.), FS für Tipke (1995), S. 154.

38 *Bach*, Perspektiven des Leistungsfähigkeitsprinzips, StuW 1991, 116, 132; *Helsper*, Erfolgreich Steuern und Subventionen reformieren, FR 1999, 49, 58f.

39 *Musgrave*, Öffentliche Finanzen (1975), S. 151f; v. *Hayek*, Recht, Gesetzgebung und Freiheit, Bd III (1981), S. 124ff, insbesondere S. 132; *Elschen*, Steuerliche Gerechtigkeit, StuW 1988, 1, 4f; *Schmidt*, Besteuerung nach der Leistungsfähigkeit, JbFSt 1995/96, 31, 34; *Lang*, Steuergerechtigkeit durch Steuervereinfachung, in: Bühler (Hrsg.), FS für Meyding (1994), S. 37; *Oberhauser*, Leistungsfähigkeitsprinzip und Steuerreform, Hamburger Journal für Gesellschaftsrecht 1998, 113, 113.

40 *Franke*, Zum Leistungsfähigkeitsprinzip, StuW 1984, 32, 38.

41 v. *Hayek*, Recht, Gesetzgebung und Freiheit, Bd. I (1980) S. 84 und Bd. II (1981), S. 187; *Franke*, Zum Leistungsfähigkeitsprinzip, StuW 1984, 32, 38; *Wendt*, Neuordnung des Einkommensteuerrechts?, DÖV 1988, 710, 711; *Raupach*, Wege aus dem Chaos, in: Kirchhof (Hrsg.), FS für Klein (1994), S. 316; *Helsper*, Chaotisierung der Steuerrechtsordnung, BB 1995, 17, 24; *Seer*, Steuergerechtigkeit durch Steuervereinfachung, StuW 1995, 184, 184; *Klein*, Steuermoral und Steuerrecht (1997), S. 221; ders., Steuerreform und Akzeptanz, BB 1998, 1180, 1181; *Jachmann*, Vereinfachung des Einkommenssteuerrechts, StuW 1998, 193, 193.

hohe Wählerbeweglichkeit niederschlagen können[42]. Nichtorganisierte Interessen, welche genauso dringlich für Wirtschaft und Gesellschaft beachtet werden sollten, werden mithin aus strukturellen Gründen ausgeklammert.
Es darf auch nicht verkannt werden, daß eine demokratisch legitimierte Macht nicht vor Fehlentscheidungen schützt. Vielmehr bedeutet das Zustandekommen des Rechts im ordnungsgemäßen Verfahren ,wie gesehen, noch nicht, daß es bestimmten Prinzipien entspricht oder daß es im Sinne einer sozialen Geltung befolgt wird[43]. Ganz im Gegenteil löst jeder Eingriff in den "steuerpolitischen Besitzstand" der Steuerpflichtigen Anpassungshandlungen aus, um trotz der Abgabepflicht ihre ökonomischen Ziele zu erreichen. Den Anpassungshandlungen der Steuerpflichtigen folgen Anpassungsregelungen des Gesetzgebers, an die sich die Steuerpflichtigen wiederum durch Ausweichhandlungen anpassen. Dieser Teufelskreis[44] oder das "Gefangenendilemma"[45] der Steuerpolitik führt zu einer Verkomplizierung des Steuerrechts und dazu, daß sachgerechte Prinzipien verschüttet werden.
Folglich führt die Entstehung von Steuergesetzen im demokratischen Gesetzgebungsverfahren nicht automatisch zu sachgerechten Prinzipien. Vielmehr sind die Auswirkungen des Positivismus entgegen dem ersten Anschein und seiner historischen Begründung gerade für die Rechtssicherheit "katastrophal", da das "Belieben des jeweils Zuständigen als solches bei der Beurteilung des Einzelfalls nicht vorauszusehen ist"[46], da also das Steuersystem aus den dargestellten Gründen ohne den Einfluß externer Prinzipien sein Konzept verliert und willkürlich wird[47].
Es kommt also darauf an, solche rechtlichen und ökonomischen Prinzipien zu entwickeln, welche die Funktionsbedingungen der Demokratie erhöhen, indem sie den Zwängen der Politiker in der Praxis ein theoretisches Fundament entgegenstellen.

---

42 *Franke*, Zum Leistungsfähigkeitsprinzip, StuW 1984, 32, 37; *Feldmann*, Konstitutionelle Grenzen der Steuerbelastung, StuW 1998, 114, 116f.

43 *Elschen*, Steuerliche Gerechtigkeit, StuW 1988, 1, 5; *Pommerehne*, Steuerhinterziehung, ZWS 1992, 432, 435.

44 *Meyding*, Steuerchaos, Stbg 1993, 550, 551; *Schäuble*, Steuerpolitik als gesetzgeberische Aufgabe, in: Kirchhof (Hrsg.) FS für Klein (1994), S. 243; *Klein*, Steuermoral und Steuerrecht (1997), S. 62f und 219.

45 *Schneider*, Steuergerechtigkeit durch Regelungen gegen Steuervermeidung, StuW 1985, 345, 349.

46 *Bydlinski*, Fundamentale Rechtsgrundsätze (1988), S. 11, vgl. auch *v. Hayek*, Recht, Gesetzgebung und Freiheit, Bd. III (1981), S. 143.

47 noch weitergehend: *Höffe*, Politische Gerechtigkeit (1987), S. 121: ..."daß bei einer Rechtsordnung, die ganz ohne Gerechtigkeit auszukommen glaubt, ihr Zwangscharakter sich nicht mehr von der nackten Gewalt einer Verbrecherbande unterscheiden läßt."

II. Relativismus

1. Darstellung des Standpunkts

Während der strenge rechtstheoretische Positivist also im Steuerrecht jede Sachgerechtigkeit außerhalb des ordungsgemäßen Gesetzgebungsverfahrens für überflüssig hält und damit leugnet, setzt sich der Relativist rechtsphilosophisch mit der inhaltlichen Geltung von sachgerechten Prinzipien auseinander. Statt diese Prinzipien aus formalen Gründen abzulehnen, werden sie materiell am Maßstab der Wissenschaftlichkeit überprüft[48].

Dabei kommen die Relativisten zu dem Ergebnis, daß niemand festlegen könne, was sachgerecht oder was ungerecht sei, weil der Inhalt dieser Prinzipien stets Werturteile enthalte. Werturteile über Sachgerechtigkeiten seien aber nicht der Erkenntnis, sondern nur des Bekenntnisses fähig, so daß ihnen die wissenschaftliche Beweisbarkeit fehle. Vielmehr würden Werturteile von eigenen subjektiven Interessen und Bedürfnissen, die wiederum vom Zeitalter, der Weltanschauung, der Religion abhingen, geprägt, und seien somit eben relativ[49].

Allgemeingültige Kriterien der Sachgerechtigkeit gäbe es nicht, so daß der Versuch, in steuerpolitischen Fragen durch sachliche Diskussion Einigkeit zu erzielen, aussichtslos ist und mithin die wissenschaftliche Untersuchung sachgerechter Prinzipien unzulässig wird.

2. Bewertung

Der Relativismus folgt einer klassischen Argumentationsweise:

Erstens seien Werturteile wie gesehen relativ und können wissenschaftlich nicht beurteilt werden.

Zweitens liege jeder Aussage über sachgerechte Prinzipien ein Werturteil zugrunde.

Daraus folgt, daß sachgerechte Prinzipien selbst relativ sind und wissenschaftlich nicht beurteilt werden können[50].

Dieser Folgerung kann nur zugestimmt werden, wenn auch die beiden genannten Prämissen zutreffen. Insbesondere müßten also Sachgerechtigkeitsurteile stets Werturteile darstellen, was von den Vertretern des Relativismus damit be-

---

48 *Radbruch*, Rechtsphilosophie (1973), S. 100; vgl. *Kriele*, Kriterien der Gerechtigkeit (1963), 13ff; *Tjong*, Rechtsphilosophischer Relativismus (1967), 53ff; *Tipke*, Über Steuergerechtigkeit, StuW 1980, 281, 285; ders. Steuerrechtsordnung, Bd. I (2000), S. 270ff; *Elschen*, Steuerliche Gerechtigkeit, StuW 1988, 1, 5; *Coing*, Grundzüge der Rechtsphilosophie (1993), 78ff.

49 ebd.

50 vgl. *Kriele*, Kriterien der Gerechtigkeit (1963), S. 29.

gründet wird, daß es verschiedene entgegengesetzte Beurteilungen über Sachgerechtigkeit gäbe. Zwischen "letzten Sollensurteilen"[51] könne nicht mit wissenschaftlicher Eindeutigkeit entschieden werden, denn "eine empirische Wissenschaft vermag niemanden zu lehren, was er soll, sondern nur was er kann"[52]. Dabei wird die Frage nach der politischen Bewertung von Ergebnissen, welche infolge der Anwendung sachgerechter Prinzipien auf einen Sachverhalt erzielt werden ("was er soll"), von der Frage nach dem Bestehen solcher Prinzipien ("was er kann") nicht ausreichend getrennt. Für das Urteil darüber, was sachgerecht ist, können vielmehr objektive Kriterien gefunden werden. Allen Aussagen zu deren Inhalt liegt also gerade kein Werturteil zugrunde, sondern ein begründetes Tatsachenurteil[53].

Wenn sachgerechte Prinzipien im Steuerrecht damit doch durch objektive Erkenntnis und nicht durch subjektive Bekenntnisse gefunden werden können, dann läßt sich die entsprechende Prämisse in der relativistischen Argumentation widerlegen. Auch der Folgerung, daß sachgerechte Prinzipien selbst relativ sind, kann mithin nicht zugestimmt werden[54]. In diesem Sinne läßt sich der Vorwurf der Unwissenschaftlichkeit und damit der Unzulässigkeit einer Untersuchung sachgerechter Prinzipien nicht aufrecht erhalten.

III. Ergebnis

Im Gegensatz zum positivistischen und relativistischen Standpunkt ist die Erforschung solcher Regeln daher allgemein und auch besonders im Steuerrecht unerläßlich.

Regeln sorgen für Ordnung, Übersicht und Folgerichtigkeit, so daß keine Lükken und Widersprüchlichkeiten entstehen und für Steuerschlupflöcher und Steuersparmodelle kein Raum bleibt[55]. Die Möglichkeit, sich an Regeln zu orientieren, bewirkt Rechtssicherheit und Rechtskultur. Regellosigkeit fördert Machtstreben und Lobbyismus, weil das System den Partikularinteressen nichts entgegenzusetzen hat, denn: Wenn es sachgerechte Prinzipien nicht gäbe, sondern nur verschiedene, nicht vermittelbare Anschauungen, warum sollte dann eine Gruppe der anderen die Chance lassen, eine Anschauung durchzusetzen, die nicht der eigenen entspricht?[56]

---

51 *Radbruch*, Rechtsphilosophie (1973), S. 101.

52 *Weber*, Gesammelte Aufsätze zur Wissenschaftslehre (1904), S. 151.

53 *Elschen*, Steuerliche Gerechtigkeit, StuW 1988, 1, 6.

54 vgl. auch *Teschemacher*, Ueber den traditionellen Problemkreis der deutschen Finanzwissenschaft, in: Teschemacher (Hrsg.), FS für Schanz (1928), S. 437.

55 *Tipke*, Über "richtiges Steuerrecht", StuW 1988, 262, 268.

56 *Kriele*, Kriterien der Gerechtigkeit (1963), S. 103.

Sachgerechte Prinzipien sind daher gerade in unserer freiheitlichen demokratischen Grundordnung unentbehrlich, denn nur mit ihnen ist wissenschaftlicher Fortschritt in der Einsicht und dadurch auch eine Annäherung des materiellen Rechts an Sachgerechtigkeit möglich[57].
Somit müssen gerade im Steuerrecht die vorhandenen Prinzipien untersucht und entwickelt werden, an die der Steuergesetzgeber gebunden ist.

B. Historische Entwicklung sachgerechter Prinzipien

An dieser Stelle fragt sich, welche Besteuerungsprinzipien in der geschichtlichen Entwicklung hervorgebracht wurden und wie diese zu bewerten sind.

I. Grundströmungen im Altertum

Wie gesehen ergibt sich die Frage nach sachgerechten Prinzipien erst dann, wenn das staatliche Recht nicht mehr als unerschütterlich hingenommen, sondern in Kritik gezogen wird. Dieser Schritt einer grundsätzlichen Kritik des positiven Rechts wird zuerst in der Rechts- und Staatslehre der Sophisten[58] vollzogen. In ihrer Zeit entstand das Bedürfnis, alles Bestehende zu ergründen und nach einem Maßstab zu forschen, an dem das positive Recht und die politische Wirklichkeit überprüft werden kann[59].
Der Allmacht der altgriechischen Polis[60] und dem uneingeschränkten Geltungsanspruch des Rechts wurde daher die These entgegengesetzt, daß unabhängige Bürger miteinander zu ihrem eigenen Nutzen einen Staat vereinbaren[61]. Sie schützten ihre eigenen Interessenssphären durch das staatliche Zusammenleben, so daß aus diesem individualistischen Grunde eine gegenseitige Verpflichtung entstehe, welche Wesen und Zweck des Staates ausmache.

---

57 *Puchta*, Gerechtere Steuergesetzgebung, StWa 1998, 217, 217; vgl. schon *Bredt*, Die Besteuerung nach der Leistungsfähigkeit (1912), S. 13: " In dem ungeheuren verwirrenden Getriebe der heutigen Politik müssen sich gewisse Grundprinzipien und Leitlinien finden lassen, welche dem Gange der Politik im ganzen ihr Gepräge geben, und von denen die politischen Machtfaktoren bewußt oder unbewußt innegehalten werden."

58 450 – 375 v. Chr.

59 vgl. *Verdross-Drossberg*, Grundlinien der antiken Rechts- und Staatsphilosophie (1948), S. 50; *Wolf*, Griechisches Rechtsdenken (1952), S. 12.

60 vgl. zur Entwicklung und zum Wesen der Polis *Verdross-Drossberg*, Grundlinien der antiken Rechts- und Staatsphilosophie (1948), S. 1ff.

61 *Kaerst*, Vertragstheorie im Altertum, ZfP Bd. 2 (1909), 505, 520; *Gerloff*, Die Rechtfertigung der Besteuerung, in: Teschemacher (Hrsg.), FS für Schanz (1928), S. 142; *Vorländer*, Philosophie des Altertums (1963), S. 52.

Der Staat sei demnach mit Handelsgesellschaften vergleichbar, bei denen sich – wie bei Kauf und Verkauf – Leistung und Gegenleistung der Teilnehmer gleichwertig gegenüberstünden[62]. Das Gesetz sei ein Vertrag zwischen den Bürgern[63], so daß das Gleichgewicht von Empfangenem und Geleistetem Maßstab des positiven Rechts wird.

Dieser Ansicht der Sophisten, die den Staat als eine Vergesellschaftung faßt, welche vom Einzelnen her zum Schutz voreinander entsteht, war dann Aristoteles[64] entgegengetreten, der im Staat mehr als die Folge individueller Interessen erblickte[65]. Vielmehr bestehe der Staat nicht um des äußeren Zusammenlebens willen, sondern sein Ziel sei Erhaltung, Sicherung und Vervollkommnung des sittlichen Lebens. Die bürgerliche Gemeinschaft sei in der Natur des Menschen begründet und bilde über die bloße Summe ihrer Mitglieder hinaus ein höheres Ganzes, mit dem von vornherein als positiver Sinn gemeinschaftlichen Wechselwirkens das Gute im Leben zu erreichen ist[66]. Der Staat hat also einen eigenen ethischen Wert.

Diese beiden grundsätzlichen Meinungen durchziehen nicht nur die Geschichte der Staatslehre und Rechtsphilosophie, sondern bilden, wie im folgenden deutlich wird, in ihrer Anwendung auf Steuern und Abgaben die gegensätzlichen Grundpositionen in der Geschichte der Finanzwissenschaft.

---

62 ebd.

63 Zuerst findet sich dieser Gedanke bei *Lykophon*, der bei Aristoteles, Politik III 5 11. 1280b erwähnt wird; vgl. *Kaerst*, Vertragstheorie im Altertum, ZfP Bd. 2 (1909), 505, 521; *Wolf*, Griechisches Rechtsdenken (1952), S. 136; *Praechter*, Die Philosophie des Altertums (1953), S. 128f.

64 *384 - + 322 v. Chr.

65 *Neumann*, Die Steuer nach der Steuerfähigkeit, Jb. f. Nationalökonomie und Statistik Bd. 35 (1880), 511, 531; *Gerloff*, Die Rechtfertigung der Besteuerung, in: Teschemacher (Hrsg.), FS für Schanz (1928), S. 142; ders., Die öffentliche Finanzwirtschaft Bd. I (1948), S. 170; *Verdross-Drossberg*, Grundlinien der antiken Rechts- und Staatsphilosophie (1948), S. 133.

66 *Holstein/Larenz*, Geschichte der Philosophie, in: Bäumler (Hrsg.), Handbuch der Staatsphilosophie, Abt. IV, Teil D (1934), S. 11 und 21; *Praechter*, Die Philosophie des Altertums (1953), S. 393f; *Oncken*, Die Staatslehre des Aristoteles (1964), S. 15; *Kamp*, Die politische Philosophie des Aristoteles (1985), S. 108; *Bach*, Perspektiven des Leistungsfähigkeitsprinzips, StuW 1991, 116, 118.

II. Die Äquivalenztheorie

1. Entwicklung

Das Mittelalter brachte im deutschen Sprachraum zunächst den Zerfall der antiken Staatsideen mit sich[67]. Die spätantiken Steuerordnungen[68] gingen unter dem Einfluß der germanischen Eroberer verloren, welche dann als Landesfürsten die hoheitliche Gewalt sowie die Verfügungsbefugnis über das Territorium innehatten[69]. Die Regentschaft über dieses Gebiet wurde als Privatangelegenheit des Fürsten beurteilt, wobei er zu seinem eigenen Vorteil herrschte und sich der staatliche mit seinem persönlichen Finanzbedarf deckte[70]. Daher galt der Grundsatz, daß der Landesherr diesen Finanzbedarf auch aus seinen persönlichen Einkünften bestreiten mußte[71], also aus dem Ertrag seiner Ländereien und aus der hoheitsrechtlichen Gewährung von Nuzungsrechten (Regalien) [72].

Daneben wurden folglich andere regelmäßige Abgaben als Dauereinrichtung abgelehnt und erschienen den Untertanen als "Raubsteuer"[73]. Im mittelalterlichen, absolutistischen Ständestaat galt die Steuer vielmehr als Hilfe in der Not, so daß sie nur in Fällen außerordentlichen Bedarfs erhoben werden durfte[74].

Die Steuer rechtfertigte sich somit aus dem konkreten Zweck und bedurfte keiner grundlegender sachgerechter Prinzipien.

Das änderte sich insbesondere im Zuge des Dreißigjährigen Krieges, welcher eine materielle Notlage und eine allgemeine Hilfsbedürftigkeit der Bevölkerung

---

67 Hdb. Finanzwissenschaft-*Häuser*, 3. Auflage, Bd. I (1977), S. 26; *Jenetzky*, Kameralismus (1977), S. 16; *Walz*, Steuergerechtigkeit (1980), S. 22.

68 vgl. dazu Hdb. Finanzwissenschaft-*Häuser*, 3. Auflage, Bd. I S. 4ff.

69 Hdb. Finanzwissenschaft-*Häuser*, 3. Auflage, Bd. I S. 27; *Walz*, Steuergerechtigkeit (1980), S. 22.

70 *Mann*, Steuerpolitische Ideale (1937), S. 39; *Gerloff*, Die öffentliche Finanzwirtschaft, Bd. I (1948), S. 167.

71 *Mann*, Steuerpolitische Ideale (1937), S. 39; vgl. die Forderung aus den englischen Verfassungskämpfen des 14. Jahrhunderts: "The king should live of his own.", dazu *Gerloff*, Die öffentliche Finanzwirtschaft, Bd. I (1948), S. 167.

72 Hdb. Finanzwissenschaft-*Mayer*, 2. Auflage, Bd. I (1952), S. 253; *Wachenhausen*, Staatsausgabe (1972), S. 43; *Pohmer*, Steuern als Instrument der Staatsfinanzierung oder Wirtschaftslenkung, DStZ 1993, 577, 577.

73 Hdb. Finanzwissenschaft-*Häuser*, 3. Auflage, Bd. I (1977), S. 36; noch *Schlözer*, Allgemeines Staatsrecht und Staatsverfassungslehre (1793), S. 93 nannte die Steuer eine "Banditenforderung".

74 Beispiele für zulässige Zwecksetzungen einer Steuer sind: Rüstung, Lösegeld bei Gefangenschaft des Fürsten, Ritterschlag des Sohnes, Aussteuer für die Tochter; vgl. *Mann*, Steuerpolitische Ideale (1937), S. 40; *Gerloff*, Die öffentliche Finanzwirtschaft, Bd. I (1948); S. 167; *Jenetzky*, Kameralismus (1977), S. 73; *Walz*, Steuergerechtigkeit (1980), S. 23; *Vogel*, Rechtfertigung der Steuern, Der Staat 1986, 481, 486; *Pohmer*, Steuern als Instrument der Staatsfinanzierung oder Wirtschaftslenkung, DStZ 1993, 577, 578.

bedingte und damit die Staatsgewalt und Staatswirtschaft vor neue Aufgaben stellte und erstarken ließ[75]. Es wurde notwendig, allgemeine gesamtwirtschaftliche Ziele zu verfolgen, was für die öffentliche Hand einen regelmäßigen und ständig steigenden Geldbedarf zur Folge hatte[76]. Die Ideale des Absolutismus stießen also insbesondere im Bereich der Finanzwirtschaft an ihre Grenzen.
Während aber die Kameralisten zum Teil bis in das 18. Jahrhundert hinein an dem Ausnahmecharakter der Steuer festhielten[77], entwickelte das Zeitalter der Aufklärung daneben die Naturlehre der Besteuerung. Statt des konkreten Nutzens der Steuer für den Staat in Person des Landesfürsten wurde jetzt der Nutzen des Staates für den einzelnen in den Vordergrund gerückt. Fürstlicher Hof- und Staatshaushalt wurden getrennt, und die Freiheit des Individuums gegenüber dem Staat wurde wieder entdeckt[78]. Die Steuererhebung bedurfte als Begrenzung dieser bürgerlichen Freiheit einer allgemeinen Rechtfertigung, wobei hier die sophistische Vertragstheorie auflebte.
Wie bei dem antiken Vergleich des Staates mit der Handelsgesellschaft werden jetzt Analogien zur entstehenden Volkswirtschaft gezogen[79]. Die Steuer stellt sich danach als Preis für die Sicherheit dar und ihr Maßstab wird das Gleichgewicht zwischen dem Geleisteten und dem Wert der abstrakten Staatsdienste. Als sachgerechtes Besteuerungsprinzip hatte sich somit das Äquivalenzprinzip entwickelt.

2. Darstellung und Bewertung des Äquivalenzprinzips

Im Rahmen des Äquivalenzprinzips ist die Steuer von den Präferenzen der Steuerpflichtigen abhängig: Zum einen werden Steuern nur erhoben, insoweit der Bürger eine öffentliche Leistung in Anspruch nimmt. Seine Teilhabe an den

---

75 Hdb. Finanzwissenschaft-*Häuser*, 3. Auflage, Bd. I (1977), S. 40; *Bodenheim*, Zweck der Steuer (1979), S. 105.

76 Hdb. Finanzwissenschaft-*Häuser*, 3. Auflage, Bd. I (1977), S. 41; *Bodenheim*, Zweck der Steuer (1979); S. 105; *Vogel*, Der Finanz- und Steuerstaat, in: Isensee/Kirchhof (Hrsg.), Handbuch des Staatsrechts, Bd. I (1987), Rn 55.

77 *Haller*, Restauration und Staatswissenschaft (1820), S. 333; vgl. auch *Mann*, Steuerpolitische Ideale (1937), S. 87; *Gerloff*, Die Öffentliche Finanzwirtschaft, Bd. I (1948), S. 167; *Jenetzky*, Kameralismus (1977), S. 73.

78 Hdb. Finanzwissenschaft-*Mayer*, 2. Auflage, Bd. I (1952), S. 247; *Will*, Äquivalenzprinzip (1967), S. 6f; *Wachenhausen*, Staatsausgabe (1972), S. 44; Hdb. Finanzwissenschaft-*Mann*, 3.. Auflage, Bd. I (1977), S. 82; *Vogel*, Rechtfertigung der Steuern, Der Staat 1986; 481, 487; *Rodi*, Die Rechtfertigung von Steuern (1994), S. 14.

79 ebd. und *Gerloff*, Die Rechtfertigung der Besteuerung, in: Teschemacher (Hrsg.), FS für Schanz (1928); S. 143; zeitgenössische Vertreter waren Hobbes, Pufendorf, Locke und Grotius; vgl. *Vogel*, Rechtfertigung der Steuern, Der Staat, 1986, 481, 487.

Kollektivgütern löst mithin die Steuer aus, so daß ihr ein Entgeltcharakter zukommt[80].

Über diese Beziehung zwischen Staat und Steuerpflichtigem hinaus wirkt sich die Präferenz des Bürgers auch auf den Umfang der staatlichen Dienste aus, da die Steuern nur für solche öffentlichen Leistungen verwendet werden, für welche sie auch gezahlt wurden. Es entsteht somit ein Verhältnis zwischen Steuern und Staatsausgaben im Sinne einer Tauschbeziehung[81].

Sowohl der Entgeltcharakter der Steuer als auch diese Tauschbeziehung müssen als Bedingungen erfüllt sein, damit eine äquivalente Besteuerung zustande kommt[82], so daß die Überprüfung der Sachgerechtigkeit dieses Besteuerungsprinzips an beiden Punkten anzusetzen hat.

Der Entgeltcharakter der Steuer setzt voraus, daß für die öffentlichen Güter überhaupt ein Preis gebildet werden kann. Als problematisch stellt sich in diesem Zusammenhang heraus, daß staatliche Leistungen dabei einer Bewertung zugänglich sein müßten. Allerdings bleibt den Bürgern bei staatlichen Leistungen grundsätzlich nicht die Wahl, ob sie diese in Anspruch nehmen wollen oder nicht. Vielmehr zieht jeder Nutzen aus dem Wirken des Staates, ohne daß einzelne davon ausgeschlossen werden können[83]. Diese Unteilbarkeit öffentlicher Güter verhindert ihre Quantifizierbarkeit und ihre Bewertung anhand eines individuell zurechenbaren Entgelts[84].

Wie oben gesehen[85], gründet der Äquivalenzgedanke auf einer tatsächlichen Gleichstellung der am Besteuerungsprozeß beteiligten Partner, ähnlich der zwischen Käufern und Verkäufern. Diese marktwirtschaftlichen Bedingungen sind bezüglich der Besteuerung aber deshalb gestört, weil einerseits der Einkommensschwache, der keine Äquivalenzsteuer entrichten kann, die öffentlichen Leistungen sogar stärker beansprucht als der Einkommensstarke, und andererseits die Steuer als Zwangsabgabe zu entrichten hat, ohne daß ein Anspruch auf

---

80 *Mann*, Die Gerechtigkeit in der Besteuerung, in: Teschemacher (Hrsg.), FS für Schanz (1928), S. 124; *Schmidt*, Steuerprogression (1960), S. 5; *Musgrave*, Finanztheorie (1969), S. 53; *Frey*, Finanzpolitik und Verteilungsgerechtigkeit, FinArch N.F. Bd. 31 (1972/73), 1, 3; Hdb. Finanzwissenschaft-*Schmidt*, 3. Auflage, Bd. II (1980), S. 137; *Haller*, Die Steuern (1981), S. 13; *Loritz*, Systemgerechte Einkommensteuer, StuW 1986, 9, 14; *Walzer*, Hauptgründe für das Leistungsfähigkeitsprinzip, StuW 1986, 201, 203; *Seidl*, Renaissance des Opfergleichheitsprinzips, StuW 1988, 93, 93; *Tipke*, Steuerrechtsordnung, Bd. I (2000), S. 476.

81 *Schmidt*, Steuerprogression (1960), S. 7; *Neumark*, Grundsätze gerechter Steuerpolitik(1970), S. 43.

82 Hdb.Finanzwissenschaft-*Schmidt*, 3. Auflage, Bd. II (1980), S. 137.

83 *Vocke*, Idee der Steuer, FinArch Bd. 7 (1890), 1, 4; *Musgrave*, Öffentliche Finanzen (1975), S. 56; *Ulbrich*, Leistungsfähigkeitsprinzip (1975), S. 3; Hdb.Finanzwissenschaft-*Schmidt*, 3. Auflage, Bd. II (1980), S. 139; *Haller*, Die Steuern (1981), S. 18; *Kraft*, Steuergerechtigkeit (1991). S. 10; *Tipke*, Steuerrechtsordnung, Bd. I (2000), S. 477.

84 ebd.

85 siehe oben S. 29.

irgendwelche Gegenleistungen entstünde[86]. Die Nachfrage des einzelnen nach öffentlichen Gütern verliert somit ihre unmittelbare Wirkung auf die Höhe der zu zahlenden Abgaben, so daß sich der Preis der Güter nicht mehr allein aus dem marktmäßigen Zusammenspiel von Angebot und Nachfrage ergeben kann[87].

Der Entgeltcharakter der Steuer ist folglich weder in der Theorie der Preisbildung noch in der markwirtschaftlichen Praxis haltbar.

Die Äquivalenzbesteuerung nach dem individuellen Nutzen des Steuerpflichtigen hat auch Einfluß auf die Staatsausgaben und somit auf das Angebot an öffentlichen Leistungen, da die gezahlten Steuern die Ausgaben des Staates der Höhe nach und durch ihre Zweckbindung auch in ihrer Zusammensetzung begrenzen[88]. Bezüglich dieser Tauschbeziehung von Steuern und Staatsausgaben ist aber darauf zu achten, daß der Bürger seinen Beitrag anhand einer Nutzenabwägung bemißt. Eine Abwägung des Nutzens der staatlichen Güter für den einzelnen ist aber nur möglich, wenn der gesamte Umfang dieser Güter bekannt und damit auch der relative Anteil daran bewertbar ist. Da sich dieser Umfang aber erst aus der Summe der Beiträge ergibt, kann das Verhältnis von Steuern und kollektiven Gütern nur ungenau bestimmt werden[89].

Weiterhin wird der Steuerpflichtige - wie auch der Ursprung der Äquivalenztheorie zeigt – stets eine individualistische Nutzenabwägung vornehmen und dabei möglichst viele staatliche Dienste für eine möglichst geringe Gegenleistung in Anspruch nehmen wollen. Notwendige Funktionen des Staates für die Allgemeinheit werden dabei zugunsten eigener Bedürfnisse oft vernachlässigt, so daß die Beiträge, welche der Bürger für angemessen hält, nicht ausreichen, um den Staat funktionsfähig zu halten[90]. Gerade der individualistische, rationale Hintergrund der Äquivalenztheorie verhindert also eine äquivalente Tauschbeziehung zwischen Steuern und öffentlichen Gütern.

Folglich läßt sich weder der Entgeltcharakter der Steuer in der Beziehung zwischen Staat und Steuerpflichtigem noch das Austauschverhältnis zwischen Steuer und Staatsausgaben theoretisch oder praktisch aufrecht erhalten, so daß

---

86 *Schmidt*, Steuerprogression (1960), S. 8; *Neumark*, Grundsätze gerechter Steuerpolitik (1970) S. 44; *Kraft*, Steuergerechtigkeit (1991), S. 10; *Kirchhof*, Verfassungsrecht und Steuerrecht, JbFSt 1992/93, 11, 15.

87 *Peter*, Problem der Gerechtigkeit, FinArch N.F. Bd. 2 (1934), 41, 49; vgl. *Musgrave*, Öffentliche Finanzen (1975), S. 62: "...das Angebot- und Nachfragesystem des Marktes kollabiert.".

88 Hdb. Finanzwissenschaft-*Schmidt*, 3. Auflage, Bd. II (1980), S. 137; *Haller*, Die Steuern (1981), S. 13.

89 Hdb. Finanzwissenschaft-*Schmidt*, 3. Auflage, Bd. II (1980), S. 139; *Haller*, Die Steuern (1981), S. 19.

90 *Musgrave*, Finanztheorie (1969), S. 71; *Haller*, Die Steuern (1981), S. 19; *Seidl*, Renaissance des Opfergleichheitsprinzips, StuW 1988, 93, 93.

die Äquivalenztheorie als allgemeines sachgerechtes Besteuerungsprinzip abzulehnen ist.

III. Das Leistungsfähigkeitsprinzip

1. Entwicklung

Neben dem individualistischen Ansatz der Äquivalenztheorie und der Hervorhebung des Nutzens des Staates für den einzelnen entstanden in der Geschichte der Steuern immer wieder auch mit dem aristotelischen Staatsbild verwandte Besteuerungsprinzipien. Die Idee des Staates als höheres Ganzes ließ dabei die Bürger nicht danach fragen, was er als öffentliche Leistungen vom Staat erhält, sondern nur danach, was er beitragen kann, damit der Staat in der Lage ist, seine Ziele zu erreichen[91].

Bereits die Bibel beschreibt im Neuen Testament diesen Gedanken im Gleichnis von der Witwe, in welchem ihr Beitrag im Verhältnis zu ihren Möglichkeiten bewertet wird[92].

Auch die Prinzipiensuche nach dem Scheitern des Absolutismus auf dem Gebiet der Finanzwirtschaft brachte neben dem geschilderten individualistischen einen staatspolitischen Ansatzpunkt hervor[93]. Dieser blieb der absolutistischen Staatstheorie insoweit verhaftet, als das Ganze vor den einzelnen gestellt und der Fortbestand des Staates als vordringlichstes Ziel bei der Entwicklung einer Besteuerung gesehen wurde. Wie bei einem Schiff dürfe deshalb keine Seite des Staates mehr als die andere belastet werden, um keine Seite zu überladen und das Gleichgewicht nicht zu gefährden. Dies könne nur dadurch erreicht werden, daß die Verteilung der Lasten nach den wirtschaftlichen Kräften der Belasteten erfolge[94]. Es gab mithin schon im 17. Jahrhundert die Einsicht, die Steuerverteilung aus dem Staatsinteresse heraus festzulegen.

Allerdings kam es in dieser Zeit nicht zu einer ausreichenden Entwicklung dieser Prinzipien, da sie noch zu eng mit dem Gedankengut des Absolutismus verbunden waren[95]. Die universalistische Allmacht des Staates schwand aber – wie

---

91 *Tipke*, Steuerrechtsordnung, Bd. I (2000), S. 481.

92 Mk 12, 41-43: "Als Jesus einmal dem Opferkasten gegenübersaß, sah er zu, wie die Leute viel Geld in den Kasten warfen. Viele Reiche kamen und gaben viel. Da kam auch eine arme Witwe und warf zwei kleine Münzen hinein. Er rief seine Jünger zu sich und sagte: Amen, ich sage euch: Diese arme Witwe hat mehr in den Opferkasten hineingeworfen als alle anderen..."; vgl. *Pausch*, Steuern in der Bibel (1986), S. 88.

93 *Le Vayer*, Instruction de M. le Dauphin (1640); *Petty*, A Treatise of Taxes (1662); vgl. *Mann*, Steuerpolitische Ideale (1937), S. 89ff.

94 ebd.

95 *Mann*, Steuerpolitische Ideale (1937), S. 97.

oben gesehen [96]- zugunsten der Rechte seiner Bürger, so daß ein staatspolitischer Besteuerungsgrundsatz gegenüber dem Individualismus der Aufklärung altmodisch erscheinen mußte. Insbesondere die Erklärung der Menschenrechte im Zuge der Französischen Revolution unterstrich mit ihrer Forderung nach *liberte'* das Wesen der Besteuerung als Institution der Freiheit, die einen Preis für den Schutz durch den Staat darstellt[97]. Die Äquivalenztheorie verdrängte daher die ersten Ansätze einer Besteuerung nach den wirtschaftlichen Kräften der Steuerpflichtigen.

Im 19. Jahrhundert zeigten sich aber in der Folge der immer umfangreicher werdenden Staatsaufgaben und –ausgaben[98] die oben beschriebenen Mängel dieses Besteuerungsprinzips. Das Handeln des Staates erreichte ein höheres Abstraktionsniveau, indem es in steigendem Maße der Allgemeinheit zugute kam, und ließ sich dem einzelnen Bürger nicht mehr zurechnen. Die Aufgaben des Gemeinwesens gingen über die Forderungen des Selbstinteresses der einzelnen hinaus, so daß die Mittel, welche als Gegenleistung diesem Selbstinteresse entsprechen, für einen funktionsfähigen Staat allein nicht ausreichten[99].

Hinzu kommt, daß sich das aufklärerische Naturrecht im Deutschland des 19. Jahrhunderts politisch nicht durchsetzen konnte. Unter dem Absolutismus war eine starke bürgerliche Klasse, welche sich selbst in einer naturrechtlichen politischen Ordnung organisieren könnte, nicht entstanden[100]. Die ökonomische und soziale Schwäche des Bürgertums verhinderte die Erfüllung der aufklärerischen Forderungen nach absolutem Individualismus und bürgerlicher Selbstregierung im Sinne der Vertragstheorie. Statt dessen mußte das Bürgertum eine der politischen Realität in Deutschland angepaßte Staatstheorie entwickeln[101], wobei man sich erneut auf die aristotelischen Staatsideen zurückbesann[102].

---

96 siehe oben S. 30.

97 *Vogel*, Die direkten Steuern Frankreichs, FinArch Bd. 31 (1914), 497, 502; *Lang*, Reform der Unternehmensbesteuerung, StuW 1990, 106, 111.

98 Ein steigender Finanzbedarf resultierte zum Beispiel aus den Schulden im Zuge der Napoleonischen Kriege nach den Friedensschlüssen von Amien (1802) und Wien (1815); vgl. *Wagner*, Steuergeschichte (1910), S. 234; *Mathiak*, Die erste Einkommensteuer in Deutschland, StuW 1995, 352, 353.

99 *Neumann*, Steuer nach der Steuerfähigkeit, Jahrbücher für Nationalökonomie und Statistik, Bd. 35 (1880), 511, 531.

100 *Rosenbaum*, Naturrecht und positives Recht (1972), S. 20.

101 ebd. S. 34.

102 Zeitgenössische Vertreter waren *Rau*, Grundsätze der Volkswirtschaftslehre (1837); *v. Stein*, Lehrbuch der Finanzwissenschaft (1860); *Schäffle*, Mensch und Gut in der Volkswirtschaft (1861); *Schmoller*, Die Lehre vom Einkommen (1863); vgl. *Wilke*, Entwicklung der Theorie des staatlichen Steuersystems, FinArch Bd. 38 (1921), 1, 72ff; Hdb. Finanzwissenschaft-*Beckerath*, 2. Auflage, Bd. I (1952), S. 420; Hübschmann/Hepp/Spitaler-*Birk* § 4 AO Rn 452.

Im entstehenden romantischen Denken galt der Staat wieder mehr als die Summe seiner Bürger und verkörperte eine über ihnen stehende ideale Gemeinschaft[103]. An die Stelle des einzelnen Menschen tritt in der Rechtstheorie das deutsche Volk als höherwertige Einheit, als Organismus. Das Besehen dieser organischen Gemeinschaft war ethische Notwendigkeit, um das "Gute im Leben" zu erreichen, und das Einstehen für den Staat wird zur sittlichen Pflicht[104]. Daher verbot es sich auch bei der Verteilung der öffentlichen Lasten "krämerhaft"[105] nach der Gegenleistung zu fragen, sondern jeder trug nach seinen Möglichkeiten zum Erhalt des Ganzen bei.
In dieser Zeit erhielt die Verteilung der Steuerlast nach den wirtschaftlichen Kräften auch zum ersten Mal die Bezeichnung Besteuerung nach der "Leistungsfähigkeit"[106]. Der nach seiner Leistungsfähigkeit bemessene Beitrag wurde als wirtschaftliches Opfer des Bürgers betrachtet, daß er für die Allgemeinheit auf sich zu nehmen hatte[107].
Folglich hatte sich das Leistungsfähigkeitsprinzip durch die hervortretenden Mängel der Äquivalenzbesteuerung und die neuen staatsphilosophischen Ansätze in Gestalt eines opfertheoretischen Ansatzes als sachgerechtes Besteuerungsprinzip entwickelt.

2. Darstellung und Bewertung der Opfertheorie

Der Opfertheorie liegt der Gedanke zugrunde, daß die Steuer ein Opfer des einzelnen für den Staat sei, welches für den jeweiligen Steuerpflichtigen gleich-

---

103 *Vogel*, Die direkten Steuern Frankreichs, FinArch Bd. 31(1914), 497, 514; *Wilke*, Entwicklung der Theorie des staatlichen Steuersystems, FinArch Bd. 38 (1921), 1, 65; *Huber*, Deutsche Verfassungsgeschichte, Bd. II (1960), S. 375; *Vogel*, Rechtfertigung der Steuern, Der Staat 1986, 481, 488; *Jüptner*, Leistungsfähigkeit und Veranlassung (1989), S. 24; *Bach*, Perspektiven des Leistungsfähigkeitsprinzips, StuW 1991, 116, 118; *Pommerehne*, Steuerhinterziehung, ZWS 1992, 433, 438; *Klein*, Steuermoral und Steuerrecht (1997), S. 20; ders. Steuerreform und Akzeptanz, BB 1998, 1180, 1183.

104 *Wagner*, Lehr– und Handbuch der politischen Ökonomie (1890), S. 433; *Gerloff*, Die Öffentliche Finanzwirtschaft, Bd. I (1948), S. 172.

105 *Gerloff*, Die Rechtfertigung der Besteuerung, in: Teschemacher (Hrsg.), FS für Schanz (1928), S. 143.

106 vgl. *Pohmer*, Geschichte des Leistungsfähigkeitsprinzips, FinArch N.F. Bd. 42 (1984), 444, 449 (Fn. 13).

107 *Vogel*, Die direkten Steuern Frankreichs, FinArch Bd. 31 (1914), 497, 515; *Haller*, Die Steuern (1981), S. 14; *Birk*, Die verteilungsgerechte Einkommensteuer, JZ 1988, 820, 821; *Rodi*, Die Rechtfertigung von Steuern (1994), S. 16.

wertig sein müsse[108]. Um diesen Gedanken genauer fassen zu können, entwikkelte die Finanzwissenschaft gegen Ende des 19. Jahrhunderts die Grenznutzentheorie zur Bestimmung des Opferbegriffs.
Der Steuerpflichtige erbringt danach ein Opfer in der Gestalt, daß ihm ein Teil seiner persönlichen Bedürfnisbefriedigung aus dem von ihm erzielten Einkommen durch die Steuer entzogen wird[109]. Die individuelle Bedürfnisbefriedigung und damit der persönliche Nutzen wird folglich als Funktion des Einkommens definiert[110]. Darüber, wie nun diese Funktion von der Steuer beeinflußt werden muß, damit der Nutzenentzug und mit ihm das erbrachte Opfer gleichwertig ist, sind verschiedene Theorien entwickelt worden[111].
Nach der Theorie vom gleichen absoluten Opfer soll der absolute Nutzenentgang bei allen Steuerpflichtigen gleich sein[112]. Die Lehre vom gleichen proportionalen Opfer fordert, daß das Verhältnis zwischen dem durch die Steuer verursachten Nutzenentgang zu dem Gesamtnutzen des Einkommens vor Steuern gleich ist[113]. Schließlich besteht auch die Möglichkeit, auf den gleichen marginalen Nutzenentgang abzustellen, was dem Opferminimumprinzip entspricht[114]. Dies bedeutet bei jedem Steuerpflichtigen denselben Nutzenverlust durch die zuletzt weggesteuerte Geldeinheit.
Alle Spielarten der Opfertheorie setzen voraus, daß der Nutzen der Bürger meßbar ist, daß die Grenznutzenkurve des Einkommens sinkt und daß diese Kurve für alle Steuerpflichtigen gleich verläuft[115]. Fraglich ist, ob sich diese Bedingungen in der Praxis erfüllen lassen bzw. überhaupt theoretisch begründet werden können.
Bezüglich der Meßbarkeit des Nutzens ist es zunächst offensichtlich, daß ein vermehrtes Einkommen eine höhere Bedürfnisbefriedigung ermöglicht. In wel-

---

[108] *Schmidt*, Das Leistungsfähigkeitsprinzip und die Theorie vom proportionalen Opfer, FinArch N.F. Bd. 26 (1967), 385, 392; Hdb. Finanzwissenschaft-*Mann*, 2. Auflage Bd. I (1977), S. 91; *Haller*, Die Steuern (1981), S. 15; Hübschmann/Heck/Spitaler,-*Birk* § 4 AO Rn 452.

[109] *Meyer*, Principien der gerechten Besteuerung (1884), S. 338; *Ulbrich*, Leistungsfähigkeitsprinzip (1975), S. 8; *Haller*, Die Steuern (1981), S. 15.

[110] Nutzen = U; Einkommen = Y; Nutzenfunktion = U(Y); dieser Zusammenhang wurde Ende des 19. Jahrhunderts zunächst von der Wiener Grenznutzenschule entwickelt; *Sax*, Grundlegung der theoretischen Staatswirtschaft (1887), 506ff; vgl. Hdb. Finanzwissenschaft-*Beckerath*, 2. Auflage, Bd. I (1952), S. 449ff.

[111] vgl. zum folgenden: *Musgrave*, Finanztheorie (1969), S. 78; *Ulbrich*, Leistungsfähigkeitsprinzip (1975), S. 67ff; *Ohmer*, Grundlagen der Einkommensteuer (1997), S. 40.

[112] T = Steuer
$U(Y) - U(Y - T) = const.$

[113] $\frac{U(Y) - U(Y - T)}{U(Y)} = const.$

[114] $U'(Y - T) = const.$

[115] vgl. Hdb. Finanzwissenschaft-*Schmidt*, 3. Auflage, Bd. II (1980), S. 141.

chem Maße der Nutzen aber gesteigert wird, kann wissenschaftlich nicht mit dem Anspruch auf eine allgemeingültige Aussage ermittelt werden[116]. Theoretisch feststellbar sind lediglich die individuellen Nutzenkurven jedes einzelnen Steuerpflichtigen, was aber einen Aufwand erzeugt, der jeder praktischen Grundlage entbehrt, und mit der Prämisse, daß die Grenznutzenkurve für alle Steuerpflichtigen gleich verläuft, kollidiert.

Daß die Voraussetzungen eines meßbaren Nutzens mit einer für alle gleich verlaufenden Grenznutzenkurve folglich unhaltbar sind, hat die Vertreter des Opferkonzeptes allerdings nicht zur Aufgabe ihrer Interpretation des Leistungsfähigkeitsprinzips veranlaßt. Vielmehr sollen die dargestellten praktischen Probleme dadurch vermieden werden, daß nicht auf die tatsächlichen individuellen Nutzenfunktionen abgestellt, sondern daß eine einheitliche Funktion normiert wird[117]. Über diese Normalnutzenfunktion müsse politisch entschieden worden, wobei die Politiker den Beschlüssen über das Steuerrecht "gefühlsmäßig"[118] das richtige Nutzenmaß als Steuergegenstand zugrunde legen würden. Neben den oben erörterten Problemen bezüglich der Entwicklung sachgerechter Besteuerungsprinzipien durch das politische System[119], haben danach die Nutzenüberlegungen zudem keinen Einfluß auf die Steuerverteilung, sondern es wird umgekehrt von der durch die Politik vorgegebenen Steuerverteilung auf eine Nutzenfunktion geschlossen[120]. Ein solches Verfahren ist unwissenschaftlich.

Schließlich gehen alle Varianten der Opfertheorie von einer sinkenden Grenznutzenkurve aus, was bedeutet, daß der Nutzen eines Einkommenszuwachses um einen bestimmten Betrag für den Steuerpflichtigen jeweils eine andere Wertigkeit aufweist: Wenn der Zuwachs auf einem niedrigen Einkommensniveau erfolgt, ist er für den Steuerpflichtigen mehr wert, als wenn er zu einem hohen Einkommensniveau hinzukommt[121]. Ob allerdings die Übertragung der bezüg-

---

116 *Pahlke*, Steuerpolitische Grundsatzfragen, FinArch N. F. Bd. 28 (1968/69), 42, 47f.; Hdb. Finanzwissenschaft-*Schmidt*, 3. Auflage, Bd. II (1980), S. 146; ders., Besteuerung nach der Leistungsfähigkeit, JbFSt 1995/96, 31, 39; *Franke*, Zum Leistungsfähigkeitsprinzip, StuW 1984, 32, 34; *Wittmann*, Steuergerechtigkeit, DStZ 1986, 193, 195; *Bach*, Perspektiven des Leistungsfähigkeitsprinzips, StuW 1991 116, 123.

117 *Musgrave*, Finanztheorie (1969), S. 84; *Haller*, Diskussion über das Leistungsfähigkeitsprinzip, FinArch N.F. Bd. 31 (1972/73), 461, 471f.; vgl. *Bodenheim*, Der Zweck der Steuer (1979), S. 231.

118 *Haller*, Diskussion über das Leistungsfähigkeitsprinzip, FinArch N.F. Bd. 31 (1972/73), 461, 469.

119 siehe oben S. 22f.

120 *Ebnet*, Besteuerung des Wertzuwachses (1978), S. 38; *Kraft*, Steuergerechtigkeit und Gewinnermittlung (1991), S. 39.

121 *Gerloff*, Die öffentliche Finanzwissenschaft, Bd. I (1948), S. 193; Hübschmann/Heck/Spitaler-*Birk* § 4 AO Rn 542.

lich eines einzelnen Gutes anerkannten Sättigungstheorie[122] auf das gesamte Einkommen einer Person ohne weiteres möglich ist, muß bezweifelt werden. Dagegen spricht zum einen die Tatsache, daß mit steigendem Einkommen auch die Bedürfnisse einer Person steigen[123], so daß der einzelne dem Zuwachs unabhängig von dem Einkommensbestand den gleichen Wert zumißt. Zudem kann bei der Bewertung des Nutzens nicht isoliert auf ein Individuum abgestellt werden, da es auch zu Interdependenzen kommen kann. Es kommt dann nicht darauf an, ob die eigenen Bedürfnisse schon befriedigt sind, sondern darauf, "dem Nachbarn nicht nachstehen zu müssen"[124], also das gleiche wie ein anderer zu erreichen. Weiterhin liegt einer sinkenden Grenznutzenkurve der Gedanke zugrunde, daß mit zunehmendem Einkommen Bedürfnisse immer geringerer Dringlichkeit befriedigt würden[125], daß es mithin für die privaten Lebensbedürfnisse immer unnötiger werde. Diese Begründung verkennt aber, daß es dem Einkommensbezieher bei der Bewertung seines Einkommens nicht mehr nur um seinen privaten Konsum geht, sondern daß er auch aus investiertem Einkommen Nutzen zieht. Außer der privaten Bedürfnisbefriedigung stehen dem Steuerpflichtigen demnach noch andere beliebige Möglichkeiten der Einkommensverwendung zu, so daß auch jede Feststellung eines Verlaufs der Grenznutzenkurve aus dem Einkommenszufluß als beliebig zu werten ist[126].

Diese Beliebigkeit zeigt sich nicht nur bezüglich des Steuergegenstandes, sondern auch im Hinblick auf den Tarifverlauf, da sowohl progressive, proportionale als auch regressive Tarife opfertheoretisch begründbar sind[127].

Es hat sich also gezeigt, daß die Bedingungen der Opfertheorien sowohl in der Theorie als auch praktisch nicht haltbar sind. Entgegen dem eigenen Anspruch, kann der Opfertheoretiker den Opferbegriff nicht exakt bestimmen, womit sich Aussagen über eine Steuerlastverteilung nicht ableiten lassen.

Aber nicht nur in den Voraussetzungen der Opfertheorien, sondern auch in ihrem Ziel liegt ein wesentlicher Mangel. Die Opfertheorien zielen darauf ab, die

---

122 1. Gossensches Gesetz von Hermann Heinrich Gossen (1810-1858); vgl. *Reckten-wald/Krelle*, Gossens Gesetze (1988), S. 26f.

123 *Musgrave*, Finanztheorie (1969), S. 82; *Frey*, Finanzpolitik und Verteilungsgerechtigkeit, FinArch N.F. Bd. 31 (1972/73), 1, 6; vgl. Hdb. Finanzwissenschaft-*Schmidt*, 3. Auflage, Bd. II (1980), S. 146: "Zuweilen will es auch scheinen, als ob diese Theorie eine maskuline Fantasielosigkeit im Hinblick auf die Konsumkapazität widerspiegelt."

124 *Musgrave*, Finanztheorie (1969), S. 83.

125 Hdb. Finanzwissenschaft-*Schmidt*, 3. Auflage, Bd. II (1980), S. 146; *Elicker*, Kritik der direkt progressiven Einkommensbesteuerung, StuW 2000, 3, 11.

126 *Littmann*, Ein Valet dem Leistungsfähigkeitsprinzip, in: Haller/Kullmer/Shoup/Timm (Hrsg.), FS für Neumark (1970), S. 125; *Elicker*, Kritik der direkt progressiven Einkommensbesteuerung, StuW 2000, 3, 12.

127 Hdb. Finanzwissenschaft-*Schmidt*, 3. Auflage, Bd. II (1980), S. 147; *Wittmann*, Steuergerechtigkeit, DStZ 1986, 192, 194; *Hinterberger/Müller/Petersen*, "Gerechte" Tariftypen, FinArch N.F. Bd. 45 (1987), S. 66; H/H/R-*Ruppe* Einf. ESt Rn. 540.

private Bedürfnisbefriedigung als Steuergegenstand zu erfassen und gehen somit von der Idee aus, daß der gesamte Verdienst einer Person im Verhältnis zu ihrem persönlichen Lebensbedarf bewertet wird. Wie oben angedeutet[128], verkennt dieser Gedanke, daß der Steuerpflichtige nicht nur seinen privaten Konsum verfolgt, sondern sich auch mit Investitionen um den Auf- und Ausbau neuer Unternehmen bemühen kann[129]. Sein eigener wirtschaftlicher Erfolg muß sich mithin nicht automatisch in der Befriedigung persönlicher Bedürfnisse widerspiegeln. Vielmehr kann dadurch auch weitere Produktivität erwirtschaftet werden, was volkswirtschaftlich eher gefördert, als durch eine undifferenzierte, an der Bedürfnisbefriedigung orientierte Besteuerung bestraft werden sollte.
Hinzu kommt, daß der Steuerpflichtige nicht nur bezüglich der Verwendung seines Verdienstes verschiedene Wahlmöglichkeiten hat. In unserer Wirtschaftsordnung kann er daneben auch wählen, ob er mit erhöhter Leistungsbereitschaft ein höheres Einkommen anstrebt oder ob er es zugunsten von mehr Freizeit und Bequemlichkeit bei einem kleineren Einkommen bewenden läßt[130]. Wenn sie persönlichen Nutzen als Funktion des Einkommens zum Steuergegenstand machen, ignorieren die Opfertheoretiker also die individuellen Präferenzen des Steuerpflichtigen, dem danach kein Bereich an Eigenverantwortung mehr bliebe, an dem der Staat nicht beteiligt wäre. Die Entstehungsgeschichte hat gezeigt, warum das Glück von Individuen zu einer der Verantwortung des Staates zugewiesenen Zielgröße wurde[131]. Allerdings führte die daraus bezüglich der Besteuerung gezogenen Konsequenz einer Nutzenorientierung zu illiberalen Ergebnissen und ist mit dem heutigen, die Freiheit des einzelnen respektierenden Staatsverständnis unvereinbar.
Die Ziele der Opfertheorien sind somit abzulehnen, so daß anhand dieses nutzenorientierten Ansatzes ein geeigneter Steuergegenstand nicht ermittelt werden kann.
Das Leistungsfähigkeitsprinzip im Sinne der Opferfähigkeit stellt folglich kein sachgerechtes Besteuerungsprinzip dar.

---

128 siehe oben S. 37f.

129 *Lang*, Reform der Unternehmensbesteuerung, StuW 1990, 117, 118; *Elicker*, Kritik der direkt progressiven Einkommensbesteuerung, StuW 2000, 1, 12; vgl. auch *Lang*, Prinzipien und Systeme der Besteuerung von Einkommen, DStJG 24 (2001), 49, 73, der im gegenwärtigen Steuerrecht ein Chaos der Investitionsbesteurung konstatiert.

130 *Pohmer*, Leistungsfähigkeitsprinzip und Einkommensverteilung, in: Haller, Kullmer, Shoup, Timm (Hrsg.), FS für Neumark (1970), S. 159; *Kirchhof*, Steuergleichheit durch Steuervereinfachung, DStJG Bd. 21 (1998), 9, 19.

131 siehe oben S. 27f.

3. Darstellung und Bewertung des Verfügungsmachtkonzeptes

Wenn aus den aufgezeigten Gründen das Nutzenkonzept des Einkommens und damit die Opfertheorien abgelehnt werden, so stellt sich die Frage, ob der Besteuerung nach der Leistungsfähigkeit in anderer Weise ein sachgerechtes Besteuerungsprinzip entnommen werden kann.
Wie gesehen[132] führt das Abstellen auf die private Bedürfnisbefriedigung als Steuergegenstand dazu, daß dem einzelnen die Selbstbestimmung bezüglich seines persönlichen Nutzens abgesprochen wird und daß dieser Nutzen somit in den Verantwortungsbereich des Staats als Organismus fällt. Dieser utilaristische[133] Ansatz ist mit den freiheitlichen Grundsätzen unserer Staats- und Wirtschaftsordnung nicht vereinbar.
Nach der Äquivalenztheorie galt die Steuer als Preis für öffentliche Leistungen des Staates[134]. Die Steuer als Gegenleistung ist in diesem Sinne Ausdruck der Verantwortung jedes einzelnen für seine eigenen persönlichen Vorteile, welche ihm durch den Staat gewährt werden. Dieser atomische Ansatz wird den heutigen Bedürfnissen des Gemeinwohls nicht gerecht.
Statt dieser extremen Positionen setzt sich daher zunehmend die Ansicht durch[135], daß das Gemeinwohl in der Gruppenverantwortung aller Staatsbürger liegt. Im Hinblick auf eine leistungsfähigkeitsgerechte Besteuerung tragen alle Bürger die qualitativ gleiche Verantwortung, indem sie einen Teil ihrer ökonomischen Verfügungsmacht als Steuer auf den Staat übertragen. Quantitativ wird dabei dieser Teil nach der Fähigkeit zur Finanzierung des allgemeinen Bedarfs abgestuft. Die Leistungsfähigkeit und damit der Steuergegenstand richten sich folglich nach dem aktuellen Zugang an wirtschaftlicher Dispositionskraft[136].
Dabei ist zu beachten, daß der Steuergegenstand hier den Grund, an den die Steuerverpflichtung geknüpft wird, bezeichnet. Dieser ist von der Steuerbemessungsgrundlage zu unterscheiden, worunter man vielmehr die für ein Steuerob-

---

132 siehe oben S. 38.

133 *Haller*, Diskussion über das Leistungsfähigkeitsprinzip, FinArch N.F. Bd. 31 (1972/73), 461, 470.

134 siehe oben S. 30.

135 *Hackmann*, Zur wohlfahrtstheoretischen Behandlung von Verteilungsproblemen (1972), S. 154; *Walz*, Steuergerechtigkeit (1980), S. 163; *Jachmann*, Vereinfachung des Einkommensteuerrechts, StuW 1998, 193, 198.

136 *Jecht*, Problemkreis "Besteuerung und Wirtschaftspolitik", FinArch N.F. Bd. 22 (19659/60), 5, 6; *Neumark*, Grundsätze gerechter Steuerpolitik (1970), S. 135; *Ebnet*, Besteuerung des Wertzuwachses (1978), S. 39f; *Hackmann*, Besteuerung des Lebenseinkommens (1979), S. 32; Hdb. Finanzwissenschaft-*Andel*, 3. Auflage, Bd. II (1980), S. 337; *Schneider*, Einkommensbegriff, FinArch N.F. Bd. 42 (1984), 497, 417; *Kraft*, Steuergerechtigkeit und Gewinnermittlung (1991), S. 40; *Bach*, Perspektiven des Leistungsfähigkeitsprinzips, StuW 1991, 116, 120.

jekt zum Zwecke der Veranlagung ermittelte Größe versteht[137]. Eine bestimmte Bemessungsgrundlage wird im Gegensatz zum Nutzenkonzept, das allein auf den Nutzen als Funktion des Einkommens abstellt, beim Verfügungsmachtkonzept nicht zugrunde gelegt[138]. Damit entfällt der Mangel einer undifferenzierten Besteuerung anhand der privaten Bedürfnisbefriedigung, und mit der Steuer können einzelne Aspekte der Verantwortung für das Gemeinwohl - wie zum Beispiel die oben angedeutete volkswirtschaftlich wünschenswerte Investitionsförderung – flexibler gehandhabt werden.
Auf der anderen Seite liefert die ökonomisch feststellbare Verfügungsmacht über knappe Ressourcen als Steuergegenstand aber einen Maßstab, mit dem die Bemessungsgrundlage dahingehend bewertet werden muß, ob jeder Steuerpflichtige dadurch einen gleichen Teil der Gruppenverantwortung trägt. Die Versorgung mit ökonomischer Verfügungsmacht ist ein "Gleichheitsindex"[139], an dem zu erkennen ist, ob sich verschiedene Individuen für die Zwecke der Besteuerung in gleichen Umständen befinden oder nicht.
Im Gegensatz zur Beliebigkeit der Festlegung einer Grenznutzenkurve durch die Politik, wird hier dem steuerrechtlichen Normgeber Einhalt geboten.
Das Leistungsfähigkeitsprinzip in Gestalt des Verfügungsmachtkonzeptes entspricht folglich den Anforderungen an ein sachgerechtes Besteuerungsprinzip.

C. Das Leistungsfähigkeitsprinzip und soziale Gerechtigkeit

Letztlich stellt sich noch die Frage, wie sich das Leistungsfähigkeitsprinzip im Hinblick auf gesellschaftspolitische Aspekte entwickelt hat und inwiefern es die Ziele einer sozialen Gerechtigkeit beinhaltet.

I. Entwicklung von sozialer Gerechtigkeit im Steuerrecht

1. Kameralismus

Wie bereits oben[140] angedeutet, begünstigte der Dreißigjährige Krieg im 17. Jahrhundert die Entstehung von unbegrenzter Souveränität der Landesherren

---

137 *Hensel,* Steuerrecht (1924), S. 60ff; *Gerloff,* Die öffentliche Finanzwirtschaft, Bd. I (1948), S. 172; *Biergans,* Zum Tatbestand der Besteuerung, FR 1985, 57, 57f.

138 *Ebnet*, Besteuerung des Wertzuwachses (1978), S. 40; *Kraft,* Steuergerechtigkeit und Gewinnermittlung (1991), S. 40.

139 *Hackmann*, Besteuerung des Lebenseinkommens (1979), S. 40.

140 siehe oben S. 29.

durch die Kriegsherrschaft und durch das verlorene politische Gewicht des Reiches. Mit dieser unumschränkten Macht der Territorialfürsten verbanden sich aber auch neue gesamtwirtschaftliche Ziele, mit denen der Not und Bedürftigkeit der Bevölkerung begegnet werden mußte. Im Hinblick auf diese gesellschaftspolitischen Ziele wurde das Schatzwesen der Fürsten, die *camerale*[141], vor neue Aufgaben gestellt. Dieser Aufgaben nahmen sich bald Spezialisten als Berater der Landesherren an, welche mit dem sog. Kameralismus ein System der landesfürstlichen Wohlstandspolizei entwickelten[142]. Dabei wurden staatswirtschaftliche Grundsätze erarbeitet und ökonomische Zusammenhänge erkannt.

Die Wirtschaft eines Volkes bestehe aus einer Vielfalt von Erzeugungszweigen (Landwirtschaft, Gewerbe und Manufaktur, Handel), welche, um den größten Ertrag für das Volk sicherzustellen, in ein gerechtes Gleichgewicht zu bringen seien[143]. Dazu bedürfe es einer staatlichen Gestaltungsordnung, so daß die wirtschaftliche Entwicklung ausschließlich durch unmittelbare Aktivitäten des Staates voranzutreiben sei[144]. Die allumfassende Staatsgewalt im totalitären und planwirtschaftlichen Denken der Kameralisten gestand sich selbst das Recht zu, die Mittel zum Zweck des Staates zu wählen[145].

In diesem Zusammenhang wurde auch die Besteuerung ein solches Mittel zur Erfüllung gesamtwirtschaftlicher Staatszwecke, wobei durch eine weise Regulierung der Steuerlast die nationale Wirtschaftskraft vergrößert werden sollte, um dadurch mittelbar die Staatseinnahmen zu steigern und die Machtstellung der Fürsten gegenüber ihren Untertanen zu stärken[146]. Dieser Wohlfahrtszweck erfaßte sowohl die Ausgabenpolitik des Staates wie aber auch die Ausgestaltung des Steuertatbestandes.

Praktische Finanzpolitik gewann insbesondere im Bereich des Außenhandels an Bedeutung, wobei hohe Zölle die Einfuhr ausländischer Waren verteuerten und

---

141 Hdb. Finanzwissenschaft-*Häuser*, Bd. 13. Auflage (1977), S. 41.

142 *Tautscher*, Steuer als Gestaltungsmittel, FinArch N.F. Bd. 9 (1943), 303, 303; Hdb. Finanzwissenschaft-*Tautscher*, Bd. I, 2. Auflage (1952), S. 388; *Knies*, Steuerzweck und Steuerbegriff (1976), S. 10; *Bodenheim*, Zweck der Steuer (1979), S. 112; *Brandt*, Geschichte der deutschen Volkswirtschaft, Bd. I (1993), S. 65.

143 *Mann*, Steuerpolitische Ideale (1937), S. 28; Hdb. Finanzwissenschaft-*Tautscher*, Bd. I, 2. Auflage (1952), S. 307; *Knies*, Steuerzweck und Steuerbegriff (1976), S. 121.

144 *Mann*, Steuerpolitische Ideale (1937), S. 28; Hdb. Finanzwissenschaft-*Tautscher*, Bd. I, 2. Auflage (1952), S. 389; *Haussherr*, Wirtschaftsgeschichte (1981), S. 229; *Brandt*, Geschichte der deutschen Volkswirtschaftslehre, Bd. I (1993), S. 54.

145 Hdb. Finanzwissenschaft-*Tautscher*, Bd. I, 2. Auflage (1952), S. 390; *Keller*, Dogmengeschichte (1955), S. 14f.; *Jenetzky*, Kameralismus (1977), S. 9; *Bodenheim*, Zweck der Steuer (1979), S. 112, insb. Fn. 88.

146 *Mann*, Steuerpolitische Ideale (1937), S. 48; *Knies*, Steuerzweck und Steuerbegriff (1976), S. 10; *Jenetzky*, Kameralismus (1977), S. 83; *Bodenheim*, Zweck der Steuer (1979), S. 112; *Brandt*, Geschichte der deutschen Volkswirtschaftslehre, Bd. I (1993), S. 67.

Zollvergünstigungen die Ausfuhr von Landesfabrikaten förderte[147]. Die Ertragsbesteuerung ermöglichte zudem die Förderung oder Hemmung verschiedener Erzeugungszweige durch unterschiedliche steuerliche Behandlung. Es wurde zum Beispiel einer Konzentration von Gewerben und Fabriken in einzelnen Gebieten mit der Auferlegung von höheren Abgaben in diesem Bereich begegnet, so daß der Staat aktiv Standortpolitik betrieb[148].
Es bleibt also festzuhalten, daß der Gedanke der Steuer als Instrument der Wirtschaftslenkung bereits im 17. Jahrhundert begründet wurde. Dabei ist aber zu beachten, daß allein die Totalität des wohlfahrtsstaatlichen Systems die Steuer mit den allgemeinen Staatszwecken verknüpfte, so daß noch nicht etwa materielle Prinzipien, sondern allein das Belieben der Landesfürsten den Steuerbegriff prägten[149]. Die Steuer hatte dabei stets nur den Zweck, den der Staat ihr vorgab.

2. Liberalismus

Die merkantilistische Schutzpolitik hatte insoweit Erfolg, als sich die Produktionsprozesse tatsächlich festigten und ausdehnten[150]. Je ausgewogener und stabiler sich die Volkswirtschaft aber zeigte, desto unerträglicher wurde für die Bürger die Einmischung und Bevormundung dieser Wirtschaft durch den Wohlfahrtsstaat mit seinem allumfassenden Wirkungsbereich[151]. Wie schon oben erörtert[152], setzten die Bürger dem staatsbezogenen Denken des Absolutismus die Betonung ihrer Freiheit entgegen und begegneten dem absolutistischen Steuerdruck mit einem wiederentdeckten Individualismus. Dem Staat wurden danach nur die Rechte zugestanden, welche ihm die Individuen im Gesellschaftsvertrag abgetreten hatten, und eine neue selbstbewußte Vernunft bildete die Grundlage der Erkenntnis[153]. Zweck des Staates sei eben nicht die planwirtschaftliche Wohlfahrtspflege, sondern die Durchsetzung eines durch diese Vernunft und nicht mehr durch landesväterliche Willkür legitimierten Systems[154].

---

147 *Knies*, Steuerzweck und Steuerbegriff (1976), S. 6f.; *Pohmer*, Steuern als Instrument der Staatsfinanzierung oder Wirtschaftslenkung, DStZ 1993, 577, 581.

148 Hdb. Finanzwissenschaft-*Häuser*, Bd. I, 3. Auflage, (1977), S. 41; *Jenetzky*, Kameralismus (1977), S. 86; *Bodenheim*, Der Zweck der Steuer (1979), S. 115.

149 vgl. *Bodenheim*, Zweck der Steuer (1979), S. 120f.

150 *Walz*, Steuergerechtigkeit (1980), S. 27; *Haussherr*, Wirtschaftsgeschichte (1981), S. 233; *Fellmeth*, Staatsaufgaben (1981), S. 32.

151 *Bodenheim*, Der Zweck der Steuer (1979), S. 123; *Walz*, Steuergerechtigkeit (1980), S. 27.

152 siehe oben S. 33f.

153 *Mann*, Steuerpolitische Ideale (1937), S. 204; Hdb. Finanzwissenschaft-*Mann*, Bd. I, 2. Auflage (1952), S. 81; *Brandt*, Geschichte der deutschen Volkswirtschaftslehre, Bd. I (1993), S. 131.

154 *v. Hayek*, Liberalismus (1979), S. 24f; *Walz*, Steuergerechtigkeit (1980), S. 39.

Indem jeder einzelne seinen vernünftigen, egoistischen Interessen nachgehe, entstünde eine ideale natürliche Ordnung mit einem sich selbst regulierenden Wirtschaftssystem. Ein naturgesetzlicher Verlauf der ökonomischen Handlungen bewirke im freien Spiel der Kräfte die höchste gesellschaftliche Wohlfahrt, so daß von nun an Privat- und Staatswirtschaft sich als zwei wesensverschiedenen Sphären gegenüberstanden[155]. Die Staatswirtschaft wurde dabei als ökonomisches Übel bewertet, da der Staatsverbrauch die durch private Hand geschaffenen Werte vernichte und dem Volkswohlstand schade. Diese liberalistische Doktrin macht eine Beschränkung der staatlichen Tätigkeit zu ihrem obersten Grundsatz und lehnt jeden Eingriff des Staates in die Wirtschaft ab[156]. Allein die völlige Freiheit der Privatwirtschaftssphäre läßt eine allgemeine gesellschaftliche Harmonie entstehen, wobei der Staat dazu bestimmt ist, diese Freiheit möglich zu machen und zu schützen[157].
Dieser liberale Staatszweck blieb nicht ohne Einfluß auf die Steuertheorien, welche nun – wie oben dargestellt[158] – die Steuer als Preis für den staatlichen Schutz der individuellen Freiheit ansahen. Daraus folgt, daß die Steuer nur im Rahmen der konkreten Gegenleistung gerechtfertigt, aber ansonsten als unproduktiv abzulehnen ist. Jeder fiskalische Eingriff störe den natürlichen Gang des Wirtschaftslebens, das weder staatlicher Lenkung noch staatlicher Hilfe bedürfe, so daß diese Eingriffe auf ein Mindestmaß zu beschränken seien und die gegebene Wirtschaftsstruktur unverändert lassen müsse[159].

---

155 *Mann*, Steuerpolitische Ideale (1937). S. 159; *Walz*, Steuergerechtigkeit (1980), S. 50; *Brandt*, Geschichte der deutschen Volkswirtschaftslehre, Bd. I (1993), S. 135.

156 Hdb. Finanzwissenschaft-*Mann*, Bd. I, 2. Auflage (1952), S. 89; *Knies*, Steuerzweck und Steuerbegriff (1976), S. 15; *Bodenheim*, Zweck der Steuer (1979), S. 123; vgl. in England die Regel des Nichtstuns "be quiet" von J. Bentham, Manual of political economy (1843), und das Schlagwort vom "Nachtwächterstaat", dazu *Keller*, Dogmengeschichte (1955), S. 23 und *Winkel*, Deutsche Nationalökonomie (1977), S. 41.

157 *Mann*, Steuerpolitische Ideale (1937), S. 209; *Bodenheim*, Der Zweck der Steuer (1979), S. 123; *Pohmer*, Steuern als Instrument der Staatsfinanzierung oder Wirtschaftslenkung, DStZ 1993, 577, 581.

158 siehe oben S. 30 und 34.

159 Diese Idee kann als sog. Edinburgher Regel ("leave them as you find them") bis in das 17. Jahrhundert bei W. Petty zurückverfolgt werden, vgl. *Hull*, The Economic Writings of Sir William Petty (1899), S . 32; *Bodenheim*, Der Zweck der Steuer (1979), S. 125. In Deutschland wurde diese Idee u.a. von Murhard, Theorie und Politik der Besteuerung (1884), S. 541 vertreten: "Gerecht kann eine öffentliche Abgabe nur dann sein, wenn sie die Steuerpflichtigen in derselben Vermögenslage läßt, worin solche bereits vor Einführung der Abgabe sich befunden hatten."; vgl. *Meyer*, Principien der gerechten Besteuerung (1884), S. 40; *Amonn*, Steuerliche Lastenverteilung, Jahrbücher für Nationalökonomie und Statistik Bd. 123 (1925) 165, 172; *Knies*, Steuerzweck und Steuerbegriff (1976), S. 16; *Walz*, Steuergerechtigkeit (1980), S. 52.

Hieraus ergaben sich auch Grundsätze für die Steuerverteilungslehre, welche insbesondere von *Adam Smith*[160] geprägt wurden, der die Steuerverteilung der Abwägung von öffentlichen und privaten Leistungen entnahm. Als Entgelt für staatlichen Schutz und um der volkswirtschaftlichen Produktivität möglichst wenig zu schaden, müsse die Steuer nach den Fähigkeiten verteilt werden[161]. Obwohl Smith noch dem Äquivalenzgedanken verhaftet war und somit eine Besteuerung nach den Fähigkeiten nicht im Sinne des Leistungsfähigkeitsprinzips zu verstehen ist[162], wird hier ein wichtiges Fundament der Steuerverteilung gelegt: Gleiche Fähigkeiten sind auch gleich zu besteuern.
Mithin hatte der Liberalismus zum einen die Ablehnung jeglicher Eingriffe des Staates in die liberale Wirtschaftsordnung durch die Besteuerung zur Folge, und brachte zum anderen die Forderung nach der Gleichmäßigkeit der Besteuerung hervor, die sich als Grundsatz horizontaler Gerechtigkeit bis heute erhalten hat.

2. Industrielle Revolution und soziale Frage

Es wurde bereits oben erläutert[163], daß sich der Individualismus in Deutschland nicht durchsetzen konnte, weil es dem Bürgertum an ökonomischer und politischer Stärke fehlte, um die aufklärerischen, liberalistischen Gedanken in der Praxis zu tragen. Insofern beschrieben die Ideale des Liberalismus nicht die Wirklichkeit einer sich selbst regierenden bürgerlichen Gesellschaft, sondern blieben im Grunde Absichtserklärungen einer revolutionären Ideologie[164]. Vielmehr setzte sich das romantische Staatsverständnis durch, nach dem alles Individuelle nur Sinn als Bestandteil des Staats als höherem Wesen hatte. Diese neue Staatstheorie beeinflußte auch das Wirtschaftsleben, welches nun nicht mehr dem freien Spiel der Kräfte unterworfen wurde; denn Selbstsucht und Eigennutz, die sich im Liberalismus zur höchsten gesellschaftlichen Wohlfahrt ausgleichen sollten, wurden jetzt als zerstörerisch für die Gemeinschaft abgelehnt und verstießen somit gegen die Gemeinwohlvorstellungen[165].

---

160 1793-1790

161 "The subjects of every state ought to contibute as nearly as possible in proportion of their respective abilities.", *Smith*, An Inquiry into the Nature and Causes of the Wealth of Nations (1776). S. 777.

162 *Mann*, Die Gerechtigkeit in der Besteuerung, in: Teschemacher (Hrsg.), FS für Schanz (1928), S. 113; ders., Steuerpolitische Ideale (1937), S. 147 und 225; *Jüptner*, Leistungsfähigkeit und Veranlassung (1989), S. 23.

163 siehe oben S. 34f.

164 *Bodenheim*, Der Zweck der Steuer (1979), S. 130.

165 *Keller*, Dogmengeschichte (1955), S. 231; *Winkel*, Deutsche Nationalökonomie (1977), S. 52; *Brandt*, Geschichte der deutschen Volkswirtschaftslehre, Bd. II (1993), S. 15.

Dieser Gemeinwohlvorstellung entsprach nicht nur – wie gesehen[166] – die Rechtfertigung der Steuer als sittlicher Pflicht zum Erhalt des Staates. Vielmehr wurde jetzt auch das Leistungsfähigkeitsprinzip, nach dem die Steuerverteilung erfolgte, durch diese Wohlfahrtsidee inhaltlich geprägt.

Zunächst versprach sich der Staat eine gesteigerte Wohlfahrt seiner Bürger durch die Industrialisierung der Wirtschaft[167]. Allerdings war die Wirtschaft in Deutschland im Vergleich zu England und Frankreich zu Beginn des 19. Jahrhunderts insofern unterentwickelt, als kaum Investitionen in den Sektor des Transport- und Rohstoffbereichs stattfanden, die Produktivität nur langsam anstieg und keine maschinelle, arbeitsteilige Massenproduktion erfolgte[168]. Statt dessen stand noch das Kleingewerbe in manufakturmäßiger Organisation im Vordergrund. Ein Schwerpunkt staatlicher Maßnahmen lag demnach in der Förderung der Industrialisierung, für die sich der Staat eine Gestaltungsaufgabe zuwies[169]. Beispiele für solche Maßnahmen sind die Gründung technischer Hochschulen, die Abschaffung der Zunftprivilegien und die Bildung umfangreicherer Märkte durch größere Zollräume[170].

Die Steuer ordnete sich als wirtschaftliches Opfer zum Erhalt des Ganzen in diesen System ein, indem sie - wie im Kameralismus – als Instrument zur Wirtschaftsförderung genutzt wurde. Im Rahmen der Leistungsfähigkeit des Steuerpflichtigen wurden also Steuern nicht nur zur allgemeinen Deckung des Finanzbedarfs, sondern auch gezielt zur Lenkung der Wirtschaft erhoben. Somit wurde das Leistungsfähigkeitsprinzip inhaltlich sowohl durch den Fiskal- als auch durch den Gestaltungszweck geprägt.

Aber nicht nur das Vorantreiben der Industrialisierung, sondern auch ihre Folgen beeinflußten das Leistungsfähigkeitsprinzip. Die Ausbreitung des Industriesystems seit Mitte des 19. Jahrhunderts, die Steigerung der Produktion und die Vergrößerung der Werke schufen Ballungen von Industriestätten mit Arbeitermassen[171]. Mit der Arbeiterschaft entstand eine neue Schicht, die als menschlicher Produktionsfaktor von der Wirtschaft verwertet wurde. Um die Laufzeiten der neu erfundenen Maschinen voll auszunutzen, wurde die Arbeitszeit ausgedehnt, während die Löhne als Kostenfaktor möglichst gering gehalten wurden,

---

166 siehe oben S. 35.

167 *Bodenheim*, Der Zweck der Steuer (1979), S. 132.

168 *Böhme*, Sozial- und Wirtschaftsgeschichte (1978), S. 15; *Fellmeth*, Staatsaufgaben (1981), S. 234.

169 Dies kann als herüberragende Wohlfahrtsidee im Rahmen der kameralistischen Tradition in Deutschland gedeutet werden, vgl. *Bodenheim*, Der Zweck der Steuer (1979), S. 131.

170 *Böhme*, Sozial- und Wirtschaftsgeschichte (1978), S. 15; *Bodenheim*, Der Zweck der Steuer (1979), S. 133.

171 *Ritter*, Deutsche Sozialgeschichte, Bd. II (1977), S. 36; *Böhme*, Sozial- und Wirtschaftsgeschichte (1978), S. 10; *Haussherr*, Wirtschaftsgeschichte (1981), S. 399.

so daß die zahlenmäßig immer größer werdende Klasse der Proletarier finanziell verarmte und biologisch und moralisch verfiel[172].
Diese sich stets ausweitende Kluft zwischen dem sozialen Elend der Arbeiter und dem Wohlstand der Eigentümer der Produktionsfaktoren und somit die immer ungleichmäßigere Verteilung von Vermögen und Einkommen stellte zwangsläufig die liberalistischen Ideale in Frage. Das freie Spiel der Kräfte führte in der Praxis offensichtlich nicht zu einer gerechten Ordnung, so daß die soziale Frage auf anderen Wegen gelöst werden mußte.
Zum einen wurde auf diese Problematik mit sozialistischen Reformideen geantwortet, welche auf die grundlegende, revolutionäre Änderung der Produktionsverhältnisse gerichtet waren und das Steuerrecht nicht beeinflußten[173]. Zum anderen wurde dem Grundsatz der horizontalen Gerechtigkeit in der Besteuerung aber die vertikale Gerechtigkeit zur Seite gestellt. Der Staat müsse nicht nur die Freiheit seiner Bürger sichern, sondern auch für ihre materielle Wohlfahrt sorgen, indem er die unerträglichen Ungleichheiten beseitigt[174]. Das Steuerrecht wurde dadurch in den Dienst dieses sozialpolitischen Ziels gestellt, daß es bewußt als Instrument der staatlichen Regulierung gesellschaftlicher Wohlstandsverhältnisse eingesetzt werden sollte[175].
Zu der Forderung nach gleichmäßiger Besteuerung, welche die ursprüngliche Einkommensverteilung unberührt läßt, kam jetzt die vertikal gerechte Besteuerung, welche eine höhere Leistungsfähigkeit auch entsprechend höher besteuern

---

172 *Böhme*, Sozial- und Wirtschaftsgeschichte (1978), S. 86; *Walz*, Steuergerechtigkeit (1980), S. 80; *Haussherr*, Wirtschaftsgeschichte (1981), S. 400.

173 *Marx*, Manifest der Kommunistischen Partei (1848), S. 547 forderte zwar eine progressive Besteuerung, sah diese aber nur als klassenkämpferisches Mittel für die Übergangszeit bis zur Erreichung einer sozialistischen Gesellschaftsordnung, welches die ökonomischen Verhältnisse nicht direkt verändern konnte, vgl. *Mann*, Steuerpolitische Ideale (1937), S. 284; *Walz*, Steuergerechtigkeit (1980), S. 81; *Birk*, Leistungsfähigkeitsprinzip (1983), S. 14.

174 vgl. *Mann*, Steuerpolitische Ideale (1937), S. 337; *Schmölders*, Gerechtigkeitspostulat, FinArch N.F. Bd. 23 (1965), 53, 59; *Knies*, Steuerzweck und Steuerbegriff (1976), S. 19; *Böckenförde*, Recht, Staat, Freiheit (1981), S. 193.

175 Bedeutendster Begründer dieses Steuerzwecks war A. Wagner, vgl. Finanzwissenschaft und Staatssozialismus (1883), S. 45 und *Koch*, Gesellschaftliche und steuerliche Gerechtigkeit, FinArch N.F. Bd. 23 (1965), 36, 42; *Keller*, Dogmengeschichte (1955), S. 238. Forderungen *Wagner*s waren: Steuerfreiheit des Existenzminimums (Finanzwissenschaft (1948) S. 405), stärkere Besteuerung des Unternehmensgewinns (ebd. S. 45) und des fundierten Einkommens (ebd. S. 456).

will. Damit glaubte man, erst jetzt die Postulate der Fähigkeitslehre zu verwirklichen[176].
Neben den oben beschriebenen Gestaltungsaufgaben wurde somit in der zweiten Hälfte des 19. Jahrhunderts auch die Umverteilung Bestandteil des Leistungsfähigkeitsprinzips.

II. Bewertung

1. Horizontale und vertikale Gerechtigkeit

Dem Steuerrecht werden im Zuge der skizzierten wirtschaftlichen und sozialen Entwicklung verschiedene Zwecke gesetzt: Je nachdem, ob die gegebene Einkommens- und Vermögensverteilung gebilligt oder mißbilligt wird, beschränkt sich die Besteuerung entweder auf die Deckung des Finanzbedarfs oder sie strebt die Korrektur dieser Verteilung an. Seit dem Ende des 19. Jahrhunderts wurden nun beide Zwecke als Ausdruck der Steuergerechtigkeit beurteilt; der Begriff "Leistungsfähigkeit" umfaßte einheitlich sowohl die finanzielle als auch die sozialpolitische Gerechtigkeit[177].
Es stellt sich die Frage, ob es tatsächlich zulässig ist, diese beiden Gerechtigkeitsaspekte mit dem Prinzip einer Besteuerung nach der Leistungsfähigkeit zu begründen.
Zunächst sind in diesem Zusammenhang die Inhalte dieser Gerechtigkeitsebenen herauszuarbeiten. Wie bereits oben angedeutet[178], betrifft die finanzielle oder auch horizontale Gerechtigkeit die Gleichmäßigkeit der Besteuerung und fordert die unterschiedslose Besteuerung gleicher Leistungsfähigkeit. Leistungsfähigkeit ist danach also der Begriff für einen Tatbestand, für empirische Sachverhalte, welche zum Zwecke der Besteuerung gleichwertig gemessen werden[179]. Leistungsfähigkeit bezeichnet somit eine Maßgröße, mit der die wirtschaftliche Kraft der Steuerpflichtigen bewertet und verglichen werden kann.

---

176 *Wagner*, Finanzwissenschaft und Staatssozialismus (1948), S. 83; "Die bisherige Steuertheorie und die moderne Steuergesetzgebung erkennen zwar mehr und mehr als leitenden Grundsatz für die Ausgestaltung des Steuersystems die "Besteuerung nach der wirtschaftlichen Leistungsfähigkeit" an, aber sie verfahren nicht nach diesem Grundsatze.", vgl. *Mann*, Steuerpolitische Ideale (1937), S. 306.

177 *Wagner*, Finanzwissenschaft und Staatssozialismus (1948), S. 45; vgl. *Amonn*, Steuerliche Lastenverteilung, Jahrbücher für Nationalökonomie und Statistik, Bd. 123 (1925), 165, 165; *Mann*, Steuerliche Lastenverteilung, Jahrbücher für Nationalökonomie und Statistik, Bd. 124 (1926), 30, 32; *Knies*, Steuerzweck und Steuerbegriff (1976), S. 19.

178 siehe oben S. 45.

179 *Frey*, Finanzpolitik und Verteilungsgerechtigkeit, FinArch N.F. Bd. 31 (1972/73), 1, 2; *Schneider*, Leistungsfähigkeitsprinzip, StuW 1984, 356, 357.

Demgegenüber stellt die sozialpolitische oder auch vertikale Gerechtigkeit die Forderung auf, eine höhere Leistungsfähigkeit relativ stärker zu besteuern, um die bestehende Einkommens- und Vermögensverteilung zu verändern. Auch dieses Umverteilungsziel wird unter das Leistungsfähigkeitsziel gefaßt, wobei es hier die Steuerquote beschreibt, also das Verhältnis der belastenden Steuerzahlungen zum besteuerten Tatbestand[180]. Auch hier wird mit dem Begriff Leistungsfähigkeit nach einer Maßgröße gesucht, aber nicht wie oben nach einem Vergleichsmaßstab, sondern nach einer Maßgröße für die Steuerlast. Inhaltlich kommt dem Leistungsfähigkeitsprinzip folglich im Sinne der unterschiedlichen Gerechtigkeitsaspekte auch jeweils eine andere Bedeutung zu.
Fraglich ist nun, ob es sachgerecht ist, beide Inhalte mit dem Leistungsfähigkeitsprinzip zu identifizieren.
Auf der einen Seite setzt vertikale Gerechtigkeit und die damit verbundene relativ stärkere Besteuerung höherer Leistungsfähigkeit voraus, daß die Steuerpflichtigen zuvor nach ihrer Leistungsfähigkeit geordnet und in eine Reihenfolge gebracht werden[181]. Für diese Einordnung bedarf es eines Vergleichsmaßstabes und mithin einer einheitlichen Maßgröße für Leistungsfähigkeit im Sinne horizontaler Gerechtigkeit. Das Leistungsfähigkeitsprinzip im Sinne einer horizontalen Gerechtigkeit geht also dem Leistungsfähigkeitsprinzip im Sinne einer Umverteilung logisch vor.
Auf der anderen Seite verbietet nicht nur dieses Rangverhältnis, das Leistungsfähigkeitsprinzip mit Gleichmäßigkeit der Besteuerung und mit Umverteilung gleichermaßen zu verbinden, sondern diese Bedeutungen sind auch inhaltlich widersprüchlich. Wenn sich unterschiedliche Grundverteilungen von Einkommen nach Zahlung der Steuer einander annähern sollen, wenn also aus Ungleichem Gleiches werden soll, müssen zwangsläufig auch ungleiche Kräfte wirken, so daß von einer gleichmäßigen Besteuerung gerade keine Rede mehr sein kann[182]. In diesem Sinne verschleiert der Begriff Leistungsfähigkeitsprinzip für das Streben nach vertikaler Gerechtigkeit das Ziel, nämlich die Umverteilung der gemessenen Leistungsfähigkeit. Bei diesem Umverteilungsziel handelt es sich zudem um ein Werturteil[183], bei dem das Ergebnis einer gleichmäßigen Besteuerung im Sinne horizontaler Gerechtigkeit als unzureichend bewertet wird. In welchem Maße aber die Steuerlast nun verändert werden muß, um eine vertikal gerechte Verteilung zu erreichen, kann wissenschaftlich nicht ermittelt

---

180 *Schneider*, Leistungsfähigkeitsprinzip, StuW 1984, 356, 357f; *Franke*, Zum Leistungsfähigkeitsprinzip, StuW 1984, 32, 34; *Puchta*, Gerechtere Steuergesetzgebung, StWa 1998, 217, 217.

181 *Radbruch*, Rechtsphilosophie (1973), S. 122; *Schneider*, Leistungsfähigkeitsprinzip, StuW 1984, 356, 360.

182 *Meyer*, Principien der gerechten Besteuerung (1884), S. 402; *Elschen*, Zum gemeinsamen Fundament der Steuerwissenschaften, StuW 1991, 99, 112.

183 siehe oben S. 25 und *Schneider*, Leistungsfähigkeitsprinzip, StuW 1984, 356, 361.

werden. Insbesondere ist der wissenschaftliche Erklärungsversuch, mittels der Opfertheorien einen Verteilungsmaßstab zu ermitteln, gescheitert.
Insofern stellt das Umverteilungsziel ein Sollensurteil dar, welches die empirische Wissenschaft – wie oben festgestellt[184] – nicht beurteilen kann. Die Vorbedingung dieses Sollensurteils, nämlich das Messen der Leistungsfähigkeit anhand eines nach objektiven Kriterien entwickelten sachgerechten Prinzips (Leistungsfähigkeitsprinzip) als Namen für dieses Sollensurteil selbst zu verwenden, ist irreführend[185].
Daher ist es nicht sachgerecht sowohl den Vergleichsmaßstab im Sinne horizontaler Gerechtigkeit als auch das Umverteilungsurteil im Sinne vertikaler Gerechtigkeit unter dem Begriff Leistungsfähigkeitsprinzip zusammenzufassen.

2.Iustitia commutativa und iustitia distributiva

Zum Ende des 19. Jahrhunderts wurden Steuern im sozialpolitischen Sinn dahingehend beurteilt, daß sie in die bestehende Rechts- und Wirtschaftsordnung eingreifen sollten[186]. Die Idee einer Rechts- *und* Wirtschaftsordnung war dabei aber erst im Laufe der Zeit entstanden.
Im totalitären System des Kameralismus entschied der Staat mit seiner allumfassenden Macht über die gesamtwirtschaftlichen Ziele, so daß allein öffentliches Recht über die Zuteilung von Wirtschaftsgütern und sowohl über die Angebot- als auch über die Nachfrageseite bestimmte. Von einer Wirtschaftsordnung konnte somit keine Rede sein[187].
Demgegenüber setzte das liberalistische System ausschließlich auf das freie Spiel der wirtschaftlichen Kräfte, in die der Staat in keiner Weise einzugreifen hatte, um das sich selbst regulierende Gleichgewicht und die gesellschaftliche Harmonie nicht zu stören. Insofern galt eine staatliche Rechtsordnung als verpönt[188].
Allerdings zeigte die Unfreiheit der Bürger im 17. und 18. Jahrhundert und ihr soziales Elend im 19. Jahrhundert, daß keines der beiden extremen Systeme zu einer zufriedenstellenden Lösung führte, so daß die Kombination einer zweige-

---

[184] siehe oben S. 25.
[185] *Vogel*, Steuergerechtigkeit, DStZ 1975, 409, 411; *Schneider*, Leistungsfähigkeitsprinzip, StuW 1984, 356, 360; *Franke*, Zum Leistungsfähigkeitsprinzip, StuW 1984, 32, 35, *Jachmann*, Leistungsfähigkeitsprinzip und Umverteilung, StuW 1998, 293, 297.
[186] Hdb. Finanzwissenschaft-*Schmidt*, Bd. II, 3. Auflage (1980), S. 160.
[187] siehe oben S. 41f und *Elschen*, Institutionale oder personale Besteuerung (1994), S. 190f.
[188] siehe oben S. 42 und *Elschen*, Institutionale oder personale Besteuerung (1994), S. 190f.

teilten Rechts- und Wirtschaftsordnung notwendig wurde. Mit dieser Zweiteilung korrespondieren auch zwei verschiedene Gerechtigkeitsebenen[189].
Zum einen bedarf es Verfahrensregeln für den Marktprozeß zwischen rechtlich gleichgeordneten Personen. Durch Austauschhandlungen am Markt in den Formen des privatwirtschaftlichen Verkehrs wird ein Gleichgewichtspreis gebildet und dadurch bestimmt, was dem einzelnen vom Gesamtprodukt zufällt[190]. Dieses Tauschergebnis wird nicht vom Staat vorgegeben, sondern die individuelle Wahl der Bürger, ihre Reaktion auf ungewisse Wertentwicklungen, Risiken und Erwartungen für die Zukunft werden akzeptiert[191]. Dieser Austauschprozeß wird durch Ordnungsregeln geschützt, wobei der Maßstab hierfür die Tauschgerechtigkeit (=iustitia commutativa) ist.[192]
Zum anderen muß aber auch die Beziehung zwischen dem Staat als übergeordneter Institution und den ihm untergeordneten Bürgern gerecht geregelt werden. Dies geschieht auf Ebene der zuteilenden Gerechtigkeit (=iustitia distributiva)[193]. Zuteilung meint in diesem Sinne aber nicht - wie im Kameralismus -, daß der Staat den einzelnen die Ausübung privater Macht nach seinem Belieben zuteilt und die Staatsbürger zu gesamtwirtschaftlichen Zielen zwingt, sondern im Gegenteil tritt der einzelne an den Staat einen Teil seiner persönlichen Macht ab[194]. In bezug auf das Steuerrecht überträgt der Bürger – wie oben erörtert – dabei einen Teil seiner ökonomischen Verfügungsmacht auf den Staat, wofür es keine marktergebnisorientierte kollektive Normvorstellung gibt[195]. Vielmehr sind die Interessen von Fiskus und Steuerpflichtigen entgegengesetzt, wobei die Eigeninteressen der Bürger vor der Besteuerungsmacht des Staates zu bewahren sind.
Das Steuerrecht dient folglich dem Schutz der ökonomischen Verfügungsmacht und muß das Streben des einzelnen nach persönlichem Wohlstand respektieren

---

189 Die folgende Unterscheidung geht zurück auf die Nikomachische Ethik von Aristoteles, 1130b; vgl. *Neumann,* Steuer nach der Steuerfähigkeit, Jahrbücher für Nationalökonomie und Statistik, Bd. 35 (1869), S. 526ff, insbes. 545.

190 *Amonn,* Steuerliche Lastenverteilung, Jahrbücher für Nationalökonomie und Statistik, Bd. 123 (1925), 165, 165.

191 vgl. *Fellhauer,* Liberalismus und Verteilungsgerechtigkeit (1994), S. 36.

192 *Dahm,* Deutschen Recht (1951), S. 16; *Tipke,* Steuergerechtigkeit (1981), S. 10; *Kaufmann,* Rechtsphilosophie (1989), S. 36; *Coing,* Grundzüge der Rechtsphilosophie (1993), S. 193.

193 *Radbruch,* Rechtsphilosophie (1973), S. 122f; *Kaufmann,* Rechtsphilosophie (1989), S. 36; *Elschen,* Institutionale oder personale Besteuerung (1994), S. 232.

194 *Elschen,* Institutionale oder personale Besteuerung (1994), S. 194.

195 Hier wird noch einmal der Unterschied zwischen dem Verfügungsmacht- und dem Opferkonzept deutlich, siehe oben S. 35ff und 40ff.

und als Ausgangspunkt der Besteuerung anerkennen[196]. Eine gesamtwirtschaftliche Zielsetzung, wie sie das Umverteilungspostulat erfordert, verfehlt somit den Sinn der distributiven Gerechtigkeit, nämlich den Schutz des Steuerpflichtigen vor staatlicher Willkür. Die Entziehung ökonomischer Verfügungsmacht zu Steuerzwecken nach der iustitia distributiva mit ihrem Maßstab der Leistungsfähigkeit ist folglich vom Umverteilungspostulat streng zu trennen.
Schließlich steht dieser Ansatz auch einer Besteuerung entgegen, die nicht an die ökonomische Verfügungsmacht, sondern an ein davon unabhängiges Verhalten anknüpft, wie dies seit dem Kameralismus bei sog. Gestaltungs- oder Lenkungsnormen der Fall ist. Diese sollen in die Tauschbeziehungen der Bürger lenkend eingreifen, um diese ins Gleichgewicht zu bringen oder darin zu halten. Dabei wird aber verkannt, daß ein im Wettbewerb entstandenes Ungleichgewicht nicht einfach durch eine diesem Ungleichgewicht äquivalente, modifizierte Steuerzahlung kompensiert werden kann, weil Wettbewerbsvor- und -nachteile eben nicht derart quantifizierbar sind[197]. Ein kommutatives Ungleichgewicht kann nicht durch distributive Maßnahmen, sondern nur durch Veränderung der Ursachen im kommutativen Recht beseitigt werden. Lenkungssteuern vermischen die beiden Gerechtigkeitsebenen und verschleiern somit die Ursachen und verhindern ihre Bekämpfung.
Folglich sind die distributive Gerechtigkeit und das Leistungsfähigkeitsprinzip auch vom Lenkungszweck der Steuern zu trennen.

3. Ergebnis

Diese Trennung zwischen horizontaler und vertikaler sowie zwischen kommutativer und distributiver Gerechtigkeit soll nicht aussagen, daß eine Umverteilung von Einkommen und Vermögen oder die Lenkung der Verwendung dieser Ressourcen durch das Steuerrecht unzulässig ist. Bei der Erfüllung seiner Aufgaben sollte der Staat die ihm zur Verfügung stehenden Instrumente vielmehr so nutzen, daß diese Ziele bestmöglich realisiert werden[198], wobei die Eignung der Steuer als unmittelbares Instrument nicht von vornherein ausgeschlossen ist. Aber jede Diskussion über die Verwirklichung dieser Ziele ist sinnlos, wenn die Gerechtigkeitsebenen dabei vermengt werden und die Wirkungen der Steuern

---

196 *Kirchhof*, Der verfassungsrechtliche Auftrag zur Besteuerung nach der finanziellen Leistungsfähigkeit, StuW 1985, 319, 325; *Lang*, Verantwortung der Rechtswissenschaft für das Steuerrecht, StuW 1989, 201, 209; *Elschen*, Institutionale oder personale Besteuerung (1994), S. 247f; *Elicker* Kritik der direkt progressiven Einkommensbesteuerung, StuW 2000, 3, 15.

197 *Vogel*, Steuergerechtigkeit, DStZ 1975, 409, 410; *Elschen*, Institutionale oder personale Besteuerung (1994), S. 254ff.

198 *Pahlke*, Steuerpolitische Grundsatzfragen, FinArch N. F. Bd. 28 (1968/69), 42, 48; *Bea/Fischer*, Steuerpolitische Grundsatzfragen, FinArch N. F. Bd. 29 (1970), 17, 27.

auf die einzelnen Ebenen nicht unterschieden werden können, weil alles unter das Schlagwort "Leistungsfähigkeitsprinzip" gefaßt wird. Im Grunde richtige Ansätze, die steuerrechtliche Normen nach ihrer Wirkung abschichtend überprüfen wollen[199], müssen scheitern, solange Leistungsfähigkeit nicht nur als steuerliche, vergleichende Maßgröße, sondern auch als gerechter (Um-) Verteilungsmaßstab undifferenziert eingesetzt wird[200].
Folglich ist es in unserer Rechts- und Wirtschaftsordnung sowohl nicht sachgerecht, als auch unzulässig steuerliche Lenkungs- und Umverteilungsnormen unter den Begriff Leistungsfähigkeitsprinzip zu fassen oder mit diesem Prinzip zu begründen.

---

199 *Birk*, Leistungsfähigkeitsprinzip (1983), S. 267; *Söhn*, Neuordnung des Einkommensteuerrechts, ZRP 1988, 344, 346; *Schäuble*, Steuerpolitik als gesetzgeberische Aufgabe, in: Kirchhof (Hrsg.), FS für Klein (1994), S: 248f; *Weber-Grellet*, Der Steuerstaat, in: Düwell (Hrsg.), FS für Posser (1997), S. 407; *Hiller*, Steuerreform, StWa 1998; 37, 37; *Kirchhof*, Steuergleichheit durch Steuervereinfachung, DStJG 21 (1998), 9, 23ff.

200 So *Birk*, Leistungsfähigkeitsprinzip (1983), S. 259 und 263; vgl. auch *Tipke*, Über "richtiges" Steuerrecht, StuW 1988, 262, 273: "Es mag auf sich beruhen, ob es nötig und zweckmäßig ist, auch zwischen Fiskalzwecknormen und Umverteilungsnormen zu unterscheiden."; *Bockelberg*, Progressive Besteuerung nach der Leistungsfähigkeit , BB 1971, 925, 927 *Raupach*, Erfahrungen aus der Steuergesetzgebung, StbJb 1998/99 7, 20.

Teil 2: Die gegenwärtige Diskussion um das Leistungsfähigkeitsprinzip in Wissenschaft und Rechtsprechung

Die Darstellung und Bewertung der dogmatischen und historischen Grundlagen zieht die Frage nach sich, welche Bedeutung dem Leistungsfähigkeitsprinzip gegenwärtig zuzumessen ist.

A. Kritik in der Literatur

Die Kritik, welche das Leistungsfähigkeitsprinzip in der Literatur[201] erfährt wird auf unterschiedliche Ansätze und Argumente gestützt.

I. Das Leistungsfähigkeitsprinzip als Leerformel

Zum Teil wird der Verzicht auf die Leistungsfähigkeit als sachgerechtes Prinzip für die Besteuerung postuliert, weil es keinerlei materiellen Aussagen enthalte[202].

Gerade in älterer Kritik bezieht sich dieser Vorwurf noch auf die Auslegung der Leistungsfähigkeit im Sinne des Opferkonzeptes[203], da aus diesem Konzept resultierenden Vorschriften für die Steuerlastverteilung willkürlich seien. Dies wird damit begründet, daß die Voraussetzungen der Opfertheorie weder numerisch bestimmt, noch empirisch überprüft werden könnten[204]. Diese Ansicht schließt somit daraus, daß eine Messung und Festlegung des Opfers als Nutzenentgang der Steuerpflichtigen sowie die Bestimmung eines Tarifverlaufs nicht möglich sind, auf den Charakter des Leistungsfähigkeitsprinzips als inhaltsleer. Wie bereits oben erläutert[205], ist die Gleichsetzung von Leistungsfähigkeitsprinzip und Opfertheorie sowohl wegen der Unhaltbarkeit ihrer Bedingungen als auch wegen ihrer Zielsetzungen nicht sachgerecht. Insoweit ist also

---

201 Im folgenden wird bewußt nicht zwischen finanzwissenschaftlichem und rechtswissenschaftlichem Schrifttum unterschieden (so *Birk*, Leistungsfähigkeitsprinzip (1983), S. 23ff), da eine solche Trennung die Wechselwirkungen zwischen beiden Disziplinen verkennt und die Argumentationsmöglichkeiten unnötig einengt.

202 *Littmann*, Ein Valet dem Leistungsfähigkeitsprinzip, in: Haller/Kullmer/Shoup/Timm (Hrsg.), FS für Neumark (1970), S. 133; *Gandenberger*, Theorie und Praxis des finanzpolitischen Interventionismus, FinArch N.F. Bd. 31 (1972/73), 354, 355.

203 Dazu siehe oben S. 35ff.

204 *Littmann*, Ein Valet dem Leistungsfähigkeitsprinzip, in: Haller/Kullmer/Shoup/Timm (Hrsg.), FS für Neumark (1970), S. 117.

205 siehe oben S. 35ff.

die Kritik zusammen mit dem ihr zugrundeliegenden Opferkonzept zurückzuweisen.

Allerdings werden auch in der aktuellen Diskussion ohne jeglichen Bezug zu den Opfertheorien die Gefahren des Leistungsfähigkeitsprinzips als Leerformel ins Felde geführt. Wie oben gesehen, wurde das Leistungsfähigkeitsprinzip im Laufe seiner Entwicklung mit unterschiedlichen Inhalten ausgefüllt und in den Dienst gegensätzlicher Ideale gestellt. Dies eröffnet auch heute noch dem Gesetzgeber, der Opposition und den Interessengruppen die Möglichkeit, ihre jeweiligen steuerpolitischen Forderungen mit einer Besteuerung nach der Leistungsfähigkeit zu begründen, und sei es mit dem Argument, daß man selbst von der Steuer verschont bleiben müsse, weil doch die anderen viel leistungsfähiger seien[206].

Folglich werde das Leistungsfähigkeitsprinzip mit scheinbar beliebigem Inhalt ausgefüllt[207]. Nach Ansicht der Kritiker birgt diese Unbestimmtheit die Gefahr, daß durch die Berufung auf das Leistungsfähigkeitsprinzip eine Auseinandersetzung mit den konkreten systematischen Argumenten unterbleibt; statt Auslegungsergebnisse oder steuerpolitische Reformen zu begründen, würden sie einfach unter Berufung auf das Leistungsfähigkeitsprinzip behauptet[208].

Fraglich ist aber zunächst, ob diese Feststellungen aus der politischen Praxis mit einem Mangel des theoretischen Prinzips in Zusammenhang gebracht werden können. Dabei ist zu beachten, daß die Politik an der Festlegung konkreter Ziele, an denen der Erfolg des eigenen Handelns gemessen werden könnte, gar nicht interessiert ist[209]. Es geht ihr nicht um die richtige Deutung eines Prinzips, sondern um Wählerstimmen. Diese Wählerstimmen sind bei der konsequenten inhaltlichen Festlegung, Verfolgung und Umsetzung des Leistungsfähigkeitsprinzips aber gerade gefährdet, weil es dabei zu Mehrbelastungen von einzelnen Gruppen und somit zu Stimmverlusten kommen kann.

---

206 *Schmidt*, Steuerprogression (1960), S. 43; *Loritz*, Systemgerechte Einkommensteuer, StuW 1986, 9, 15; *Bach*, Perspektiven des Leistungsfähigkeitsprinzips, StuW 1991, 116, 133; *Tipke*, Steuerrechtsordnung, Bd. I (2000), S. 248ff; *Schmidt*, Besteuerung nach der Leistungsfähigkeit, JbFSt 1995/96, 31, 32; *Gassner/Lang*, Leistungsfähigkeitsprinzip, Gutachten zum 14. ÖJT (2000), Bd. III/1, S. 73.

207 vgl. *Littmann*, Ein Valet dem Leistungsfähigkeitsprinzip, in: Haller/Kullmer/Shoup/Timm (Hrsg.), FS für Neumark (1970), S. 63: "Das Leistungsfähigkeitsprinzip ist doch nur noch der Mörtel, der die immer größer werdenden Fugen des berstenden Mauerwerks in unserem Fache überdeckt, der die politischen Alternativen und Spannungen jeglicher Steuerpolitik mit der glatten Oberfläche einer angeblichen objektiven Neutralität verputzt."; *Gassner/Lang*, Leistungsfähigkeitsprinzip, Gutachten zum 14 ÖJT (2000), Bd. III/1, S. 63.

208 *Gassner/Lang*, Leistungsfähigkeitsprinzip, Gutachten zum 14. ÖJT (2000), Bd. III/1, S. 67.

209 *Tipke*, Steuerrechtsordnung, Bd. I (1993), S. 499; *Klein*, Steuermoral und Steuerrecht (1997), S. 162.

Es ist aus Sicht der Politik daher günstiger, das Leistungsfähigkeitsprinzip als abstrakten Grundsatz zu belassen, damit es variabel einsetzbar und politischem Opportunismus offen bleibt. Die von den Kritikern angeführten Gefahren ergeben sich daher aus der machtorientierten politischen Praxis, welche die konsequente Befolgung eines Besteuerungsprinzips scheut, und daher keinen Inhalt bestimmen *will*. Dieser mangelnde Wille darf aber nicht damit verwechselt werden, daß der Inhalt des Leistungsfähigkeitsprinzips schon theoretisch nicht bestimmt werden *kann*.
Weiterhin ist zu prüfen, welche Folgen aus der Bewertung des Leistungsfähigkeitsprinzips als Leerformel gezogen werden.
Statt des Leistungsfähigkeitsprinzips seien nach Ansicht der Kritiker die Systematik und die Zielsetzungen der geltenden Rechtslage aufzuarbeiten und als Grundlage für solide Rechtspolitik heranzuziehen[210]. Tragende Prinzipien des Ertragsteuerrechts – wie zum Beispiel das Imparitätsprinzip, Finanzierungsneutralität und Besteuerungsneutralität – müßten ausgebildet und nach einem inneren System geordnet werden[211]. Dabei räumen die Kritiker der Leistungsfähigkeit aber selbst ein, daß es sich bei diesen Prinzipien um rechtspolitische Entscheidungen handele, die keine alleinige Richtigkeit oder Zweckmäßigkeit beanspruchen könnten[212]. Dieses Heranziehen politischer Wertentscheidungen zur Herausbildung eines sachgerechten Steuersystems ist problematisch.
Wenn die im geltenden Steuerrecht verankerten Prinzipien ein inneres System, nach welchem sich die Steuerpolitik zu richten habe, hervorbringen soll, dann werden die darin getroffenen Wertentscheidungen unkontrolliert hingenommen. Allerdings können solche "Sollenspostulate" in unendlich großer Zahl entwickelt werden, so daß das bloße Zustandekommen eines Postulats nichts darüber aussagt, ob sich dieses in der Wirklichkeit des menschlichen Zusammenlebens bewähren wird[213]. Werden sie trotzdem als Grundlage für Steuerpolitik herangezogen, so bedeutet dies Rechtspositivismus mit allen seinen oben[214] beschriebenen Nachteilen. Vielmehr müssen die im geltenden Steuerrecht getroffenen Entscheidungen selbst einer Kritik unterzogen werden können. Dabei nimmt das Leistungsfähigkeitsprinzip zwar dem Gesetzgeber die Grundentscheidungen – zum Beispiel bezüglich der Wahl der Bemessungsgrundlage – nicht aus der Hand, bietet aber einen Maßstab für die Vereinbarkeit verschiedener Entscheidungen untereinander und bestimmt vor allem, welche Konsequenzen sich zwingend daraus ergeben. Die begriffliche Offenheit des Leistungsfä-

210 *Gassner/Lang*, Leistungsfähigkeitsprinzip, Gutachten zum 14. ÖJT (2000), Bd. III/1, S. 118.
211 ebd.
212 ebd. S. 119.
213 *Goutier*, Evolutionäre Erkenntnistheorie, StuW 1989, 18, 23.
214 siehe oben S. 22ff.

higkeitsprinzips für verschiedene Grundwertungen führt bei seiner Umsetzung also gerade nicht zu Beliebigkeit und Willkür[215].
Statt den Bereich der Wertungen aus dem Rechtsbegriff auszunehmen, auf das Gebiet der Politik abzudrängen und damit wie im Positivismus unkontrolliert zu lassen, muß der Umfang des Rechts um die Ebene von Prinzipien erweitert werden. Der politische Bereich wird durch Prinzipien Bestandteil der Rechtsordnung. Wegen dieser Ebene ist das Recht zwar gegenüber Wertungen inhaltlich offen, aber strukturell geschlossen[216].
Insofern stellt das Leistungsfähigkeitsprinzip keine Leerformel dar, auf die im Steuerrecht verzichtet werden könnte.

II. Nivellierung durch Besteuerung nach der Leistungsfähigkeit

Ein weiterer kritischer Ansatz stellt nicht auf die Gefahren des Leistungsfähigkeitsprinzips als Leerformel ohne greifbaren Inhalt ab, sondern warnt im Gegensatz dazu gerade vor dem gefährlichen Inhalt bezüglich Herleitung, Grund und Ergebnis einer Besteuerung nach der Leistungsfähigkeit.
Dieser Inhalt werde zunächst mit der Feststellung hergeleitet, ein wirtschaftlich Stärkerer könne auch mehr an Belastung tragen[217]. Diese Tatsache werde aber durch das Leistungsfähigkeitsprinzip zu einem Sollensurteil erhoben, das besagt, daß demjenigen Bürger mehr genommen werden soll, der mehr geben kann. Ein solches Prinzip leite die Berechtigung des Staates, jemanden mit einer Steuer zu belegen, aus dessen bloßer Möglichkeit, die Steuer auch bezahlen zu können, ab. Daher sei das Leistungsfähigkeitsprinzip kein Ausdruck von Legitimation, sondern ein Begriff purer Staatsgewalt, die dem Bürger nur dann seine Freiheit läßt, wenn bei ihm nichts zu holen ist, wenn er also wirtschaftlich schwach bleibt oder wird. Nur diese "Freiheit nach unten"[218] werde durch das Leistungsfähigkeitsprinzip gewährt, während es jedes Bemühen, sich mit wirtschaftlicher Stärke nach oben abzusetzen, mit Steuern sanktioniere.
Das Leistungsfähigkeitsprinzip wird hier mit dem Inhalt hergeleitet, daß eine höhere Leistungsfähigkeit relativ stärker zu besteuern ist, was den Anforderun-

---

215 *Vogel*, Steuergerechtigkeit, DStZ 1975, 409, 411; *Walz*, Empfiehlt sich eine rechtsformunabhängige Besteuerung?, in: Verhandlungen des 53. DJT (1980), Bd. I Teil F, S. 42; *Franke*, Zum Leistungsfähigkeitsprinzip, StuW 1984, 32, 34; *Costede*, Zur dogmatischen Leistungsfähigkeit des Leistungsfähigkeitsprinzips, in: Karle'/Korn/Stahl, FS für Felix (1989), S. 34; *Schmidt*, Besteuerung nach der Leistungsfähigkeit, JbFSt 1995/96, 31, 42.

216 *Lang*, Verantwortung der Rechtswissenschaften für das Steuerrecht, StuW 1989, 201, 208; *Park*, Rechtsfindung (1999), S. 279.

217 vgl. zum folgenden: *Leisner*, Der Gleichheitsstaat (1980), S. 191ff; ders., Von der Leistung zur Leistungsfähigkeit, StuW 1983, 97, 98.

218 *Leisner*, Von der Leistung zur Leistungsfähigkeit, StuW 1983, 97, 97.

gen der vertikalen Gerechtigkeit[219] entspricht. Aufgrund dieser Gleichsetzung mit vertikaler Gerechtigkeit wird erst die Wertung möglich, daß eine Besteuerung nach der Leistungsfähigkeit Ausdruck unkontrollierbarer Herrschaft des Staates sei, weil Art und Ausmaß der Umverteilung eben nicht durch objektive Kriterien begrenzbar sind und dem Staat damit eine willkürliche Freiheitsbeschränkung offensteht. Diese Ansicht übersieht aber, daß von der Berufung auf das Leistungsfähigkeitsprinzip kein Umverteilungsurteil ausgehen kann, das den Staat berechtigt, einen Bürger stärker zu besteuern, weil dieser leistungsfähiger ist[220]. Wie oben angedeutet[221], handelt es sich vielmehr um einen Maßstabsbegriff für die Gleichmäßigkeit der Besteuerung, der es im Sinne horizontaler Gerechtigkeit möglich macht, Steuerpflichtige mit gleicher Leistungsfähigkeit auch gleich zu besteuern. Belastung nach der Leistungsfähigkeit bedeutet daher nicht, von der Möglichkeit zu besteuern auf die diesbezügliche Berechtigung zu schließen, sondern bietet lediglich einen Vergleichsmaßstab für die unterschiedlichen wirtschaftlichen Möglichkeiten der einzelnen Steuerpflichtigen. An diesem Maßstab muß sich das staatliche Handeln messen lassen, so daß die Staatsmacht sich nicht unkontrolliert entfalten kann, sondern der Bürger durch objektive Kriterien vor Willkür geschützt wird.
Bei der Annahme, das Leistungsfähigkeitsprinzip werde aus einer extremen Umverteilungszielsetzung hergeleitet, handelt es sich daher um ein Mißverständnis[222], welches aus der unsachgerechten Zusammenfassung horizontaler und vertikaler Gerechtigkeit unter den Begriff Leistungsfähigkeitsprinzip resultiert und bei differenzierter Betrachtung vermieden werden kann.
Weiterhin zielt die Kritik am Inhalt einer Besteuerung nach der Leistungsfähigkeit auf deren Grund und Ergebnis ab.
Begründung des Leistungsfähigkeitsprinzips sei eine Verpflichtung des Staates, überall eine gleiche Merklichkeit der Macht herzustellen, was nur gewährleistet sei, wenn dem Leistungsstärkeren mehr genommen werde als dem Leistungsschwächeren[223]. Indem sich niemand dieser Herrschaft entziehen könne, strebe dieses Prinzip nach absoluter Machtmaximierung. Im Ergebnis führe dies dann dazu, daß durch die Besteuerung weniger Unterschiede in der Leistungsfähigkeit bestünden. Das Leistungsfähigkeitsprinzip wirke einebnend und diene durch Nivellierung der wirtschaftlichen Kraft der Bürger auf niedrigem Niveau der Machtkonservierung und –verstärkung[224]. In diesem Sinne sei es eine Umschreibung der Herrschaftsform des Gleichheitsstaates.

---

219 siehe oben S. 47f.
220 vgl. *Birk*, Theoriendiskussion, StuW 1983, 293, 295.
221 siehe oben S. 49f.
222 *Elschen*, Zum gemeinsamen Fundament der Steuerwissenschaften, StuW 1991, 99, 111.
223 *Leisner*, Von der Leistung zur Leistungsfähigkeit, StuW 1983, 97, 99.
224 ebd. S. 100.

Dem ist zuzugeben, daß ein so ausgelegtes Leistungsfähigkeitsprinzip offensichtlich der freiheitlichen Rechts- und Wirtschaftsordnung widerspricht, da jegliche selbstverantwortliche Lebensgestaltung und Individualität durch die nivellierende Besteuerung verhindert würde. Jede Art von Eigeninitiative würde im Keim erstickt, wenn der Staat den Erfolg dieser Anstrengungen im Ergebnis durch die Steuern zunichte macht[225]. In unserer freiheitlichen Grundordnung kann folglich ein sachgerechtes Besteuerungsprinzip nicht darauf gerichtet sein, Unterschiede in der wirtschaftlichen Leistungsfähigkeit zu beseitigen, indem private Wirtschaftskraft durch den Staat jedem Bürger möglichst in gleichem Maße zugeteilt wird. Wie oben erläutert[226], tritt im Gegenteil der einzelne einen Teil seiner persönlichen ökonomischen Verfügungsmacht als Steuer an den Staat ab, wobei die Leistungsfähigkeit als Maßstab distributiver Gerechtigkeit den Bürger vor staatlicher Macht gerade schützt. Wenn die Kritik also das Leistungsfähigkeitsprinzip mit Merklichkeit der Staatsmacht und deren Maximierung in Verbindung bringt, so wird übersehen, daß Besteuerung nach der Leistungsfähigkeit von einem Umverteilungspostulat streng zu trennen ist.
Statt dessen zielt die freiheitliche Grundordnung darauf ab, für jedermann die tatsächlichen Voraussetzungen der Freiheit im Sinne einer Chancengleichheit zu schaffen und auszubauen[227], so daß sich jeder auch "Freiheit nach oben" erarbeiten kann. Dies betrifft den Bereich der iustitia commutativa, also das Verhältnis der Bürger im Wettbewerb untereinander. Nur wenn versucht wird, Mängel auf dieser Ebene mit einer Umverteilung auf der Einnahmeseite auszugleichen, trifft der Vorwurf einer blinden Nivellierung zu. Eine derartige Nivellierung ist nicht begrenzbar, selbst wenn keine absolute Gleichheit als Ergebnis gewollt wird, sondern die Anwendung des Leistungsfähigkeitsprinzips nur dazu führen soll, "das in der höheren Leistungsfähigkeit liegende größere Bedürfnisbefriedigungspotential und die höhere soziale Verantwortung"[228] angemessen zu erfassen. Sobald nivellierende Umverteilung durch Steuern im Bereich kommutativer Gerechtigkeit als Ziel anerkannt wird, hat sie die Tendenz, immer weiter getrieben zu werden, weil dieses Ziel um so besser erfüllt wird, desto stärker die Gleichheit ausgeprägt ist[229]. Jedenfalls fehlt es an einem Maßstab, der die Steuerpflichtigen vor diesen staatlichen Eingriffen schützt.
Somit verkennt die Kritik, welche dem Leistungsfähigkeitsprinzip soziale Nivellierung durch unkontrollierbare Staatsmacht vorwirft, daß Umverteilung auf

---

[225] *Kirchhof*, Der verfassungsrechtliche Auftrag zur Besteuerung nach der finanziellen Leistungsfähigkeit, StuW 1985, 319, 325; Hdb. des Staatsrechts-*Zacher* § 25 Rn 38; *Elicker*, Kritik der direkt progressiven Einkommensbesteuerung, StuW 2000, 3, 15.

[226] siehe oben S. 51.

[227] *Stern*, Staatsrecht, Bd. I (1984), S. 930; *Elicker*, Kritik der progressiven Einkommensbesteuerung, StuW 2000, 3. 16.

[228] *Birk*, Theoriendiskussion, StuW 1983, 293, 295.

[229] *Elicker*, Kritik der direkt progressiven Einkommensbesteuerung, StuW 2000, 3, 17.

der Ebene kommutativer Gerechtigkeit von einer Besteuerung nach der Leistungsfähigkeit im Sinne distributiver Gerechtigkeit zu trennen ist.

Folglich entsteht die Ablehnung der Herleitung, der Begründung und der Folgen einer Besteuerung nach der Leistungsfähigkeit daraus, daß ihr Inhalt durch Vermengung der verschiedenen Gerechtigkeitsebenen ermittelt wird, während die Vorwürfe bei differenzierter Betrachtung nicht haltbar sind.

III. Leistungsfähigkeit aufgrund von Durchbrechungen unbrauchbar und überflüssig

Eine weitere Ansicht erkennt, daß eine gerechte Verteilung von Einkommen und Vermögen durch eine Besteuerung nach der Leistungsfähigkeit nicht zu erreichen ist. Dies wird damit begründet, daß kein unmittelbarer, planbarer Zusammenhang zwischen der Wirkung der Steuer und dem Umverteilungsergebnis herzustellen ist. Vielmehr würden die Steuerpflichtigen durch die Besteuerung dazu veranlaßt, ihre Verhaltensweisen zu ändern[230], so daß das Leistungsfähigkeitsprinzip von diesen ungewollten Nebenwirkungen durchbrochen wird, und daß die vom Gesetzgeber mit der Steuer verknüpften Verteilungsziele zwangsläufig nicht erreichbar seien[231]. Da im Leistungsfähigkeitsprinzip die Reaktion der Steuerzahler auf die Steuerauflage und die daraus resultierende Verteilungsgerechtigkeit nicht berücksichtigt werde, müsse die Lösung das Gerechtigkeitsideal letztlich verfehlen[232].
Folglich kommt diese Meinung auch zu bereits oben festgestellten Ergebnis, daß Mängel im Bereich der Ausgangsverteilung, also auf Ebene der iustitia commutativa, nicht zufriedenstellend durch Maßnahmen auf der Einnahmeseite des Staates kompensiert werden können. Diese Einsicht führt die Kritiker allerdings nicht zu dem Schluß, Umverteilungsziele streng von einer Besteuerung nach der Leistungsfähigkeit zu trennen, sondern das Leistungsfähigkeitsprinzip wird neben einem solchen, gesamtwirtschaftlichen Verteilungsziel für überflüssig gehalten[233].

---

230 Beispiele für geänderte Verhaltensweisen seien: Überwälzungsbestrebungen, Anpassungen in den Arbeitsleistungen, Änderungen in den Konsum- und Sparentscheidungen, vgl. *Ulbrich*, Leistungsfähigkeitsprinzip (1975), S. 154.

231 *Pahlke*, Steuerpolitische Grundsatzfragen, FinArch N. F. Bd. 28 (1968/69), 42, 50; *Ulbrich*, Leistungsfähigkeitsprinzip (1975), S. 153ff.

232 *Ulbrich*, Leistungsfähigkeitsprinzip (1975), S. 154; *Loritz*, Systemgerechte Einkommensteuer, StuW 1986, 9, 13.

233 *Pahlke*, Steuerpolitische Grundsatzfragen, FinArch N. F. Bd. 28 (1968/69), 42, 51; *Ulbrich*, Leistungsfähigkeitsprinzip (1975). S. 156.

Nur der durch die Steuern bewirkte Verteilungszustand lasse die Beurteilung zu, ob die Steuer gerecht auferlegt ist oder nicht; da ein allgemeines Verteilungsergebnis angestrebt werde, könne es ein spezifisches, steuerliches Gerechtigkeitsproblem nicht geben. "Iustitia distributiva" habe gerade dieses volkswirtschaftliche Verteilungsergebnis zum Inhalt und sei daher nicht in einzelne Aspekte unterteilbar[234], so daß die Konstruktion des Leistungsfähigkeitsprinzips als Teil der distributiven Gerechtigkeit im Steuerrecht im Hinblick darauf, wie Einkommen und Vermögen verteilt werden soll, unbrauchbar sei.
Nach dieser Ansicht trägt die Besteuerung ausschließlich dazu bei, kollektive Verteilungsziele zu verwirklichen, so daß Ergebnisse einzelner Steuerbürger eines eigenen Gerechtigkeitsurteils nicht bedürfen[235]. Allerdings verbietet es sich – wie oben erörtert[236] –, die Eigeninteressen der Steuerpflichtigen diesen gesellschaftlichen Zielen zu unterwerfen, sondern diese Interessen sind im Gegenteil vor staatlicher Willkür zu schützen. In diesem Sinne dienen Prinzipien im Steuerrecht der Begrenzung der von den Individuen an den Staat abgetretenen Besteuerungsmacht[237], wobei sich auch die Funktion einer spezifischen distributiven Gerechtigkeit[238] im Steuerrecht zeigt. Wenn man die individuellen Rechte der Steuerpflichtigen anerkennt, dann zeigt sich das Leistungsfähigkeitsprinzip nicht als überflüssiger Teil eines gesamtwirtschaftlichen Verteilungssystems, sondern es gewinnt als Maßstab distributiver Gerechtigkeit eine große Bedeutung im Hinblick auf den Schutz dieser Rechte.

Des weiteren wird dem Leistungsfähigkeitsprinzip nicht allein vorgeworfen, wegen des nur mittelbaren Zusammenhangs zwischen der Wirkung der Steuer und dem Umverteilungsziel von ungewollten Nebenwirkungen durchbrochen zu werden. Die Kritik zielt auch darauf ab, daß das Steuerrecht – wie die Darstellung der ideengeschichtlichen Grundlagen gezeigt hat[239] – in den Dienst von wirtschaftspolitischen Gestaltungsaufgaben gestellt wird. Somit findet eine Durchbrechung des Leistungsfähigkeitsprinzips auch dahingehend statt, daß der

---

234 *Pahlke*, Steuerpolitische Grundsatzfragen, FinArch N. F. Bd. 28 (1968/69), 42, 50.

235 In diesem Falle wäre das Leistungsfähigkeitsprinzip als spezifisches steuerrechtliches Gerechtigkeitsurteil tatsächlich überflüssig, vgl. schon Seligman, Theorie of Progressive Taxation, 8 Pol. Sci. Q (1893): "If the equalizing of fortunes were one of the acknowledged functions of government, it would be useless to perfect any science of finance. There would be only one simple principle: confiscate the property of the rich and give it to the poor".

236 siehe oben S. 51.

237 vgl. *Kirchhof*, Der verfassungsrechtliche Auftrag zur Besteuerung nach der finanziellen Leistungsfähigkeit, StuW 1985, 319, 321; *Elschen*, Institutionelle oder personale Besteuerung (1994), S. 248.

238 Dies ist als Zuteilung eines Teils der ökonomischen Verfügungsmacht von Steuerpflichtigen auf den Staat einzuordnen, siehe oben S. 51f.

239 siehe oben S. 41ff.

Gesetzgeber mit der Besteuerung bewußt die Produktivkräfte im Hinblick auf gesamtgesellschaftliche Ziele wie Vollbeschäftigung, Preisstabilität und Wirtschaftswachstum lenkt. Für diese Lenkungsnormen wird nicht die Leistungsfähigkeit der Steuerpflichtigen als Maßstab herangezogen, sondern sie werden danach beurteilt, ob sie das mit ihnen verknüpfte Ziel verwirklichen.
Das Bestehen von Lenkungsnormen im Steuerrecht wirft nach Ansicht der Kritiker[240] deshalb Probleme auf, weil sachgerechte Besteuerungsprinzipien nur in der Auseinandersetzung mit dem geltenden Recht ermittelt werden können. Das Leistungsfähigkeitsprinzip könne in diesem Sinne nicht sachgerecht sein, da es mit diesen Lenkungssteuern weite Bereiche des geltenden Steuerrechts eben nicht erfasse. Ein Prinzip, welches eine so große Zahl von Ausnahmen erfahre, stelle gerade keine allgemeingültige Regel dar[241].
Dieser Ansicht kann mit einem Blick auf die Wirkungsweise von Lenkungsnormen begegnet werden. Der Steuergesetzgeber gestaltet die Wirtschaftspolitik mittels des Steuerrechts, indem er die bestehenden Steuergesetze so verändert, daß die Steuerpflichtigen auf diese Veränderung mit einem bestimmten, erwünschten Verhalten reagieren. Durch die Abweichung von der Steuerstruktur soll also der entsprechende Anreiz für die Privatwirtschaft geschaffen werden[242]. Um nun allerdings eine Lenkungssteuer wirksam einsetzen zu können, muß ermittelbar sein, worauf diese Steuer ihren Einfluß entfaltet. Eine Abweichung von der Steuerstruktur ist in ihren Auswirkungen nur planbar, wenn die Beschaffenheit dieser Steuerstruktur genau bekannt ist. Sinnvolle Lenkungspolitik im Wege der bewußten Durchbrechung des bestehenden Besteuerungssystems spricht nicht gegen das Bestehen eines solchen prinzipiengeleiteten Systems, sondern setzt es gerade voraus.
Ohne eine Steuerstruktur als Basis für den Einsatz von Lenkungsnormen müßte jede einzelne Maßnahme hinsichtlich ihrer Folgewirkungen isoliert betrachtet werden. Eine solche Bewertung bezöge die Wirksamkeit einer Lenkungssteuer auf den jeweiligen status quo und wäre somit zufallsbedingt[243]. Dagegen bildet die Besteuerung nach der Leistungsfähigkeit ein System, welches der Gestaltungswirkung von Steuern als Maßstab dient, und somit als Regel auch durch die zahlreichen Ausnahmen nichts von seiner Allgemeingültigkeit verliert.

---

240 *Kruse*, Steuerspezifische Gesetzesbindung, DStJG Bd. 5 (1982), 71, 80; *Loritz*, Systemgerechte Einkommensteuer, StuW 1986, 9, 14; *Wieland*, Steuerliche Wohneigentumsförderung, in: Fürst/Herzog/Umbach (Hrsg.), FS für Zeidler (1987), S. 750; *Gassner/Lang*, Leistungsfähigkeitsprinzip, Gutachten zum 14 ÖJT, (2000), Bd. III/1 S. 121.
241 ebd.
242 *Surrey/Sunley*, Generalbericht, CDFI Bd. LXIa (1976), S. 111; *Kirchhof*, Der verfassungsrechtliche Auftrag zur Besteuerung nach der finanziellen Leistungsfähigkeit, StuW 1985, 319, 326; *Bilgery*, Die steuerrechtlichen Vergünstigungsnormen (1988), S. 13.
243 *Vogel*, Abschichtung, StuW 1977, 97, 118; *Birk*, Rezension, StuW 1980, 68, 69.

Allerdings hat diese Beziehung von Regel und Ausnahme, also von einer Besteuerung nach der Leistungsfähigkeit und einer wirtschaftslenkenden Besteuerung zur Voraussetzung, daß tatsächlich eine Trennung zwischen diesen verschiedenen Zielsetzungen erfolgen kann. Es muß deutlich werden, mit welchen Normen der Gesetzgeber die Wirtschaftsordnung gestalten will und welche Normen die Leistungsfähigkeit der Steuerpflichtigen so besteuern sollen, daß die wirtschafts- und sozialpolitischen Parameter unverändert bleiben.
Die Möglichkeit einer derartigen Trennung wird in der Literatur anhaltend bestritten[244], um daraus die Ablehnung des Leistungsfähigkeitsprinzips oder zumindest die Relativierung seiner Bedeutung zu folgern. Diese Kritik wird damit begründet, daß der Gesetzgeber allen Entscheidungen über eine Steuererhebung politische Wertentscheidungen zugrunde lege. Insbesondere vergleiche er die Steuerwürdigkeit verschiedener Personen anhand der Entbehrlichkeit von Einkommensbruchteilen und er nehme eine Abwägung dahingehend vor, daß zwischen dem privaten und dem öffentlichen Nutzen an einem Einkommensanteil entschieden werde[245]. Damit beurteile der Staat, welchen Nutzen der Steuerpflichtige, ein anderer Steuerpflichtiger oder der Staat selbst aus dem entsprechenden Einkommensteil gewinnen würde und ersetze somit die privaten Wertungen durch eine hoheitliche. Die Überlegungen stünden bei der Ermittlung der Leistungsfähigkeit im Vordergrund, demzufolge die Belastungsentscheidung des Gesetzgebers letztlich auf dessen Urteil über die bestehende Einkommensverteilung zurückgehe. Insofern sei der Wertungsgehalt des Leistungsfähigkeitsprinzips stets ordnend und gestaltend, weshalb eine Besteuerung nach der Leistungsfähigkeit nicht von ebenfalls gestaltenden Lenkungsnormen getrennt werden könne[246].
Diese Ansicht schreibt demnach dem Leistungsfähigkeitsprinzip deshalb eine gestaltende Zielsetzung zu, weil es den Nutzen des Einkommens für den Steuerpflichtigen bewerte und die Besteuerung nach dieser potentiell für alle Ziele offenen Wertung gestalte. Im Grunde basiert diese Kritik somit auf einer unreflektierten Übernahme des Nutzenkonzeptes, das – wie oben erläutert[247] – den persönlichen Nutzen als Funktion des Einkommens definiert, welche nicht wissenschaftlich, sondern nur politisch-gestaltend festgelegt werden kann. Wenn

---

244 *Bodenheim*, Der Zweck der Steuer (1979), S. 233f.; *Selmer*, Der gerechte Steuerstaat, FinArch N. F. Bd. 52 (1995), 234, 238; *Gassner/Lang*, Leistungsfähigkeitsprinzip, Gutachten zum 14. ÖJT, Bd. III/1 (2000), S. 12.

245 Gesellschafsrechtliche Wohlfahrtsfunktion, vgl. *Bodenheim*, Der Zweck der Steuer (1979), S. 232.

246 *Papier*, Finanzrechtliche Gesetzesvorbehalte (1973), S. 90; *Bodenheim*, Verfassungsdogmatische Reformulierung des Steuergerechtigkeitsproblem, Der Staat Bd. 17 (1978), S. 505f; ders., Zweck der Steuer (1979), S. 233; *Schemmel*, Aufnahme des Leistungsfähigkeitsprinzips in das Grundgesetz, StuW 1995, 39, 46.

247 siehe oben S. 36ff.

danach jede beliebige Besteuerungsentscheidung unkontrolliert in der Hand des Gesetzgebers liegt, dann ist es in der Tat nicht sinnvoll, zwischen einer Besteuerung nach der Leistungsfähigkeit und dem Bereich der Lenkungsnormen zu trennen.
Allerdings muß diese Argumentation zusammen mit der ihr zugrundeliegenden Nutzenkonzeption abgelehnt werden. Statt dessen stellt die ökonomische Verfügungsmacht als "Gleichheitsindex" den objektiven Maßstab der Besteuerung nach der Leistungsfähigkeit dar[248]. Der Steuerpflichtige überträgt einen Teil seiner Verfügungsmacht als Steuern auf den Staat, ohne daß der Staat den Besteuerungsgegenstand einer Wertung unterzieht und gestaltet, sondern er respektiert die zustande gekommene Verfügungsmacht und unterzieht sie der gleichmäßigen Besteuerung nach der Leistungsfähigkeit. Eine derartige Steuer läßt es dem Bürger offen, ob und in welchem Maße er ökonomische Verfügungsmacht am Markt erwirbt, ohne also die persönlichen Wertungen des Steuerpflichtigen bezüglich des Steuergegensstandes durch eine hoheitliche Wertung zu ersetzen. Die Besteuerung nach der Leistungsfähigkeit wirkt dabei folglich nicht gestaltend.
Davon ist dann eine Lenkungsnorm, welche im Wege wirtschaftspolitischer Anreize das Zustandekommen ökonomischer Verfügungsmacht unmittelbar beeinflußt, ohne weiteres zu unterscheiden, weil hierbei sowohl eine Gestaltungsabsicht als auch eine Gestaltungswirkung deutlich erkennbar sind[249].
Wenn eine Trennung zwischen verschiedenen Zielsetzungen von Steuern nach dem Leistungsfähigkeitsprinzip und Lenkungsnormen für unmöglich gehalten wird, so beruht dies darauf, daß dem Leistungsfähigkeitsprinzip eine falsche Konzeption unterstellt wird, beziehungsweise daß die Kritiker sich nicht die Mühe machen, überhaupt eine Konzeption herauszuarbeiten. Wenn das Leistungsfähigkeitsprinzip allerdings als sachgerechtes Besteuerungsprinzip konsequent entwickelt wird, dann ist dessen Ablehnung oder Relativierung ,wie gesehen, anhand der dargestellten Argumentation unhaltbar.
Schließlich gibt es Stimmen[250], welche die auf dem Leistungsfähigkeitsprinzip basierende Steuerstruktur gänzlich ablehnen. Wie oben dargestellt[251], geht diese Struktur davon aus, daß die Interessen von Fiskus und Steuerpflichtigen entgegengesetzt sind, wobei das Steuerrecht die Eigeninteressen der Bürger anerkennt. Damit dient eine Besteuerung nach der Leistungsfähigkeit dazu, die

---

248 siehe oben S. 40ff.

249 Insofern muss die Unterscheidung nicht ausschließlich anhand der Gestaltungswirkung erfolgen (so *Birk*, Leistungsfähigkeitsprinzip (1983), S. 71ff), sondern kann auch anhand des Zwecks der Steuer vorgenommen werden.

250 *Frey*, Finanzpolitik und Verteilungsgerechtigkeit, FinArch N. F. Bd. 31 (1972/73), 1, 9; *Ulbrich*, Leistungsfähigkeitsprinzip (1975), S. 214ff; *Maaßen*, Privatrechtsbegriffe (1977), S. 256ff.

251 siehe oben S. 51.

Zielsetzungen der Steuerpflichtigen vor Eingriffen durch staatliche Willkür zu schützen und die private Macht vor staatlicher Macht abzuschirmen[252].

Nach anderer Ansicht ist diese Spaltung von politischem Staat und privater, bürgerlicher Gesellschaft heute nicht mehr aufrecht zu erhalten, da Bereiche, deren Entwicklung ursprünglich dem Markt überlassen waren, heute in hoheitlicher Regie übernommen würden[253]. Soziale Sicherung und wirtschaftspolitische Lenkung seien als Aufgaben der Allgemeinheit anerkannt und dominierten alle Rechtsbereiche, also auch das Steuerrecht. Demzufolge müsse das Leistungsfähigkeitsprinzip durch ein lenkungsstaatliches Strukturmodell[254] ersetzt werden, dessen Grundprinzipien die Zielangemessenheit und die soziale Legitimität wirtschafts- und sozialpolitischer Programme wären. Nur damit könne verhindert werden, daß private Macht die Durchsetzung gesamtgesellschaftlicher Ziele beeinträchtigt und das Steuerrecht in wichtigen Bereichen funktionsunfähig werden läßt[255].

Diese lenkungsstaatliche Steuerstruktur wäre ausschließlich darauf ausgerichtet, die Steuerung der Wirtschaft mittels fiskalischer Instrumente zu ermöglichen und zu kontrollieren. Allerdings könnten dabei nicht sämtliche Steuerrechtsnormen einem wirtschafts- oder sozialpolitischen Ziel zugeordnet werden, da der staatliche Einnahmenbedarf über den Bereich der Lenkungsnormen hinausginge. Für diese Fiskalzwecknormen bietet ein lenkungspolitisches Steuermodell keinen Maßstab, sondern sie lassen sich nur durch einen Rückgriff auf das Leistungsfähigkeitsprinzip erklären. Die lenkungspolitische Regel würde also durch leistungsfähigkeitsrelevante Ausnahmen durchbrochen, so daß sich das oben beschriebene Regel-Ausnahme-System lediglich umdrehte, ohne daß ein greifbarer praktischer Vorteil erkennbar wäre.

Zudem bietet dieses alternative Besteuerungsprinzip nicht nur keine praktischen Vorteile, sondern es ist auch bezüglich seiner theoretischen Konzeption inhaltlich bedenklich. Danach wird der Steuerpflichtige lediglich als Funktionsträger der Gemeinschaft beurteilt, der seine Interessen hinter die Erfüllung gesamtgesellschaftlicher Ziele zurückzustellen hat. Diese Ziele ersetzen seine persönlichen Präferenzen, und die Steuer, welche an den Aufgaben sozialer Gestaltung ausgerichtet ist, hat stets nur den Zweck, den der Staat ihr vorgibt[256].

Eine derartige Konzeption mißachtet die individuellen Rechte der Steuerpflichtigen[257] und widerspricht damit unserer freiheitlichen Rechts- und Wirtschafts-

---

252 Im Gegensatz zum Vorwurf der Machtmaximierung, siehe oben S. 58ff.

253 *Maaßen*, Privatrechtsbegriffe (1977), S. 258.

254 vgl. *Walz*, Steuergerechtigkeit (1980), S. 120.

255 *Maaßen*, Privatrechtsbegriffe (1977), S. 258.

256 vgl. den Steuerbegriff im Kameralismus, siehe oben S. 41f.

257 Hier ist bereits der Bereich der Grundrechte angesprochen, vgl. im einzelnen den folgenden Abschnitt.

ordnung. Mithin kann eine lenkungspolitische Steuerstruktur nicht als sachgerechte Alternative zum Leistungsfähigkeitsprinzip akzeptiert werden.

Zusammenfassend kann folglich aus den dargestellten Durchbrechungen des Leistungsfähigkeitsprinzips nicht darauf geschlossen werden, daß es überflüssig und unbrauchbar wäre und somit abzulehnen sei.

IV. Rechtliche Verortung des Leistungsfähigkeitsprinzips

Schließlich wird die Kritik an der Besteuerung nach der Leistungsfähigkeit darauf gestützt, daß diese rechtlich nicht verortet sei, so daß diesem Prinzip jegliche rechtliche Verbindlichkeit fehle[258].

1. Stellung von Prinzipien in der Rechtsordnung

Diese Kritik wirft Fragen der Rechtsdogmatik von grundsätzlicher Bedeutung auf, welche insbesondere die Stellung von Prinzipien in unserer Rechtsordnung betreffen.

Wie bereits oben beschrieben[259], wird eine Rechtsordnung durch das organisierte Zusammenleben von Menschen in einem Staat hervorgebracht und geprägt. Auf der anderen Seite hat sich aber auch gezeigt[260], daß umgekehrt eine funktionierende Rechtsordnung für das Bestehen des Staates notwendig ist. Die Staatsidee hängt folglich mit der Rechtsidee untrennbar zusammen; der Staat ist ein Rechtsstaat.

Dieser Zusammenhang bringt es mit sich, daß alle Elemente der Rechtsordnung auf zwei Wesensmerkmale der Rechtsidee zurückzuführen sind[261]. Zum einen gründet sich Recht auf staatliche Macht, die seine soziale Geltung gewährleistet. Das Machtprinzip beschreibt die formale Seite des Rechts bezüglich Verfahren und Vollstreckung[262]. Auch wenn das legitime Zustandekommen und die Durchsetzung von Normen einen unverzichtbaren Teil der Rechtsordnung darstellt, so wird die Rechtsidee dadurch aber nur teilweise verwirklicht. Nach

---

258 *Arndt,* Steuerliche Leistungsfähigkeit und Verfassungsrecht, in: Damrau (Hrsg.), FS für Mühl (1981), 17ff; ders., Einkommensbesteuerung und Grundrechte, AöR 118 (1993), S. 13ff; *Kruse*, Gleichmäßigkeit der Besteuerung, StuW 1990, 322ff; ders., Einkommensteuer und Leistungsfähigkeit, in: Wendt/Höfling/Oldiges (Hrsg.), FS für Friauf (1996), S. 793ff; *Martens,* Grundrecht auf Steuergerechtigkeit?, KritV 1987, 39ff.

259 vgl. die Entwicklung der Rechts- und Wirtschaftsordnung, Teil 1, C, S. 20ff.

260 ebd.

261 *Wolff,* Rechtsgrundsätze, in: Bachof/Drath/Walz (Hrsg.), GS für Jellinek (1955), S. 35; *Rengeling,* Rechtsgrundsätze (1977), S. 87; *Larenz*, Richtiges Recht (1979), S. 31; *Jakobs*, Grundsatz der Verhältnismäßigkeit (1985), S. 47; *Park*, Rechtsfindung (1999), S. 185.

262 *Wolff,* Rechtsgrundsätze, in: Bachof/Drath/Walz (Hrsg.), GS für Jellinek (1955), S. 35; *Larenz*, Richtiges Recht (1979), S. 35; *Park*, Rechtsfindung (1999), S. 187.

dem Machtprinzip wird gesetztes Recht ohne weitere Kontrolle anerkannt, was dem oben dargestellten Positivismus mit den erörterten Nachteilen und Gefahren entspricht. Ein solches System unterscheidet sich noch nicht von der Zwangsordnung einer Gewaltherrschaft[263].

Damit eine Zwangsordnung zu einer Rechtsordnung wird, muß auch das zweite Wesensmerkmal des Rechts verwirklicht sein. Dieses Merkmal ergibt sich als unerläßliches Gegenstück zur Staatsgewalt, der jeder Bürger unterworfen ist, weil er den Beitritt zum Staat nicht ablehnen kann[264]. Wenn also die Zugehörigkeit zum Staatsverband zwingend ist, dann kann jeder einzelne verlangen, gleichberechtigtes Mitglied dieses Staatsverbandes zu sein und von den anderen Mitgliedern sowie vom Staat selbst gerecht behandelt zu werden. Die Rechtsordnung darf demnach nicht nur formale Vorgaben enthalten, sondern sie muß auch inhaltlich als Recht qualifizierbar sein, wobei das Gerechtigkeitsprinzip dieses notwendige materielle Element darstellt[265]. Gerechtigkeit ist folglich der weitere wesentliche Bestandteil der Rechtsidee.

Auf diesem Hintergrund läßt sich nun auch die Stellung von Prinzipien in der Rechtsordnung erklären. Prinzipien ergeben sich als Ableitung aus der Rechtsidee, also aus Macht oder Gerechtigkeit, im Hinblick auf ganz allgemeine, typische Situationen und Interessenlagen des menschlichen Zusammenlebens[266]. Dabei stellt sich insbesondere die Gerechtigkeitsfrage immer dann, wenn eine Mehrzahl von Menschen darauf angewiesen ist, die Lasten und Ansprüche, welche mit ihrem Zusammenleben in einer Gemeinschaft verbunden sind, zu verteilen[267].

Eine solche Last stellen auch die Steuern dar, ohne die eine Staatsgemeinschaft nicht realisierbar wäre[268]. Die Auferlegung von Steuern ist mithin eine typische Situation des menschlichen Zusammenlebens mit dem ebenso charakteristi-

---

263 *Wolff*, Rechtsgrundsätze, in: Bachof/Drath/Walz (Hrsg.), GS für Jellinek (1955), S. 36; *Park*, Rechtsfindung (1999), S. 187.

264 *Larenz*, Richtiges Recht (1979), S. 127.

265 *Wolff*, Rechtsgrundsätze, in: Bachof/Drath/Walz (Hrsg.), GS für Jellinek (1955), S. 35; *Grabitz*, Freiheit und Verfassungsrecht (1976), S. 241; *Larenz*, Richtiges Recht (1979), S. 37ff; *Esser*, Grundsatz und Norm (1990), S. 69; *Park*, Rechtsfindung (1999), S. 193; *Wolff*, Ungeschriebenes Verfassungsrecht (2000), S. 147.

266 *Menger*, System des verwaltungsgerichtlichen Rechtsschutzes (1954), S. 71; *Wolff*, Rechtsgrundsätze, in: Bachof/Drath/Walz (Hrsg.), GS für Jellinek (1955), S. 37; *Rengeling*, Rechtsgrundsätze (1977), S. 87; *Larenz*, Richtiges Recht (1979), S. 42; *Brinkmann*, Tatbestandsmäßigkeit der Besteuerung (1982), S. 78; *Jakobs*, Grundsatz der Verhältnismäßigkeit (1985), S. 49f; *Kirchhof*, Der verfassungsrechtliche Auftrag zur Besteuerung nach der finanziellen Leistungsfähigkeit, StuW 1985, 319, 322ff; vgl. auch *Fikentscher*, Methoden des Rechts, Bd. IV (1977), S. 6:"Recht ist gedachte Gerechtigkeit.".

267 *Tipke*, Steuergerechtigkeit, in: Ziemske (Hrsg.), FS für Kriele (1997), S. 947; ders., Steuerrechtsordnung, Bd. I (2000), S. 238.

268 siehe oben S. 27f.

schen Interessengegensatz von Staat und Bürger[269]. Die Steuer ist dabei als Zwangsabgabe zu entrichten, ohne daß der Steuerpflichtige die Wahl hätte, in die Steuer als Gegenleistung für öffentliche Güter einzuwilligen oder nicht[270]. Da dem Staat somit keine Macht durch eine Einwilligung übertragen wird, können sich Besteuerungsprinzipien auch nicht aus dem Machtelement der Rechtsidee ableiten[271].
Aus diesem Grund bleibt nur, Prinzipien im Bereich des Steuerrechts aus dem Gerechtigkeitselement abzuleiten.
Derart abgeleitete Prinzipien stellen dann noch keine rechtsverbindlichen Normen dar, welche eine Weisung in der Form festlegen, daß sie an einen Tatbestand eine bestimmte Rechtsfolge knüpfen[272]. Es fehlt ihnen die inhaltliche Präzision, die eine unmittelbare Anwendung auf konkrete Tatbestände ermöglichen würde.[273] Vielmehr bilden die Prinzipien selbst die Grundlage für solche normativen Weisungen, indem mit ihnen Aussagen darüber getroffen werden können, ob die von der Norm angeordnete Rechtsfolge als gerecht akzeptiert werden kann oder nicht[274]. In diesem Sinne gehören aus den Wesensmerkmalen des Rechts abgeleitete Prinzipien aber in den Bereich des positiven Rechts, so daß ihnen als Fundamentalnormen eine allgemeine Gültigkeit zukommt[275]. Das aus dem Gerechtigkeitselement abgeleitete Prinzip der gerechten Besteuerung hat folglich in der Rechtsordnung eine Stellung als allgemein verbindliches Fundamentalprinzip.

2. Verankerung in der Verfassung

Allerdings ist damit noch nicht viel gewonnen, wenn die rechtliche Begründung von Steuergerechtigkeit an dieser Stelle abgebrochen wird. Bisher wurde erörtert, daß sich aus der Rechtsidee Prinzipien als verbindliche Bestandteile der Rechtsordnung ableiten lassen. Insbesondere das Gerechtigkeitselement erlaubt also, die Qualität dieser Prinzipien als positives Recht zu bewerten, indem es

---

269 siehe oben S. 51.
270 siehe oben S. 31.
271 Insofern war auch die Äquivalenztheorie als für das Steuerrecht abgeleitetes Prinzip abzulehnen; vgl. oben S. 30ff.
272 vgl. zur inhaltlichen Offenheit des Leistungsfähigkeitsprinzips oben S. 55ff.
273 *Germann*, Probleme und Methoden der Rechtsfindung (1967), S. 156; *Canaris*, Feststellung von Lücken im Gesetz (1983), S. 161; *Jakobs*, Grundsatz der Verhältnismäßigkeit (1985), S. 51.
274 *Lang*, Verantwortung der Rechtswissenschaft für das Steuerrecht, StuW 1989, 201, 208.
275 *Wolff*, Rechtsgrundsätze, in: Bachof/Drath/Walz (Hrsg.), GS für Jellinek (1955), S. 34; *Jakobs*, Grundsatz der Verhältnismäßigkeit (1985), S. 50; *Park*, Rechtsfindung (1999), :S 186.

die Grundlage für ihre Legitimität darstellt. Somit bildet die Gerechtigkeit den *Rechtserkenntnisgrund* für die Fundamentalprinzipien[276].

Es wurde aber bereits darauf hingewiesen, daß diesen Prinzipien lediglich eine mittelbare Funktion zukommt: Sie geben ihre Legitimität an konkrete Rechtsnormen weiter und sind damit eine legitimierende Abstützung für geschriebenes Recht, weil mit ihnen die Rechtsfolge dieser Normen als gerecht bewertet werden kann[277]. Anhand dieser Funktion ist zu erkennen, daß von der Gerechtigkeit einer Norm nicht ohne weiteres ausgegangen werden kann, sondern daß Gesetze im Gegenteil auch eine ungerechte Rechtsfolge anordnen können, ohne ihre Gültigkeit zu verlieren. Idealerweise sollte es sich bei gesetztem Recht auch um gerechtes Recht handeln; dieses Ideal ist aber nicht zwingend[278]. Geschriebenes Recht hat folglich die Macht, die Rechtsidee zu mißachten[279], ohne daß aus der fehlenden Legitimität der Norm auch auf ihre mangelnde Legalität geschlossen werden könnte.

Die Begründung von Prinzipien mittels der Rechtsidee als Rechtserkenntnisgrund genügt also nicht, um ihnen im System des gesetzten Rechts eine ausreichende Geltung zu verschaffen. Vielmehr birgt diese "übergesetzliche" Begründung die Gefahr, das die Rechtsanwender sich mißbräuchlich auf Prinzipien berufen[280], in einer Art Selbstreferenz ungeschriebene Normen an eigens abgeleiteten Rechtsgrundsätzen heranziehen[281] und sich damit über ordnungsgemäß zustandegekommenes Recht hinwegsetzen[282].

Um sich im Gefüge des geschriebenen Rechts behaupten zu können, muß für legitime Prinzipien folglich ein *Geltungsgrund* gefunden werden[283], der ihnen die entsprechende Legalität vermittelt. Eine allgemeine Verpflichtung zur Verwirklichung der Fundamentalprinzipien kann es nur geben, wenn sie für

---

276 *Ossenbühl*, Rechtsquellen, in: Erichsen (Hrsg.), Allgemeines Verwaltungsrecht (1998), S. 130; *Park*, Rechtsfindung (1999), S. 138f und 218f.

277 *Hesse*, Grundzüge des Verfassungsrechts (1995), S. 15; *Park*, Rechtsfindung (1999), S. 141.

278 vgl. die oben beschriebenen politischen Zwänge, siehe oben S. 22ff; außerdem *Hensel*, Besteuerung nach der Leistungsfähigkeit, VfStFR Bd. 4 (1930), 441, 445.

279 *Canaris*, Feststellung von Lücken im Gesetz (1983), S. 93; *Hesse*, Grundzüge des Verfassungsrechts (1995), S. 15.

280 *Germann*, Probleme und Methoden der Rechtsfindung (1967), S. 156; *Hesse*, Grundzüge des Verwaltungsrechts (1995), S. 14; *Wolff*, Ungeschriebenes Verfassungsrecht (2000), S. 151.

281 *Park*, Rechtsfindung (1999), S: 218.

282 *Krüger*, Verfassungsgrundsatz, in: Schnur (Hrsg.), FS für Forsthoff (1974) sieht sogar die Gefahr, daß eine Gruppe von Menschen sich selbst eine höhere Einsicht in Grundsatzfragen zuspricht und hieraus das Recht ableitet, dem ganzen Volk das aufzuzwingen, was sie für die bessere Einsicht halten. "Freiheit und Demokratie können auf Dauer in einer solchen Atmosphäre schwerlich gedeihen.", S. 202.

283 *Park*, Rechtsfindung (1999), S. 143.

Rechtssetzung und –anwendung im Sinne des Art. 1 III GG verbindlich und somit verfassungsrechtlich verankert sind. Geltungsgrund für Prinzipien muß demnach die Verfassung sein[284]. Ob also Steuergerechtigkeit als Fundamentalprinzip auch einen verfassungsrechtlichen Geltungsgrund vorweisen kann, muß durch Verfassungsauslegung ermittelt werden.
Dabei ist zu beachten, daß Verfassung im rechtlichen Sinne den Versuch einer sinnvollen Grundordnung für konkretes menschliches Zusammenleben im Staat darstellt[285]. Rechtliche Bedeutung erhält dieser Versuch dadurch, daß er im Hinblick auf etwas gestaltet wird, was dem menschlichen Tun Sinn und Verbindlichkeit gibt und den Menschen Freiheit, Frieden und Ordnung in ihren Beziehungen untereinander und gegenüber dem Staat ermöglicht[286]. Das verlangt den Bezug des Staates und der Verfassung zur Rechtsidee. Insofern ist auch das Grundgesetz der oben beschriebenen Rechtsidee verhaftet und hat die Verwirklichung materieller Gerechtigkeit zum Ziel[287]. Gerechtigkeit stellt damit ein der Verfassung vorausliegendes Ideal dar, dessen wesentliche Elemente mit der Konkretisierung der Grundrechte positiviert werden[288].
Es stellt sich folglich die Frage, inwieweit Steuergerechtigkeit in den Grundrechten positiviert ist.

a) Gleichheitsgrundsatz im Sinne des Art. 3 I GG

Steuergerechtigkeit wird fast einhellig[289] aus dem Gleichheitsgrundsatz des Art. 3 I GG hergeleitet, da die Gerechtigkeitsidee es gebiete, Gleiches auch gleich zu behandeln und in diesem Sinne auch öffentliche Lasten gleichmäßig zu verteilen. Diese Verankerung wird oft ohne weitere Begründung unreflektiert als offensichtlich und selbstverständlich vorausgesetzt. Im folgenden soll die rechtliche Verankerung der Steuergerechtigkeit aber unter Auseinandersetzung mit der oben angesprochenen[290] Kritik näher beleuchtet werden.

---

284 *Leibholz*, Gleichheit vor dem Gesetz (1959), S. 64; *Grabitz*, Freiheit und Verfassungsrecht (1976), S. 244; *Kraft*, Steuergerechtigkeit und Gewinnermittlung (1991), S. 14.
285 *v. Hippel*, Ungeschriebenes Verfassungsrecht, VVDStRL Bd. 10 (1952), S. 11; *Krüger*, Verfassungsgrundsatz, in: Schnur (Hrsg.), FS für Forsthoff (1974), S. 197; *Eichenberger*, Strukturprinzipien, in: Burmeister (Hrsg.), FS für Stern (1997), S. 461.
286 "Denn andernfalls wäre Verfassung nicht eine verbindliche Ordnung für menschliches Zusammenleben, sondern wirklich nur eine Zwangsordnung des Eigennutzes des jeweils Handelnden.", *v. Hippel*, Ungeschriebenes Verfassungsrecht, VVDStRL Bd. 10 (1952), S. 12.
287 *Kunig*, Das Rechtsstaatsprinzip (1986), S: 335.
288 Bonner Kommentar-*Rüfner*, Art. 3 I Rn 2; vgl. zur Weimarer Reichsverfassung, schon *Hensel*, Besteuerung nach der Leistungsfähigkeit, VfStFR Bd. 4 (1930), 441, 443: "Legalisierung von Werten".
289 vgl. nur *Tipke*, Steuerrechtsordnung, Bd. I (2000), S 488ff m.w.N.
290 siehe oben S. 67.

aa) Ableitung als Zirkelschluß

Eine Ansicht[291] lehnt die Verankerung der Steuergerechtigkeit in Art. 3 I GG deshalb ab, weil diese als spezielle Ausprägung der Gerechtigkeit dem Gleichheitssatz vorausliege. Wenn sich nun wiederum die Steuergerechtigkeit aus Art. 3 I GG ableiten solle, der Gleichheitssatz also durch die Gerechtigkeit in dieser Hinsicht inhaltlich bestimmt werde, so handele es sich bei dieser Argumentation um einen Zirkelschluß. Man könne aus einem Grundrecht nicht ableiten, was diesem zugrundeliegt.

Diese Kritik setzt den Rechtserkenntnisgrund der Steuergerechtigkeit mit deren Geltungsgrund gleich. Wie oben erörtert[292], wird das Prinzip gerechter Besteuerung aus dem Gerechtigkeitselement der Rechtsidee abgeleitet. Gerechtigkeit ist insofern der Rechtserkenntnisgrund dieses Prinzips. Art. 3 I GG trägt zu dieser Erkenntnis in keiner Weise bei. Aus dem Gleichheitsgrundsatz wird nicht der Inhalt von Steuergerechtigkeit hergeleitet (Legitimität)[293], sondern ihre verfassungsrechtliche Verankerung (Legalität). Indem der Gleichheitssatz in unserer rechtsstaatlichen-demokratischen Verfassung nur als ein Element der Gerechtigkeit zu verstehen ist und deshalb in sich die Verpflichtung zur Gerechtigkeit[294], auch bezüglich des Steuerrechts[295], enthält, bildet er den Geltungsgrund für das Prinzip gerechter Besteuerung.

Folglich sind die Erkenntnisgewinnung aus der Gerechtigkeit und die rechtliche Verortung in Art. 3 I GG zwei unterschiedliche Aspekte der Steuergerechtigkeit. Zwar hat sich oben gezeigt, daß zwischen der Verfassung (Geltungsgrund, Staatsidee) und den aus der Gerechtigkeit abgeleiteten Fundamentalprinzipien (Rechtserkenntnisgrund, Rechtsidee) zwingend eine Wechselwirkung besteht; der Vorwurf eines Zirkelschlusses ergibt sich dabei aber nur, wenn diese Aspekte vermischt oder sogar gleichgesetzt werden[296]. Nach der oben erarbeiteten Trennung zwischen diesen Bereichen muß die Kritik mithin zurückgewiesen werden.

---

291 *Brinkmann*, Tatbestandsmäßigkeit der Besteuerung (1982), S. 90; *Kruse*, Gleichmäßigkeit der Besteuerung, StuW 1990, 322, 327.

292 siehe oben S.68.

293 Anders *Schuppert*, verfassungsrechtliche Prüfungsmaßstäbe, in: Fürst/Herzog/Umbach (Hrsg.), FS für Zeidler (1987), S. 712.

294 *Wintrich*, Eigenart und Methode, in: Institut für Staatslehre und Politik (Hrsg.), FS für Laforet (1952), S 229; *Paulick*, Grundsatz der Gleichmäßigkeit der Besteuerung, in: Spitaler (Hrsg.), FS für Bühler (1954), S. 126; *Kunig*, Das Rechtsstaatsprinzip (1986), S. 335; *Jüptner*, Leistungsfähigkeit und Veranlassung (1989), S. 42; *Tipke*, Über Steuergerechtigkeit, in: Ziemske (Hrsg.), FS für Kriele (1997), S. 948; Bonner Kommentar-*Rüfner*, Art. 3 I Rn 3.

295 *Tipke*, Steuerrechtsordnung, Bd. I (2000), S. 239.

296 Nur dann kommt es zur oben erörterten Selbstreferenz, siehe oben S. 70.

bb) Ableitung des Leistungsfähigkeitsprinzips unzulässig

Weitere kritische Ansätze wenden ein, daß es keinen verfassungsrechtlich verbindlichen Maßstab für Gerechtigkeit auf dem Gebiet des Steuerrechts gebe. Dem Gleichheitssatz sei insbesondere keine Verpflichtung zur Besteuerung nach der Leistungsfähigkeit zu entnehmen, so daß eine Verortung des Leistungsfähigkeitsprinzips in Art. 3 I GG nicht festgestellt werden könne[297]. Diese Kritik wird mit den folgenden unterschiedlichen Argumenten begründet.

(1) Historischer Vergleich mit Art. 134 Weimarer Reichsverfassung (WRV)

Eine Ansicht[298] schließt aus dem historischen Vergleich mit der Weimarer Reichsverfassung darauf, daß das Leistungsfähigkeitsprinzip in unserem Grundgesetz nicht verortet sei.

Art. 134 WRV lautete:

"Alle Staatsbürger ohne Unterschied tragen im Verhältnis ihrer Mittel zu allen öffentlichen Lasten nach Maßgabe der Gesetze bei."

Dieser Verfassungsnorm wurden in der zeitgenössischen Literatur drei zentrale Inhalte zugewiesen. Zum einen war mit ihr der Grundsatz der Allgemeinheit der Besteuerung verbunden, der sich gegen Steuerprivilegien, also gegen steuerliche Bevorzugung einzelner Personen, Stände oder Gesellschaftsklassen richtete[299]. Insbesondere stand dieser Grundsatz einer Steuerbefreiung der Landesherren und der Beamten entgegen[300].

Weiterhin enthielt Art. 134 den Grundsatz der Gesetzmäßigkeit der Besteuerung[301]. Danach sollten Steuerfestsetzungen durch Verordnungen und im Wege von Ermessensausübungen durch die Steuerbehörden ausgeschlossen werden.

---

297 *Paulick*, Grundsatz der Gleichmäßigkeit der Besteuerung, in: Spitaler (Hrsg.), FS für Bühler (1954), S. 121ff; *Arndt*, Steuerliche Leistungsfähigkeit und Verfassungsrecht, in: Damrau (Hrsg.), FS für Mühl (1981), S. 17ff; ders., Einkommensbesteuerung und Grundrechte, AöR 118 (1993), S. 513ff; *Kruse*, Gleichmäßigkeit der Besteuerung, StuW 1990, 332ff; ders., Einkommensteuer und Leistungsfähigkeit, in: Wendt/Höfling/Oldiges (Hrsg.), FS für Friauf (1996), S. 793ff; *Martens*, Grundrecht auf Steuergerechtigkeit?, KritV 1987, 39ff.

298 *Paulick*, Grundsatz der Gleichmäßigkeit der Besteuerung, in: Spitaler (Hrsg.), FS für Bühler (1954), S. 155.

299 *Hensel*, Bindungen des Steuergesetzgebers, VfStFR, Bd. 4 (1930). S. 462; *Bühler*, Gleichheit in der Lastenverteilung, in: Nipperdey (Hrsg.), Grundrechte und Grundpflichten der Reichsverfassung, Bd. II (1930), S. 313f; *Anschütz*, Verfassung des deutschen Reiches (1930), S. 616.

300 *Bühler*, Gleichheit in der Lastenverteilung, in: Nipperdey (Hrsg.), Grundrechte und Grundpflichten der Reichsverfassung, Bd. II (1930), S. 315; vgl. auch *Waldhoff*, Verfassungsrechtliche Vorgaben (1997), S. 237.

301 *Bühler*, Gleichheit in der Lastenverteilung, in: Nipperdey (Hrsg.), Grundrechte und Grundpflichten der Reichsverfassung, Bd. II (1930), S. 317; *Anschütz*, Verfassung des deutschen Reiches (1930), S. 617.

Öffentliche Abgaben durften mithin nur durch ein formelles Gesetz auferlegt werden.

Wichtig im vorliegenden Zusammenhang sind allerdings die Worte "im Verhältnis ihrer Mittel" als Bestandteil von Art. 134 WRV. Diesem Ausdruck wurde der Grundsatz der Besteuerung nach der wirtschaftlichen Leistungsfähigkeit entnommen[302]. Fraglich ist nun, ob – wie von der Kritik behauptet – aus dem Fehlen einer dem Art. 134 WRV entsprechenden Vorschrift im Grundgesetz darauf geschlossen werden kann, daß auch das darin enthaltene Leistungsfähigkeitsprinzip nicht mehr verfassungsrechtlich verankert sein kann. Danach wären die Steuerpflichtigen im Hinblick auf ihre verfassungsmäßige Rechtsstellung heute schlechter gestellt als in der Zeit der Weimarer Republik[303].

(a) Einerseits wird versucht, dieser Kritik damit zu begegnen, daß die Finanzverfassung des Grundgesetzes den traditionellen deutschen Steuerbegriff rezipiert habe[304]. Wenn in den Art. 105ff GG also auf "Steuern" abgestellt werde, so sei damit die historisch gewachsene Definition von Steuern gemeint, welche neben den in § 3 I AO (früher § 1 I RAO) aufgeführten Merkmalen[305] auch vorgefundene Rechtsprinzipien enthalte. Das Leistungsfähigkeitsprinzip sei somit durch Rezeption verfassungsrechtlich verankert.

Allerdings ist dieser Begründungsversuch im Hinblick auf die Systematik des Grundgesetzes und der Zwecksetzung der Finanzverfassung nicht haltbar. Die Art. 105ff GG dienen ausschließlich der bundesstaatlichen Kompetenzabgrenzung bezüglich Erhebung und Verteilung der Steuern auf den Bund, die Länder und die Gemeinden[306]. Um diese Abgrenzung vornehmen zu können, muß es eine gesicherte Erkenntnis darüber geben, was unter "Steuern" zu verstehen ist.

---

302 *Bühler*, Gleichheit in der Lastenverteilung, in: Nipperdey (Hrsg.), Grundrechte und Grundpflichten der Reichsverfassung, Bd. II (1930), S. 316; *Hensel*, Bindungen des Steuergesetzgebers, VfStFR, Bd. 4 (1930), S. 458; vgl. auch *Czub*, Verfassungsrechtliche Gewährleistungen (1982), S. 33; *Waldhoff*, Verfassungsrechtliche Vorgaben (1997), S. 237.

303 So ausdrücklich *Paulick*, Grundsatz der Gleichmäßigkeit der Besteuerung, in: Spitaler (Hrsg.), FS für Bühler (1954), S. 155.

304 *Jakob*, Steuern vom Einkommen, Bd. I (1980), S. 34; *Vogel*, Der Finanz- und Steuerstaat, in: Isensee/Kirchhof (Hrsg.), Handbuch des Staatsrechts, Bd. IV (1987), § 87, Rn 55.

305 Merkmale des Steuerbegriffs sind gem. § 3 I AO: Geldleistungen, die nicht eine Gegenleistung für eine besondere Leistung darstellen und von einem öffentlichen Gemeinwesen zur Erzielung von Einnahmen allen auferlegt werden, bei denen der Tatbestand zutrifft, an den das Gesetz die Leistungspflicht knüpft; die Erzielung von Einnahmen kann Nebenzweck sein.

306 Maunz/Dürig-*Maunz* Art. 105 Rn 1; Schmidt-Bleibtreu/Klein – *Brockmeyer* Art. 105 Rn 1; Sachs-*Siekmann* Art. 105, Rn 1; *Model/Müller* GG. Art. 105 Rn 1; Jarass Pieroth-*Pieroth* Art. 105 Rn 1.

Insofern ist auch die heute in § 3 I AO enthaltene Legaldefinition als historisch gesicherter Steuerbegriff in den Art. 105ff GG rezipiert worden[307].
Der Grundsatz der Besteuerung nach wirtschaftlicher Leistungsfähigkeit befand sich aber in der WRV im Abschnitt über Grundrechte und Grundpflichten. Die Behauptung, unsere Verfassung habe mit der Verwendung des Begriffs "Steuern" in den Art. 105ff GG neben dem ausführlichen Grundrechtskatalog zusätzlich noch Grundrechte aus der WRV übernehmen wollen, entbehrt jeglicher Grundlage[308]. Die gegensätzliche systematische Stellung und die kompetenzverteilende Zwecksetzung der Finanzverfassung schließen eine verfassungsrechtliche Verortung des Leistungsfähigkeitsprinzips durch Rezeption aus.
Folglich kann dieser Ansatz der Kritik, daß das Fehlen einer dem Art. 134 WRV entsprechenden Regelung auch das Fehlen des Leistungsfähigkeitsprinzips als Grundsatz mit Verfassungsrang zur Folge habe, nicht wirksam begegnen.
(b) Auf der anderen Seite ist aber zu beachten, daß das Grundgesetz in eine Tradition moderner Verfassungen eingebettet ist, so daß zwar keine unmittelbare Rezeption von traditionellen Rechtsprinzipien, aber doch eine Auslegung des Grundgesetzes im Hinblick auf das vorverfassungsrechtliche Bild möglich ist[309].
Dabei ist zu entscheiden, ob die Verfassung gerade im vorliegenden Einzelfall eine Abkehr von diesem Bild gewollt hat[310]. Für das Leistungsfähigkeitsprinzip ist demnach zu fragen, ob die Nichtaufnahme einer dem Art. 134 WRV entsprechenden Norm darauf hindeutet, daß sich das Grundgesetz bewußt vom Leistungsfähigkeitsprinzip abwendet. Um diese Frage beantworten zu können, sind der Inhalt und die Bedeutung des Art. 134 WRV näher zu beleuchten.
(c) Zunächst ergibt sich aus dem Wortlaut des Art. 134 WRV, daß die sprachliche Fassung dem Steuerpflichtigen keine Rechte einräumte, sondern die Anweisung gab, daß jeder Staatsbürger Abgaben entrichten müsse. Dem Wortlaut nach war Art. 134 WRV also kein Grundrecht, sondern eine Grundpflicht[311], die mit der Belastung "im Verhältnis ihrer Mittel" eine immanente Begrenzung erfuhr. Der Parlamentarische Rat hat sich bei der Entstehung des Grundgesetzes entschieden, einen formal anderen Weg zu gehen. Dabei blieben die Grundpflichten der Bürger unbenannt. Vielmehr wurden ausschließlich Grundrechte

---

307 Jarass/Pieroth-*Pieroth* Art. 105 Rn 3; Schmidt-Bleibtreu/Klein – *Brockmeyer* Art. 105 Rn 7; Maunz/Dürig-*Maunz* Art. 105 Rn 2.

308 *Arndt*, Steuerliche Leistungsfähigkeit und Verfassungsrecht, in: Damrau (Hrsg.), FS für Mühl (1981), S. 27.

309 *Czub*, Verfassungsrechtliche Gewährleistungen (1982), S. 32; *Schmidt-Bleibtreu/Klein* Einf. Rn 55; *Leibholz/Rinck/Hesselberger* Einf Rn 32.

310 *Czub*, Verfassungsrechtliche Gewährleistungen (1982), S. 32; *Wolff*, Ungeschriebenes Verfassungsrecht (2000), S. 384.

311 *Czub*, Verfassungsrechtliche Gewährleistungen (1982), S. 32.

ausdrücklich geregelt, die den Eingriffen des Staates auf allen Gebieten Grenzen setzen sollten[312]. Es ergab sich daher nicht mehr aus dem Verfassungstext, durch welche Grundpflichten der Staat innerhalb welcher Schranken in die Rechte der Bürger eingreifen konnte, sondern der Eingriff muß nun durch Auslegung der Grundrechte ermittelt und begrenzt werden. Der Verzicht auf eine dem Art. 134 WRV entsprechende Verfassungsnorm bedeutet folglich keine bewußte Abkehr von dessen Inhalt, sondern ist Ausdruck dieser neuen Regelungstechnik. Wie bereits oben erörtert, muß der früher schriftlich fixierte Inhalt heute durch Auslegung der Grundrechte verfassungsrechtlich verankert werden.
(d) Weiterhin ist auf die dogmatische Bedeutung des Art. 134 WRV einzugehen. Nach einhelliger Meinung zeitgenössischer Autoren[313] richtete sich Art. 134 WRV nicht nur an die Rechtsanwender, sondern er verpflichtete auch den Gesetzgeber. Dies ist insofern hervorzuheben, als die Bindung des Gesetzgebers an die Verfassung während der Weimarer Republik in keiner Weise gesichert war. Insbesondere die Bindung durch den allgemeinen Gleichheitssatz des Art. 109 I WRV[314] war umstritten[315]. Es setzte sich allerdings die Erkenntnis durch, daß materielle Schranken für die Abgabenerhebung notwendig seien, da der formelle Schutz durch ein demokratisches Gesetzgebungsverfahren nicht ausreiche[316], so daß es eines Gegengewichts in Form des Leistungsfähigkeitsprinzips bedürfe[317]. Dieses sei zwar Konkretisierung des allgemeinen Gleichheitssatzes, erlange aber nur durch Art. 134 WRV Geltung. Dogmatisch bildete Art. 134 WRV somit den Wendepunkt hin zu einer verfassungsrechtlichen Bindung des Gesetzgebers an das Leistungsfähigkeitsprinzip.
Heute steht dagegen außer Frage, daß die Grundrechte auch den Gesetzgeber binden[318]. Wenn sich das Leistungsfähigkeitsprinzip als Konkretisierung des

---

312 *v. Mangoldt*, Das Grundgesetz, 1. Auflage (1953); S. 39.

313 *Hensel*, Bindungen des Steuergesetzgebers, VfStFR, Bd. 4 (1930). S. 488ff; *Bühler*, Gleichheit in der Lastenverteilung, in: Nipperdey (Hrsg.), Grundrechte und Grundpflichten der Reichsverfassung, Bd. II (1930), S. 314; *Anschütz*, Verfassung des deutschen Reiches (1930), S. 617; vgl. *Leibholz*, Gleichheit vor dem Gesetz (1959), S. 110; *Klein*, Gleichheitssatz und Steuerrecht (1966) S. 65.

314 Art. 109 I WRV lautete: "Alle Deutschen sind vor dem Gesetz gleich.".

315 *Kaufmann*, Gleichheit vor dem Gesetz, VVDStR Bd. 3 (1927), S. 6f; *Nawiasky*, Gleichheit vor dem Gesetz, VVDStR Bd. 3 (1927), S. 47; *Stier-Somlo*, in: Nipperdey (Hrsg.), Grundrechte und Grundpflichten der Reichsverfassung, Bd. I (1929), S: 179ff; *Anschütz*, Verfassung des deutschen Reiches (1930), S. 523; *Leibholz*, Gleichheit vor dem Gesetz (1959), S. 110; *Klein*, Gleichheitssatz und Steuerrecht (1966), S. 47; vgl. auch *Schau*, Das Verhältnis von Verfassungsrecht und einfachem Recht (2001, unv. Manuskript), C II 5.; dieser Streit war Ausdruck der Umbruchphase zwischen dem konstitutionellen System und dem grundgesetzlichen Rechtszustand.

316 vgl. die Ausführungen zum Positivismus, siehe oben S. 21ff.

317 *Hensel*, Bindungen des Steuergesetzgebers, VfStFR, Bd. 4 (1930), S. 444f.

318 vgl. Art. 1 III GG.

allgemeinen Gleichheitssatzes festmachen läßt, so versteht sich seine Geltung von selbst, ohne daß es einer dem Art. 134 WRV entsprechenden Norm bedarf. Eine ausdrückliche Regelung im Sinne des Art. 134 WRV entbehrte heute folglich ihrer damaligen Funktion, so daß der Verzicht darauf lediglich Konsequenz des gewandelten Verfassungsverständnisses und keine bewußte Abkehr vom Leistungsfähigkeitsprinzip darstellt.

(e) Schließlich muß noch ein Blick auf die praktische Bedeutung des Art. 134 WRV geworfen werden. Diese litt darunter, daß mit dem Grundsatz der Besteuerung nach wirtschaftlicher Leistungsfähigkeit vor allem an finanzwissenschaftliche Erkenntnisse angeknüpft wurde[319], die – wie oben geschildert – noch dem Opfergedanken verhaftet waren. Daher galt das Leistungsfähigkeitsprinzip als lediglich programmatisch und für positive Forderungen im Einzelfall als zu unbestimmt. Insofern verwundert es nicht, wenn Art. 134 WRV auch in der Rechtsprechung kaum Anwendung fand[320]. Zu einer weiteren Entwicklung des Leistungsfähigkeitsprinzips kam es in der Folge nicht mehr, weil die politische Entwicklung in Deutschland verfassungsrechtliche Erwägungen in den Hintergrund drängte[321].

Es zeigt sich somit, daß allein durch die Schriftform eines Verfassungsgrundsatzes dessen praktische Bedeutung noch nicht gesichert ist. Die verfassungsrechtliche Geltung eines Grundsatzes hängt demnach nicht von seiner schriftlichen Fixierung ab, sondern basiert auf seiner wissenschaftlichen Fundierung, die anhand von Grundrechtsauslegung eine praktische Anwendbarkeit ermöglicht. Genausowenig wie die Geltung des Leistungsfähigkeitsprinzips durch die Schriftform in Art. 134WRV garantiert war, bewirkt das Fehlen einer dem Art. 134 WRV entsprechenden Norm, daß ihm keine verfassungsrechtliche Bedeutung zukommt. Aus dem Fehlen einer Regelung im Sinne des Art. 134 WRV kann folglich noch nicht auf das Fehlen der verfassungsrechtlichen Verankerung des Leistungsfähigkeitsprinzips geschlossen werden.

(f) Als Ergebnis bleibt festzuhalten, daß auf der einen Seite der Vergleich mit der Weimarer Reichsverfassung kein historisch begründetes und in der Praxis

---

319 *Bühler*, Gleichheit in der Lastenverteilung, in: Nipperdey (Hrsg.), Grundrechte und Grundpflichten der Reichsverfassung, Bd. II (1930), S. 316; *Waldhoff*, Verfassungsrechtliche Vorgaben (1997), S. 237.

320 vgl. dazu *Waldhoff*, Verfassungsrechtliche Vorgaben (1997), S. 239 und *Gusy*, Die Weimarer Reichsverfassung (1997), S. 290; der Reichsfinanzhof wagte sich über die theoretische Bedeutung des Art. 134 WRV nicht hinaus: "Die Steuergerichte würden daher Steuern, die nach willkürlichen, dem Wesen der Besteuerung fremden Maßstäben auf die Staatsbürger verteilt werden, als verfassungswidrig und infolgedessen die Heranziehung zu solchen Steuern als unzulässig zu erklären haben." (RFH v. 10.01.1931, VI A 2253/30 S, RFHE 27, 321).

321 *Czub*, Verfassungsrechtliche Gewährleistungen (1982), S. 34; *Gusy*, Die Weimarer Reichsverfassung (1997), S. 290.

bewährtes Verfassungsprinzip zur Steuerlastverteilung hervorbringt, welches ohne weiteres in das Grundgesetz hineinzulesen wäre und eine Grundrechtsauslegung überflüssig machte.
Andererseits wurde aber festgestellt[322], daß die Weimarer Reichsverfassung die verfassungsrechtliche Bindung des Gesetzgebers an ein materielles Besteuerungsprinzip festlegte. Bei der Grundrechtsauslegung ist daher zu beachten, daß eine neue Verfassung an die vorverfassungsrechtliche Tradition anknüpft und in der Regel hinter einem einmal erreichten Rechtsniveau nicht zurückbleiben will[323].
Somit folgt aus dem Vergleich mit Art. 134 WRV weder das Bestehen noch das Nichtbestehen der verfassungsrechtlichen Verankerung des Leistungsfähigkeitsprinzips in Art. 3 I GG. Allerdings spricht eine Beibehaltung des erreichten Rechtsniveaus dafür, daß der Gesetzgeber an ein begrenzenden Fundamentalprinzip bezüglich der Steuerlastverteilung durch die Verfassung gebunden sein sollte. Dieser Aspekt muß in die historische Auslegung des allgemeinen Gleichheitssatzes des Art. 3 I GG einfließen.

(2) Das Leistungsfähigkeitsprinzip als politisches Postulat

Des weiteren wird gegen das Leistungsfähigkeitsprinzip eingewandt, daß es nur ein politisches Postulat sei, weil sich juristisch aus Art. 3 I GG kein Maßstab für die Verteilung der Steuerlasten ableiten lasse. Daher biete der Gleichheitssatz auch keine verfassungsrechtliche Verankerung für das Leistungsfähigkeitsprinzip[324].
(a) Dies wird zum einen mit der Struktur des Gleichheitssatzes begründet[325]. Art. 3 I GG fordere, wesentlich Gleiches gleich und Ungleiches auch ungleich zu behandeln[326]. Indem sich nun die Frage stelle, was gleich und was ungleich sei und worin die Gleichbehandlung beziehungsweise die Ungleichbehandlung bestehe, enthalte diese Forderung vier unbekannte Größen[327]. Es sei nun die Aufgabe des Gesetzgebers, die Merkmale zu bestimmen, nach denen Sachver-

322 siehe oben S. 76.

323 *Wolff*, Ungeschriebenes Verfassungsrecht (2000), S. 384.

324 *Bodenheim*, Verfassungsdogmatische Reformulierung des Steuergerechtigkeitsproblems, Der Staat 17 (1978), S. 481ff; *Martens*, Grundrecht auf Steuergerechtigkeit?, KritV 1987, 39ff; *Arndt*, Steuerliche Leistungsfähigkeit und Verfassungsrecht, in: Damrau (Hrsg.), FS für Mühl (1981), S. 17ff; ders., Gleichheit im Steuerrecht, NVwZ 1988, S. 786ff; ders., Einkommensbesteuerung und Grundrechte, AöR 118 (1993), S. 13ff; *Kruse*, Gleichmäßigkeit der Besteuerung, StuW 1990, 322ff; ders., Einkommensteuer und Leistungsfähigkeit, in: Wendt/Höfling/Oldiges (Hrsg.), FS für Friauf (1996), S. 793ff.

325 *Kruse*, Gleichmäßigkeit der Besteuerung, StuW 1990, 322, 323.

326 Das entspricht der oben erörterten horizontalen und vertikalen Gerechtigkeit, siehe oben S. 48.

327 ebd.

halte als gleich oder ungleich anzusehen seien. Die Auswahl der Merkmale, die für die Gleich- oder Ungleichbehandlung maßgebend sein sollen, sei insofern keine juristische, sondern allein eine politische Entscheidung. Es ist die Konsequenz dieser Kritik, daß Art. 3 I GG für juristische Maßstäbe keinen Raum läßt, so daß diese Maßstäbe und insbesondere für das Steuerrecht auch das Leistungsfähigkeitsprinzip im Gleichheitssatz nicht verfassungsrechtlich verortet werden können.

Dem ist zuzugeben, daß die im Gleichheitssatz enthaltenen unbekannten Größen tatsächlich bestimmt werden müssen. Wenn der Gleichheitssatz angewandt werden soll, muß die Frage beantwortet werden, in bezug worauf die Sachverhalte gleich oder ungleich sind, um ihre Rechtsfolge festlegen zu können. Es ist somit die richtige Relation zu ermitteln, so daß sich Gleichheit von Identität unterscheidet[328]. Gleichheit ist in diesem Sinne relativ.

Wie aber die im 1. Teil[329] erörterte Bewertung des relativistischen Standpunkts gezeigt hat, bedeutet diese Eigenschaft des Gleichheitssatzes noch nicht, daß jede Aussage über den Vergleichsmaßstab ein politisches Werturteil und damit unwissenschaftlich ist. Es besteht im Gegenteil die Möglichkeit, anhand objektiver Kriterien die entsprechenden Maßstäbe zu ermitteln. Diese Ermittlung ist zudem nicht nur möglich, sondern auch notwendig, um den Gleichheitssatz anwenden zu können, da nur aufgrund des einschlägigen Maßstabs zu beurteilen ist, ob Art. 3 I GG beachtet oder verletzt wurde[330]. Legte man die Auswahl der Vergleichskriterien als politische Postulate allein in die Hand des Gesetzgebers, so könnte sich dieser durch ein "prinzipienloses Vorschriftenchaos"[331] der Kontrolle mittels des Gleichheitssatzes entziehen[332]. Die Negation juristischer Maßstäbe im Rahmen des Art. 3 I GG steht mithin dessen Anwendbarkeit und Bedeutung als Grundrecht entgegen.

Folglich spricht die Struktur des Gleichheitssatzes nicht für eine rechtliche Maßstabslosigkeit, sondern sie fordert im Gegenteil die verfassungsrechtliche Verankerung von Prinzipien für die einzelnen Anwendungsbereiche des Art. 3 I GG.

---

328 *Tipke*, Steuerrechtsordnung, Bd. I (2000), S. 312.

329 siehe oben S. 25f.

330 *Maaß*, Rechtsprechung des BVerfG zum Gleichheitssatz, NVwZ 1988, 14, 14; *Sachs*, Der Gleichheitssatz NW VwBl 1988, 295, 299; *Zippelius*, Gleichheitssatz, VVDStRL Bd. 47(1989), S. 23; *Tipke*, Steuerrechtsordung, Bd. I (2000), S. 314.

331 *Battis*, Systemgerechtigkeit, in: Stödter/Thieme (Hrsg.) FS für Ipsen (1977), S. 20; *Vogel*, Der Verlust des Rechtsgedankens, DStJG Bd. 12 (1989), S. 133; *Tipke*, Steuerrechtsordnung, Bd. I (2000), S. 318.

332 Das entspricht den oben geschilderten Gefahren des Positivismus, siehe oben S. 22f.

(b) Eine andere Ansicht[333] deutet diese Maßstabsbedürftigkeit als Schwäche des Gleichheitssatzes. Indem Art. 3 I GG aus sich selbst heraus keine Maßstäbe produziere, sondern stets von außen beziehen müsse, sei dieses Grundrecht offen für den Einfluß unterschiedlichster politischer Wertungen. Daher lasse sich auch für den Bereich des Steuerrechts kein verbindlicher Verteilungsmaßstab im Gleichheitssatz verorten[334]. Für das Leistungsfähigkeitsprinzip bedeutet diese Kritik, daß es nur die Qualität eines politischen Arguments ohne normative Geltung aufweist, und seine Heranziehung als Vergleichskriterium bloße "Gefühlsjurisprudenz"[335] darstellt.
Auch diese kritische Meinung basiert auf dem richtigen Ausgangspunkt, daß dem Gleichheitssatz selbst nicht zu entnehmen ist, wie verschiedene Sachverhalte zu vergleichen sind und ob sie als gleich oder als ungleich eingestuft werden müssen. Eine allgemeine Antwort auf diese Fragen ist nicht möglich, weil Art. 3 I GG und die ihm zugrundeliegende Gerechtigkeitsidee nicht losgelöst von der zu regelnden Sache betrachtet werden kann[336]. Nur die auf die jeweilige Sache bezogene Gerechtigkeit (das ist die sog. Sachgerechtigkeit), das heißt die aus dem einzelnen Rechtsgebiet zu entwickelnden Prinzipien bringen die Maßstäbe hervor, welche die Anwendung des Art. 3 I GG erst möglich machen. Die Ermittlung eines sachgerechten Prinzips für die Anwendung des Gleichheitssatzes auf dem Gebiet des Steuerrechts kann aber dann nicht ohne weiteres als politisches Postulat zurückgewiesen werden.
Die Ableitung eines solchen Prinzips ist im Gegenteil das Ergebnis einer juristischen Argumentation, wenn sie sich aus der Gerechtigkeitsidee, dem dieser Idee verpflichteten Gleichheitssatz und dem Sachgebiet des Steuerrechts ergibt. Es ist also zu prüfen, ob das Leistungsfähigkeitsprinzip in diesem Sinne aus einer juristischen Argumentation folgt.
Eine erste Möglichkeit der juristischen Argumentation ist die induktive Methode, mit der vom besonderen auf das allgemeine geschlossen wird[337]. Für den vorliegenden Fall bedeutet dies, daß aus dem besonderen Sachgebiet des Steuerrechts ein allgemeiner, sachgerechter Vergleichsmaßstab im Sinne des Art. 3 I GG ermittelbar sein müßte. Bereits oben[338] wurde aber darauf hingewiesen, daß

---

333 *Bodenheim*, Verfassungsdogmatische Reformulierung des Steuergerechtigkeitsproblems, Der Staat Bd. 17 (1978), S. 481, 485; *Kruse*, Gleichmäßigkeit der Besteuerung, StuW 1990, 322, 325.

334 ebd.

335 *Kruse*, Gleichmäßigkeit der Besteuerung, StuW 1990, 322, 324.

336 *Robbers*, Gerechtigkeit als Rechtsprinzip (1980), S. 133; *Zippelius*, Gleichheitssatz, VVDStRL Bd. 47 (1989), S. 27; *Mielke*, Spitzenbelastung, StuW 1994, 232, 233; *Tipke*, Grundsatz der Steuergerechtigkeit, in: Tipke/Bozza (Hrsg.), Besteuerung von Einkommen (2000), S. 12f.

337 *Larenz*, Methodenlehre (1991), S. 384.

338 siehe oben S. 57

es dabei problematisch ist, auf das geltende Steuerrecht abzustellen. Die Beschränkung des Blickes auf das positive Recht bedeutet die unkontrollierte Hinnahme der darin getroffenen politischen Wertentscheidungen. Ein allgemeiner, sachgerechter Maßstab zur Steuerlastverteilung muß aber der Politik gerade ein theoretisches Fundament entgegensetzen, so daß allein aus dem von der Politik hervorgebrachten, geschriebenen Recht ein solcher Maßstab nicht induktiv gewonnen werden kann.

Ein weiterer induktiver Ansatz wäre die Ableitung aus den im Steuerrecht zu regelnden Sachverhalten und damit letztlich aus dem Zweck der Steuer. Dabei zeigt sich aber das Problem, daß ein Sachverhalt in sich noch keinerlei Hinweise für seine Steuerbarkeit enthält[339]. Der Versuch der Ableitung von Prinzipien aus dem diesen Sachverhalten zugrundeliegenden Besteuerungszweck führt im Gegenteil zu unbrauchbaren Ergebnissen. Da die staatliche Einnahmeerzielung den primären Zweck der Besteuerung darstellt, wäre daraus gerade der Maßstab zu entwickeln, der zu einer möglichst hohen Steuereinnahme führt ("in dubio pro fisco")[340]. Folglich kann die induktive Methode zwar innerhalb des Steuerrechts als Sachgebiet Maßstäbe hervorbringen, die dann aber jeglichen Bezug zur Gerechtigkeitsidee verloren haben. Mithin ist ein sachgerechtes Prinzip auf diese Weise nicht zu ermitteln.

Eine weitere juristische Methode der Argumentation stellt die Deduktion dar, wobei vom allgemeinen auf das besondere geschlossen wird[341]. Wie bereits oben angedeutet[342], kann aber aus der allgemeinen Gerechtigkeitsidee nicht linear, das heißt durch eine logische Schlusskette, ein sachgerechtes Prinzip für die Steuerlastverteilung abgeleitet werden. Jede Konkretisierung der Gerechtigkeit weist vielmehr einen weitergehenden Sinngehalt auf, der zusätzliche Erwägungen bezogen auf die jeweilige Sache verlangt[343].

Es hat sich folglich im Verlauf der Untersuchung gezeigt, daß sich weder die induktive Methode mit dem alleinigen Abstellen auf die Besonderheiten des Steuerrechts als Sachgebiet, noch die deduktive Methode mit dem alleinigen Heranziehen der Gerechtigkeitsidee zur juristischen Begründung des Leistungs-

---

339 *Mössner*, Gerechtigkeit und Moral im Steuerrecht, DStZ 1990, 132, 135; *Kruse*, Gleichmäßigkeit der Besteuerung, StuW 1990, 322, 325; *Arndt*, Einkommensbesteuerung und Grundrechte, AöR 118 (1993), 513, 518; *Lehner*, Besteuerung nach der wirtschaftlichen Leistungsfähigkeit, in: Lang (Hrsg.), FS für Tipke (1995), S. 240.

340 *Mössner*, Gerechtigkeit und Moral im Steuerrecht, DStZ 1990, 132, 133; *Lehner*, Besteuerung nach der wirtschaftlichen Leistungsfähigkeit, in: Lang (Hrsg.), FS für Tipke (1995), S. 240.

341 *Larenz*, Methodenlehre (1991), S. 23f, 271f.

342 siehe oben S. 68f.

343 *Larenz*, Richtiges Recht (1979), S. 42; vgl. *Selmer*, Der gerechte Steuerstaat, FinArch N.F. Bd. 52 (1995), S. 235, der ansonsten die Steuerrechtsdogmatik in wesensfremder Verengung auf eine Verfassungsinterpretation reduziert sieht.

fähigkeitsprinzips eignen. Statt dieser einseitigen Betrachtungsweise müssen das Steuerrecht als zu regelndes Sachgebiet und die Gerechtigkeitsidee in einer wechselseitigen Beziehung verstanden werden. Indem der Bereich des Steuerrechts auf den Gerechtigkeitsgedanken bezogen wird, erhält dieses Sachgebiet zusätzlich zur staatlichen Einnahmeerzielung noch den Zweck, die Steuerlast gerecht zu verteilen[344]. Was dies bedeutet, ergibt sich umgekehrt aus dem Bezug der Gerechtigkeitsidee auf das Steuerrecht, also durch den Charakter der Steuer als Gemeinlast. Da alle Bürger die gleiche Verantwortung für die mit den Steuern zu finanzierenden Lasten der Gemeinschaft trifft, sind auch alle Bürger nach ihrer Lastentragungsfähigkeit, das heißt nach ihrer wirtschaftlichen Leistungsfähigkeit dazu heranzuziehen. Ein anderer Maßstab würde die Eigenart der Steuer als allgemeines Finanzierungsinstrument verfehlen[345].

Diese wechselseitige Erhellung der einen Seite durch die andere entspricht der rechtlichen Methode des hermeneutischen Zirkels[346].

Folglich ergibt sich das Leistungsfähigkeitsprinzip nicht aus politischen Wertentscheidungen, sondern aus einer juristischen Argumentation im hermeneutischen Zirkel. Diese Argumentation bringt einen Maßstab hervor, der dem Art. 3 I GG nicht von außen anzulegen ist, sondern der aufgrund der Verpflichtung des Gleichheitssatzes zur Verwirklichung materieller Gerechtigkeit[347] dem Art. 3 I GG als Gleichheitsindex immanent ist. Das Leistungsfähigkeitsprinzip ist insofern im Gleichheitssatz verfassungsrechtlich verankert.

(c) Schließlich wird die Bedeutung des Leistungsfähigkeitsprinzips als verfassungsrechtliche Fundamentalnorm noch deshalb bestritten, weil aus diesem Prinzip keine konkreten Normen ableitbar seien. Ein Maßstab könne dann nicht rechtlich fixiert sein, wenn ihm eine noch offene politische Zielsetzung zugrun-

---

344 *Mössner*, Gerechtigkeit und Moral im Steuerrecht, DStZ 1990, 132, 135; *Kirchhof*, Steuerrechtsordnung als Wertordnung, StuW 1996, 3, 4.

345 *Isensee*, Steuerstaat als Staatsform, in: Stödter/Thieme (Hrsg.), FS für Ipsen (1977), S. 418f; *Wendt*, Neuordnung des Einkommensteuerrechts?, DÖV 1988, 710, 712; *Weber-Grellet*, Der Steuerstaat, in: Düwell (Hrsg.), FS für Posser (1997), S. 399.

346 *Esser*, Vorverständnis und Methodenwahl (1972), S. 136ff; *Gadamer*, Wahrheit und Methode (1975), S. 307; *Jüptner*, Leistungsfähigkeit und Veranlassung(1989), S. 95f; *Larenz*, Methodenlehre (1991), S. 206f; *Fischer*, Überlegungen zur Lückenhaftigkeit der Steuergesetze, StuW 1995, 303. 310f; *Müller*, Juristische Methodik (1997), S. 30ff; *Wolff*, Ungeschriebenes Verfassungsrecht (2000), S. 161; ähnlich auch *Birk*, Das Leistungsfähigkeitsprinzip (1983), der allerdings nicht den allgemeinen Charakter des Steuerrechts, sondern die "positiv-rechtliche Ausprägung" (S. 62) und damit das geltende, geschriebene Steuerrecht als eine Ebene des hermeneutischen Zirkels versteht. Insofern bestehen wieder die Gefahren des Positivismus (siehe oben S. 22ff). Zudem wird der verfassungsrechtliche Eigenwert hierbei vollständig außerhalb des Gleichheitssatzes begründet und dann an Art. 3 I GG herangetragen (S. 63). Durch den Zusammenhang von Gerechtigkeit und Gleichheitssatz (siehe oben S. 73) kann aber durchaus auch innerhalb des Art. 3 I GG argumentiert werden.

347 siehe oben S. 73.

de liege[348]. Dies sei bezüglich des Leistungsfähigkeitsprinzips deshalb der Fall, weil sich die Behandlung konkreter, steuerrechtlicher Sachverhalte nicht aus diesem Prinzip, sondern wiederum nur aus politischen Werturteilen ergebe. Bezüglich des Gleichheitsgrundsatzes bedeutet diese Kritik, daß anhand des Leistungsfähigkeitsprinzips keine juristischen Entscheidungen über die Gleichbehandlung, das heißt zum Beispiel über die Bemessungsgrundlage oder die Höhe des Steuersatzes, und über die Ungleichbehandlung, also insbesondere über den Tarifverlauf[349], getroffen werden können. Einem Prinzip, das in so weiten Bereichen Raum für politische Wertungen lasse, fehle die Stellung als verfassungsrechtlicher Maßstab[350].
Diese Ansicht mißachtet die oben[351] herausgearbeitete Trennung des Leistungsfähigkeitsprinzips von Prinzipien der Lenkung und Umverteilung im Steuerrecht[352]. Die wirtschaftliche Leistungsfähigkeit der Steuerpflichtigen bildet lediglich den Maßstab für die Beurteilung der Frage, ob sie sich im Sinne horizontaler und vertikaler Gerechtigkeit in gleichen oder ungleichen Positionen befinden. In welcher Form daraus dann eine Gleich- oder Ungleichbehandlung folgt, wird dagegen nicht zwingend festgelegt. Das bedeutet aber nicht, daß das Leistungsfähigkeitsprinzip rechtlich entwertet wäre. Vielmehr ist zu beachtet, daß jedes Rechtsgebiet von einer Mehrheit von Prinzipien beherrscht wird[353]. Zwischen diesen gegenläufigen Prinzipien ist bei der Regelung von Sachverhalten in konkreten Normen abzuwägen, wobei jedes dieser Rechtsgrundsätze eine unerläßliche Rolle für die Rechtsfindung spielt. Diese Einbindung in einen Abwägungsprozeß ist in der logischen Struktur von Prinzipien demnach impliziert und stellt weder ihren Rechtscharakter noch ihren verfassungsrechtlichen Geltungsanspruch in Frage[354]. Konkrete Normen auf dem Gebiet des Steuerrechts ergeben sich folglich anhand einer rechtlichen Abwägung und nicht durch politische Werturteile. Da zudem auch das Ziel des Leistungsfähigkeitsprinzips nicht politisch offen, sondern – wie oben ermittelt[355] – als

---

348 *Kruse*, Gründe und Grenzen der Gesetzesbindung, DStJG Bd. 5, S. 80f; *Martens*, Grundrecht auf Steuergerechtigkeit? KritV 1987, 49, *Esser*, Grundsatz und Norm (1990), S. 69.
349 siehe oben S. 38.
350 *Kruse*, Gründe und Grenzen der Gesetzesbindung, DStJG Bd. 5, S. 80f; *Martens*, Grundrecht auf Steuergerechtigkeit? KritV 1987, 49, *Esser*, Grundsatz und Norm (1990), S. 69.
351 siehe oben S. 55.
352 vgl. im einzelnen Teil 2 IV 2. B) zum Sozialstaatsprinzip, S. 62ff.
353 *Jakobs*, Grundsatz der Verhältnismäßigkeit (1985), S. 50; *Lang*, Verantwortung der Rechtswissenschaft für das Steuerrecht, StuW 1989, 201, 208; *Park*, Rechtsfindung (1999), S. 250.
354 *Jakobs*, Grundsatz der Verhältnismäßigkeit (1985), S. 50.
355 siehe oben S. 78ff.

gerechte Verteilung der Steuerlast rechtlich fixiert ist, muß auch dieser Kritikpunkt zurückgewiesen werden.
(d) Als Ergebnis hat sich gezeigt, daß das Leistungsfähigkeitsprinzip wegen der Struktur des Art. 3 I GG als Maßstab notwendig ist, infolge von juristischer Argumentation aus dem Gleichheitssatz entwickelt werden muß und auch für die praktische Ableitung und Bewertung von konkreten Normen im Steuerrecht als juristisches Abwägungskriterium unerläßlich ist. Das Leistungsfähigkeitsprinzip ist mithin kein politisches Postulat, sondern es findet seine verfassungsrechtliche Verankerung im Gleichheitssatz.

(3) Herkömmliche Verfassungsinterpretation statt Leistungsfähigkeitsprinzip
Schließlich bringen die Kritiker des Leistungsfähigkeitsprinzips vor, daß für dieses Prinzip neben der herkömmlichen Verfassungsinterpretation kein Raum bleibe[356].
(a) Zum einen werde die Konstruktion des Leistungsfähigkeitsprinzips durch eine Interpretation des Gleichheitssatzes und dessen Anwendung auf das Gebiet des Steuerrechts überflüssig[357]. Daß ein Verstoß gegen das Leistungsfähigkeitsprinzip gleichzeitig einen Verstoß gegen Art. 3 I GG und somit gegen die Steuergerechtigkeit bewirke, sei als verfassungsdogmatisch unbegründeter Automatismus eine bloße Behauptung und keine schlüssige Beweisführung. Diese Beweisführung könne nur mittels einer Verfassungsinterpretation erbracht werden[358].
Im Rahmen dieser Kritik stellt sich zunächst die Frage, was unter Verfassungsinterpretation zu verstehen ist. Interpretation bezeichnet den Weg zum Verständnis und zur Verständlichmachung vorgegebenen, aber nicht mechanisch anwendbaren Rechts[359]. Insbesondere beim Gleichheitssatz des Art. 3 I GG handelt es sich wegen der in ihm enthaltenen unbekannten Größen[360] um Recht, das nicht mechanisch anwendbar ist. Vielmehr hat sich erwiesen, daß für das Verständnis des Art. 3 I GG stets ein Vergleichsmaßstab erforderlich ist[361]. Um eine Anwendung des Gleichheitssatzes zu ermöglichen muß folglich seine Interpretation einen solchen Vergleichsmaßstab für den jeweiligen Anwen-

356 *Arndt*, Steuerliche Leistungsfähigkeit und Verfassungsrecht, in: Damrau (Hrsg.), FS für Mühl (1981), S. 29; *Martens*, Grundrecht auf Steuergerechtigkeit?, KritV 1987, 39, 46; *Gassner/Lang*, Leistungsfähigkeitsprinzip, Gutachten zum 14 ÖJT (2000), Bd. III/1 S. 64.
357 *Arndt*, Steuerliche Leistungsfähigkeit und Verfassungsrecht, in: Damrau (Hrsg.), FS für Mühl (1981), S. 34; *Gassner/Lang*, Leistungsfähigkeitsprinzip, Gutachten zum 14 ÖJT (2000), Bd. III/1 S. 64.
358 *Blaurock*, Steuerrecht und Grundgesetz, JA 1980, 142, 143f; *Gassner/Lang*, Leistungsfähigkeitsprinzip, Gutachten zum 14 ÖJT (2000), Bd. III/1 S. 63.
359 *Esser*, Vorverständnis und Methodenwahl (1972), S. 116.
360 siehe oben S. 78.
361 siehe oben S. 79.

dungsbereich hervorbringen. Nachdem auf diese Weise das Ziel der Verfassungsinterpretation deutlich geworden ist, muß weiterhin beleuchtet werden, auf welchem Weg, also nach welcher juristischen Methode Art. 3 I zu interpretieren ist. Zwar gibt es über das konkrete theoretische Modell der Verfassungsinterpretation die unterschiedlichsten Vorstellungen[362]; allerdings ist allen Ansichten ein Ausgangspunkt gemeinsam: Aus der Verfassungsnorm lassen sich nicht durch ein logisch-deduktives Verfahren die in dieser Norm schon fertig angelegten Lösungen von Rechtsfragen ableiten[363]. Die Verfassungsnorm ist kein Obersatz, aus dem sich durch Subsumtion ihre eigenen Maßstäbe ergeben. Danach stellte sich Interpretation als die Nachvollziehung von etwas Vorgedachtem dar, was im Ergebnis dann zu einem oben kritisierten, nicht zu kontrollierenden Automatismus führte.
Statt dessen ist die Verfassung stets im Hinblick auf das betroffene Sachgebiet mit "Rücksicht auf die Wirklichkeit"[364] dynamisch zu interpretieren. Verfassungsinterpretation erfolgt somit im Wege der oben erörterten hermeneutischen Methode. Dem Gleichheitssatz war nach dieser Methode – wie gesehen[365] – bezüglich des Steuerrechts das Leistungsfähigkeitsprinzip als Gleichheitsindex zu entnehmen.
Es hat sich folglich gezeigt, daß das Leistungsfähigkeitsprinzip als Maßstab des Art. 3 I GG für die Verteilung von Steuerlasten nicht als überflüssige Konstruktion neben der herkömmlichen Verfassungsinterpretation abzulehnen ist, sondern daß es im Gegenteil selbst durch die Interpretation des Gleichheitssatzes ermittelt wurde. Ohne das Leistungsfähigkeitsprinzip als notwendiger Bestandteil dieser Interpretation kann der Gleichheitssatz auf dem Gebiet des Steuerrechts gerade nicht angewandt werden.
(b) Nach einer anderen Ansicht[366] ist das Leistungsfähigkeitsprinzip nicht nur überflüssig, sondern es ermöglicht überdies Fehldeutungen, die mit der Interpretation des geschriebenen Verfassungsrechts nicht mehr vereinbar seien. Für

---

362 *Schneider*, Prinzipien der Verfassungsinterpretation, VVDStRL Bd. 20 (1963), S. 27ff; *Ehmke*, Prinzipien der Verfassungsinterpretation, VVDStRL Bd. 20 (1963), S. 59ff; *Göldner*, Verfassungsprinzip (1969), S. 85 ff, *Pieroth*, Rückwirkung (1981), S. 240; *Müller*, Juristische Methodik (1997), S. 121, *Wolff*, Ungeschriebenes Verfassungsrecht (2000) S. 163 m.w.N.

363 ebd.

364 *Starck*, in: Isensee/Kirchhof (Hrsg.), Hdb des Staatsrechts, Bd. VII (1992), §164, Rn 16; vgl. auch *Wintrich*, Eigenart und Methode, in: Institut für Staatslehre und Politik (Hrsg.), FS für Laforet (1952), S. 229.

365 siehe oben S. 84.

366 *Arndt*, Steuerliche Leistungsfähigkeit und Verfassungsrecht, in: Damrau (Hrsg.), FS für Mühl (1981), S. 34; ders., Gleichheit im Steuerrecht, NVwZ 1988, 787, 791; *Kruse*, Einkommensteuer und Leistungsfähigkeit, in: Wendt/Höfling/Oldiges (Hrsg.), FS für Friauf (1996), S. 806f.

Rechtssetzung und -anwendung bestünde die Gefahr, daß sie nicht mehr mit der Verfassung, sondern mit selbstgeschaffenen Maßstäben argumentierten. Dadurch werde die Grenze zwischen de lege lata geltendem Recht und de lege ferenda wünschenswertem Recht verwischt; denn was läge in der Hitze der wissenschaftlichen Auseinandersetzung näher, als die eigene Ansicht mit dem Hinweis auf ihren normativen Charakter zu schützen?[367] Das Leistungsfähigkeitsprinzip gehöre nicht in das System des abschließend formulierten Verfassungsrechts und sei folglich kein in Art. 3 I GG verfassungsrechtlich verankertes Prinzip im Rechtssinne, welches sich in juristischen Kategorien ausdrücken lasse[368].

Demgegenüber ist aber zu beachten, daß im Verfassungsrecht nicht ein bestimmtes System, sondern die verschiedenen Sachgebiete mit ihren zu lösenden Problemen vorgegeben sind[369]. Es ist daher methodisch falsch, von einem vorweg konstruierten System her eine "Problem-Auslese"[370] vorzunehmen, das heißt, von diesem System nicht erfaßte Bereiche und diese regelnde Maßstäbe als außerrechtlich und selbstgeschaffen abzulehnen. Diesen Weg schlägt die Kritik aber ein, wenn sie den Bereich der Steuergerechtigkeit aus dem System des Gleichheitssatzes ausnimmt und dem Leistungsfähigkeitsprinzip als Maßstab des Steuerrechts jegliche normative Geltung abspricht.

Statt dessen muß vom jeweils vorgegebenen Problem eine "System-Auslese"[371] erfolgen. Durch Verfassungsinterpretation wird ein System herausgebildet, das für die Regelung eines Sachgebiets verschiedene Prinzipien beinhaltet. Durch Abwägung dieser Prinzipien wird dann eine konkrete Norm als Problemlösung ermittelt

Wie oben erörtert, ist das Leistungsfähigkeitsprinzip das Ergebnis einer Verfassungsinterpretation und notwendiger Bestandteil einer rechtlichen Abwägung auf dem Gebiet des Steuerrechts, so daß es sich in rechtlichen Kategorien ausdrücken läßt und de lege lata geltendes Rechts darstellt.

Die Ablehnung einer rechtlichen Verankerung des Leistungsfähigkeitsprinzip resultiert mithin aus einem nicht zutreffenden verfassungsrechtlichen Systemverständnis und ist zurückzuweisen.

---

367 vgl. *Wolff*, Ungeschriebenes Verfassungsrecht (2000), S. 338.

368 *Arndt*, Steuerliche Leistungsfähigkeit und Verfassungsrecht, in: Damrau (Hrsg.), FS für Mühl (1981), S. 34; ders., Gleichheit im Steuerrecht, NVwZ 1988, 787, 791; *Kruse*, Einkommensteuer und Leistungsfähigkeit, in: Wendt/Höfling/Oldiges (Hrsg.), FS für Friauf (1996), S. 806f.

369 *Ehmke*, Prinzipien der Verfassungsinterpretation, VVDStRL Bd. 20 (1963), S. 55.

370 ebd.

371 ebd.

cc) Zwischenergebnis

Die vorstehende kritische Betrachtung hat gezeigt, daß das Leistungsfähigkeitsprinzip im Gleichheitssatz des Art. 3 I GG verfassungsrechtlich verankert ist.

b) Das Sozialstaatsprinzip

Der Kritik, welche das Leistungsfähigkeitsprinzip wegen seiner fehlenden verfassungsrechtlichen Verortung ablehnt, wird weiter entgegengehalten, daß es in der Verfassung durch das Sozialstaatsprinzip verankert sei[372].

aa) Entstehung und Bedeutung des Sozialstaatsprinzips

Ausgangspunkt der Entwicklung eines sozialpolitischen Denkens in Deutschland ist die soziale Frage des 19. Jahrhunderts[373]. Wie bereits oben erörtert[374], führte die Industrialisierung in der liberalen Gesellschaft zur Verarmung und Verelendung breiter Volksschichten. Trotz der rechtlichen Gleichheit der Bürger und der wirtschaftlichen Neutralität des Staates entstand eine Kluft zwischen dem sozialen Elend der Arbeiter und dem Wohlstand der kapitalbesitzenden Klasse. Diese materielle Ungleichheit stürzte die Gesellschaft in eine Strukturkrise, die nicht im Wege der bloßen Sicherung der bestehenden Güterverteilung durch den liberalen Rechtsbewahrerstaat[375] gelöst werden konnte, sondern die vom Staat verlangte, die Lebensverhältnisse sozial ausgeglichener und sicherer zu gestalten.

Zum Verfassungsrecht wurde dieser Sozialstaatsgedanke erstmals in der Weimarer Reichsverfassung erhoben, deren Art. 151 I lautete:

"Die Ordnung des Wirtschaftslebens muß den Grundsätzen der Gerechtigkeit mit dem Ziel der Gewährleistung eines menschenwürdigen Daseins für alle ent-

---

372 Hdb. des Staatsrechts-*Zacher* § 25 Rn 34; *Huber*, Rechtsstaat und Sozialstaat, in: Forsthoff (Hrsg), Rechtsstaatlichkeit und Sozialstaatlichkeit (1968), S. 598; *Bockelberg*, Progressive Besteuerung nach der Leistungsfähigkeit, BB 1971, 925, 926; *Birk*, Leistungsfähigkeitsprinzip (1983), S. 140ff; *Reiß*, Belastungsgrund, DStJG 13 (1990), S. 11; *Miessl*, Operationalisierung des Leistungsfähigkeitsprinzips, BB 1991, 2130, 2131; *Bach*, Perspektiven des Leistungsfähigkeitsprinzips, StuW 1991, 116, 122; *Jachmann*, Sozialstaatliche Steuergesetzgebung, StuW 1996, 97, 98; dies., Leistungsfähigkeitsprinzip und Umverteilung, StuW 1998, 293, 293; *Schaumburg*, Leistungsfähigkeitsprinzip im internationalen Steuerrecht, in: Lang (Hrsg) FS Tipke (1995), S. 126; *Jachmann*, Vereinfachung des Einkommensteuerrechts, StuW 1998, 193, 198; *Schmitz*, Reformen gelingen nicht, Stbg 2000, 127ff; *Tipke*, Steuerrechtsordnung, Bd. I (2000), S. 402;

373 Dreier-*Gröschner*, Art. 20 (Sozialstaatsprinzip) Rn 2; v. Mangoldt/Klein/Starck-*Sommermann* Art. 20 Rn 93; Maunz/Dürig-*Herzog* Art. 20 (Sozialstaatlichkeit) Rn 10; *Huber*, Streit um das Wirtschaftsverfassungsrecht, DÖV 1956, 200, 201.

374 siehe oben S. 45ff.

375 Der sog. "Nachtwächterstaat", vgl. Hdb. des Staatsrechts-*Zacher* § 25 Rn 20.

sprechen. In diesen Grenzen ist die wirtschaftliche Freiheit des einzelnen zu sichern."

Die Verwirklichung einer sozialen Wirtschaftsordung wurde somit zum verfassungsrechtlichen Auftrag an den Staat. Allerdings fehlte diesem Auftrag – wie auch dem Leistungsfähigkeitsprinzip im Sinne des Art. 134 WRV[376] – in der Praxis die Verbindlichkeit und Justitiabilität, so daß die Möglichkeiten des Sozialstaatsprinzips durch den Staat nicht voll ausgeschöpft wurden[377]. Folglich blieb das Sozialstaatsprinzip ein Programmsatz, mit welchem es der Weimarer Sozialstaat nicht vermochte, der ökonomischen Krise standzuhalten[378].

Im Gegensatz dazu ist das Sozialstaatsprinzip im Bonner Grundgesetz durch die Wendung "sozialer Bundesstaat" in Art. 20 I GG verankert[379]. Hierbei handelt es sich nicht um einen unverbindlichen Appell mit programmatischem Charakter, sondern um ein Verfassungsprinzip mit unmittelbarer Geltung. Die soziale Gestaltung des Staates wird als Ziel festgelegt, zu dessen Verfolgung sämtliche Staatsorgane verpflichtet sind. Insofern stellt das Sozialstaatsprinzip eine verbindliche Staatszielbestimmung dar[380].

bb) Inhalt des Sozialstaatsprinzips

Der Begriff "sozial" besteht nicht aus einer stets festgelegten Summe von Einzelbestandteilen, mit denen eine Definition dieses Begriffes möglich wäre[381]. Der Inhalt des Sozialstaatsprinzips entzieht sich daher einer deduktiv-logischen (Wort-)Interpretation, sondern muß im historischen Bezug zu den oben beschriebenen sozialen Ideen ermittelt werden, die im Verfassungswortlaut als Abkehr vom liberalen Staat und Hinwendung zum sozial tätigen Staat "mitgedacht"[382] sind. Dabei sind konkrete Elemente des Sozialstaatsprinzips als Unterziele zu benennen, welche sich in der verfassungsrechtlichen Entwicklung als Wesensmerkmale verfestigt haben[383].

---

376 siehe oben S. 80.

377 Maunz/Dürig-*Herzog* Art. 20 (Sozialstaatlichkeit) Rn 6; *Völtzer*, Der Sozialstaatsgedanke (1992), S. 348.

378 ebd.

379 vgl. auch Art. 28 I , der die Länder dem "sozialen Rechtsstaat" verpflichtet.

380 Dreier-*Gröschner*, Art. 20 (Sozialstaatsprinzip) Rn 30; Maunz/Dürig-*Herzog* Art. 20 (Sozialstaatlichkeit) Rn 6; v. Mangoldt/Klein/Starck-*Sommermann* Art. 20 Rn 97; *v.* Münch/Kunig-*Schnapp* Art. 20 Rn 16; Hdb. des Verfassungsrechts-*Benda* § 17 Rn 80; *Huber*, Streit um das Wirtschaftsverfassungsrecht, DÖV 1956, 200, 201; *Schreiber*, Sozialstaatsprinzip des Grundgesetzes (1972), S. 30; *Stern*, Staatsrecht, Bd. I (1984), S. 910; *Lehner*, Einkommensteuerrecht und Sozialhilferecht (1993), S. 341.

381 v. Münch/Kunig-*Schnapp* Art. 20 Rn 3; *Forsthoff*, Verfassungsprobleme des Sozialstaats, in: ders., Rechtsstaatlichkeit und Sozialstaatlichkeit (1968), S. 145f; *Schreiber*, Sozialstaatsprinzip und Grundgesetz (1972), S. 19; *Stern*, Staatsrecht, Bd. I (1984), S. 891.

382 *Stern*, Staatsrecht, Bd. I (1984), S. 892.

383 v. Mangoldt/Klein/Starck-*Sommermann* Art. 20 Rn 98.

In diesem Zusammenhang lassen sich folgende Ziele des Sozialstaatsprinzips als gemeinsamer Nenner der Sozialbewegungen des 19. und 20. Jahrhunderts ableiten[384]:
Zum einen soll der Staat dafür sorgen, daß jedem Bürger ein menschenwürdiges Existenzminimum zur Verfügung steht. Des weiteren zielt das Sozialstaatsprinzip darauf ab, soziale Gleichheit in der Gesellschaft durch den Abbau von Wohlstandsdifferenzen herzustellen. Hinzu kommt, daß der Staat die soziale Sicherheit seiner Bürger fördern soll, indem er ein System der sozialen Vorsorge gegen die "Wechselfälle des Lebens"[385] entwickelt. Schließlich entspricht es dem Sozialstaatsprinzip, daß mit einer sozialen Wirtschaftsordnung der Wohlstand der Bevölkerung angehoben und ausgebreitet wird.
Allerdings entfalten auch diese Konkretisierungen des Sozialstaatsprinzips nur dann praktische Relevanz, wenn sie an konkreten Problemlösungen aktualisiert werden[386]. Ebenso wie der Gleichheitssatz des Art. 3 I GG[387] ist folglich auch das Sozialstaatsprinzip im Hinblick auf das Steuerrecht als betroffenes Sachgebiet zu interpretieren.

cc) Interpretation des Sozialstaatsprinzips im Hinblick auf das Steuerrecht
Aus dem Postulat eines menschenwürdigen Existenzminimums ergibt sich für den Bereich des Steuerrechts, daß der Staat den Bürgern die Mittel beläßt, die er für seine Existenz benötigt[388]. Er darf dem Bürger durch die Besteuerung nicht nehmen, was ihm danach als Sozialhilfe zurückgewährt werden müßte. Mithin entspricht die Steuerfreiheit des Existenzminimums dem Sozialstaatsprinzip.
Des weiteren kann auch das Ziel der sozialen Sicherheit in bezug auf das Steuerrecht interpretiert werden. Hier verlangt das Sozialstaatsprinzip, daß unvermeidbare Aufwendungen für die Sicherung der Existenz oder für den Unterhalt von Familienangehörigen von der Besteuerung freizustellen[389] sind[390]. Um

---

384 Hdb. des Staatsrechts-*Zacher* §. 25 Rn 25; *Stern*, Staatsrecht, Bd. I (1984), S. 893ff; *Schrezenmacher*, Sozialstaatsprinzip zwischen Verfassung und Politik (1985), S. 170ff.

385 Hdb. des Staatsrechts-*Zacher* § 25 Rn 25.

386 *Forsthoff*, Begriff und Wesen des sozialen Rechtsstaats, in: ders., Rechtsstaatlichkeit und Sozialstaatlichkeit (1968), S. 166; v. Münch/Kunig-*Schnapp* Art. 20 Rn 4.

387 Dazu siehe oben S. 81.

388 *Wendt*, Neuordnung des Einkommensteuerrechts, DÖV 1988, 710, 720f; *Jüptner*, Leistungsfähigkeit und Veranlassung (1989), S. 78; *Friauf*, Verfassungsrechtliche Anforderungen, DStJG Bd. 12 (1989), S. 31; *Pezzer*, Familienbesteuerung und Grundgesetz , StuW 1989, 219, 223; *Weber-Grellet*, Der Steuerstaat, in: Düwell (Hrsg.) FS für Posser (1997), S. 400f; *Tipke*, Steuerrechtsordnung, Bd. I (2000), S. 402.

389 Dabei ist hier die Freistellung von der Steuer nicht im Hinblick auf eine bestimmte Besteuerungstechnik zu verstehen, so daß keine Entscheidung zwischen der Berücksichtigung bei der Ermittlung der Bemessungsgrundlage oder über den Tarif getroffen werden soll.

dem Steuerpflichtigen die Versorgung seiner Familie für den Fall von Krankheit, Alter und anderen "Wechselfällen des Lebens" zu ermöglichen, müssen unvermeidbare private Abzüge bei der Ermittlung des Steuergegenstandes berücksichtigt werden.

Ein weiterer Aspekt des Sozialstaatsprinzips ist das Ziel der sozialen Gleichheit, welche durch den Abbau von Wohlstandsdifferenzen verwirklicht werden soll. Diesem Postulat entspricht im Steuerrecht ein progressiver Tarifverlauf, mit dem eine verhältnismäßig geringere Belastung von niedrigeren Einkommen und eine entsprechend größere Belastung von höheren Einkommen vorgenommen wird[391]. Mittels dieser Umverteilung durch die Steuer werden die Einkommensunterschiede der Steuerpflichtigen nach der Besteuerung verringert, so daß ein Abbau von Wohlstandsdifferenzen erfolgt. Die Progression muß mithin als Ausfluß des Sozialstaatsprinzips verstanden werden.

Letztlich soll das Sozialstaatsprinzip noch durch eine soziale Wirtschaftsordung die Hebung und Ausbreitung des Wohlstandes erreichen. Dabei muß der Staat auf eine möglichst weite Streuung der Teilhabe am wirtschaftlichen Geschehen und an der Verteilung der Güter hinwirken, indem er eine soziale Steuerung des Wettbewerbs vornimmt[392]. Intertemporalen, strukturellen oder anderen am Markt entstandenen Spannungen werden Instrumente der Intervention, Lenkung und planenden Gestaltung entgegengehalten. Zu diesen Instrumenten gehört auch eine soziale Steuerpolitik, also eine Besteuerung gezielt zur Lenkung der Wirtschaft[393]. Folglich erhält die Steuer im Zuge der Interpretation des Sozialstaatsprinzips neben dem Fiskal- auch einen Gestaltungszweck.

dd) Das Verhältnis des Sozialstaatsprinzip zum Leistungsfähigkeitsprinzip

Es stellt sich nun die Frage, in welchem Verhältnis die so für das Steuerrecht interpretierten Ziele des Sozialstaatsprinzips zu einer Besteuerung nach der Lei-

390 Kirchhof/Söhn-*Kirchhof* § 2 EstG Rn A 129ff; *Bockelberg*, Progressive Besteuerung nach der Leistungsfähigkeit, BB 1971, 925, 927; *Kirchhof*, Der verfassungsrechtliche Auftrag zur Besteuerung nach der finanziellen Leistungsfähigkeit, StuW 1985, 319, 328; *Tipke*, Steuerrechtsordnung, Bd. II (1993), S. 675; *Birk/Inhester*, Steuerentlastung durch Sozialleistungen, StuW 1996, 227, 230; *Hiller*, Steuerreform, StWa 1998, 37, 39; *Wernsmann*, Abzugsfähigkeit von Vorsorgeaufwendungen, StuW 1998, 317, 324.

391 *Czub*, Verfassungsrechtliche Gewährleistungen (1982), S. 104f; *Jüptner*, Leistungsfähigkeit und Veranlassung (1989), S. 85; *Bach*, Perspektiven des Leistungsfähigkeitsprinzips, StuW 1991, 117, 225; *Tipke*, Steuerrechtsordnung, Bd. I (2000), S. 403.

392 v. Münch/Kunig-*Schnapp* Art. 20 Rn 17; v. Mangoldt/Klein/Starck-*Sommermann* Art. 20 Rn 102; *Leibholz/Rinck/Hesselberger* Art. 20 Rn 321; Hdb. des Staatsrechts-*Zacher* § 25 Rn 54, *Gerber*, Die Sozialstaatsklausel, in: Forsthoff (Hrsg.), Rechtsstaatlichkeit und Sozialstaatlichkeit (1968), S. 349; *Schreiber*, Sozialstaatsprinzip des Grundgesetzes (1972), S. 49; *Klein*, in: Leibholz/Faller/Mikat/Reis (Hrsg.), FS für Geiger (1974), S. 721.

393 ebd.

stungsfähigkeit stehen. Denn nur wenn sich die Ziele des Sozialstaatsprinzips und des Leistungsfähigkeitsprinzips entsprächen und das Leistungsfähigkeitsprinzip die für das Steuerrecht herausgearbeiteten Inhalte des Sozialstaatsprinzips mit umfaßte, könnte von einer verfassungsrechtlichen Verankerung im Sozialstaatsprinzip des Art. 20 I GG ausgegangen werden.

(1) Verhältnis der Gerechtigkeitsebenen

Wie bereits oben erörtert[394], erhalten Prinzipien dadurch ihre Legitimität, daß sie eine Ableitung der Rechtsidee im Hinblick auf allgemeine Interessenlagen des menschlichen Zusammenlebens darstellen.
Um eine solche Interessenlage handelt es sich auch bei der Steuerlastverteilung[395]. Durch den Bezug des Gerechtigkeitselements der Rechtsidee auf den Bereich der Steuerlastverteilung ergibt sich dann die Besteuerung nach der Leistungsfähigkeit als Fundamentalprinzip des Steuerrechts[396]. Das Leistungsfähigkeitsprinzip regelt dabei die Beziehung des Staates als übergeordneter Institution und den ihm untergeordneten Bürgern, so daß es die Ebene der zuteilenden Gerechtigkeit (= iustitia distributiva) betrifft[397].
Auf der anderen Seite ist zu untersuchen, in welcher Hinsicht das Sozialstaatsprinzip seine Legitimität erlangt. Ausgangspunkt muß auch hier die Ableitung der Rechtsidee bezüglich des vom Sozialstaatsprinzip umfaßten Bereichs sein, welcher die Ziele der sozialen Sicherheit, des sozialen Ausgleichs sowie der Hebung und Ausbreitung des Wohlstandsniveaus beinhaltet. Dieser Bereich stellt ebenso wie die Steuerlastverteilung eine allgemeine, typische Interessenlage des menschlichen Zusammenlebens dar, betrifft aber nicht das Verhältnis zwischen dem Staat und seinen Bürgern, sondern die Wohlstandsverteilung und damit die Beziehung der Bürger untereinander[398]. Das Sozialstaatsprinzip greift folglich in den Marktprozeß zwischen rechtlich gleichgeordneten Personen ein und ist daher Ausdruck der Tauschgerechtigkeit (= iustitia commutativa).
Es hat sich mithin herausgestellt, daß das Leistungsfähigkeitsprinzip und das Sozialstaatsprinzip zwei unterschiedliche Ebenen der Gerechtigkeitsidee betreffen. Während das Leistungsfähigkeitsprinzip ausschließlich im Bereich der

---

394 siehe oben S. 69.
395 ebd.
396 siehe oben S. 69.
397 siehe oben S. 51.
398 Dem entspricht schon der Sinn des Wortes "sozial", das wie sein lateinischer Ursprung "socialis" zu dem Substantiv "socius" = "Geselle" gehört und mit "gesellt" in der Bedeutung "mit einem oder mehreren zusammen sein" zu übersetzen ist; vgl. *Menger*, Begriff des sozialen Rechtsstaats, in: Forsthoff (Hrsg.), Rechtsstaatlichkeit und Sozialstaatsprinzip (1968), S. 64.

iustitia distributiva einen Maßstab für die gerechte Verteilung der Steuerlast bildet, kommt dem Sozialstaatsprinzip die Aufgabe der gerechten Wohlstandsverteilung im Bereich der iustitia commutativa zu. Die Umverteilung durch die Besteuerung, um Wohlstandsdifferenzen im sozialen Ausgleich abzubauen, und die soziale Steuerung durch Lenkungsnormen, die das Wohlstandsniveau erhöhen soll, dienen somit der Verwirklichung des sozialen Staatsziels.
Insofern wird das oben herausgearbeitete Ergebnis[399] unterstrichen, demzufolge jedes Rechtsgebiet von einer Mehrheit an Prinzipien beherrscht wird. Im Steuerrecht steht dabei dem Leistungsfähigkeitsprinzip, das vom Umverteilungspostulat und dem Lenkungszweck der Steuer zu trennen ist, das Sozialstaatsprinzip gegenüber, welches eben für diese Ziele den verfassungsrechtlichen Maßstab darstellt. Um eine Regelung von konkreten Sachverhalten zu erreichen, sind dabei beide Prinzipien abzuwägen und zu einer Lösung im Sinne praktischer Konkordanz[400] zu bringen. Eine solche Abwägung ist nur möglich, wenn sich die abzuwägenden Positionen klar abgegrenzt und konträr gegenüberstehen. Somit sind die oben beschriebenen sozialen Ziele nicht in das Leistungsfähigkeitsprinzip einzubeziehen, sondern streng davon zu trennen, um die zugrundeliegenden Gerechtigkeitsebenen nicht zu verwischen und den Blick auf eine rechtliche statt auf eine verschwommene, politische Argumentation freizugeben.
Folglich umfaßt das Leistungsfähigkeitsprinzip nicht auch die für das Steuerrecht entwickelten Inhalte des Sozialstaatsprinzips.

(2) Das Verhältnis von rechtlicher und faktischer Chancengleichheit

Nachdem durch die vorangegangene Unterscheidung der Gerechtigkeitsebenen insbesondere der soziale Ausgleich durch Umverteilung und die Anhebung des Wohlstandsniveaus durch soziale Steuerung dem Sozialstaatsprinzip und nicht dem Leistungsfähigkeitsprinzip zugeordnet wurden, soll im folgenden der Bereich der sozialen Sicherung näher beleuchtet werden.
Wie bereits oben festgestellt[401], ist das Ziel der sozialen Sicherung bezüglich des Steuerrechts dahingehend zu interpretieren, daß sowohl das Existenzminimum als auch unvermeidbare private Aufwendungen von der Besteuerung freizustellen sind. Diese Ausprägungen des Sozialstaatsprinzips ließen sich mit dem Leistungsfähigkeitsprinzip nur vereinbaren, wenn die Leistungsfähigkeit

---

399 siehe oben S. 84.

400 Dreier-*Gröschner* Art. 20 (Sozialstaat) Rn 30. Dabei müssen verfassungsrechtlich geschützte Rechtsgüter in der Problemlösung einander so zugeordnet werden, daß jedes von ihnen Wirklichkeit gewinnt, vgl. im einzelnen Hdb. des Staatsrechts-*Lerche* § 122 Rn 3ff; *Alexy*, Theorie der Grundrechte (1985), S. 152; *Hesse*, Grundzüge des Verfassungsrechts (1995) S. 28.

401 siehe oben S. 89.

des Steuerpflichtigen um diese Aufwendungen gemindert wäre. Nach diesem Leistungsfähigkeitskonzept darf die Steuer nur den Teil des Einkommens erfassen, der dem Bürger zu seiner individuellen, willentlichen Bedürfnisbefriedigung zur Verfügung steht[402]. Existenzsichernde Ausgaben erfolgten dagegen unfreiwillig und gehörten daher nicht zum Bedürfnisbefriedigungspotential. Folglich sei der Steuerpflichtige im Hinblick auf diesen indisponiblen Teil seines Einkommens nicht leistungsfähig. Leistungsfähigkeit wird in diesem Sinne so definiert, daß sie nur disponibles Einkommen erfaßt, wobei diese Definition als "subjektive Leistungsfähigkeit" bezeichnet wird[403].
Im Gegensatz dazu wird die Leistungsfähigkeit als Besteuerungsmaßstab oben im Rahmen des Verfügungsmachtkonzeptes definiert. Danach tritt der Bürger einen Teil seiner ökonomischen Verfügungsmacht als Steuer an den Staat ab, wobei keine Unterscheidung nach der möglichen Verwendung der Mittel für individuelle Bedürfnisbefriedigung oder für zwangsläufige private Aufwendungen erfolgt, sondern nur der aktuelle Zugang an wirtschaftlicher Dispositionskraft maßgeblich ist. Ausgaben zur sozialen Sicherung werden nach dieser Definition nicht aus dem Leistungsfähigkeitsbegriff ausgenommen, was auch als "objektive Leistungsfähigkeit" bezeichnet werden kann[404].

Eine Diskussion um die Einbeziehung der sozialen Sicherung in den Begriff der Leistungsfähigkeit muß erkennen, daß es sich bei den geschilderten Positionen um zwei verschiedene Leistungsfähigkeitskonzepte handelt[405]. Eine Argumentation, die das Existenzminimum und die unvermeidbaren privaten Ausgaben von der Besteuerung ausnehmen will, weil sonst das (subjektive) Leistungsfä-

---

402 *Paulick*, Lenkungsfunktion des Steuerrechts, in: Haller/Kullmer/Shoup/Timm (Hrsg.), FS für Neumark (1970), S. 220; *Bockelberg*, Progressive Besteuerung nach der Leistungsfähigkeit, BB 1971, 925, 926; *Birk*, Leistungsfähigkeitsprinzip (1983), S. 150; *Zeidler*, Verfassungsrechtliche Fragen, StuW 1985, 1, 5; *Böckenförde*, Steuergerechtigkeit und Familienlastenausgleich, StuW 1986, 335, 336; *Söffing*, Verletzung des Nettoprinzips, StbJb 1988/89, 121, 125; *Miessl*, Operationalisierung des Leistungsfähigkeitsprinzips, BB 1991, 2130, 2131; *Bach*, Perspektiven des Leistungsfähigkeitsprinzips, StuW 1991, 116, 122; *Uelner*, Konkretisierung des subjektiven Nettoprinzips, in: FS für Schmidt (1993), S. 26; *Birk/Inhester*, Steuerentlastung durch Sozialleistungen, StuW 1996, 227, 230; *Homburg*, Steuerrecht für Ökonomen (1996), S. 67; *Reiff*, Verlustabzug im Lichte des Gleichheitsgrundsatzes, DStZ 1998, 858, 858; *Wernsmann*, Abzugsfähigkeit von Vorsorgeaufwendungen, StuW 1998, 317, 322; *Jachmann*, Leistungsfähigkeitsprinzip und Umverteilung, StuW 1998, 293, 293; *Tipke*, Steuerrechtsordung, Bd. I (2000), S. 481.

403 ebd.

404 vgl. *Schneider*, Leistungsfähigkeitsprinzip, StuW 1984, 356, 357; *Bach*, Perspektiven des Leistungsfähigkeitsprinzips, StuW 1991, 116, 123.

405 *Wosnitza/Treisch*, Leistungsfähigkeitskonzeptionen, DBW 1999, 351, 362.

higkeitsprinzip verletzt sei[406], ist wissenschaftlich genauso sinnlos, wie die Begründung, daß die Minderung der Leistungsfähigkeit durch existenzsichernde Ausgaben gegen das Verfügungsmachtkonzept verstoße. Somit darf eine Entscheidung nicht auf der Basis der eigenen Definition von Leistungsfähigkeit getroffen werden, sondern es stellt sich die übergeordnete Frage, für welche Leistungsfähigkeitskonzeption die besseren Argumente sprechen.
(a) Auf der einen Seite wird zugunsten der subjektiven Leistungsfähigkeit vorgebracht[407], daß es wirtschaftlich widersprüchlich sei, dem Steuerpflichtigen das existenznotwendige Einkommen wegzusteuern und ihn damit zunächst zum Sozialfall zu machen, um ihm anschließend die für ihn und seine Familie existenzsichernden Mittel als Sozialhilfe wieder zukommen zu lassen.
Diese Ansicht setzt voraus, daß eine Freistellung des Existenzminimums sowie die Berücksichtigung von unvermeidbaren privaten Aufwendungen bei der Feststellung der Bemessungsgrundlage nur möglich ist, wenn diese Mittel aus dem Begriff der Leistungsfähigkeit ausgenommen werden. Wäre der Steuerpflichtige in Höhe dieser Mittel dagegen leistungsfähig, müßte er auch insoweit besteuert werden.
Diese Meinung übersieht, daß mit dem Konzept der objektiven Leistungsfähigkeit keine andere Besteuerungstechnik, sondern lediglich eine andere Begründung dieser Technik zusammenhängt. Auch nach dem Verfügungsmachtkonzept können und müssen existenzsichernde Aufwendungen von der Steuer freigestellt werden[408]. Allerdings kann die Freistellung nicht mit einer Besteuerung nach der Leistungsfähigkeit begründet werden, da der Steuerpflichtige auch bezüglich dieser Mittel objektiv leistungsfähig ist, sondern sie ergibt sich ausschließlich aus dem Sozialstaatsprinzip. Der sozialen Sicherung im Sinne des Sozialstaatsprinzips ist dabei im Rahmen einer Abwägung mit dem Leistungsfähigkeitsprinzip eindeutig der Vorrang einzuräumen, weil es ansonsten in der Tat zu den oben kritisierten wirtschaftlich widersprüchlichen Ergebnissen käme.
Folglich haben sich die von den Kritikern befürchteten Auswirkungen des objektiven Leistungsfähigkeitsbegriffes nicht bestätigt.

---

406 vgl. *Kirchhof*, Schutz von Ehe und Familie, Essener Gespräche zum Thema Staat und Kirche, Bd. 21 (1986), 126, 128, der gegen das objektive Leistungsfähigkeitskonzept vorbringt: "Der Grundgedanke einer Besteuerung nach der individuellen Leistungsfähigkeit wird elementar verkannt.".

407 *Zeidler*, Verfassungsrechtliche Fragen, StuW 1985, 1, 5; *Kirchhof*, Schutz von Ehe und Familie, Essener Gespräche zum Thema Staat und Kirche, Bd. 21 (1986), 126, 127; *Pezzer*, Verfassungsrechtliche Perspektiven, in: Fürst/Herzog/Umbach (Hrsg.) FS für Zeidler (1987), S. 765; *Oepen*, Probleme der Familienbesteuerung, FR 1992, 149, 151; *Tipke*, Steuerrechtsordnung, Bd. II (1993), S. 682.

408 vgl. *Tipke*, Steuerrechtsordnung, Bd. II (1993), S. 679: "Sicher wollen auch die zitierten Ökonomen niemanden verhungern lassen."

(b) Weiterhin wurde oben erörtert[409], daß sich die subjektive Leistungsfähigkeit in den individuellen Möglichkeiten zur privaten Bedürfnisbefriedigung ausdrückt. Insofern liegt diesem Leistungsfähigkeitskonzept derselbe Steuergegenstand zugrunde wie den Opfertheorien. Die im Rahmen der Bewertung des Opferkonzeptes vorgebrachten Nachteile[410] der Bedürfnisbefriedigung als Steuergegenstand treffen mithin auch auf das Konzept der subjektiven Leistungsfähigkeit zu.

(c) Letztlich kann aber eine Entscheidung zwischen objektiver und subjektiver Leistungsfähigkeit als Maßstab der Steuerlastverteilung anhand der Funktion des Sozialstaatsprinzips und dessen Einordnung in das Verfassungsgefüge getroffen werden.

Die Entwicklung des Sozialstaatsprinzips hat einerseits gezeigt, daß es in der Abkehr vom liberalistischen Rechtsbewahrerstaat eine aktive Gestaltung der Gesellschaft durch den Staat bezweckte. Auf der anderen Seite sollten aber die Ideale des Liberalismus nicht soweit verlassen werden, daß in der Konsequenz ein totalitärer Wohlfahrtsstaat alles Soziale monopolisierte. Vielmehr erkennt der freiheitliche Sozialstaat die Unterscheidung und damit die Dialektik von Staat und Gesellschaft an, was verfassungsrechtlich zunächst im Freiheitsbezug des Art. 151 I 2 WRV[411] und heute im Grundgesetz durch die Einbettung des Sozialstaatsprinzips in die freiheitlich demokratische Grundordnung zum Ausdruck kommt[412].

Es ist also zu beachten, daß die Gesellschaft dem Staat gegenüber eigenständig bleibt. Um diese Eigenständigkeit zu sichern, muß es den Bürgern rechtlich offenstehen, Selbstverantwortung für die eigene wirtschaftliche Existenz zu übernehmen[413]. Die Autonomie der Gesellschaft setzt folglich die *rechtliche Chancengleichheit* der Bürger gegenüber dem Staat voraus.

Allerdings bedeuten diese rechtliche Chancengleichheit und die damit verbundenen Freiheiten der Bürger, welche eine autonome Gesellschaft erst möglich machen, daß den Bürgern auch die Freiheit bleibt, aus gleichen Möglichkeiten

---

409 siehe oben S. 93.

410 siehe oben S. 35ff.

411 siehe oben S. 87 und vgl. Dreier-*Gröschner* Art. 20 (Sozialstaat) Rn 7.

412 Dreier-*Gröschner* Art. 20 (Sozialstaat) Rn 3; *Leibholz /Rinck/Hesselberger* Art. 20 Rn 295; v. Mangoldt/Klein/Starck-*Sommermann* Art. 20 Rn 102; Hdb. des Staatsrechts-*Zacher* § 25 Rn 26; Hdb. des Verfassungsrechts-*Benda* § 17 Rn 140; *Hesse,* Rechtsstaat im Verfassungssystem des Grundgesetzes, in: Forsthoff (Hrsg.), Rechtsstaatlichkeit und Sozialstaatlichkeit (1968), S. 575; *Häberle*, Grundrechte im Leistungsstaat, VVDStRL Bd. 30 (1972) S. 96f.; *Klein*, Verfassungsrechtliche Grenzen, in: Leibholz/Faller/Mikat/Reis (Hrsg.), FS für Geiger (1974), S. 721; *Böckenförde*, Recht, Staat, Freiheit (1991), S. 234; *Lehner*, Einkommensteuerrecht und Sozialhilferecht (1993), S. 353.

413 ebd.

ungleiche Wirkungen hervorzubringen[414]. Wie im Rahmen der sozialen Frage gesehen, kann dies soweit gehen, daß großen Bevölkerungsschichten mangels finanzieller Mittel gar nicht mehr die Möglichkeit bleibt, selbstverantwortlich für ihre Existenz zu sorgen und ihre rechtliche Freiheit auszuüben.
Der freiheitliche Sozialstaat darf nun aber nicht das Ergebnis der unterschiedlichen Freiheitsnutzung nivellieren und die Autonomie der Gesellschaft durch eine Ergebnisgleichheit aufheben[415]. Statt dessen hat er die Pflicht, so in die Gesellschaft einzugreifen, daß die Voraussetzungen für den Gebrauch der Freiheit durch die Bürger geschaffen und gesichert werden[416]. Insofern dient das Sozialstaatsprinzip der Schaffung von *faktischer Chancengleichheit*.
Nach der dem Sozialstaatsprinzip zugrundeliegenden Dialektik von Gesellschaft und Staat muß der Staat mithin das Verhältnis zu seinen Bürgern so regeln, daß allen Bürgern dieselben rechtlichen Möglichkeiten zustehen. Der Freiheitsbezug des Sozialstaatsprinzips fordert die Schaffung "rechtlicher Normalität", die anhand rechtlicher Maßstäbe für das betroffene Sachgebiet herzustellen ist. Erst wo sich diese rechtliche Normalität so auswirkt, daß die Bürger an ihr nicht mehr teilnehmen können, trifft den Staat durch das Sozialstaatsprinzip die Pflicht, die Rechtsausübung faktisch möglich zu machen. Maßstab für die Herstellung faktischer Chancengleichheit ist dabei nicht eine rechtliche, sondern die "soziale Normalität"[417].
Um diese Dialektik im Steuerrecht aufrecht zu erhalten, muß für die Verteilung der Steuerlast zunächst ein Maßstab der rechtlichen Normalität gefunden werden, welcher die Selbstverantwortung der Steuerpflichtigen für ihre wirtschaftliche Existenz akzeptiert. Nur wenn die Anwendung dieses Maßstabs im Ergebnis faktisch die wirtschaftliche Existenz gefährdet, darf von der rechtlichen Chancengleichheit zugunsten der sozialen Sicherung der Steuerpflichtigen abgewichen werden. Damit erkennbar ist, wann eine solche Abweichung erforderlich ist und wie sich die Abweichung im Hinblick auf die soziale Normalität auswirkt, muß der rechtliche Maßstab zur Verteilung der Steuerlast folglich von Elementen der sozialen Sicherung frei bleiben. Nur bei einer derartigen gedanklichen Trennung von rechtlicher und faktischer Chancengleichheit erkennt der Staat grundsätzlich die Autonomie der Gesellschaft an und verwirklicht den Freiheitsbezug des Sozialstaatsprinzips. Ohne die rechtliche Chancengleichheit als Ausgangspunkt könnte der Staat die Eigengesetzlichkeit der Gesellschaft

---

414 Hdb. des Staatsrechts-*Zacher* § 25 Rn 38.

415 v. Mangoldt/Klein/Starck-*Sommermann* Art. 20 Rn 102; *Stern*, Staatsrecht, Bd. I (1984), S. 930; *Jarass*, Wirtschaftsverwaltungsrecht und Wirtschaftsverfassungsrecht (1984), S. 73.

416 Dreier-*Gröschner* Art. 20 (Sozialstaat) Rn 18; Hdb. des Staatsrechts-*Zacher* § 25 Rn 38; Hdb. des Verfassungsrechts-*Benda* § 17 Rn 158; *Häberle*, Grundrechte im Leistungsstaat, VVDStRL Bd. 30 (1972), S. 96; *Jarass*, Wirtschaftsverwaltungsrecht und Wirtschaftsverfassungsrecht (1984), S. 74.

417 Dreier-*Gröschner* Art. 20 (Sozialstaat) Rn 36; Hdb. des Staatsrechts-*Zacher* § 25 Rn 62.

ignorieren, so daß ihm der Weg zu einer Egalisierung unkontrollierbar offenstünde.
Mithin verlangen die Funktion und die verfassungsrechtliche Einordnung des Sozialstaatsprinzips, daß die Steuerfreistellung der existenzsichernden Aufwendungen des Steuerpflichtigen für sich und seine Familie als soziale Sicherung nicht in das Leistungsfähigkeitsprinzip als (verfassungs-)rechtlicher Maßstab der Steuerlastverteilung einzubeziehen sind, sondern diesen im Gegenteil durchbrechen. Wenn solche unvermeidbaren privaten Aufwendungen schon die Leistungsfähigkeit des Steuerpflichtigen mindern würden, wäre das Leistungsfähigkeitsprinzip als Maßstab der rechtliche Chancengleichheit unbrauchbar, weil es schon Maßnahmen zur Schaffung sozialer Chancengleichheit enthielte. Dieser Ansatz verkennt die erörterte Bedeutung des Sozialstaatsprinzips.
Folglich bleibt nur, die Steuerlastverteilung anhand der objektiven Leistungsfähigkeit der Steuerpflichtigen vorzunehmen.
(d) Im Ergebnis wird daher deutlich, daß auch die soziale Sicherung als Ziel des Sozialstaatsprinzips nicht mit den Inhalten des Leistungsfähigkeitsprinzips zu vereinbaren ist.

ee) Zwischenergebnis

Es hat sich folglich herausgestellt, daß sich die Inhalte und Ziele von Leistungsfähigkeitsprinzip und Sozialstaatsprinzip nicht entsprechen, sondern sich im Steuerrecht entgegengesetzt und abwägungsbedürftig gegenüberstehen. Eine verfassungsrechtliche Verankerung des Leistungsfähigkeitsprinzips im Sozialstaatsprinzip des Art. 20 I GG ist daher ausgeschlossen.

c) Die Freiheitsrechte

Nach dem Gleichheitssatz des Art. 3 I GG und dem Sozialstaatsprinzips im Sinne des Art. 20 I GG bleibt noch zu prüfen, ob das Leistungsfähigkeitsprinzip in den Freiheitsrechten des Grundgesetzes verankert ist.

aa) Wirtschaftsverfassung

Bereits oben wurde festgestellt[418], daß die Eigenständigkeit der Gesellschaft gegenüber dem Staat voraussetzt, daß dem Bürger die Freiheit offenstehen muß, Selbstverantwortung für seine eigene wirtschaftliche Existenz zu übernehmen. Dieser Freiheitsbezug auf dem Gebiet der wirtschaftlichen Betätigung durch die Bürger war noch in Art. 151 I WRV ausdrücklich[419] als objektives Prinzip garantiert. Die Weimarer Reichsverfassung beinhaltete mit ihrer unmittelbaren

418 siehe oben S. 51.
419 siehe oben S. 88.

Festlegung einer bestimmten Wirtschaftsordung eine konkrete freiheitliche Wirtschaftsverfassung[420].

Im Gegensatz dazu enthält sich das Grundgesetz einer Normierung verfassungsrechtlicher Grundsätze für die Gestaltung des Wirtschaftslebens. Das Grundgesetz trifft somit keinerlei Entscheidung für ein bestimmtes Wirtschaftssystem und ist in diesem Sinne wirtschaftspolitisch neutral[421].

Dies kann jedoch auf der einen Seite nicht bedeuten, daß nicht nur die Verfassung, sondern auch der Gesetzgeber zur Neutralität gegenüber der Wirtschaft verpflichtet ist. Eine so verstandene Neutralität würde zu einer "Entrechtlichung"[422] der Wirtschaft führen und mit der Wirtschaftsordnung ein bedeutendes Wesenselement des Staates aus dessen Verantwortungsbereich herausnehmen. Das Bestehen des Staates hängt aber von einer funktionierenden Rechtsordnung auf allen Gebieten des menschlichen Zusammenlebens ab[423], so daß den Staat auch im Bereich der Wirtschaft Verantwortung und Gestaltungsmacht treffen muß.

Auf der anderen Seite kann die wirtschaftspolitische Offenheit des Grundgesetzes dem Gesetzgeber aber keine Generalermächtigung vermitteln, eine beliebige Wirtschaftsordnung zu schaffen. Denn diese Abhängigkeit vom gesetzgeberischen Belieben hätte zur Folge, daß der Wechsel der parlamentarischen Mehrheit fortwährend Brüche in der Kontinuität des wirtschaftspolitischen Ganzen möglich machte, womit auch die Kontinuität des Staates selbst verloren ginge[424]. Wie bereits oben erörtert[425], müssen dem politischen System verfassungsrechtliche Wertgrundsätze entgegengestellt werden. Die Enthaltsamkeit des Grundgesetzes zur Wirtschaftsverfassung kann folglich keinesfalls die Garantiewirkung der Grundrechte reduzieren, soweit der Gesetzgeber Fragen der Wirtschaftsordnung regelt[426]. Es ist mithin zu untersuchen, welche Wertgrund-

---

420 Art. 151 - 161 WRV, vgl. Maunz/Dürig-*Papier* Art. 14 Rn 31; Hdb. des Staatsrechts-*Breuer* § 147 Rn 19; v. Mangoldt/Klein/Starck-*Depenheuer* Art. 14 Rn 8; *Tsiliotis*, Schutz der Wettbewerbsfreiheit (2000), S. 48.

421 Hdb. des Staatsrechts-*Breuer* §147 Rn 19; Hdb. des Verfassungsrechts-*Papier* § 18 Rn 1 und 3; v. Mangoldt/Klein/Starck-*Depenheuer* Art. 14 Rn 8; *Jarass*, Wirtschaftsverwaltungsrecht und Wirtschaftsverfassungsrecht (1984), S. 79; *Ossenbühl*, Freiheiten des Unternehmers, AöR 155 (1990), 1, 3; *Schmidt*, Öffentliches Wirtschaftsrecht (1990), S. 70ff; *Stober*, Allgemeines Wirtschaftsverwaltungsrecht (2000), S. 72.

422 *Huber*, Streit um das Wirtschaftsverfassungsrecht, DÖV 1956, 97, 98.

423 siehe oben S. 67.

424 vgl. *Huber*, Streit um das Wirtschaftsverfassungsrecht, DÖV 1956, 97, 100: "Revolution in Permanenz".

425 siehe oben S. 25.

426 Hdb. des Staatsrechts-*Breuer* § 147 Rn 20; Hdb. des Verfassungsrechts-*Papier* § 18 Rn 4; *Ruppe*, Grundgesetz und Wirtschaftsverfassung (1974), S. 7; *Kirchhof*, Verwalten (1977), S. 370; *Ossenbühl*, Freiheiten des Unternehmers, AöR 115 (1990), 1, 2; *Tsiliotis*, Schutz der Wettbewerbsfreiheit (2000), S. 48.

sätze den Grundrechten und insbesondere den Freiheitsrechten als Leitlinien wirtschaftspolitischer Gestaltung entnommen werden können.

bb) Aussage der Freiheitsrechte für die Wirtschaftsordnung

(1) Eigentumsfreiheit des Art. 14 I GG

Eine erste Wertentscheidung trifft das Grundgesetz in Art. 14 I GG, der die Freiheit des Eigentums und damit auch das Privateigentum als Rechtsinstitut garantiert[427]. Ein Wirtschaftssystem, welches das eigenverantwortlich bestimmte Privateigentum abschafft und jegliche dezentrale, privatautonome Wirtschaftsplanung ausschließt, kann diese Institutsgarantie nicht wahren[428]. Vielmehr erfordert eine insbesondere auf das private Eigentum an Produktionsmitteln gerichtete Wirtschaftsordnung, daß sie freie wirtschaftliche Initiative akzeptiert. Koordiniert werden die unterschiedlichen wirtschaftlichen Betätigungen dabei nicht durch staatlichen Zwang, der alle wesentlichen ökonomischen Entscheidungen zentralisiert, sondern durch die Existenz eines privatautonomen Marktes. Die auf Privateigentum basierende wirtschaftliche Handlungsfreiheit beinhaltet mithin das Operieren am Markt und den Zugang zum Markt, so daß ein wettbewerbliches Handlungssystem erforderlich ist und begründet wird[429].

Folglich setzt die Eigentumsgarantie des Art. 14 I GG einen Marktmechanismus mit freiheitlichem Wettbewerb voraus.

(2) Berufsfreiheit des Art. 12 I GG

Die wirtschaftsverfassungsrechtliche Bedeutung der Berufsfreiheit im Sinne des Art. 12 I GG besteht darin, prinzipiell jede wirtschaftliche Tätigkeit zu gewähr-

---

427 Hdb. des Staatsrechts-*Leisner* § 149 Rn 12; Hdb. des Verfassungsrechts-*Badura* § 10 Rn 32; Maunz/Dürig-*Papier* Art. 14 Rn 30; Sachs-*Wendt* Art. 14 Rn 10; v. Münch/Kunig-*Bryde* Art. 14 Rn 32; Dreier-*Wieland* Art. 14 Rn 24; v. Mangoldt/Klein/Starck-*Depenheuer* Art. 14 Rn 3d.

428 Hdb. des Verfassungsrechts-*Papier* § 18 Rn 15; *Friauf/Wendt*, Eigentum am Unternehmen (1977), S. 66; *Jarass*, Wirtschaftsverwaltungsrecht und Wirtschaftsverfassungsrecht (1984), S. 73; *Stober*, Grundrechtsschutz der Wirtschaftstätigkeit (1989), S. 91.

429 ebd. und Maunz/Dürig-*Scholz* Art. 12 Rn 79; Schmidt-Bleibtreu/Klein - *Schmidt-Bleibtreu* Art. 14 Rn 3d; Sachs-*Wendt* Art. 14 Rn 8; v. Mangoldt/Klein/Starck-*Depenheuer* Art. 14 Rn 8f; *Kirchhof*, Verwalten (1977), S. 370; *Ossenbühl*, Freiheiten des Unternehmers, AöR 155 (1990), 1, 26; *Wittmann*, Besteuerung des Markteinkommens, StuW 1993, 35, 41; *di Fabio*, Grundrechte im präzeptoralen Staat, JZ 1993, 689, 694; *Stober*, Allgemeines Wirtschaftsverwaltungsrecht (2000), S. 72f.

leisten[430]. Insbesondere gibt sie jedem Bürger das Recht, die von Art. 14 I GG seinem Eigentum zugeordneten Produktionsmittel durch Planungs- und Lenkungsakte zu einem Produktionserfolg zu kombinieren[431]. Indem also die erwerbswirtschaftliche Betätigung als "Beruf" im Sinne des Art. 12 I GG anerkannt wird, muß auch der durch diese Betätigung betroffene Markt von der Berufsfreiheit geschützt werden[432]. Die Schaffung eines solchen Wettbewerbsmarktes, der Zugang dazu sowie das erwerbswirtschaftliche Handeln auf diesem Markt werden somit von Art. 12 I GG garantiert[433].
Insofern ist die Wettbewerbsfreiheit auch Bestandteil der Berufsfreiheit im Sinne des Art. 12 I GG.

(3) Allgemeine Handlungsfreiheit des Art. 2 I GG

Früher[434] wurde die allgemeine Handlungsfreiheit des Art. 2 I GG zur Wirtschaftsfreiheit mit der Wettbewerbsfreiheit als Unterfall konkretisiert. Allerdings bestehen gegen diese pauschale Ableitung deshalb Bedenken, weil die Wettbewerbsfreiheit – wie gerade herausgearbeitet – im wesentlichen durch Art. 14 I GG und Art. 12 I GG als Spezialgrundrechte erfaßt wird. Das Heranziehen von Art. 2 I GG würde somit den Vorrang der spezielleren Normen verkennen und wäre systemwidrig[435]. Nur soweit wirtschaftliche Betätigungen von diesen Spezialgrundrechten nicht umfaßt sind, ist ein Rückgriff auf die stets subsidiäre[436] Garantie der allgemeinen Handlungsfreiheit des Art. 2 I GG möglich und nötig.

(4) Zwischenergebnis

Es hat sich mithin gezeigt, daß Art. 14 I GG und Art. 12 I GG als auf die Wirtschaft bezogene Freiheitsrechte zwar keine bestimmte Wirtschaftsverfassung konstituieren, aber doch eine wettbewerblich geprägte Wirtschaftsordnung als reales Ergebnis der Grundrechtsausübung hervorbringen. Art. 14 I GG betrifft dabei die Innehabung, Nutzung und Verwendung erworbenen und vorhandenen

---

430 Maunz/Dürig-*Scholz* Art. 12 Rn 79; *Stober*, Grundrechtsschutz der Wirtschaftstätigkeit (1989), S. 59; *Hufen*, Berufsfreiheit, NJW 1994, 2913, 2915; *Leisner*, Verfassungsschranken, NJW 1996, 1511, 1513; *Tsiliotis*, Schutz der Wettbewerbsfreiheit (2000), S. 80.

431 Hdb. des Verfassungsrechts-*Papier* § 18 Rn 48.

432 vgl. *Hufen*, Berufsfreiheit, NJW 1994, 2913, 2915: "Der Plural von Berufsfreiheit heißt Wettbewerb".

433 siehe oben Fn. 230.

434 Maunz/Dürig-*Dürig* Art. 2 I Rn 38; *Ipsen*, Verwaltung durch Subventionen, VVDStRL Bd. 25 (1967), S. 302.

435 Hdb. des Staatsrechts-*Erichsen* § 152 Rn 62; Hdb. des Verfassungsrechts-*Papier* § 18 Rn 75.

436 v. Münch/Kunig-*Kunig* Art. 2 Rn 12; Sachs-*Murswiek* Art. 2 Rn 137; Dreier-*Dreier* Art. 2 I Rn 6; v. Mangoldt/Klein/Starck-*Starck* Art. 2I Rn 47.

Eigentums, während Art. 12 I GG die Erwerbs- und Leistungstätigkeit schützt, ohne daß dabei aber eine strikte, alternative Exklusivität bestünde, sondern beide Grundrechte können im Wege der Idealkonkurrenz auch kumulativ eingreifen[437]. Um seine Grundrechte verwirklichen zu können, steht jedem Bürger ein ungestörter Marktzugang und die Teilnahme am Wettbewerb zu, so daß sich aus der Eigentumsgarantie und der Berufsfreiheit ein System gleichberechtigter wirtschaftlicher Konkurrenz entwickelt[438].

Aus den Freiheitsrechten ergibt sich dabei kein Leistungsrecht, welches mit wettbewerbsfördernden Maßnahmen oder mit dem Schutz vor anderen Marktteilnehmern ein bestimmtes Wettbewerbssystem als Ziel anstrebt[439]. Vielmehr müssen die gleichen rechtlichen Möglichkeiten zur Ausübung der Freiheiten gewährleistet werden, so daß sich Wettbewerb zwangsläufig aus dieser Ausübung entwickelt[440].

Der Wettbewerb wird durch die Freiheitsrechte folglich in Gestalt der rechtlichen Chancengleichheit geschützt. Im Rahmen der oben erörterten Dialektik von Staat und Gesellschaft bildet die Wettbewerbsfreiheit mit dem Ziel rechtlichen Chancengleichheit den Gegenpol zum Sozialstaatsprinzip mit dem Ziel faktischer Chancengleichheit.

cc) Freiheitsrechte und Besteuerung

Die Freiheitsrechte schützen in dieser Form somit die erwerbswirtschaftliche Betätigung und gewähren den Bürgern das Recht, sich durch freie Leistungskonkurrenz auf dem Markt gegenüber den anderen durchzusetzen. Mit diesem privatautonomen Wirtschaften erstreben die Bürger im Ergebnis einen wirtschaftlichen Erfolg, an dem der Staat dann durch die Besteuerung partizipiert. Insofern akzeptiert die staatliche Besteuerungsgewalt den Wettbewerb als Grundrechtsausübung und setzt ihn sogar voraus[441].

Allerdings lassen die Steuergesetze das von ihnen jeweils betroffene erwerbswirtschaftliche Verhalten nicht unbeeinflußt, sondern sie bestimmen durch ihre finanziellen Folgen die Entscheidungen der Steuerpflichtigen maßgeblich

---

437 Hdb. des Verfassungsrechts-*Papier* § 18 Rn 59; *Tsiliotis,* Schutz der Wettbewerbsfreiheit (2000), S. 383ff.

438 *Friauf/Wendt,* Eigentum am Unternehmen (1977), S. 66; *Stober,* Grundrechtsschutz der Wirtschaftstätigkeit (1989), S. 108; *di Fabio*, Grundrechte im präzeptoralen Staat, JZ 1993, 689, 694; *Tsiliotis*, Schutz der Wettbewerbsfreiheit (2000), S. 80f.

439 *Tsiliotis*, Schutz der Wettbewerbsfreiheit (2000), S. 88

440 Maunz/Dürig-*Scholz* Art. 12 Rn 136.

441 Hdb. des Verfassungsrechts-*Papier* § 18 Rn 94.

mit[442]. Die Besteuerung kann durch Lenkungs- und Umverteilungswirkungen die Möglichkeiten privater Konkurrenten zur Teilnahme am Wettbewerb beeinträchtigen, indem sie ungleiche wirtschaftliche Auswirkungen für die Steuerschuldner und ihre Wettbewerbslage schafft[443]. Durch eine Veränderung der wettbewerblichen Ausgangslage greift die Besteuerung folglich in die Wettbewerbsfreiheit der Art. 12 und 14 GG ein.
Damit zeigt sich aber auch, daß ein Eingriff in die Wettbewerbsfreiheit nur dann zu erkennen ist, wenn zuvor die wettbewerbliche Ausgangslage festgestellt wurde. Um die Freiheit schützen zu können, müssen die Wettbewerbsverhältnisse im Zustand rechtlicher Chancengleichheit[444] ermittelt werden, so daß Abweichungen von diesem Zustand als Eingriffe deutlich hervortreten[445]. Es ist demnach ein Maßstab für die rechtliche Chancengleichheit erforderlich, also für das Ergebnis von erwerbswirtschaftlicher Betätigung, welches sich als rechtliche Normalität aus einem von staatlicher Lenkung und Umverteilung unbeeinflußten, freien Wettbewerb ergibt.
Als ein derartiger Maßstab rechtlicher Normalität hat sich oben[446] bereits die Leistungsfähigkeit der Bürger erwiesen, die als Zugang von Verfügungsmacht weder wirtschaftsgestaltende, noch umverteilende, soziale Ziele beinhaltet. Die Leistungsfähigkeit ist das wirtschaftliche Ergebnis der wettbewerblichen Aktivitäten; das Verhältnis der bei den Marktteilnehmern jeweils durch den freien Wettbewerb entstandenen Leistungsfähigkeit bildet die wettbewerbliche Ausgangslage.
An dieser Stelle wird ein Zusammenhang mit dem Gleichheitssatz des Art. 3 I GG, aus dem die Leistungsfähigkeit als Maßstab zur gleichmäßigen Verteilung der Steuerlast zu entnehmen ist, deutlich. Das Abweichen von diesem Maßstab indiziert nicht nur eine ungleiche Behandlung der Bürger durch die Besteuerung, sondern bringt auch ungleiche Auswirkungen auf die Wettbewerbslage mit sich, das heißt, es verändert das ursprüngliche Leistungsfähigkeitsverhältnis. Ein Verstoß gegen das Leistungsfähigkeitsprinzip widerspricht somit nicht nur dem Gleichheitssatz, sondern verändert auch die wettbewerbliche Ausgangslage, so daß ein Eingriff in die Wettbewerbsfreiheit feststellbar ist.
Durch das Leistungsfähigkeitsprinzip als Maßstab für die Verteilung der Steuerlast stellt Art. 3 I GG also auch sicher, daß jedem Wettbewerbsteilnehmer der

---

442 Hdb. des Verfassungsrechts-*Benda* § 17 Rn 172; Hdb. des Verfassungsrechts-*Papier* § 18 Rn 96; *Friauf*, Verfassungsrechtliche Grenzen der Wirtschaftslenkung (1966), S. 6; *Ossenbühl*, Freiheiten des Unternehmers, AöR 115 (1990), 1, 19; *Tsiliotis*, Schutz der Wettbewerbsfreiheit (2000), S. 351.
443 ebd.
444 siehe oben S. 98f.
445 vgl. *Tsiliotis*, Schutz der Wettbewerbsfreiheit (2000), S. 118.
446 siehe oben S. 84 und 97f.

gleiche Schutz seiner Freiheitsrechte zukommt[447]. Die rechtliche Chancengleichheit verbindet das Leistungsfähigkeitsprinzip demzufolge sowohl mit dem Gleichheitssatz als auch mit der Wettbewerbsfreiheit im Sinne der Art. 14 und 12 GG in einem unauflösbaren Zusammenhang.

dd) Zwischenergebnis
Mithin findet das Leistungsfähigkeitsprinzip auch in den Freiheitsrechten des Grundgesetzes im dargestellten Sinne eine verfassungsrechtliche Verankerung.

3. Zwischenergebnis
Die vorstehende Untersuchung hat gezeigt, daß die Besteuerung nach der Leistungsfähigkeit im Gleichheitssatz des Art. 3 I GG und in den Freiheitsrechten der Art. 14 und 12 GG verfassungsrechtlich verortet ist. Die Kritik, welche dem Leistungsfähigkeitsprinzips jegliche rechtliche Verbindlichkeit abspricht, ist daher zurückzuweisen.

V. Ergebnis
Das Leistungsfähigkeitsprinzip hat sich folglich gegen alle bestehenden kritischen Ansätze in der Literatur behauptet.

B. Das Leistungsfähigkeitsprinzip in der Rechtsprechung des Bundesverfassungsgerichts

Insbesondere die Feststellungen über eine verfassungsrechtliche Verankerung ziehen die Frage nach sich, ob das so entwickelte Leistungsfähigkeitsprinzip mit der Rechtsprechung des Bundesverfassungsgerichts vereinbar ist.

I. Rechtsprechung zum Gleichheitssatz
Das Leistungsfähigkeitsprinzip wurde oben[448] im allgemeinen Gleichheitssatz verortet, so daß an dieser Stelle die Rechtsprechung des Bundesverfassungsgerichts zu Art. 3 I GG näher zu erörtern ist.

---

447 *Scholler*, Interpretation des Gleichheitssatzes (1969), S. 17; *Scholz*, Wirtschaftsaufsicht (1971), S. 147f; *Tsiliotis*, Schutz der Wettbewerbsfreiheit (2000), S. 115f; vgl. *Stober*, Grundrechtsschutz und Wirtschaftstätigkeit (1989), S. 125: "[...] weil privilegierte Freiheit individualfeindlich ist.".
448 siehe oben S.87.

1. Interpretation des Art. 3 I GG als Willkürverbot

a) Entstehung und Aussagen des Willkürverbots

Im Gegensatz zum Gleichheitssatz des Art. 109 I WRV, für den die Bindung des Gesetzgebers noch umstritten war[449], erklärt das Bonner Grundgesetz in Art. 1 III alle Grundrechte und damit auch das in Art. 3 I normierte Grundrecht auf Gleichbehandlung für den Gesetzgeber als verbindlich. Nachdem diese Grundsatzfrage der Weimarer Republik in diesem Sinne entschieden war, mußte sich auch die Rechtsprechung des Bundesverfassungsgerichts intensiver mit dem Gleichheitssatz beschäftigen und griff dabei auf Erkenntnisse zurück, die von Teilen der Staatsrechtswissenschaft in der Weimarer Zeit erarbeitet worden waren[450]. Das Gericht stand plötzlich vor dem Problem der konkreten Anwendung des Art. 3 I GG auf Maßnahmen des Gesetzgebers, wobei es ohne weitere Begründung die für einen solchen Fall bezüglich Art. 109 I WRV entwickelten theoretischen Grundsätze heranzog, welche mithin für das Verständnis der Rechtsprechung von großer Bedeutung sind[451].

Dieser theoretischen Struktur nach enthält Art. 3 I GG das Gebot an den Gesetzgeber, Gleiches gleich und Ungleiches ungleich zu behandeln[452]. Um den Gleichheitssatz folglich anwenden zu können, ist stets ein Vergleich von Lebensverhältnissen erforderlich, wobei sich als Problem ergibt, daß verschiedene Personen und Sachverhalte nie in jeder Hinsicht übereinstimmen[453], sondern

---

449 siehe oben S. 77.

450 Hervorzuheben als Vertreter der Staatsrechtswissenschaft ist dabei Gerhard Leibholz, der von 1951 – 1971 als Richter am Bundesverfassungsgericht die Rechtsprechung entscheidend mitprägte. Vgl. *Leibholz*, Gleichheit vor dem Gesetz (1959), S. 72ff; aber auch *Kaufmann*, Gleichheit vor dem Gesetz, VVDStRL Bd. 3 (1927), S. 23ff; siehe dazu v. Mangoldt/Klein/Starck - *Starck* Art. 3 I Rn 10; *Schwendy*, Der Gleichheitssatz in der Rechtsprechung, DB 1971, 1681, 1681; *Blaurock*, Steuerrecht und Grundgesetz, JA 1980, 142, 145; *Maaß*, Rechtsprechung des BVerfG zum allgemeinen Gleichheitssatz, NVwZ 1988, 14, 19; *Robbers*, Der Gleichheitssatz, DÖV 1988, 749, 749; *Hesse*, Der allgemeine Gleichheitssatz, in: Badura /Scholz (Hrsg.), FS für Lerche (1993), S. 122; *Riggert*, Selbstbindung der Rechtsprechung (1993), S. 31; *Martini*, Prinzip absoluter Rechtsgleichheit (1997), S. 28.

451 *Huster*, Rechte und Ziele (1993), S. 48; *Martini*, Prinzip absoluter Rechtsgleichheit (1997), S. 28.

452 *Leibholz*, Gleichheit vor dem Gesetz (1959), S. 47 und 220; BverfG v. 17.12.1953, 1 BvR 147/53, E 3, 58, 185.

453 *Leibholz*, Gleichheit vor dem Gesetz (1959), S. 45; BVerfG v. 10.12.1985, 2 BvL 18/83, E 71, 255, 271; dazu auch Schmidt-Bleibtreu/Klein-*Kannengießer* Art. 3 Rn 3; *Leibholz/Rinck/Hesselberger* Art. 3 Rn 60; Maunz/Dürig-*Herzog* Anh. Art. 3 Rn 2; *Blaurock*, Steuerrecht und Grundgesetz, JA 1980, 142, 145; *Schoch*, Gleichheitssatz, DVBl 1988, 863, 874; *Martini*, Prinzip absoluter Rechtsgleichheit (1997), S. 18.

sich teils gleichen, teils aber auch unterscheiden. Hierin zeigt sich wiederum[454] die Abgrenzung zwischen Gleichheit und Identität.
Der Gleichheitssatz des Art. 3 I GG wurde nun nicht so ausgelegt, daß er ohne Rücksicht auf die vorhandenen Unterschiede die gleiche rechtliche Behandlung aller forderte, was einem mechanischen, absoluten Gleichheitsbegriff entspräche[455]. Danach würde Art. 3 I GG nicht Gleichbehandlung, sondern Gleichmacherei gebieten. Vielmehr festigte sich ein relatives Gleichheitsverständnis, das die realen Unterschiede zwischen den Menschen achtet und eine gleiche rechtliche Behandlung durch den Gesetzgeber nur anordnet, wenn sich die Personen oder Sachverhalte *wesentlich* gleich sind[456]. Diese Ansicht modifiziert die Struktur des Art. 3 I GG also dahin, daß wesentlich Gleiches gleich und wesentlich Ungleiches ungleich zu behandeln ist.
Entscheidend für die Anwendung des Gleichheitssatzes wurde damit die Frage, welche Merkmale der betroffenen Lebensverhältnisse wesentlich sind und miteinander verglichen werden müssen. Basierend auf dem bestehenden theoretischen Fundament in der Wissenschaft löste das Bundesverfassungsgericht diese Frage so, daß es einerseits dem Gesetzgeber einen weiten Gestaltungsspielraum bezüglich der Auswahl der Elemente einräumt, welche als maßgeblich für eine gleiche oder ungleiche Behandlung anzusehen sind. Es bleibt grundsätzlich dem Gesetzgeber überlassen, die Sachverhalte zu bestimmen, an die er dieselbe Rechtsfolge knüpfen und sie im Rechtssinne gleich behandeln will[457].
Damit die Bindung des Gesetzgebers an den Gleichheitssatz aber überhaupt zum Ausdruck kommt, darf andererseits nicht jede tatsächliche Verschiedenheit der Lebensverhältnisse den Gesetzgeber zu einer Ungleichbehandlung der betreffenden Sachverhalte berechtigen. Wegen der stets vorhandenen faktischen Unterschiede gäbe es in diesem Sinne gar keine gleichen Tatbestände, und folglich entfiele die Verpflichtung zur Gleichbehandlung und würde in ihr Gegenteil verkehrt[458].
Daher setzt das Bundesverfassungsgericht der Gestaltungsfreiheit des Gesetzgebers eine äußerste Grenze dort, wo für eine von ihm angeordnete Differenzie-

---

454 siehe oben S. 80.
455 *Leibholz,* Gleichheit vor dem Gesetz (1959), S. 38f.
456 *Leibholz*, Gleichheit vor dem Gesetz (1959), S. 48; BVerfG v. 12.10.1951, 1 BvR 201/51, E 1, 14, 52; v. 17.12.1953, 1 BvR 147/53, E 3, 58, 135; v. 16.06.1959, 1 BvR 71/57, E 9, 338, 349; v. 30.10.1961, 1 BvR 833/59, E 13, 181, 202; v. 08.10.1962, 2 BvR 108/62, E 17, 122, 140; v. 09.07.1969, 2 BvL 20/65, E 26, 302, 310; v. 12.04.1972, 2 BvR 704/70, E 33, 44, 51; v. 25.10.1977, 1 BvR 15/75, E 46, 224, 233; v. 13.03.1979, 2 BvR 72 /76, E 50, 386, 392; v. 15.10.1985, 2 BvL 4 /83, E 71, 39, 58; v. 06.04.1987, 2 BvR 947/82, E 75, 108, 157; v. 30.09.1987, 2 BvR 933/82, E 76, 256, 329; v. 01.07.1989, 2 BvR 239/88m E 80, 109, 118; v. 26.01.1993, 1 BvL 38/92, NJW 1993, 1517, 1517.
457 ebd.
458 *Leibholz*, Gleichheit vor dem Gesetz (1959), S. 47.

rung sachlich einleuchtende Gründe schlechterdings nicht mehr erkennbar sind, so daß ihre Aufrechterhaltung einen Verstoß gegen das allgemeine Gleichheitsempfinden darstellen würde[459]. Wenn der Gesetzgeber die im Rahmen des Art. 3 I GG zu vergleichenden Merkmale ohne sachlichen Grund auswählt, handelt er willkürlich[460] und befindet sich somit zwangsläufig außerhalb des Rechts und der Gerechtigkeit[461]. Der Willkürbegriff bezeichnet mithin den gegensätzlichen Korrelatbegriff von Gerechtigkeit[462], so daß mit ihm evident ungerechte Maßnahmen des Gesetzgebers erkennbar werden und gegen das Gleichbehandlungsgebot verstoßen. Das Bundesverfassungsgericht interpretiert den Gleichheitssatz des Art. 3 I GG geprägt durch die Weimarer Diskussion in der Staatsrechtswissenschaft folglich als Willkürverbot.
Die Feststellung, ob der vom Gesetzgeber angewandte Differenzierungsgrund noch einleuchtend oder schon willkürlich ist, kann nach dieser Rechtsprechung nicht abstrakt und allgemein getroffen werden, sondern muß nach Natur und Eigenart des in Frage stehenden Sachverhältnisses und unter Berücksichtigung von Sinn und Zweck der betreffenden Regelung erfolgen[463]. Der Gesetzgeber muß demnach bei seiner Auswahl nach sachgerechten Kriterien vorgehen.[464] Insofern bestätigt diese Rechtsprechung des Bundesverfassungsgerichts die oben[465] getroffenen Aussagen, daß der Gleichheitssatz der Gerechtigkeitsidee verpflichtet ist und daß Art. 3 I GG nicht losgelöst vom jeweils zu regelnden Sachgebiet angewandt werden kann.

b) Kritik an der Umsetzung des Willkürverbots durch die Rechtsprechung

Die Interpretation des Gleichheitssatzes als Willkürverbot muß von ihrem Ursprung in der Weimarer Zeit aus bewertet werden. Unter der Geltung der Weimarer Reichsverfassung stellte das Verbot der willkürlichen Ungleichbehandlung durch den Gesetzgeber einen wesentlichen Fortschritt dar, weil – wie gesehen[466] – bestritten wurde, daß die Legislative überhaupt an den Gleich-

---

459 siehe oben Fn. 256 und insbesondere zum Gerechtigkeitsbezug BVerfG v. 18.12.1953, 1 BvL 106/53, E 3, 225, 238; v. 12.12.1957, 1 BvR 678/67, E 7, 194, 197; v. 24.01.1961, 2 BvR 168/60, E 12, 99, 107; v. 03.11.1965, 1 BvR 63/61, E 19, 150, 166; v. 15.12.1970; 1 BvR 208/65, E 29, 413, 432; v. 21.07.1977, 1 BvL 14/76, E 45, 187, 261.

460 ebd., dazu auch *Martini*, Prinzip absoluter Rechtsgleichheit (1997), S. 28ff; *Tipke*, Steuerrechtsordnung, Bd. 1 (2000), S. 310ff.

461 *Leibholz*, Gleichheit vor dem Gesetz und das Bonner Grundgesetz, DVBl 1951, 193, 195.

462 *Leibholz*, Gleichheit vor dem Gesetz (1959), S. 72.

463 BVerfG v. 12.10.1951, 1 BvR 201/51, E 1, 14, 52; v. 17.12.1953, 1 BvR 147/53, E 3, 58, 135; v. 12.04.1972, 2 BvR 704/70, E 33, 44, 51; v. 13.03.1979, 2 BvR 72/76, E 50, 386, 392; v. 30.09.1987, 2 BvR 933/82, E 76, 256, 329.

464 ebd.

465 siehe oben S. 73 und 81.

466 siehe oben S. 76.

heitssatz gebunden war. Selbst wenn nicht geprüft wurde, ob der Gesetzgeber einen gerechten Differenzierungsgrund ausgewählt hatte, sondern nur die evident ungerechten Gesetze als willkürlich beanstandet werden konnten, verschaffte dieser Ansatz der Gerechtigkeitsidee überhaupt erst Geltung. Die Evidenzkontrolle stellte als Minimalansatz einen ersten Schritt in Richtung der Bindung des Gesetzgebers an den Gleichheitssatz und die Gerechtigkeitsidee dar[467].

Noch in der ersten Zeit der Geltung des Bonner Grundgesetzes wurde das Willkürverbot damit angegriffen, daß es mit seinem Bezug zum Gedanken der Gerechtigkeit methodisch nicht mehr zu kontrollieren sei und den Verantwortungsbereich des Gesetzgebers zu sehr einschränke[468]. Diese Kritik macht deutlich, wie sehr die Auslegung des Art. 3 I GG insgesamt noch der Tradition der Staatsrechtswissenschaft unter der Weimarer Reichsverfassung verhaftet war[469].

Im Gegensatz dazu ist die Bindung des Gesetzgebers an Art. 3 I GG und die Gerechtigkeitsidee heute unbestritten, so daß die Minimalisierung des Gleichheitssatzes als Willkürverbot zwangsläufig anachronistisch[470] erscheinen muß. Das Bundesverfassungsgericht entgeht der Schwierigkeit, Maßstäbe dafür zu entwickeln, welche Unterschiede der betroffenen Lebenssachverhalte so wesentlich sind, daß sie eine Ungleichbehandlung rechtfertigen, indem sie weiterhin nur willkürliche Ungleichbehandlungen beanstandet. Die Rechtsprechung löst die oben angesprochenen Anwendungsprobleme nicht durch eine geänderte Interpretation des Gleichheitssatzes, sondern durch den Rückzug auf das kompetenzrechtliche Argument[471], nach dem der Gesetzgeber bis zur äußersten Grenze der Willkür ein freier Gestaltungsspielraum zukomme[472]. Ob eine gesetzliche Maßnahme gegen Art. 3 I GG verstößt, wird weiterhin anhand des Vorliegens eines sachlichen Grundes festgestellt. Dabei verzichtet das Bundesverfassungsgericht aber entgegen seinem eigenen Postulat darauf, eine Verbin-

---

467 So auch *v. Arnim*, Besteuerung und Eigentum, VVDStRL Bd. 39 (1981), S. 322.

468 *Thoma*, Ungleichheit und Gleichheit, DVBl 1951, 457, 557; *Apelt*, Gleichheit vor dem Gesetz, JZ 1951, 353, 359.

469 *Huster*, Rechte und Ziele (1993), S. 38.

470 *v. Arnim*, Besteuerung und Eigentum, VVDStRL Bd. 39 (1981), S. 323.

471 So Sachs - *Osterloh* Art. 3 Rn 10.

472 BVerfG v. 12.10.1951, 1 BvR 201/51, E 1, 14, 52; v. 17.12.1953, 1 BvR 147/53, E 3, 58, 135; v. 16.06.1959, 1 BvR 71/57, E 9, 338, 349; v. 30.10.1961, 1 BvR 833/59, E 13, 181, 202; v. 08.10.1962, 2 BvR 108/62, E 17, 122, 140; v. 09.07.1969, 2 BvL 20/65, E 26, 302, 310; v. 12.04.1972, 2 BvR 704/70, E 33, 44, 51; v. 25.10.1977, 1 BvR 15/75, E 46, 224, 233; v. 13.03.1979, 2 BvR 72 /76, E 50, 386, 392; v. 15.10.1985, 2 BvL 4 /83, E 71, 39, 58; v. 06.04.1987, 2 BvR 947/82, E 75, 108, 157; v. 30.09.1987, 2 BvR 933/82, E 76, 256, 329; v. 01.07.1989, 2 BvR 239/88m E 80, 109, 118; v. 26.01.1993, 1 BvL 38/92, NJW 1993, 1517, 1517.

dung des betroffenen Sachverhalts mit dem Gleichheitssatz herzustellen und daraus ein sachgerechtes Differenzierungskriterium zu entfalten, sondern es läßt jeden einleuchtenden Grund gelten[473]. Welcher Grund im vorliegenden Fall für das Gericht als einleuchtend erscheint, läßt sich ohne den Bezug zur Sachgerechtigkeit nicht vorhersehen, so daß die Willkürformel keine berechenbare Justitiabilität hervorbringt[474].

Weiterhin ist zu kritisieren, daß sich im Zuge dieser Rechtsprechung des Bundesverfassungsgerichts stets ein sachlicher Grund finden läßt, der den Vorwurf der Willkür entfallen läßt, so daß der Gleichheitssatz gegenüber dem Gesetzgeber jegliche Effizienz verliert. Der sachliche Grund muß sich nicht – zum Beispiel im Wege einer Abwägung – gegen den Gleichheitssatz und die ihm zugrundeliegende Gerechtigkeitsidee behaupten, sondern allein sein Bestehen schließt einen Verstoß dagegen von vornherein aus. Insofern wird das Prinzip der Gerechtigkeit durch die Beschränkung des Art. 3 I GG auf die Evidenzkontrolle des Willkürverbots ausgehöhlt.

Es hat sich folglich gezeigt, daß die in der Theorie für den Gleichheitssatz durch die Rechtsprechung aufgestellten Forderungen nach Verpflichtung zur Gerechtigkeit und nach Bezug zum jeweils betroffenen Sachgebiet in der Praxis durch das Willkürverbot nicht erfüllt werden. Das Willkürverbot in der Rechtsprechung des Bundesverfassungsgerichts wird den heutigen Anforderungen des Grundgesetzes an den Gesetzgeber nicht gerecht.

2. Die "neue Formel" des Bundesverfassungsgerichts

In diesem Sinne präzisiert der erste Senat des Bundesverfassungsgerichts seit 1980[475] die Anforderungen, die das Grundgesetz und insbesondere der Gleich-

---

473 v. Münch/Kunig - *Gubelt* Art. 3 Rn 13; *Klein,* Gleichheitssatz und Steuerrecht (1966), S. 162; *Zacher*, Soziale Gleichheit, AöR 93 (1968), 341, 352; *Schmidt-Bleibtreu*, Der allgemeine Gleichheitssatz, BB 1968, 677, 677f; *Herrmann*, Steuergerechtigkeit in der Rechtsprechung, in: Klein/Vogel (Hrsg.), FS für Wallis (1985), S. 198f; *Zuck*, Was ist Willkür? MDR (1986), 723, 724; *Wendt*, Der Gleichheitssatz, NVwZ 1988, 778, 779; *Frieges,* Gleichheitssatz im Steuerrecht, DStZ 1989, 34, 34; *Friauf*, Verfassungsrechtliche Anforderungen, DStJG Bd.12 (1989), S. 27; *Huster*, Gleichheit und Verhältnismäßigkeit, JZ 1994, 541, 541; *Tipke*, Steuerrechtsordnung, Bd. 1 (2000), S. 306.

474 *Weber*, Das Bundesverfassungsgericht und die Steuerordnung, AöR 90 (1965), 452, 479; *Klein*, Gleichheitssatz und Steuerrecht (1966), S. 163; *Kloepfer*, Gleichheit als Verfassungsfrage (1980), S. 33; *Blaurock*, Steuerrecht und Grundgesetz, JA 1980, 142, 145; *Birk*, Leistungsfähigkeitsprinzip (1983), S. 52; *Herrmann*, Steuergerechtigkeit in der Rechtsprechung, in: Klein/Vogel (Hrsg.), FS für Wallis (1985), S. 199; *Martini*, Prinzip absoluter Rechtsgleichheit (1997), S. 35.

475 BVerfG v. 07.10.1980, 1 BvL 89/79, E 55, 72, 88.

heitssatz an den Gesetzgeber stellen, mit der sog. "neuen Formel"[476]. Danach darf der Gesetzgeber, wenn er die Rechtsverhältnisse verschiedener Personengruppen differenzierend regelt, eine Gruppe von Normadressaten nur dann anders behandeln, wenn zwischen beiden Gruppen "Unterschiede von solcher Art und solchem Gewicht bestehen, daß sie die Ungleichbehandlung rechtfertigen können."[477]

a) Aussagen der "neuen Formel"

Die Ungleichbehandlung muß sich danach mit den verschiedenen Eigenschaften der jeweiligen Normadressaten begründen lassen, so daß gerade in ihren Unterschieden der Grund für die konkrete Differenzierung liegen muß[478]. Im Gegensatz zur Praxis der früheren Rechtsprechung genügt mithin nicht mehr jeder Grund, um einen Verstoß gegen Art. 3 I GG auszuschließen, sondern nur ein solcher Grund, der die Folgen der Ungleichbehandlung zu tragen imstande ist[479]. Die Ungleichbehandlung und der sie rechtfertigende Grund müssen in einem angemessenen Verhältnis zueinander stehen[480].

In diesem Sinne wird dieser Grund dem Gleichbehandlungsgebot und damit der Gerechtigkeitsidee gegenübergestellt und muß sich gegen sie behaupten, so daß die Abwägung der verschiedenen, ein Sachgebiet betreffenden Aspekte[481] Bestandteil der Anwendung des Gleichheitssatzes wird. Insbesondere ist zu prüfen, ob die mit der Differenzierung verfolgten Ziele noch im Verhältnis zu den Folgen der Ungleichbehandlung stehen, wobei das Bundesverfassungsgericht je nach Intensität dieser Folgen strengere Anforderungen an die Rechtfertigung

---

476 BVerfG v. 10.02.1987, 1 BvL 18/81, E 74, 182, 199; v. 29.11.1989, 1 BvR 1402/87, E 81, 108, 117; v. 29.05.1990, 1 BvL 20/86, E 82, 60, 86; v. 30.05.1990, 1 BvL 2 /83, E 82, 126, 146; v. 05.02.1991, 1 BvF 1/85, E 83, 238, 337; v. 19.021991, 1 BvR 1231/85, E 83, 395, 401; v. 08.10.1991, 1 BvL 50/86, E 84, 348, 359; v. 28.01.1992, 1 BvR 1025/82, E 85, 151, 210; v. 11.02.1992, 1 BvL 29/87, E 85, 238, 244; v. 10.03.1992, 1 BvR 1453/91, E 85, 360, 383; v. 20.11.1992, 1 BvR 1375/92, NJW 1993, 1636, 1636.

477 ebd.

478 v. Münch/Kunig - *Gubelt* Art. 3 Rn 13; Dreier - *Heun* Art. 3 Rn 13; *Zuck*, Was ist Willkür?, MDR 1986, 723, 724; *Sachs*, Der Gleichheitssatz, NW VBl 1988, 295, 299; *Maaß*, Rechtsprechung des BVerfG zum allgemeinen Gleichheitssatz, NVwZ 1988, 14, 14f; *Müller*, Der Gleichheitssatz, VVDStRL 47 (1989), S. 61; *Frieges*, Gleichheitssatz im Steuerrecht, DStZ 1989, 34, 35; *Lang*, Verantwortung der Rechtswissenschaft für das Steuerrecht, StuW 1989, 201, 206; *Martini*, Prinzip absoluter Rechtsgleichheit (1997), S. 44f; *Tipke*, Steuerrechtsordnung, Bd. 1 (2000), S. 296.

479 ebd.

480 BVerfG v. 30.05.1990, 1 BvL 2/83, E 82, 126, 146.

481 vgl. das siehe oben S. 84 herausgearbeitete Ergebnis, daß ein Sachgebiet stets von mehreren, abwägungsbedürftigen Prinzipien geprägt wird.

stellt[482]. Dabei fällt im einzelnen ins Gewicht, ob die gesetzgeberische Maßnahme Auswirkungen auf grundrechtlich geschützte Freiheiten aufweist, ob also die mit der Differenzierung verbundenen Nachteile nur durch Anpassung eines in den Freiheitsgrundrechten erfaßten Verhaltens vermieden werden kann[483]. Indem das Bundesverfassungsgericht im Rahmen des Art. 3 I GG die grundrechtlich geschützten Freiheiten der Bürger akzeptiert, wird deutlich, daß es dem Gleichheitssatz das Ziel rechtlicher Chancengleichheit entnimmt, da eine auf Gleichheit im Ergebnis angelegte faktische Chancengleichheit im Gegenteil freiheitsbeschränkend wäre[484].

b) Neuanfang durch geänderte theoretische Struktur des Art. 3 I GG

Es stellt sich die Frage, ob mit dieser "neuen Formel" des ersten Senats eine andere theoretische Struktur des Art. 3 I GG verbunden ist, mit welcher der Gleichheitssatz effektiver für eine verfassungsrechtliche Kontrolle gesetzgeberischer Entscheidungen genutzt werden kann. Ein solcher Fortschritt wird darin, daß die Unterschiede nach Art und Gewicht die Ungleichbehandlung rechtfertigen müssen, deshalb gesehen, weil nach dieser Wendung die rechtfertigende Differenzierungsgründe näher qualifiziert werden. Diese Gründe würden jetzt mit der Ungleichbehandlung in eine Relation gesetzt, so daß erstmalig Verhältnismäßigkeitsgesichtspunkte als Bestandteil der Gleichheitssatzprüfung zur Struktur des Art. 3 I GG gehörten und den Prüfungsmaßstab somit verschärften[485].

Allerdings vergleicht diese Ansicht die neue Rechtsprechung nicht mit dem theoretischen Fundament des Willkürverbots, sondern nur mit dessen Ausführung als Evidenzkontrolle in der Praxis. Denn bei genauer Betrachtung ist die Verhältnismäßigkeit auch schon in der Willkürprüfung angelegt, indem dabei ein einleuchtender Grund für die Ungleichbehandlung gefunden werden muß. Wann ein Grund einleuchtet, hängt aber davon ab, was gerechtfertigt werden soll[486]. Dieser Gedanke kam in der Rechtsprechung stets durch den Bezug auf die Natur und Eigenart des in Frage stehenden Sachverhaltes zum Ausdruck,

---

482 BVerfG v. 30.05.1990, 1 BvL 2/83, E 82, 126, 146; v. 26.01.1993, 1 BvL 38/92 NJW 1993, 1517, 1517; v. 08.02.1994, 1 BvR 1237/85, E 89, 365, 375.

483 ebd.

484 siehe oben S. 96f und 103und Hübschmann/Hepp/Spitaler - *Birk* § 4 AO Rn 412; *Starck*, Anwendung des Gleichheitssatzes, in: Link (Hrsg.), FS für Leibholz (1982), S. 55.

485 so: v. Münch/Kunig-*Gubelt*, Art. 3 Rn 14; *Zuck*, Was ist Willkür?, MDR 1986, 723, 724; *Maaß*, Rechtsprechung des BVerfG zum allgemeinen Gleichheitssatz, NVwZ 1988, 14, 21; *Hesse*, Der allgemeine Gleichheitssatz, in: Badura/Scholz (Hrsg.), FS für Lerche (1993), S. 122; *Martini*, Prinzip absoluter Rechtsgleichheit (1997), S. 56f.

486 *Kischel*, Systembindung des Gesetzgebers und Gleichheitssatz, AöR 124 (1999), 174, 190; ähnlich auch v. Mangoldt/Klein/Starck-*Starck* Art. 3 I Rn 22; *Czub*, Verfassungsrechtliche Gewährleistungen (1982), S. 44; *Riggert*, Selbstbindung der Rechtsprechung (1993), S. 37.

wobei der Sinn und Zweck der betreffenden Regelung Berücksichtigung finden sollte. Danach hatte das Bundesverfassungsgericht auch nach der Willkürformel die Möglichkeit, die Differenzierungsgründe des Gesetzgebers anhand der Folgen der Ungleichbehandlung für das betroffene Sachgebiet zu überprüfen und somit die Ungleichbehandlung und die sie rechtfertigenden Gründe in ein Verhältnis zu setzen.

Weiterhin ist zu beachten, daß es auch nach der "neuen Formel" nicht Sache des Bundesverfassungsgerichtes ist, die vom Gesetzgeber gewählte Lösung auf ihre Zweckmäßigkeit zu prüfen oder zu untersuchen, ob sie die gerechteste denkbare Lösung darstellt. Das Gericht darf sich nicht mit eigenen Wertungen an die Stelle des Gesetzgebers setzen, sondern seine Aufgabe besteht in der Kontrolle, ob die Ungleichbehandlung außer Verhältnis zu den Differenzierungsgründen steht[487]. Insofern bleibt dem Gesetzgeber auch nach der neuen Rechtsprechung ein Gestaltungsspielraum bis zu dieser äußersten Grenze.

Es bleibt daher festzustellen, daß mit der "neuen Formel" des ersten Senats kein theoretischer Strukturwandel verbunden ist. Vielmehr werden die schon im Willkürverbot theoretisch angelegten Aussagen, daß der Gleichheitssatz der Gerechtigkeitsidee verpflichtet ist und daß Art. 3 I GG nicht losgelöst vom jeweils zu regelnden Sachgebiet angewandt werden kann, in andere Worte gefaßt.

c) Neuanfang durch geänderte Praxis

Mit der "neuen Formel" wäre aber dennoch ein Neuanfang der Gleichheitssatzrechtprechung gefunden, wenn durch sie die Mängel der Willkürformel in der Praxis überwunden wurden. Das setzte voraus, daß das Gericht stets prüfte, ob die Ungleichbehandlung nach Art und Gewicht der Differenzierungsgründe gerechtfertigt ist.

Das Bundesverfassungsgericht führt jedoch diese Prüfung nicht konsequent aus, sondern es wird häufig nach bloßem Zitieren der "neuen Formel" der gesetzgeberische Gestaltungsspielraum betont, um im Anschluß eine herkömmlich Willkürprüfung durchzuführen[488]. Auch der erste Senat beschränkt sich bei der Anwendung des Art. 3 I GG meist auf die Suche nach irgendeinem sachlichen Grund für die Ungleichbehandlung, so daß sich keine Entscheidung finden läßt, die nach der Willkürformel anders hätte ausfallen müssen[489]. Der erste Senat

---

487 BVerfG v. 10.02.1987, 1 BvL 18/81, E 74, 182, 199f; v. 29.11.1989, 1 BvR 1402/87, E 81, 108, 117; v. 08.10.1991, 1 BvL 50/86, E 84, 348, 359.

488 BVerfG v. 10.02.1987, 1 BvL 18/81, E 74, 182, 199f; v. 29.11.1989, 1 BvR 1402/87, E 81, 108, 117; dazu *Lang*, Verantwortung der Rechtswissenschaft für das Steuerrecht, StuW 1989, 201, 206; *Frieges*, Gleichheitssatz im Steuerrecht DStZ 1989, 34, 35f; *Hesse*, Der allgemeine Gleichheitssatz, in: Badura/Scholz (Hrsg.), FS für Lerche (1993), S, 124; *Riggert*, Selbstbindung der Rechtsprechung (1993), S. 37.

489 Maunz/Dürig- *Herzog* Anh. Art. 3 Rn 7.

hat mithin die mit der neuen Formulierung verbundene Chance, dem Gleichheitssatz in der Praxis gegenüber dem Gesetzgeber zu mehr Effektivität zu verhelfen, nicht genutzt.

3. Zwischenergebnis

Folglich bleibt als Ergebnis festzuhalten, daß das Bundesverfassungsgericht für die Anwendung des allgemeinen Gleichheitssatzes ein theoretisch fundiertes Instrumentarium entwickelt hat, mit dem auch Maßnahmen des Gesetzgebers effektiv überprüft werden könnten; jedoch wendet die Rechtsprechung die ihr danach zur Verfügung stehenden Möglichkeiten in der Praxis nicht konsequent an.

II. Rechtsprechung zum Steuerrecht

Weiterhin ist fraglich, wie das Bundesverfassungsgericht den Gleichheitssatz des Art. 3 I GG auf dem Gebiet des Steuerrechts anwendet.

1. Aussagen des Bundesverfassungsgerichts zum Steuerrecht

Das Bundesverfassungsgericht sieht in ständiger Rechtsprechung das Gebot der Steuergerechtigkeit in Art. 3 I GG verankert[490]. Dabei kommt zum Ausdruck, daß der Gleichheitssatz der Gerechtigkeitsidee in allen Rechtsgebieten und mithin auch im Steuerrecht verpflichtet ist. Die Auslegung des Gleichheitssatzes durch das Gericht ergibt folglich - auch unter Beachtung der Tradition des Art. 134 WRV[491] -, daß der Gesetzgeber an ein begrenzendes Fundamentalprinzip bezüglich der Steuerlastverteilung durch die Verfassung gebunden sein sollte.
Nach dieser Rechtsprechung fordert die Steuergerechtigkeit dann, daß die Steuerlasten auf die Steuerpflichtigen im Verhältnis ihrer wirtschaftlichen Leistungsfähigkeit verteilt werden[492]. Die Leistungsfähigkeit wird in diesem Sinne zum Maßstab für die Gleichbehandlung erhoben, so daß Steuerpflichtige mit

---

490 BVerfG v. 17.01.1957, 1 BvL 4 /54, E 6, 55, 70; v. 02.12.1958, 1 BvR 655/58, E 9, 1, 8; v. 30.10.1961, 1, BvR 833/59, E 13, 181, 202; v. 14.11.1961, 2 BvR 345/60, E 13, 215, 224; v. 22.05.1963, 1 BvR 78/56, E 16, 147, 183; v. 11.11.1964, 1 BvR 488/62, E 18, 224, 232; v. 30.06.1964, 1 BvR 25 /62, E 18, 97, 112; v. 03.11.1965, 2 BvR 246/62, E 19, 166, 174; v. 25.05.1965, 1 BvR 455/62 E 19, 64, 68; v. 21.12.1966, 1 BvR 33/64, E 21, 54, 67; v. 07.05.1968, 1 BvR 420/64, E 23, 242, 253; v. 09.07. 1969, 2 BvL 20/65, E 26, 302, 310; v. 11.10.1977, 1 BvR 343/73, E 47, 1, 29; v. 19.04.1978, 2 BvL 2 /75, E 48, 210, 221; v. 13.03.1979, 2 BvR 72/76, E 50, 386, 392; v. 10.02.1987, 1 BvL 18/81, E 74, 182, 199.

491 BVerfG v. 17.01.1957, 1 BvL 4/54, E 6, 55, 70.

492 BVerfG v. 02.10.1969, 1 BvL 12/68, E 27, 58, 67; v. 23.11.1976, 1 BvR 150/75, E 43, 108, 120; v. 22. 02.1984, 1 BvL 10/80, E 66, 214, 223; v. 14.05.1986, 2 BvL 2/83, E 72, 200, 260; V. 23.01.1990, 1 BvL 7/87, E 81, 228, 236; v. 29.05.1990, 1 BvL 20/86, E 82, 60, 86; v. 10.04.1997, 2 BvL 77/92, E 96, 1, 6.

gleicher Leistungsfähigkeit auch gleich zu behandeln und Steuerpflichtige mit unterschiedlicher Leistungsfähigkeit ungleich zu behandeln sind. Folglich ergibt sich die Leistungsfähigkeit – wie schon oben herausgearbeitet – aus der Beziehung zwischen Gerechtigkeit und Steuerrecht als in Art. 3 I GG verorteter Gleichheitsindex.

2. Übertragung auf die theoretische Struktur des Art. 3 I GG

Diese Aussagen des Bundesverfassungsgerichts zum Steuerrecht müssen sich der konkreten Anwendung auf steuergesetzliche Maßnahmen des Gesetzgebers im Rahmen der Gleichheitssatzprüfung stellen. Dabei ist zunächst zu untersuchen, ob und in welcher Form sich das Leistungsfähigkeitsprinzip in die von der Rechtsprechung entwickelte theoretische Struktur des Art. 3 I GG einfügt.

Nach der Interpretation des Gleichheitssatzes als Willkürverbot ist für die Rechtfertigung einer Ungleichbehandlung ein einleuchtender Grund erforderlich, wobei die Natur und Eigenart des in Frage stehenden Sachverhältnisses zu berücksichtigen ist[493]. Indem das Gericht auf die Sachgerechtigkeit abstellt, hat es die Möglichkeit, solche Ungleichbehandlungen, die außer Verhältnis zu den das betreffende Sachgebiet regelnden Maßstäbe stehen, als willkürlich zu beurteilen. Für das Steuerrecht wird der Sachbezug vorliegend durch das Prinzip der Besteuerung nach der Leistungsfähigkeit konkretisiert. Das bedeutet, daß der Differenzierungsgrund dem Leistungsfähigkeitsprinzip gegenüberzustellen ist und sich gegen dieses als einleuchtend behaupten muß. Gründe für eine die Steuerpflichtigen ungleich behandelnde steuergesetzliche Maßnahme des Gesetzgebers, die außer Verhältnis zu ihrer Besteuerung nach der Leistungsfähigkeit stehen, sind daher willkürlich und können die Ungleichbehandlung nicht rechtfertigen.

Noch deutlicher wird dieser Zusammenhang nach dem Wortlaut der "neuen Formel" des ersten Senats, welche Unterschiede von solcher Art und solchem Gewicht verlangt, daß sie die Ungleichbehandlung rechtfertigen können[494]. Die Ungleichbehandlung und der sie rechtfertigende Grund müssen demzufolge in einem angemessenen Verhältnis stehen. Übertragen auf den Bereich des Steuerrechts bedeutet diese Anforderung, daß eine unterschiedliche Besteuerung von Personen mit gleicher Leistungsfähigkeit mit den hierfür einschlägigen Differenzierungsgründen in ein Verhältnis zu setzen ist.

Wie gesehen, ist für diese Gegenüberstellung insbesondere von Gewicht, ob eine Ungleichbehandlung Auswirkungen auf grundrechtlich gesicherte Freiheiten hat[495]. Dazu wurde bereits oben[496] ausgeführt, daß die Ungleichbehandlung in

493 siehe oben S. 107.
494 siehe oben S. 109.
495 ebd.
496 siehe oben S. 102.

Form eines Verstoßes gegen das Leistungsfähigkeitsprinzip nicht nur den Gleichheitssatz betrifft, sondern auch die wettbewerbliche Ausgangslage verändert. Wenn eine steuergesetzliche Maßnahme die Verhältnisse im Zustand rechtlicher Chancengleichheit verändert, greift sie mithin in die durch Art. 14 und 12 GG geschützte Wettbewerbsfreiheit ein. Auch das Bundesverfassungsgericht erkennt, daß der Gesetzgeber im Rahmen von Steuergesetzen auf das freie Spiel der Kräfte Einfluß nimmt[497]. Insofern ist nach der "neuen Formel" das Leistungsfähigkeitsprinzip mit seinen gleichheits- und freiheitsrechtlichen Aspekten auf der einen Seite mit den Gründen für die betreffende Ungleichbehandlung andererseits abzuwägen. Falls sich die Differenzierungsgründe dabei als außer Verhältnis zu den Folgen des Verstoßes gegen das Leistungsfähigkeitsprinzip herausstellen, ist danach der Gleichheitssatz als verletzt anzusehen.
Die vom Bundesverfassungsgericht entwickelte theoretische Struktur entspricht folglich dem oben[498] gefundenen Ergebnis, daß das Leistungsfähigkeitsprinzip bei der Bewertung von konkreten Normen im Steuerrecht als Abwägungskriterium unerläßlich ist und insofern seine verfassungsrechtliche Verankerung im Gleichheitssatz findet.

3. Vergleich mit der Praxis der Rechtsprechung

Soweit die Theorie.
In der Praxis hält das Bundesverfassungsgericht den Gleichheitssatz des Art. 3 I GG sowohl im Sinne des Willkürverbots[499] als auch nach der "neuen Formel"[500] so lange nicht für verletzt, als sich die Ungleichbehandlung mit finanzpolitischen, volkswirtschaftlichen, sozialpolitischen oder steuertechnischen Erwägungen rechtfertigen läßt. Voraussetzung für die Übereinstimmung einer Regelung mit dem Gleichheitssatz sei lediglich, daß die gewählte Differenzierung auf einem sachlichen Grund beruht. Die Rechtsprechung beschränkt ihre Anwendung des Art. 3 I GG folglich im Steuerrecht auf die Suche nach solch einem Grund, ohne diesen in irgendeiner Form mit dem zuvor selbst postulierten Leistungsfähigkeitsprinzip ins Verhältnis zu setzen[501].
Gerade das Steuerrecht ist also ein Beispiel für die oben getroffene Aussage, daß das Bundesverfassungsgericht die ihm offenstehenden Möglichkeiten einer

---

497 BVerfG v. 11.02.1992, 1 Bvl 29/87, E 85, 238, 244.
498 siehe oben S. 87.
499 BVerfG v. 30.10.1961, 1 BvR 833/59, E 13, 181, 202; v. 09.07.1969, 2 BvL 20/65, E 26, 302, 310; v. 11.10.1977, 1 BvR 343/73, E 47, 1, 29; v. 25.10.1977, 1 BvR 15/75, E 46, 224, 233; v. 13.03.1979, 2 BvR 72/76 E 50, 386, 392; v. 10.04.1997, 2 BvL 77 /92, E 96, 1, 6.
500 BVerfG v. 10.02.1987, 1 BvL 18/81, E 74, 182, 199f; v. 29.11.1989, 1 BvR 1402/87, E 81, 108, 117; v. 11.02.1992, 1 BvL 29/87, E 85, 238, 244.
501 *Frieges*, Gleichheitssatz im Steuerrecht, DStZ 1989, 34, 36.

Gleichheitssatzprüfung nicht konsequent nutzt, sondern sich mit einer bloßen Evidenzkontrolle hinter die Gestaltungsfreiheit des Gesetzgebers zurückzieht.
Insbesondere betont die Rechtsprechung die Gestaltungsfreiheit des Gesetzgebers, wenn es um die Beurteilung einer Leistungsfähigkeitsminderung im Bereich von Einkommensverwendungen geht. In den konkret zu entscheidenden Fällen[502] stand dabei die steuerliche Behandlung von Ehepaaren mit Kindern und kinderlosen Ehepaaren im Vordergrund. Das Bundesverfassungsgericht stellte für diesen Zusammenhang fest, daß die existenznotwendigen Ausgaben der Eltern für ihre Kinder als indisponible Aufwendungen ihre Leistungsfähigkeit minderten[503]. Allerdings sei es die Sache des Gesetzgebers, diese Minderung zu ermitteln, zu beurteilen und ihr Rechnung zu tragen[504]. Die Rechtsprechung könne dabei nicht überprüfen, ob der Gesetzgeber das Prinzip der Besteuerung nach der Leistungsfähigkeit rein verwirklicht[505].
Diese Entscheidung bestätigt die mit einem subjektiven Leistungsfähigkeitskonzept, welches Ziele der sozialen Sicherung in den Leistungsfähigkeitsbegriff einbezieht, verbundenen Schwierigkeiten. Durch diese Vermischung von rechtlicher und faktischer Chancengleichheit, versperrt sich die Rechtsprechung – wie oben erörtert[506] – den Weg zu einem Maßstab sowohl für die Verteilung der Steuerlast als auch für die Erreichung sozialer Ziele, welche anhand einer Abwägung die Beurteilung konkreter gesetzgeberischer Maßnahmen möglich machte. Ohne diese Trennung bleiben die Differenzierungsgründe des Gesetzgebers verschwommen. Ohne Maßstäbe für rechtliche Normalität kann nicht überprüft werden, wann von dieser zugunsten sozialer Chancengleichheit abzuweichen ist. Wie bereits oben festgestellt[507], handelt es sich bei einem so verstandenen Leistungsfähigkeitsbegriff um eine politische Größe, die sich jeglicher Kontrollmöglichkeit – auch durch das Bundesverfassungsgericht – entzieht.
Diesem Mangel tritt die Rechtsprechung in den jüngsten Entscheidungen[508] zum Familienlastenausgleich entgegen, indem sie die Bedeutung des Sozialstaatsprinzips stärker betont. Zwar spricht das Gericht immer noch von durch existenzsichernde Ausgaben geminderter Leistungsfähigkeit[509], leitet aber die

---

502 BVerfG v. 23.11.1976, 1 BvR 150/75, E 43, 108, 120; v. 22.02.1984, 1 BvL 10/80, E 66, 214, 223; v. 29.05.1990, 1 BvL 20/86, E 82, 60, 86; v. 10.11.1998, 2 BvR 1057/91, E 99, 216, 216.
503 ebd.
504 ebd.
505 ebd.
506 siehe oben S. 93ff.
507 siehe oben S. 97.
508 BVerfG v. 10.11.1998, 2 BvR 1057/91, E 99, 216, 216; v. 10.11.1998, 2 BvL 42/93, E 99, 246, 259.
509 BVerfG v. 10.11.1998, 2 BvR 1057/91, E 99, 216, 216.

Befreiung dieser Aufwendungen von der Besteuerung aus grundrechtlich geschützten, sozialen Prinzipien ab[510].

Die Abwägung des oben[511] herausgestellten objektiven Leistungsfähigkeitsprinzips im Sinne des Verfügungsmachtkonzeptes mit dem Sozialstaatsprinzips hätte dagegen von vornherein ergeben, daß der Staat das Existenzminimum der Familie nicht besteuern darf, so daß die Steuerfreistellung aus dem unzweifelhaften Vorrang des Sozialstaatsprinzips resultiert. Das objektive Leistungsfähigkeitskonzept bildet daher nicht nur den sachgerechten Maßstab für die Verteilung der Steuerlast, sondern durch die nun mögliche Abwägung mit dem Sozialstaatsprinzip wird auch erkennbar, wann von diesem Maßstab zugunsten sozialer Ziele abzuweichen ist[512]. Ein so verstandenes Leistungsfähigkeitsprinzip hätte bei seiner Anwendung schon die vom Bundesverfassungsgericht in der jüngsten Rechtsprechung angestrebte Aufwertung des Sozialstaatsprinzips zur Folge.

III. Ergebnis

Die Untersuchung der Rechtsprechung hat gezeigt, daß das oben entwickelte Leistungsfähigkeitsprinzip die vom Bundesverfassungsgericht postulierte theoretische Struktur des Art. 3 I GG verwirklicht und die Überprüfung von steuerrechtlichen Maßnahmen des Gesetzgebers auch gegenüber sozialen Zielsetzungen im Wege einer verfassungsrechtlichen Argumentation ermöglicht. Folglich ist das Leistungsfähigkeitsprinzips mit den vom Bundesverfassungsgericht für eine effektive Anwendung des Gleichheitssatzes aufgestellten Grundsätzen vereinbar.

Es war jedoch auch festzustellen, daß die Rechtsprechung von ihren eigenen Grundsätzen und damit auch vom Prinzip der Besteuerung nach der Leistungsfähigkeit in der Praxis abweicht[513].

---

510 Neben Art. 20 I GG wird dabei auch Art. 6 I GG herangezogen, der nach dieser Rechtsprechung ein besonderes Gleichbehandlungsgebot für Ehepaare und Familien postuliert; ebd.

511 siehe oben S. 97.

512 Entgegen *Huster*, Gleichheit und Verhältnismäßigkeit, JZ 1994, 541, 543 kann sehr wohl im Sinne eines Ausgleichs kollidierender Güter zwischen (sozialer) Steuerverteilung und (objektiver) Leistungsfähigkeit abgewogen werden.

513 Dieser Zustand kann jedoch nicht als Argument gegen eine verfassungsrechtliche Verankerung des Leistungsfähigkeitsprinzips herangezogen werden, sondern muß als Gefahr, daß der Verfassungsrechtsschutz durch die übergroße Zurückhaltung des Bundesverfassungsgerichts verkümmert (*Pezzer*, Familienbesteuerung und Grundgesetz, StuW 1989, 219, 23), kritisiert werden. Dieser Gefahr muß durch die Entwicklung des Leistungsfähigkeitsprinzips als einem anwendbaren Maßstab des Art. 3 I GG entgegengehalten werden, weil das Gericht Steuergerechtigkeit nur durchsetzen kann, wenn es in der Lage ist, das Sachgerechte zu erkennen (*Tipke*, Über Steuergerechtigkeit, in: Ziemske (Hrsg.), FS für Kriele (1997), S. 948).

C. Das Leistungsfähigkeitsprinzip in den Wirtschaftswissenschaften

Letztlich bleibt noch die Frage, in welchem Verhältnis das im vorausgegangenen rechtlich entwickelte Leistungsfähigkeitsprinzip zur wirtschaftswissenschaftlichen Betrachtungsweise des Problems der Steuerlastverteilung steht.

I. Steuern als Wirtschaftsfaktor

Die Besteuerung wird von den Steuerpflichtigen selbst nicht in rechtlichen Kategorien bewertet, sondern in erster Linie als finanzielle Belastung gesehen. Insofern beurteilen die Steuerpflichtigen eine Steuer im Hinblick darauf, ob sie ökonomische Vorteile oder Nachteile für ihre wirtschaftlichen Entscheidungen mit sich bringt[514]. Dabei stehen also die Wirkungen der Steuern auf die wirtschaftlichen Handlungsalternativen der Steuerpflichtigen im Vordergrund, denn wer als Entscheidungsträger die Steuerfolgen seiner beabsichtigten Disposition nicht ermittelt, kann bedeutsame oder sogar existenzbedrohende Fehlentscheidungen produzieren[515].

Durch diese ökonomische Argumentation wird es möglich und in der Wettbewerbsgesellschaft auch notwendig, Steuerwirkungen zu erkennen und sich an diese anzupassen. Das marktwirtschaftliche Spielfeld wurde durch künstliche, steuerpolitisch begründete Aufschüttungen und Erdlöcher in einen Golfplatz verwandelt, so daß die Entscheidungsträger gezwungen sind, vor jedem Schlag neben den rahmengesetzlichen Spielfeldbegrenzungen auch steuerpolitisch gestaltete Geländeunebenheiten zu berücksichtigen und das finanzpolitische "Grün" zu lesen[516].

Der Steuerpflichtige ermittelt folglich im Wege seiner wirtschaftlichen Betrachtungsweise, ob eine Steuer seine Handlungsalternativen unterschiedlich belastet und wie er diese Unterschiede durch "Ausbeutung der steuerrechtlichen Regelungen"[517] in geringere Steuerzahlungen umsetzen kann. Ein Steuerrecht, welches wirtschaftliche Entscheidungen differenzierend behandelt, hat zur Folge, daß der Steuerpflichtige diese Entscheidungen im Sinne einer Steuervermeidung trifft. Eine solche Steuervermeidungsaktivität bringt auf unterschiedlichen Ebenen Nachteile mit sich:

---

514 *Rose*, Steuergerechtigkeit aus betriebswirtschaftlicher Sicht, StuW 1985, 330, 334; *Wagner*, Neutralität und Gleichmäßigkeit, StuW 1992, 2, 3.

515 *Rose*, Steuergerechtigkeit aus betriebswirtschaftlicher Sicht, StuW 1985, 330, 339.

516 *Elschen*, Zum gemeinsamen Fundament der Steuerwissenschaften, StuW 1991, 99, 110.

517 *Schneider*, Steuergerechtigkeit durch Regelung gegen Steuervermeidung, StuW 1985, 345, 349.

Zum einen führt die Steuervermeidung durch daraufhin erlassene Anpassungsregelungen des Gesetzgebers zu dem oben beschriebenen "Gefangenendilemma" und damit zu einer Verkomplizierung des Steuerrechts und zum Verlust sachgerechter Prinzipien für die Steuerlastverteilung.
Weiterhin erfordert die Ermittlung von Steuerwirkungen und die Erstellung von Kalkülen, in welchen diese Wirkungen explizit berücksichtigt werden, für den einzelnen Steuerpflichtigen eine aufwendige Planungsrechnung[518]. Vom einzelnen Entscheidungsträger ausgehend, entstehen mithin Kosten für eine Entscheidungsplanung unter Berücksichtigung der Besteuerung, die seine betriebswirtschaftliche Situation negativ beeinflussen[519]. Durch Steuervermeidungsaktivitäten werden demnach mikroökonomische Nachteile hervorgerufen.

Auf der anderen Seite greift die unterschiedliche Besteuerung von wirtschaftlichen Entscheidungen nicht nur in das einzelwirtschaftliche Wohl des Steuerpflichtigen ein, sondern betrifft auch gesamtwirtschaftliche Effizienzüberlegungen. Dadurch, daß nicht alle Handlungsalternativen eine gleiche Belastung erfahren, wird die weniger oder gar nicht besteuerte Alternative relativ preisgünstiger, so daß sie vorgezogen werden kann. Steuervermeidung in diesem Sinne bedeutet mithin, daß der Steuerpflichtige eine in seiner ökonomischen Analyse vor Steuern vorteilhafte Entscheidung nach Einbeziehung der Steuerwirkung als nachteilig bewertet und durch eine andere ersetzt. Dieses Verhalten wird als Substitutionseffekt bezeichnet[520].
Ein frühes Beispiel für eine derartige Substitutionswirkung ist die französische Fenstersteuer[521]. Als Indikator für Wohlstand galt dabei die Größe der Häuser, wobei große Häuser naturgemäß mehr Fenster als kleinere Häuser hatten. Als nun die Zahl der Fenster als Bemessungsgrundlage für eine Steuer gewählt wurde, reduzierten die Bürger diese bei Neubauten auf ein Minimum und mauerten Fenster bestehender Häuser zu, um Steuern zu sparen.

---

518 Kapitalwertberechnungen für Investitions- und Finanzierungsobjekte unter Berücksichtigung von Steuern füllen die Bibliotheken, vgl. hier nur *Fane*, Neutral taxation under uncertainty, Journal of Public Economics 1987, 95ff; *Schwinger*, Einkommens- und konsumorientierte Steuersysteme (1992), S. 21ff und 263ff; *Georgi*, Steuern in der Investitionsplanung (1994), S. 6ff; *König*, Investitionsneutrale Besteuerung, zfbf 1997, 42, 42ff; *Sureth*, Einfluß von Steuern auf Investitionsentscheidungen (1999), S. 17ff.

519 *Elschen*, Zum gemeinsamen Fundament der Steuerwissenschaften, StuW 1991, 99, 104; *Wagner*, Neutralität und Gleichmäßigkeit, StuW 1992, 2, 4; *Schwinger*, Einkommens- und konsumorientierte Steuersysteme (1992), S. 12.

520 *Stiglitz/Schönfelder*, Finanzwissenschaft (1996), S. 454; *Brümmerhoff*, Finanzwissenschaft (2001), S. 398.

521 vgl. *Brümmerhoff*, Finanzwissenschaft (2001), S. 428.

Heute werden Substitutionseffekte vor allem in dem Sinne festgestellt, daß die Besteuerung die auf einem funktionsfähigen Markt entstandene Verteilung von Gütern und anderen Faktoren verändert. Die marktmäßige, optimale Ressourcenallokation wird beeinflußt, indem die Steuerpflichtigen ihre Entscheidungen nach der Besteuerung ausrichten. Die ursprüngliche Allokationseffizienz wird also durch die Substitutionswirkung der Steuer gestört[522], zum Beispiel wenn der Steuerpflichtige produktivere Tätigkeiten ablehnt, weil der zusätzliche Vorteil nach der Besteuerung in keinem Verhältnis zu Mehrarbeit und Verantwortung steht, oder weil er besteuerte Arbeit durch unbesteuerte Freizeit bzw. Marktaktivitäten durch Haus- oder Schwarzarbeit ersetzt. Dieser Substitutionseffekt führt zu einer gesamtgesellschaftlichen Wohlfahrtseinbuße, da die Steuerpflichtigen durch ihn eine Zusatzlast trifft (sog. *excess burden*)[523].
Zur Verdeutlichung kann hier eine Parallele zur oben als Beispiel angeführten Fenstersteuer gezogen werden. Ohne eine Besteuerung würden die Bürger ihre Häuser so mit Fenstern ausstatten, daß die Räume unter Berücksichtigung der Kosten für die Fenster optimal mit Licht versorgt sind. Dies entspricht der marktmäßigen Ressourcenallokation. Nach Einbeziehung der Steuer in das Entscheidungskalkül wird die Zahl der Fenster geringer und es wird im Haus dunkel. Diese Veränderung der Ausgangslage entspricht als Zusatzlast der Wohlfahrtseinbuße der Steuerpflichtigen.
Folglich greift eine Steuer mit derartigen Auswirkungen in die gesamtwirtschaftliche Allokationseffizienz ein und hat damit auch makroökonomische Nachteile.
Der in diesem Sinne aufgedeckte Einfluß der Besteuerung auf die wirtschaftlichen Entscheidungen mit seinen nachteiligen Folgen macht deutlich, daß die Steuer nicht nur als rechtliche Kategorie, sondern auch als Wirtschaftsfaktor bewertet werden muß.

II. Das Konzept einer entscheidungsneutralen Steuer

Um Steuervermeidungen mit den geschilderten Nachteilen zu verhindern, wird in der wirtschaftswissenschaftlichen Literatur gefordert, daß die Steuer Handlungsalternativen der Steuerpflichtigen unbeeinflußt läßt, sich also bezüglich

---

522 *Elschen*, Zum gemeinsamen Fundament der Steuerwissenschaften, StuW 1991, 99, 102; *Schwinger*, Einkommens- und konsumorientierte Steuersysteme (1992), S. 13; *Wagner*, Neutralität und Gleichmäßigkeit, StuW 1992, 2, 4; *Stiglitz/Schönfelder*, Finanzwissenschaft (1996), S. 482; *Brümmerhoff*, Finanzwissenschaft (2001), S. 428.

523 *Seidl*, Betriebsteuer und Neutralität, StuW 1989, 350, 350; *Schwinger*, Einkommens- und konsumorientierte Steuersysteme (1992), S. 13; *Stiglitz/Schönfelder*, Finanzwissenschaft (1996), S. 460; *Maiterth*, Wettbewerbsneutralität (2001), S. 67.

ihrer Entscheidungen neutral verhält[524]. Dies wird als Konzept der Entscheidungsneutralität der Besteuerung bezeichnet[525].
Es stellt sich an dieser Stelle die Frage, ob das ökonomische Konzept der Entscheidungsneutralität mit dem oben entwickelten verfassungsrechtlich verankerten Prinzip der Besteuerung nach der Leistungsfähigkeit vereinbar ist.

1. Entscheidungsfixe Besteuerung

Im wirtschaftswissenschaftlichen Sinne ist eine Steuer zum einen dann neutral, wenn das Ergebnis aller Handlungsalternativen der Steuerpflichtigen um den gleichen Betrag gekürzt würde[526]. Unabhängig davon, welche Entscheidungen getroffen werden, zahlt jeder stets gleich viel Steuern, was diesem entscheidungsfixen Prinzip der Steuerlastverteilung auch den Namen Kopfsteuerprinzip eingebracht hat[527].
Diese Verteilung der Steuerlasten läßt die wirtschaftliche Leistungsfähigkeit der Steuerpflichtigen gerade außer acht, indem jedem Bürger, ob er leistungsfähig ist oder nicht, pauschal die gleiche Steuerzahlung auferlegt wird. Der Zusammenhang mit dem Gleichheitssatz des Art. 3 I GG hatte aber ergeben, daß Steu-

---

524 *Schneider*, Leistungsfähigkeitsprinzip, StuW 1984, 356, 363f; *Seidl*, Betriebsteuer und Neutralität, StuW 1989, 350, 350; *Lang*, Reform der Unternehmensbesteuerung, StuW 1990, 106, 115; *Elschen*, Zum gemeinsamen Fundament der Steuerwissenschaften, StuW 1991, 99, 99ff; *ders.*, Institutionale oder personale Besteuerung (1994), S. 277; *Wagner*, Neutralität und Gleichmäßigkeit, StuW 1992, 2ff; *Schwinger*, Einkommens- und konsumorientierte Steuersysteme (1992), S. 9ff; *Buchholz*, Grenzen entscheidungsneutraler Besteuerung (1994), S. 15ff; *Ohmer*, Grundlagen der Einkommensteuer (1997), S. 74ff; *König*, Investitionsneutrale Besteuerung, zfbf 1997, 42, 42ff.

525 ebd.; vgl. schon *Amonn*, Zur Frage der steuerlichen Lastenverteilung, Jahrbücher für Nationalökonomie und Statistik Bd. 123 (1925), 165, 172ff: "Eine "ihrem Wesen nach vollkommene" Steuer ist eine Steuer, bei der ihr Wesen rein in Erscheinung tritt, und demnach eine Steuer, bei der keine anderen Folgen eintreten, als die im Wesen der Steuer als finanzpolitische Maßnahme liegen, und das heißt, keine anderen Folgen als ein Güterzufluß an den Staat, der natürlich zugleich ein Güterabfluß von den Privatwirtschaften ist, aber einer, der ihr verkehrswirtschaftliches Verhältnis zueinander materiell nicht beeinflußt, konkreter gesprochen also, eine Steuer, bei welcher der Zweck der Einnahmegewinnung für den Staat, der ihr eigentliches materielles Wesen ausmacht, erreicht wird, ohne daß eine Verschiebung in der Einkommensverteilung, in den verhältnismäßigen Anteilen der Besteuerten am Gesamtertrage der Volkswirtschaft, wie sie sich aus dem verkehrswirtschaftlichen Prozeß ergeben, eintritt." (Hervorhebung im Original)

526 vgl. schon in der Bibel Ex 30, 12f: "Jeder von zwanzig Jahren und darüber, der zur Veranlagung kommt, soll eine Abgabe für den Herrn entrichten. Der Reiche soll nicht mehr, der Arme nicht weniger als einen halben Schekel geben...".

527 *Wagner*, Neutralität und Gleichmäßigkeit, StuW 1992, 2, 4; *Buchholz*, Grenzen entscheidungsneutraler Besteuerung (1994), S. 19; *Tipke*, Steuerrechtsordnung, Bd. I (2000), S. 473ff.

erpflichtige mit gleicher Leistungsfähigkeit gleich (horizontale Gerechtigkeit) und Steuerpflichtige mit ungleicher Leistungsfähigkeit auch ungleich (vertikale Gerechtigkeit) zu besteuern sind. Eine Kopfsteuer mit ihrer mechanischen Gleichbehandlung aller verstößt gegen diese Ausprägung des Art. 3 I GG und widerspricht dem oben[528] herausgestellten Inhalt des Leistungsfähigkeitsprinzips. Eine derartige entscheidungsfixe Besteuerung ist folglich zwar entscheidungsneutral, aber wegen ihres Widerspruchs gegen eine Besteuerung nach der Leistungsfähigkeit rechtlich nicht haltbar.

2. Zielgrößenbesteuerung

Weiterhin weist eine Steuer Entscheidungsneutralität auf, wenn sie an der ökonomischen Zielgröße der Steuerpflichtigen ausgerichtet ist. Dabei erzielt der Steuerpflichtige mit einer Handlungsalternative, die ohne Berücksichtigung der Besteuerung das höchste Bruttoergebnis hervorgebracht hätte, auch nach Abzug der Steuer noch das höchste Nettoergebnis im Vergleich zu den anderen Handlungsalternativen. Das Verhältnis der Zielgrößen bleibt somit bei allen Entscheidungsmöglichkeiten gleich, so daß die Entscheidungen von der Steuer unbeeinflußt getroffen werden können[529]. Im Gegenteil werden Steuervermeidungsaktivitäten gerade dadurch verhindert, daß eine Steuervermeidung dabei nur im Wege eines Zielrealisierungsverzichts, also durch eine Selbstschädigung des Steuerpflichtigen möglich wäre[530]. Somit ist die Zielgrößenbesteuerung entscheidungsneutral, wobei allerdings fraglich bleibt, worin denn die angestrebte Zielgröße zu erblicken ist.

a) Individuelle Bedürfnisbefriedigung als Zielgröße

Wie bereits oben[531] erörtert, wurde in der älteren, opfertheoretischen Finanzwissenschaft vertreten, daß die individuelle Bedürfnisbefriedigung als Gegenstand der Besteuerung erfaßt werden müsse. Diese Ansicht stellte die Bedürfnisbefriedigung als Nutzenfunktion des Einkommens dar, womit die

---

528 siehe oben S. 69ff.

529 *Schneider,* Leistungsfähigkeitsprinzip, StuW 1984, 356, 366; ders. Grundzüge der Unternehmensbesteuerung (1994), S. 61f; *Wagner,* Steuersystem und Unternehmenstheorie, in: Ordelheide/Rudolph/Büsselmann (Hrsg.), Betriebswirtschaftslehre und ökonomische Theorie (1991), S. 78; *ders.* Neutralität und Gleichmäßigkeit, StuW 1992, 2, 4; *Schwinger,* Einkommens- und konsumorientierte Steuersysteme (1992), S. 18; *Elschen,* Institutionale oder personale Besteuerung (1994), S. 135.

530 *Wagner*, Steuersystem und Unternehmenstheorie, in: Ordelheide/Rudolph/Büsselmann (Hrsg.), Betriebswirtschaftslehre und ökonomische Theorie (1991), S. 78.

531 siehe oben S. 35ff.

Opfertheorie schon bezüglich ihrer Bedingungen sowohl in der Theorie als auch in der Praxis auf unüberwindbare Grenzen stieß[532].
Bedeutender in diesem Zusammenhang ist aber das Ziel der Opfertheorie, die private Bedürfnisbefriedigung als Steuergegenstand zu erfassen, wodurch die Zielgröße der Steuerpflichtigen auf ihren persönlichen Lebensbedarf reduziert wird. Der Staat maßt sich durch diese Besteuerung an, die individuellen Bedürfnisse seiner Bürger erkennen und ihnen mit der Steuer im richtigen Verhältnis zuteilen zu können, ohne den Steuerpflichtigen eine Eigenverantwortung zu belassen[533]. Das oben[534] erarbeitete Ergebnis, daß eine solche nutzenorientierte Besteuerung mit dem heutigen, die Freiheit des einzelnen respektierenden Staatsverständnis unvereinbar sei, läßt sich jetzt anhand der erfolgten[535] verfassungsrechtlichen Betrachtung konkret bestätigen. Insbesondere die Freiheitsgrundrechte schützen die erwerbswirtschaftliche Betätigung der Bürger und garantieren ihnen das Recht, sich durch freie Leistungskonkurrenz auf dem Markt eigenverantwortlich gegenüber den anderen durchzusetzen. Der Staat hat dabei nicht das Recht, diese Freiheit durch seine Vorstellungen von einer Nutzenfunktion des Einkommens zu ersetzen, sondern er partizipiert vielmehr am Ergebnis des privatautonomen Wirtschaftens seiner Bürger.
Die individuelle Bedürfnisbefriedigung stimmt daher mit den verfassungsrechtlichen Anforderungen nicht überein und muß somit als zu besteuernde Zielgröße ausscheiden.

b) Verfügungsmacht als Zielgröße

aa) Entwicklung der Verfügungsmacht als Zielgröße

Wie bereits oben[536] verdeutlicht, sollten die praktischen Probleme des Opferkonzeptes dadurch umgangen werden, daß der Gesetzgeber eine einheitliche Nutzenfunktion des Einkommens politisch normiert. Diese Nutzenfunktion ergab sich, indem von einer idealen Güterverteilung in der Gesellschaft auf eine Steuerlastverteilung geschlossen wurde, welche eben diese Güterverteilung zur Folge hat. Eine derartige auf ein ex ante festgelegtes Verteilungsergebnis gerichtete Politik der Steuerlastverteilung ist nur unter der Mißachtung der Beliebigkeit von Zielsetzungen in der freiheitlichen Gesellschaft möglich und daher unhaltbar, wenn ein Marktprozeß stattfindet[537].

---

532 ebd.

533 ebd.

534 siehe oben S. 40.

535 siehe oben S. 66ff.

536 siehe oben S. 39.

537 *Elschen/Hüchtebrock*, Steuerneutralität, FinArch N. F. Bd. 41 (1983) 253, 262; *Elschen*, Institutionale oder personale Besteuerung (1994), S. 280.

Diesen grundlegenden Mangel erkannte auch die Finanzwissenschaft, so daß an die Stelle der eher intuitiven Opfertheorie ein Konzept treten mußte, welches in der ökonomischen Theorie verankert ist[538]. Die als Steuergegenstand gesuchte Zielgröße darf die Existenz des Marktes nicht ignorieren, sondern muß die marktmäßige Ressourcenallokation, wie sie sich durch ein wettbewerbliches Handlungssystem ergibt, akzeptieren. Insofern entspricht dieses Konzept einer entscheidungsneutralen Zielgrößenbesteuerung der oben angedeuteten gesamtwirtschaftlichen Allokationseffizienz[539]. Wenn die Zielgröße und damit die Besteuerung an das durch den Steuerpflichtigen im marktwirtschaftlichen Wettbewerb erzielte Ergebnis anknüpft, steht sie zudem im Einklang mit den Freiheitsgrundrechten und stimmt mit den verfassungsrechtlichen Anforderungen in dieser Hinsicht überein.
Dieses erzielte Ergebnis kann sich daher nicht in der individuellen Bedürfnisbefriedigung, sondern nur im Zugang an Verfügungsmacht ausdrücken, welche den Steuerpflichtigen durch ihr Handeln am Markt zukommt. Damit ist allerdings wiederum nur das Steuerobjekt festgelegt. Wie der Zugang an Verfügungsmacht zu bemessen ist, wird durch das Konzept der entscheidungsneutralen Zielgrößenbesteuerung nicht festgelegt, da sich das erzielte Ergebnis sowohl auf die Einkommens- als auch auf die Verwendungsseite beziehen kann.
Indem auf den Zugang an Verfügungsmacht als Zielgröße abgestellt wird, entsprechen sich das Konzept der Entscheidungsneutralität und eine Steuerverteilung nach der Leistungsfähigkeit in diesem Ausgangspunkt, weil auch die Leistungsfähigkeit – wie gesehen[540] – nach diesem Verfügungsmachtkonzept zu bestimmen ist.

bb) Das Verhältnis von Entscheidungsneutralität und Leistungsfähigkeitsprinzip

Die entscheidungsneutrale Zielgrößenbesteuerung knüpft mithin an das ökonomische Ergebnis einer marktwirtschaftlichen Betätigung der Steuerpflichtigen an. Dabei wird die erwirtschaftete Verfügungsmacht als Zielgröße durch die Steuer so gekürzt, daß sie die Entscheidung der Steuerpflichtigen zwischen verschiedenen Handlungsalternativen nicht beeinflußt. Diese entscheidungsneutrale Steuer bildet folglich einen "Nullpunkt"[541], in dem die Steuerpflichtigen marktwirtschaftlich agieren können, ohne daß sie durch eine Steuerwirkung zu einer Änderung ihres Verhaltens bewegt würden. Damit stellt die Entschei-

---

538 *Wagner*, Neutralität und Gleichmäßigkeit, StuW 1992, 2, 6f.

539 *Wenger*, Einkommensteuerliche Periodisierungsregeln, ZfB 1986, 132, 145; *Elschen*, Zum gemeinsamen Fundament der Steuerwissenschaften, StuW 1991, 99, 102; *Schwinger*, Einkommens- und konsumorientiere Steuersysteme (1992), S. 13; *Wagner*, Neutralität und Gleichmäßigkeit, StuW 1992, 2, 4.

540 siehe oben S. 40.

541 *Elschen/Hüchtebrock*, Steuerneutralität, FinArch N. F. Bd. 41 (1983), 253, 255.

dungsneutralität der Besteuerung den Maßstab für *ökonomische Normalität*, das heißt für ein durch Steuern unverändertes wettbewerbliches Handlungssystem dar. Es ist fraglich, ob dieser Maßstab ökonomischer Normalität mit der Leistungsfähigkeit als Maßstab rechtlicher Normalität im Sinne des Gleichheitssatzes des Art. 3 I GG vereinbar ist.

(1) Lenkung

Auf der einen Seite wird der Weg einer entscheidungsneutralen Besteuerung dann verlassen, wenn die Steuerpflichtigen zur Wahl von Alternativen veranlaßt werden sollen, die sie ansonsten nicht gewählt hätten. Mittels solcher Substitutionseffekte strebt der Gesetzgeber an, in die marktwirtschaftliche Aktivität lenkend einzugreifen, wenn er glaubt, ein Marktversagen zu erkennen und korrigieren zu müssen[542]. Diese Steuerwirkungen weichen somit von der am Markt entstandenen ökonomischen Normalität ab, so daß Lenkungsnormen keinesfalls Bestandteil der Entscheidungsneutralität als deren Maßstab sind. Wie oben[543] herausgestellt, ist auch das Leistungsfähigkeitsprinzip als Maßstab der Steuerlastverteilung von Lenkungsnormen streng zu trennen, weil damit jeweils unterschiedliche Gerechtigkeitsebenen betroffen werden. Während die Leistungsfähigkeit als Gleichheitsindex gem. Art. 3 I GG der distributiven Gerechtigkeit folgt, bewegen sich Lenkungssteuern auf dem Gebiet kommutativer Gerechtigkeit. Hinsichtlich dieser Trennung stimmt eine entscheidungsneutrale Besteuerung folglich mit der Besteuerung nach der Leistungsfähigkeit inhaltlich überein.

(2) Umverteilung

Andererseits nutzt der Staat die Besteuerung nicht nur für Lenkungsmaßnahmen, um die Entscheidungen einzelner Steuerpflichtiger zu beeinflussen, sondern er setzt sie auch in dem Sinne ein, daß er das im Marktmechanismus entstandene Ergebnis umverteilt[544]. Dadurch werden die Unterschiede im Zugang an Verfügungsmacht zwischen den einzelnen Steuerpflichtigen reduziert, um Wohlstandsdifferenzen auszugleichen.

Damit dieses Ziel erreicht werden kann, müssen Steuerpflichtige, deren wirtschaftliche Aktivitäten einen größeren Erfolg bewirken, entsprechend stärker belastet werden als Steuerpflichtige mit geringerem Erfolg[545]. Wie oben gesehen, führt dies soweit, daß ein Minimalbetrag als Existenzminimum steuerfrei

---

542 *Wagner*, Neutralität und Gleichmäßigkeit, StuW 1992, 2, 3.

543 siehe oben S. 52 und 97.

544 siehe oben S. 47f und 89.

545 Für den Tarif bedeutet das Progression, siehe oben S. 89.

belassen wird[546]. Eine Umverteilung entsteht folglich dadurch, daß sich die Grenzbelastung mit steigender Bemessungsgrundlage von Null im Rahmen des Grundfreibetrags bis zu ihrem Spitzenwert stetig erhöht[547]. Je höher jedoch die Grenzbelastung ist, desto eher versuchen Steuerpflichtige die Steuer zu vermeiden, so daß der Substitutionseffekt dabei zunimmt[548]. Insofern kann dann nicht mehr von einer entscheidungsneutralen Besteuerung gesprochen werden. Zudem zeigt der oben erörterte Zusammenhang zwischen Substitutionswirkung und Zusatzlast, daß eine umverteilende Steuer auch die gesamtwirtschaftliche Allokationseffizienz beeinträchtigt[549].
Vielmehr besteht ein Zielkonflikt zwischen einer Verringerung von Wohlstandsdifferenzen durch Umverteilung und der gesamtwirtschaftlichen Effizienz einer entscheidungsneutralen Steuer[550].
Ein Vergleich mit dem oben[551] entwickelten Leistungsfähigkeitsprinzip läßt auch in diesem Punkt eine Übereinstimmung erkennen. Es wurde dort ausführlich dargestellt, daß auch eine Verteilung der Steuerlast nach der Leistungsfähigkeit keine Umverteilungsaspekte enthält, sondern daß dieser im Sozialstaatsprinzip verankerte Aspekt[552] dem Leistungsfähigkeitsprinzip gerade abwägungsbedürftig gegenüberstehen. Insofern besteht auch hier ein Zielkonflikt zwischen der Steuerlastverteilung im Sinne der Leistungsfähigkeit als Maßstab des Art. 3 I GG und der Umverteilung als Ausfluß des Sozialstaatsprinzips.

(3) Zwischenergebnis

Folglich ist eine entscheidungsneutrale Besteuerung als Maßstab ökonomischer Normalität mit der Leistungsfähigkeit als Maßstab rechtlicher Normalität inhaltlich vereinbar.

---

546 Bereits ein Grundfreibetrag bewirkt, daß der Tarif ein gewisses Maß an indirekter Progression enthält, vgl. *Brümmerhoff*, Finanzwissenschaft (2001), S. 492.

547 *Stiglitz/Schönfelder*, Finanzwissenschaft (1996), S. 482; *Brümmerhoff*, Finanzwissenschaft (2001), S. 492.

548 *Stiglitz/Schönfelder*, Finanzwissenschaft (1996), S. 482.

549 Dabei besteht die Gefahr, daß die Umverteilung das Gesamtergebnis derart schmälert, daß es immer weniger zu verteilen gibt und die Umverteilungspolitik ihre eigenen Grundlage zerstört, vgl. *Schneider*, Betriebswirtschaftliche Steuerlehre, in: Fischer (Hrsg.), FS für Scherpf (1983), S. 34; *Wittmann*, Steuergerechtigkeit, DStZ 1986, 199, 194.

550 *Stiglitz/Schönfelder*, Finanzwissenschaft (1996), S. 477 mit Abbildung 19.1.

551 siehe oben S. 66ff.

552 siehe oben S. 89f.

III. Ergebnis: Das Verhältnis von ökonomischer Entscheidungswirkung und rechtlicher Verteilung der Steuerlast

Das Konzept der Entscheidungsneutralität und die Steuerlastverteilung nach der Leistungsfähigkeit gehen von unterschiedlichen Ausgangspunkten aus.
Während sich das Leistungsfähigkeitsprinzip als Ableitung aus der Gerechtigkeitsidee ergibt[553], kommt eine entscheidungsneutrale Besteuerung ohne konkrete Gerechtigkeitsvorstellungen aus[554]. Statt dessen beschränkt sie sich auf den durch Steuern unbeeinflußten Marktmechanismus, tritt also zu der marktwirtschaftlichen Ordnung akzessorisch hinzu[555]. Dennoch hat sich gezeigt, daß beide Ansätze auf den Zugang an wirtschaftlicher Verfügungsmacht als Steuergegenstand abstellen und streng von Lenkungs- und Umverteilungsbestrebungen zu trennen sind und somit inhaltlich übereinstimmen.
Des weiteren setzen die Anwendung des Leistungsfähigkeitsprinzips und die Anwendung des Konzepts entscheidungsneutraler Besteuerung mit unterschiedlichen Methoden an. Das Leistungsfähigkeitsprinzip dient als notwendiges Abwägungskriterium auf der Seite des Gleichheitssatzes des Art. 3 I GG und der Wettbewerbsfreiheit gem. Art. 14, 12 GG der Bewertung von bestehenden Steuernormen und dem Auffinden sachgerechter Besteuerungsregeln für ungelöste Sachfragen[556]. In diesem Sinne ist die Anwendung des Leistungsfähigkeitsprinzips wertungsorientiert[557].
Mit dem Konzept einer entscheidungsneutralen Besteuerung kann dagegen festgestellt werden, welche ökonomische Wirkung dem bestehenden Steuerrecht tatsächlich zukommt. Dabei werden Widersprüche zur ökonomischen Theorie und die erwähnten Zielkonflikte aufgedeckt, welche der Ökonom abklären kann, indem er zeigt, in welchem Ausmaß ein Ziel geopfert werden muß, um ein anderes einzulösen[558]. Damit ist die Anwendung der Entscheidungsneutraliät wirkungsorientiert[559].
Die Wirtschaftswissenschaften können dem Steuerrecht nun zwar nicht vorschreiben, wieviel ökonomischen Bezug es haben soll; allerdings müssen ihre Feststellungen darüber, wieviel ökonomischen Bezug das Recht tatsächlich hat, in die rechtliche Abwägung mit einfließen, wenn sich das Recht nicht von der

---

553 siehe oben S. 68f.

554 *Wagner*, Neutralität und Gleichmäßigkeit, StuW 1992, 2, 4; *Ohmer*, Grundlagen der Einkommensteuer (1997), S. 74.

555 *Wittmann*, Besteuerung des Markteinkommens, StuW 1993, 35, 46; *Ohmer*, Grundlagen der Einkommensteuer (1997), S. 74.

556 siehe oben S. 80, 84 und 103.

557 *Wagner*, Neutralität und Gleichmäßigkeit, StuW 1992, 2, 7.

558 *Posner*, Recht und Ökonomie, in: Assmann/Kirchner/Schanze (Hrsg.), Ökonomische Analyse des Rechts (1978), S. 105; *Wagner*, Neutralität und Gleichmäßigkeit, StuW 1992, 2, 7.

559 *Wagner*, Neutralität und Gleichmäßigkeit, StuW 1992, 2, 7.

Wirklichkeit entfernen und als theoretisches Konstrukt an den Bedürfnissen von Staat und Steuerpflichtigen vorbeigehen soll. Diese Zusammenarbeit ist nur möglich, wenn sich beide Disziplinen auf ein gemeinsames Fundament stützen können[560]. Die in der herrschenden Steuerrechtswissenschaft[561] postulierte Verteilung der Steuerlast nach der subjektiven Leistungsfähigkeit weicht mit ihrer Einbeziehung von Umverteilungsaspekten in den Leistungsfähigkeitsbegriff von dem Konzept der Entscheidungsneutralität allerdings inhaltlich derart ab, daß sich Rechts- und Wirtschaftswissenschaften immer weiter voneinander entfernt haben und mittlerweile die Ergebnisse der anderen Disziplin ignorieren[562]. Da aber gerade auf dem Gebiet der Steuern Recht und Wirtschaft offensichtlich ineinandergreifen[563], wird deutlich, daß die Trennung von Besteuerung nach der Leistungsfähigkeit und Umverteilung durch Steuern nicht nur im Sinne der rechtlichen Argumentation vorzuziehen ist; vielmehr gewinnt das Konzept der objektiven Leistungsfähigkeit auch als gemeinsame Grundlage der Rechts- und Wirtschaftswissenschaften durch die inhaltliche Übereinstimmung mit Entscheidungsneutralität und Allokationseffizienz an Bedeutung.
Damit bleibt als Ergebnis festzuhalten, daß das oben rechtlich entwickelte Leistungsfähigkeitsprinzip auch mit der wirtschaftswissenschaftlichen Betrachtungsweise des Problems der Steuerlastverteilung im Einklang steht.

D. Ergebnis

Die Auseinandersetzung mit der gegenwärtigen Diskussion hat gezeigt, daß dem Leistungsfähigkeitsprinzip sowohl als verfassungsrechtlicher Maßstab zur Steuerlastverteilung als auch als gemeinsames Fundament der Rechts- und Wirtschaftswissenschaften auf dem Gebiet des Steuerrechts eine große Bedeutung zuzumessen ist.

---

560 *Elschen*, Zum gemeinsamen Fundament der Steuerwissenschaften, StuW 1991, 99, 115.
561 siehe oben S. 93.
562 *Elschen*, Zum gemeinsamen Fundament der Steuerwissenschaften, StuW 1991, 99, 115; *Huber*, Besteuerung, FinArch N. F. Bd. 49 (1991/92), 423, 423.
563 *Hessler*, Theorie und Politik der Personalsteuern (1994), S. 19.

Teil 3: Der Inhalt des Prinzips der Besteuerung nach der Leistungsfähigkeit

Nachdem somit die grundsätzliche Bedeutung des Leistungsfähigkeitsprinzips erarbeitet wurde, stellt sich die Frage, wie der Steuergegenstand beschaffen sein muß, um den Vorgaben des Leistungsfähigkeitsprinzips zu entsprechen. Dazu sind diese inhaltlichen Vorgaben im einzelnen herauszustellen.

A. Die Leistungsfähigkeit in sachlicher Hinsicht

I. Ursprung der Leistungsfähigkeit

Um den Inhalt des Leistungsfähigkeitsprinzips zu ermitteln, ist zunächst nach dem Ursprung der Leistungsfähigkeit zu fragen und somit zu prüfen, wie Leistungsfähigkeit im Sinne der oben[564] dargestellten verfassungsrechtlichen Verankerung entsteht.

1. Leistungsfähigkeit durch Grundrechtsbetätigung

Das Leistungsfähigkeitsprinzip findet seine verfassungsrechtliche Verortung sowohl im Gleichheitssatz des Art. 3 I GG als auch in den Freiheitsrechten der Art. 12 und 14 GG[565].

Dabei schützen die Eigentumsfreiheit gem. Art. 14 I GG, welche die Innehabung, Nutzung und Verwertung erworbenen und vorhandenen Eigentums betrifft, und die Berufsfreiheit gem. Art. 12 I GG mit ihrer Gewährleistung wirtschaftlicher Tätigkeiten die Bürger vor Eingriffen in ihre wettbewerbliche Ausgangslage. Diese Ausgangslage wird durch das unterschiedliche Verhältnis der bei den Bürgern jeweils durch die im freien Wettbewerb entstandene Leistungsfähigkeit gebildet[566]. Leistungsfähigkeit meint in diesem Zusammenhang den Zugang von Verfügungsmacht, welcher als Ergebnis der grundrechtlich geschützten Aktivitäten entsteht. Insofern wird deutlich, daß sich die von der Wettbewerbsfreiheit umfaßte Ausgangslage nicht auf einzelne Betätigungen beschränken läßt, sondern stets das Gesamtergebnis aller wirtschaftlichen Tätigkeiten, welche durch Art. 12 I und 14 I GG garantiert sind, darstellt. Insbesondere wird hier nicht zwischen der Nutzung von Eigentum im Sinne des Art. 14 I GG und einer Leistungstätigkeit im Sinne des Art. 12 I GG unterschieden;

---

[564] siehe oben S. 66ff.
[565] siehe oben S. 87 und 104
[566] siehe oben S. 103.

vielmehr bilden beide Bereiche in Idealkonkurrenz die geschützte Ausgangslage[567].

Gleiche rechtliche Möglichkeiten zur Ausübung der Freiheit und damit rechtliche Chancengleichheit bezieht sich nicht auf separate Teilbereiche der Wettbewerbsfreiheit, sondern wird für das gesamte wirtschaftliche Verhalten des Bürgers gewährleistet. Dies entspricht dem Anliegen der Grundrechte, welche sich generell nicht tätigkeits-, sondern personenbezogen entfalten[568]. Folglich darf einzelnen Aspekten der Wettbewerbsfreiheit nicht jeweils eine Teilleistungsfähigkeit zugeordnet werden, sondern die Ausübung der Freiheitsrechte ist der Ursprung einer Gesamtleistungsfähigkeit.

Dieser Ursprung muß sich auch in der Anwendung des Gleichheitssatzes gem. Art. 3 I niederschlagen, der die Leistungsfähigkeit als Maßstab für die Steuerlastverteilung heranzieht[569]. Da die Leistungsfähigkeit als Gesamtergebnis aller wirtschaftlichen Tätigkeiten zustande kommt, darf sich eine Prüfung des Art. 3 I GG nicht nur auf die Gleichbehandlung einzelner Aktivitäten beschränken. Eine solche Einschränkung auf die Leistungsfähigkeit innerhalb einzelner Tätigkeiten böte keine Handhabe gegen Ungleichbehandlungen zwischen verschiedenen Tätigkeiten, weil es an einem einheitlichen Vergleichsmaßstab fehlte. Damit würde eine Diskriminierung einzelner Freiheiten möglich, so daß ein Bürger allein deshalb schlechter behandelt werden könnte, weil er seinen Erfolg in der Ausübung einer bestimmten wirtschaftlichen Aktivität sucht. Mithin würde die rechtliche Chancengleichheit dadurch beeinträchtigt, daß Art. 3 I GG nicht für alle Bürger den gleichen Schutz ihrer Freiheitsrechte sicherstellt.

Wie oben[570] erörtert, verbindet dieser Aspekt der rechtlichen Chancengleichheit den Gleichheitssatz unauflösbar mit den Grundrechten aus Art. 12 I und 14 I GG. Soweit die Bürger ihren Erfolg mit einer grundrechtlich geschützten Aktivität erzielen, befinden sie sich auch im Sinne des Art. 3 I GG in gleichen Verhältnissen. Folglich muß die Leistungsfähigkeit als Gesamtergebnis der Grundrechtsbetätigungen auch im Rahmen der Gleichheitsprüfung als Maßstab für die Steuerlastverteilung dienen, ohne daß diese Prüfung auf einzelne wirtschaftliche Tätigkeiten beschränkt werden kann.

2. *Folgen für den Steuergegenstand*

Fraglich ist, welche Folgen sich aus dem dargestellten Ursprung der Leistungsfähigkeit in der Grundrechtsbetätigung für den Steuergegenstand ergeben.

---

567 siehe oben S. 102.

568 Im geschichtlichen Verlauf der Anerkennung und Positivierung der Grundrechte hat seit jeher der einzelne Mensch im Mittelpunkt gestanden, vgl. Hdb. des Staatsrechts-*Stern* § 108 Rn 3ff; *Bethge*, Grundrechtsberechtigung (1983), S. 65; BVerfG v. 02.05.1967, 1 BvR 578/63, E 21, 362, 369; v. 08.07.1982, 2, BvR 1187/80, E 61, 82, 100.

569 siehe oben S. 79ff.

570 siehe oben S. 103.

Der Erfassung eines Steuergegenstandes können zwei gegensätzliche Systeme zu Grunde liegen: Zum einen ist es möglich, das Ergebnis aller wirtschaftlichen Tätigkeiten des Steuerpflichtigen als Steuergegenstand zusammenzufassen und einheitlich der Besteuerung zu unterwerfen, was als synthetisches System bezeichnet wird[571]. Auf der anderen Seite kann der Steuergegenstand aber auch in einzelne Bestandteile aufgespalten werden, wobei nach deren Art und Herkunft unterschiedliche Abteilungen (sog. Schedulen) entstehen, welche jeweils für sich der Steuer unterliegen. Dies entspricht einem analytischen Besteuerungssystem[572].

Die oben[573] erfolgte Grundrechtsprüfung hat ergeben, daß sich die Leistungsfähigkeit eines Steuerpflichtigen als Gesamtergebnis seiner durch Art. 12 I und 14 I GG geschützten Aktivitäten ergibt und daß die Steuerlast auf diese Aktivitäten im Rahmen des Art. 3 I GG mittels eines einheitlichen Vergleichsmaßstabs zu verteilen ist. Folglich gibt das derart grundrechtlich verortete Leistungsfähigkeitsprinzip unmittelbar vor, den Zugang an wirtschaftlicher Verfügungsmacht als Steuergegenstand nach dem synthetischen System zu erfassen. Eine Differenzierung der Besteuerung nach dem Ursprung der Verfügungsmacht im Sinne des analytischen Systems widerspräche dagegen der rechtlichen Chancengleichheit und stellte somit sowohl einen Eingriff in die Wettbewerbsfreiheit als auch einen Verstoß gegen den allgemeinen Gleichheitssatz dar. Aufgrund seiner Bindung an diese Grundrechte steht es dem Gesetzgeber demnach gerade nicht frei, die Leistungsfähigkeit innerhalb einzelner wirtschaftlicher Tätigkeiten abschließend zu messen[574], sondern er ist streng an die Gesamtleistungsfähigkeit als synthetischem Steuergegenstand gebunden.

Aus der dargestellten verfassungsrechtlichen Verankerung des Leistungsfähigkeitsprinzips folgt somit, daß der Zugang an wirtschaftlicher Verfügungsmacht durch alle in Art. 12 I GG und 14 I GG grundrechtlich geschützten Aktivitäten den einzig zulässigen Steuergegenstand darstellt.

---

571 *Lang*, Bemessungsgrundlage (1988), S. 219; *Tipke*, Steuerrechtsordnung, Bd. II (1993), S. 600; *Raupach*, Steuerreform, StbJB 1998/99, 7, 40; *Wendt*, Kommentar, FR 1999, 595, 596; *Kanzler*, Von der synthetischen Einkommensteuer zur Schedulenbesteuerung?, FR 1999, 363, 363; *Birk*, Leistungsfähigkeitsprinzip in der Unternehmenssteuerreform, StuW 2000, 328, 330f; *Wosnitza*, Beschränkung der ertragsteuerlichen Verlustverrechnung, StuB 2000, 763, 765.

572 *Lang*, Bemessungsgrundlage (1988), S. 219; *Tipke*, Steuerrechtsordnung, Bd. II (1993), S. 600; *Raupach*, Steuerreform, StbJB 1998/99, 7, 40f; *Kanzler*, Von der synthetischen Einkommensteuer zur Schedulenbesteuerung?, FR 1999, 363, 365; *Wosnitza*, Beschränkung der ertragsteuerlichen Verlustverrechnung, StuB 2000, 763, 765.

573 siehe oben S. 66ff.

574 So aber Hübschmann/Hepp/Spitaler-*Birk* § 4 AO Rn 472.

3. Wirtschaftswissenschaftliche Beurteilung

An dieser Stelle ergibt sich die Frage, in welchem Verhältnis dieser verfassungsrechtlich entwickelte, synthetische Steuergegenstand zu dem oben[575] geschilderten wirtschaftswissenschaftlichen Konzept der Entscheidungsneutralität steht.

Wie gesehen, soll eine entscheidungsneutrale Besteuerung die Handlungsalternativen der Steuerpflichtigen unbeeinflußt lassen, um Steuervermeidungsbestrebungen mit ihren sowohl mikroökonomischen als auch makroökonomischen Nachteilen sowie die dadurch bedingte Verkomplizierung des Steuerrechts zu verhindern. Bezüglich der Auswahl eines System zur Erfassung des Steuergegenstandes ist dabei zu beachten, daß eine analytische Schedulensteuer gerade zu einer unterschiedlichen Besteuerung der verschiedenen Handlungsalternativen der Steuerpflichtigen führen würde, da mit ihr nach dem Ursprung des Steuerobjektes differenziert wird. Jede dieser Differenzierungen bietet dem Steuerpflichtigen die Möglichkeit, durch eine Anpassung seines Verhaltens der Steuer auszuweichen, so daß seine Entscheidungen durch die Besteuerung beeinflußt werden. Nur wenn das Ergebnis aller wirtschaftlicher Aktivitäten als einheitlicher Steuergegenstand zusammengefaßt wird, entfallen diese Differenzierungen, so daß für Steuerausweichhandlungen kein Raum bleibt[576].

Folglich entspricht der synthetische Steuergegenstand dem Konzept der Entscheidungsneutralität.

Mithin bestätigt sich auch bezüglich der Folgen des Leistungsfähigkeitsprinzips für den Steuergegenstand das Bestehen eines gemeinsamen Fundamentes mit der wissenschaftlichen Betrachtungsweise.

4. Einordnung in die bestehenden Theorien zum Steuergegenstand

Nachdem somit der Inhalt des Leistungsfähigkeitsprinzips im Hinblick auf den Steuergegenstand herausgearbeitet wurde, ist es möglich, dieses Ergebnis in die bestehenden Theorien zum Steuergegenstand der Einkommensteuer einzuordnen und diese Theorien gleichzeitig anhand des Leistungsfähigkeitsprinzips verfassungsrechtlich zu bewerten.

---

575 siehe oben S. 120ff.

576 siehe oben S. 117 und *Wosnitza*, Beschränkung der ertragsteuerlichen Verlustverrechnung, StuB 2000, 763, 766f; *Brümmerhoff*, Finanzwissenschaft (2001), S. 464.

a) Quellentheorie

Der Steuergegenstand in der Quellentheorie[577] stellt auf die Regelmäßigkeit des Zuflusses an ökonomischen Werten aus einer bestimmten Quelle ab. Einmalige oder unregelmäßige Zuflüsse werden durch diesen Begriff nicht erfaßt, weil sie Zufallscharakter haben und mit ihnen in Zukunft nicht mehr gerechnet werden kann[578]. Daher bleiben Veräußerungsgeschäfte und Wertänderungen des Vermögensstammes unberücksichtigt, so daß der Steuergegenstand nach dem Gedanken der Erfolgsspaltung[579] erfaßt wird. Nach der Quellentheorie hängt es demnach von dem Entstehungsgrund eines Wertzuflusses ab, ob er für die Besteuerung herangezogen wird oder nicht. Diese Differenzierung nach Art und Herkunft entspricht einem analytischen Steuergegenstand, der die Leistungsfähigkeit des Steuerpflichtigen, welche auch aus der einmaligen Grundrechtsbetätigung – zum Beispiel im Sinne eines Veräußerungsgeschäftes – entstehen kann, nicht einheitlich umfaßt. Eine solche Ungleichbehandlung widerspricht dem Gedanken der rechtlichen Chancengleichheit.
Folglich ist die Quellentheorie mit dem im Gleichheitssatz gem. Art. 3 I GG und in den Freiheitsrechten der Art. 12 I und 14 I GG verankerten Leistungsfähigkeitsprinzip nicht vereinbar[580].

b) Reinvermögenszugangstheorie

Ausgehend von der Erkenntnis, daß ein Steuergegenstand im Sinne des Leistungsfähigkeitsprinzips nicht nach dem Ursprung bzw. der Quelle des Wertzu-

---

577 Der bedeutendste Vertreter der Quellentheorie war der preußische Verwaltungsjurist und Senatspräsident des Königlichen OVG Bernhard Fuisting, der den Steuergegenstand als "die Gesamtheit der Sachgüter, welche in einer bestimmten Periode (Jahr) dem Einzelnen als Erträge dauernder Quellen der Gütererzeugung zur Bestreitung der persönlichen Bedürfnisse [...] zur Verfügung stehen." bezeichnete, vgl. *Fuisting*, Grundzüge der Steuerlehre (1902), S. 110.

578 vgl. K/S-*Kirchhof* § 2 Rn A313ff; Hdb. der Finanzwissenschaft-*Andel*, Bd. II, 3. Auflage (1980), S. 335; *Brandis*, Nettoeinkommen (1987), S. 47; *Icking*, Quellen- und Reinvermögenszugangstheorie (1993), S. 4f; *Tipke*, Steuerrechtsordnung, Bd. II (1993), S. 563; *Wissel*, Einkünfteerzielungsabsicht (1997), S. 68f; *Sachs*, Einkommensbesteuerung (1998), S. 100.

579 *Koniarski*, Einkommen als Maßstab steuerlicher Leistungsfähigkeit (1984), S. 69.

580 Im Ergebnis so auch K/S-*Kirchhof* § 2 Rn A320; *Lang*, Bemessungsgrundlage (1988), S. 37; *Tipke*, Steuerrechtsordnung, Bd. II (1993), S. 364; *Icking*, Quellen- und Reinvermögenszugangstheorie (1993), S. 19f; BFH v. 25.10.1994, VIII R 79/91, BStBl II 1995, 121, 124.

flusses differenzieren kann, verzichtet die Reinvermögenszugangstheorie[581] als expliziter Gegenpol der Quellentheorie auf jede Art von Erfolgsspaltungen. Damit stellt die Reinvermögenszugangstheorie auf den Zugang an wirtschaftlicher Verfügungsmacht ab, definiert diesen Zugang aber sehr umfassend als jeden Wertzufluß durch Reinerträge, Wertsteigerungen, geldwerte Leistungen Dritter und Nutzungen[582]. Es stellt sich dabei die Frage, ob sämtliche dieser im Steuergegenstand zusammengefaßten Positionen auch Ausdruck der Leistungsfähigkeit im oben verfassungsrechtlich herausgearbeiteten Sinne sind.
In diesem Zusammenhang ist es von Bedeutung, daß die Leistungsfähigkeit als Ergebnis der Betätigung der Wettbewerbsfreiheit gem. Art. 12 I und 14 I GG entsteht[583]. Aus welchem Grund dieses Ergebnis als für die Steuerlastverteilung maßgeblicher Steuergegenstand herangezogen wird, wurde oben[584] bereits angedeutet: Die Freiheitsrechte gewähren den Bürgern Wettbewerbsfreiheit in der Form, daß sie in einer dezentralen Wirtschaftsordnung ihre eigene wirtschaftliche Initiative entfalten, so daß sich ein System gleichberechtigter Konkurrenz als wettbewerbliche Ausgangslage entwickelt. Die Grundrechte schützen dabei die Bürger vor Eingriffen des Staates in diese Ausgangslage, wodurch es dem Staat insbesondere verwehrt wird, sich selbst wettbewerblich zu betätigen und in Konkurrenz zu seinen Bürgern zu treten[585]. Insofern bleibt dem Staat der Zugriff auf originäre Einnahmen durch eigene erwerbswirtschaftliche Aktivitäten verschlossen, so daß er darauf verwiesen ist, seinen Finanzbedarf anderweitig zu decken. Diese Deckung erfolgt dann, indem der Staat mit der Steuer am ökonomischen Erfolg seiner Bürger als derivative Form der Einnahmeerzielung partizipiert[586]. Als Folge der wirtschaftlichen Freiheit muß somit der Zuwachs an Verfügungsmacht durch die Freiheitsbetätigung als Steuergegenstand herangezogen werden[587].

---

581 Verbunden wird diese Theorie mit Schanz, der Einkommen als das, "was in einem Zeitabschnitt einer Person derart zugeflossen ist, daß dieselbe darüber disponieren kann, ohne ihr bisheriges Vermögen selbst zu mindern." mißt, vgl. *Schanz*, Einkommensbegriff, FinArch Bd. 13 (1896), S. 1, 16. Dieser Ansatz vertieft die Ausführungen von *v. Hermann*, Staatswirthschaftliche Untersuchungen (1832), S. 582f, und wurde von *Haig*, The Concept of Income (1959) und *Simons*, Personal Income Taxation (1938) für den angelsächsischen Sprachraum entwickelt.

582 K/S-*Kirchhof* § 2 Rn A326; Hdb. der Finanzwissenschaft-*Andel*, Bd. II, 3. Auflage (1980), S. 335; *Brandis*, Nettoeinkommen (1987), S. 50ff; *Icking*, Quellen- und Reinvermögenszugangstheorie (1993), S. 11ff; *Wissel*, Einkünfteerzielungsabsicht (1997), S. 70ff.

583 siehe oben S. 103.

584 ebd.

585 *Isensee*, Referat, Verhandlungen des 57. Deutschen Juristentages, Bd. II (1988), S. N36; *Wendt*, Neuordnung des Einkommensteuerrechts?, DÖV 1988, 710, 715; *Wittmann*, Markteinkommen (1992), S. 16.

586 ebd.

587 ebd.

Anhand dieser verfassungsrechtlichen Verankerung des Leistungsfähigkeitsprinzips zeigt sich auf der anderen Seite aber auch, daß der Staat ausschließlich am Ergebnis der *wirtschaftlichen* Freiheit seiner Bürger teilnimmt. Soweit sich die Bürger außerhalb jeglichen Wettbewerbs im Sinne ihrer privaten Lebensführung betätigen, muß beachtet werden, daß dem Staat ein solcher privater Lebensbereich gar nicht zukommt[588]. Während er wirtschaftliche Aktivitäten zwar entfalten, aber wegen der Wettbewerbsfreiheit nicht aufnehmen darf, sind private Aktivitäten des Staates schon begrifflich ausgeschlossen. Wenn somit originäre Tätigkeiten auf diesem Gebiet nicht möglich sind, dann muß auch eine Partizipation an den Ergebnissen, welche die Bürger durch Ausübung ihrer *persönlichen* Freiheit erzielen, ausscheiden. Die Leistungsfähigkeit als für die Steuerlastverteilung maßgeblicher Steuergegenstand umfaßt also nur den Zugang an ökonomischer Verfügungsmacht aus wirtschaftlicher Betätigung im Sinne der Wettbewerbsfreiheit gem. Art. 12 I und 14 I GG und nicht die Ergebnisse aus privater Lebensführung[589]. Insbesondere die private Selbstnutzung von Eigentum[590] und die Eigenleistungen im privaten Bereich[591] können mithin nicht zu einem steuerbaren Zugang an Verfügungsmacht führen.
Genauso wie Ausgaben für die soziale Sicherung in der privaten Lebensführung die Leistungsfähigkeit nicht mindern, sondern - wie gesehen[592]- unter das Sozialstaatsprinzip fallen, können positive Ergebnisse aus privater Lebensführung die Leistungsfähigkeit auch nicht steigern.
Folglich sind nicht alle von der Reinvermögenszugangstheorie im Steuergegenstand zusammengefaßten Positionen auch Ausdruck der Leistungsfähigkeit.
Damit ist auch die Reinvermögenszugangstheorie in ihrem vollen Umfang nicht mit dem Leistungsfähigkeitsprinzip vereinbar.

c) Markteinkommenstheorie

aa) Praktikabilitätserwägungen

Ausgangspunkt der in den letzten Jahren vordringenden Markteinkommenstheorie sind zunächst nicht die geschilderten theoretischen Bedenken, sondern vielmehr praktische Schwierigkeiten beim Umgang mit der Reinvermö-

---

588 Es gibt keine "durch Freiheit legitimierte Persönlichkeitsentfaltung des Staates", Hdb. des Staatsrechts-*Rupp* § 28 Rn 31; *Bethge*, Grundrechtsberechtigung (1983), S. 61ff.

589 Im Ergebnis so auch *Schneider*, Steuerbilanzen (1978), S. 44f; *Tipke*, Steuerrechtsordnung, Bd. II (1993), S. 578ff; *Steichen*, Markteinkommenstheorie, in: Lang (Hrsg.), FS für Tipke (1995), S. 384f.

590 Zum Beispiel das Bewohnen des eigenen Hauses oder Spielen auf dem eigenen Klavier, vgl. *Schneider*, Steuerbilanzen (1978), S. 45.

591 Zum Beispiel das Reparieren des Gartenzauns oder der Anbau von Obst im Hobbygarten für den Eigenverbrauch, vgl. *Steichen*, Markteinkommenstheorie, in: Lang (Hrsg.), FS für Tipke (1995), S. 384.

592 Siehe oben S. 97.

genszugangstheorie[593]. Da die Ergebnisse aus privater Lebensführung nicht gleichmäßig erfaßt werden könnten, sei eine Reduktion des Einkommensbegriffes notwendig, der diese Einkommensteile von vornherein ausklammere[594]. Zumal allen im geltenden Recht aufgezählten Einkunftsarten die Einkommenserzielung durch Verwertung von Leistungen am Markt zugrunde liege, biete sich in diesem Zusammenhang eine Begrenzung auf das Markteinkommen an[595]. Der Steuergegenstand sei folglich nur bei erwirtschaftetem Einkommen gegeben, bei welchem der Wertschöpfungsprozeß am Markt vollzogen worden sei[596].

bb) Verfassungsrechtliche Verankerung

Daneben wird aber auch versucht, die Markteinkommenstheorie verfassungsrechtlich zu verankern[597]. Für den Steuergegenstand sei entscheidend, daß eine Erwerbsgrundlage (sog. Zustandstatbestand) nur dann zu Einkünften führe, wenn sie im Zusammenwirken mit Nachfragern oder Anbietern genutzt werde (sog. Handlungstatbestand)[598]. Der individuelle Einkommenserwerb stütze sich daher nicht allein auf die Leistung des Steuerpflichtigen, sondern sei gleichermaßen vom gegenseitigen Austausch am Markt und damit vom rechtlich bereitgehaltenen Handlungsinstrumentarium abhängig. Mithin habe nicht nur der einzelne, sondern auch der Staat einen Anteil am individuellen Erwerb, welcher in diesem Sinne den Erfolg einer gemeinsamen Volkswirtschaft darstelle[599]. Jedes Einkommen sei folglich Bestandteil des Sozialprodukts, so daß es auf der anderen Seite auch einer Sozialbindung gem. Art. 14 II GG unterliege[600]. Diese Sozialbindung werde dadurch realisiert, daß am Markt erwirtschaftetes Einkom-

---

593 *Lang*, Bemessungsgrundlage (1988), S. 169; *Tipke*, Steuerrechtsordnung, Bd. II (1993), S. 565.

594 ebd.

595 ebd. und *Ruppe*, Grundsätze der persönlichen steuerlichen Zurechnung, DStJGBd. 1 (1978), S. 16.

596 ebd. und K/S-*Kirchhof* § 2 Rn A363; *Jakob*, Steuern vom Einkommen, Bd. I (1980), S. 57f; *Wendt*, Neuordnung des Einkommensteuerrechts?, DÖV 1988, 710, 716; *Wittmann*, Markteinkommen (1992), S. 5; BFH v. 25.10.1994, VIII R 79/91, BStBl II 1995, 121, 124.

597 K/S-*Kirchhof* § 2 Rn A365; ders. Gutachten, Verhandlungen des 57. Deutschen Juristentages, Bd. I (1988), S. F 17; ders. Steuerrechtsordnung als Wertordnung, StuW 1996, 3, 7; ders. Besteuerung im Verfassungsstaat (2000), S. 32f; ihm folgend *Wittmann*, Besteuerung des Markteinkommens, StuW 1993, 35, 43.

598 K/S-*Kirchhof* § 2 Rn A105.

599 *Kirchhof*, Gutachten, Verhandlungen des 57. Deutschen Juristentages, Bd. I (1988), S. F 23.

600 K/S-*Kirchhof* § 2 Rn A365; ders. Gutachten, Verhandlungen des 57. Deutschen Juristentages, Bd. I (1988), S. F 17; ders. Steuerrechtsordnung als Wertordnung, StuW 1996, 3, 7; ders. Besteuerung im Verfassungsstaat (2000), S. 32f; ihm folgend *Wittmann*, Besteuerung des Markteinkommens, StuW 1993, 35, 43.

men mit einer Steuer zu belasten sei, welche den Anteil des Staates daran repräsentiere[601].

Diese Legitimation der Steuer aus der Sozialbindung des Eigentums gem. Art. 14 II GG rechtfertige ausschließlich die Besteuerung von am Markt erwirtschaftetem Einkommen, so daß die Markteinkommenstheorie verfassungsrechtlich vorgegeben sei.

cc) Bewertung

Diesem Ansatz sind einerseits seine ökonomischen Voraussetzungen entgegenzuhalten, wonach das individuelle Einkommen den Erfolg einer gemeinsamen Volkswirtschaft darstelle, demzufolge dieses Einkommen die Teilhabe der Steuerpflichtigen und des Staates an der gesamtwirtschaftlichen Wertschöpfung realisiert. Im Gegenteil steht aber das persönliche Einkommen in keiner Relation zu der persönlich bewirkten Wertschöpfung[602], so daß es auch nicht dem eigenen Anteil am Volkseinkommen entspricht. Der Schluß vom Sozialprodukt auf das Einkommen und die Steuerpflicht ist mithin unzulässig.

Zum anderen muß aber auch die Ableitung einer Besteuerung des Markteinkommens aus der Sozialbindung des erwirtschafteten Einkommens gem. Art. 14 II GG auf grundsätzliche Bedenken stoßen. Eine Heranziehung der Sozialbindung setzt voraus, daß der Bürger sein Einkommen nicht nur durch eigene Leistung, sondern auch aufgrund eines staatlichen Beitrags in Gestalt des zur Verfügung gestellten Marktmechanismus erzielt[603]. Diese Ansicht verkennt, daß der Staat – wie oben geprüft[604] – zur Schaffung der Marktbedingungen im Sinne rechtlicher Chancengleichheit durch die Freiheitsrechte der Art. 12 I und 14 I GG und den Gleichheitssatz des Art. 3 I GG verfassungsrechtlich verpflichtet ist. Indem der Staat eine marktwirtschaftliche Wirtschaftsordnung zur Verfügung stellt, erfüllt er somit lediglich die Pflicht aus diesen Grundrechtsgarantien, ohne daß dies als Leistung des Staates eingeordnet werden könnte, die einen staatlichen Beitrag bei der Entstehung des Einkommens darstellte. Der Markt ist damit gerade keine staatliche Veranstaltung, die das gesamte Einkommen einer Sozialbindung unterwirft und für die der Bürger Steuern als “Eintritt” zahlen

601 ebd.

602 *Musgrave*, Öffentliche Finanzen (1975) S. 175; *Schön*, Unternehmerrisiko und Unternehmerinitiative, in: Kirchhof/Jakob/Beermann (Hrsg.), FS für Offerhaus (1999), S. 396.

603 siehe oben S. 135f.

604 siehe oben S. 103.

müßte[605]. Im Rahmen der oben[606] erörterten Dialektik von Staat und Gesellschaft ist der wirtschaftliche Austausch zwischen den Bürgern eben eine gesellschaftliche und keine staatliche Einrichtung.
In diesem Zusammenhang hat die Begründung der Steuer mit dem Hinweis auf den staatlichen Beitrag bei der Entstehung des Einkommens auch Einfluß auf die Gerechtigkeitsebene, auf welcher die Steuerlastverteilung erfolgt. Wenn sowohl die Bürger als auch der Staat gleichermaßen an der Einkommensentstehung beteiligt sind, so stellt sich die Realisierung der Sozialbindung durch die Steuer als Austauschleistung der Bürger für den staatlichen Beitrag dar. Bürger und Staat sind dabei gleichgeordnete Partner bezüglich der Bildung des Volkseinkommens. Mithin findet die Verteilung der Steuerlast anhand dieses Austauschverhältnisses statt, so daß die Tauschgerechtigkeit, das heißt die iustitia commutativa[607] betroffen ist.
Bereits im 1. Teil[608] wurde allerdings herausgestellt, daß das Leistungsfähigkeitsprinzip einen Maßstab der distributiven Gerechtigkeit bildet, der im Rahmen eines Über- und Unterordnungsverhältnisses die Eigeninteressen der Bürger vor der Besteuerungsgewalt des Staates schützt. Die Interessen von Fiskus und Steuerpflichtigen sind dabei entgegengesetzt und nicht im Hinblick auf die Bildung von gesamtwirtschaftlicher Wertschöpfung gleichgerichtet. Mit dem Gedanken der Sozialbindung als verfassungsrechtlicher Legitimation der Besteuerung des Markteinkommens wird daher der Weg einer Besteuerung nach der Leistungsfähigkeit verlassen, indem unmittelbar auf den Markt abgestellt wird[609].
Hier zeigt sich schließlich noch ein weiterer Mangel der so verankerten Markteinkommenstheorie: Wie alle Grundrechte soll auch Art. 14 GG vor Eingriffen des Staates in die Interessen der Bürger schützen[610]. Mit dem Abstellen auf die Sozialbindung konstituiert und legitimiert die Markteinkommenstheorie aber gerade Eingriffe des Staates durch die Besteuerung. Insbesondere im Be-

605 *Wendt*, Neuordnung des Einkommensteuerrechts?, DÖV 1988, 710, 715; *Isensee*, Referat, Verhandlungen des 57. Deutschen Juristentages, Bd. II(1988), S. N36; *Uelner*, Referat, Verhandlungen des 57. Deutschen Juristentages, Bd. II (1988), S. N 11; *Meincke*, Neuordnung des Einkommensteuerrechts, DB 1988, 1869, 1869; *Tipke*, Fundamentalrevision, NJW 1988, 2090, 2091; *Steichen*, Markteinkommenstheorie, in: Lang (Hrsg.), FS für Tipke (1995) S. 371; *Söhn*, Markteinkommenstheorie, in: Lang (Hrsg.), FS für Tipke (1995) S. 349.
606 siehe oben S. 96.
607 siehe oben S. 92.
608 siehe oben S. 51.
609 *Tipke*, Fundamentalrevision, NJW 1988, 2090, 2092.
610 *Isensee*, Referat, Verhandlungen des 57. Deutschen Juristentages Bd. II (1988), S. N35; *Uelner*, Referat, Verhandlungen des 57. Deutschen Juristentages, Bd. II (1988), S. N 13; *Steichen*, Markteinkommenstheorie, in: Lang (Hrsg.), FS für Tipke (1995) S. 372; *Söhn*, Markteinkommenstheorie, in: Lang (Hrsg.), FS für Tipke (1995) S. 349.

reich des Steuerrechts ist es aber – wie gesehen[611] – notwendig, die Besteuerungsmacht durch die Grundrechte als staatsgerichtete Abwehrrechte zu begrenzen.
Folglich ist die aus Art. 14 II GG abgeleitete und legitimierte Heranziehung des Markteinkommens als Steuergegenstand mit dem Leistungsfähigkeitsprinzip nicht vereinbar.

dd) Vergleich mit dem Verfügungsmachtkonzept

In diesem letztgenannten Punkt zeigt sich auch der Unterschied zum oben[612] verfassungsrechtlich verankerten Leistungsfähigkeitsprinzip, nach dem der Zugang an wirtschaftlicher Verfügungsmacht aus der Ausübung der Freiheitsrechte im Sinne der Art. 12 I und 14 I GG den Steuergegenstand bildet. Dabei wird die Besteuerung nicht durch einen staatlichen Beitrag an der Entstehung des Steuergegenstandes legitimiert, sondern folgt daraus, daß der Staat den Bürgern alle Freiheiten bezüglich der Erzielung des Steuergegenstandes beläßt, indem er die Wettbewerbsfreiheit nicht durch eigenes Wirtschaften beeinträchtigt. Ohne originäre staatliche Einkünfte wird die Steuer zum notwendigen Reflex der freiheitlichen Wirtschaftsordnung. Dabei stellt die Leistungsfähigkeit den Maßstab für die Prüfung der Wettbewerbsfreiheit gem. Art. 12 I GG und 14 I GG und des Gleichheitssatzes gem. Art. 3 I GG dar, so daß die Grundrechte ihre Abwehrfunktion nicht nur behalten, sondern aufgrund dieses Maßstabs auch erst entfalten können[613].
Kritisch gegenüber der Verankerung des Leistungsfähigkeitsprinzips in den Freiheitsrechten und damit gegenüber einem Steuergegenstand, welcher seinen Ursprung in der Ausübung dieser Rechte findet, kann noch vorgebracht werden, daß damit wie bei der Quellentheorie nach der Herkunft der Leistungsfähigkeit differenziert wird[614]. Dieser Vorwurf trifft insbesondere die Markteinkommenstheorie, welche nur dauerhaft marktbezogene Erwerbsgrundlagen zur Besteuerung heranzieht[615] und mithin den Steuergegenstand ebenso analytisch betrachtet wie die Quellentheorie. Bezüglich des Steuergegenstandes im Sinne des Leistungsfähigkeitsprinzips wäre diese Kritik nur berechtigt, wenn auch hier ein Zugang an Verfügungsmacht aufgrund seiner Herkunft differenzierend besteuert würde. Dabei ist zu beachten, daß aus dem Leistungsfähigkeitsbegriff oben[616] nur die Ergebnisse der privaten Lebensführung ausgenommen wurden, welche die Betätigung persönlicher Freiheiten betreffen. Im Gegensatz zu den

---

611 siehe oben S. 25.
612 siehe oben S. 66ff.
613 siehe oben S. 79 und 103.
614 *Steichen*, Markteinkommenstheorie, in: Lang (Hrsg.), FS für Tipke (1995) S. 378f
615 siehe oben S. 109f. und insbesondere *Kirchhof*, Gutachten, Verhandlungen des 57. Deutschen Juristentages, Bd. I (1988), S. F 29.
616 siehe oben S. 133f.

wirtschaftlichen Freiheiten steht der Bürger dabei nicht mit den anderen Bürgern in einem Wettbewerbsverhältnis, um den Zugang an Dispositionskraft, sondern er setzt schon bestehende Verfügungsmacht für die Zwecke seiner Freizeit ein. Dies kann wie im Falle der Nutzung privaten Eigentums zwar zur Ersparnis von Ausgaben führen, aber nicht zu neuer ökonomischer Verfügungsmacht[617]. Aus der privaten Lebensführung des Bürgers resultiert daher keine Leistungsfähigkeit im Sinne des Verfügungsmachtkonzeptes, die nach ihrer Herkunft differenzierend oder sogar überhaupt besteuert werden könnte. Der Vorwurf eines Rückfalls in die Quellentheorie ist folglich zurückzuweisen.
Im übrigen zeigt sich an dieser Stelle auch, daß die praktischen Schwierigkeiten, welche mit der Reinvermögenszugangstheorie einher gingen und zur Entwicklung der Markteinkommenstheorie führten, im Rahmen des Verfügungsmachtkonzeptes entfallen, da die Ergebnisse aus privater Lebensführung keinen Zugang an Verfügungsmacht darstellen.
Diese Ergebnisse aus privater Lebensführung, welche keine Leistungsfähigkeit im Sinne des Verfügungsmachtkonzeptes begründen können, sind zu unterscheiden von einem Zugang an Verfügungsmacht, der nicht durch eigene wettbewerbliche Betätigung, sondern durch die Grundrechtsausübung eines Dritten entstanden ist. Damit ist das Problem der Unterhaltszahlungen angesprochen, welche an den Ehegatten oder an die Kinder geleistet werden. Die Besteuerung dieser Zahlungen muß insofern anhand einer Entscheidung darüber erfolgen, wem der Zugang an Verfügungsmacht zuzurechnen ist[618]. Diese Frage der Zurechnung wird durch das Leistungsfähigkeitsprinzip offen gelassen, ist aber in jedem Fall von dem Bereich der privaten Lebensführung zu trennen.

---

617 So im Ergebnis auch *Steichen*, Markteinkommenstheorie, in: Lang (Hrsg.), FS für Tipke (1995) S. 384ff.

618 Dabei kann der zu zahlende Betrag entweder dem Leistenden zugerechnet werden, dessen objektive Leistungsfähigkeit in dieser Höhe gesteigert bleibt. Eine Freistellung dieser Zahlung von der Besteuerung kann folglich nur über das Sozialstaatsprinzip im Sinne des Art. 20 I GG erfolgen (siehe oben S. 93ff). Beim Leistungsempfänger bleibt der Unterhalt dabei aber in jedem Fall steuerfrei (vgl. *Böckenförde*, Steuergerechtigkeit und Familienlastenausgleich, StuW 1986, 335, 335ff; *Bareis*, Transparenz bei der Einkommensteuer, StuW 1991, 38,28, 49; *Söhn*, Einkommensteuer und subjektive Leistungsfähigkeit, FinArch N. F. Bd. 51 (1994), 372, 378ff; *Lieber*, Familienlastenausgleich, DStZ 1997, 207, 207ff).
Andererseits kann der Zugang an Verfügungsmacht auch dem Empfänger zugerechnet werden. Dann ist der Leistende in Höhe dieses Betrages nicht leistungsfähig, so daß eine Besteuerung schon nach dem Leistungsfähigkeitsprinzip und nicht erst nach Art. 20 I GG entfällt. Der Empfänger muß den Betrag dann versteuern, weil bei ihm die Steigerung an Leistungsfähigkeit zu verzeichnen ist, wobei wiederum eine Freistellung nach Art. 20 I GG in Betracht zu ziehen ist (sog. Familienrealsplitting, vgl. *Lingemann*, Familienbesteuerung (1994), S. 226; *Wosnitza*, Die Besteuerung von Ehegatten und Familien, StuW 1996, 123, 131ff.).

d) Ergebnis

Die vorstehende Untersuchung hat verdeutlicht, daß das Leistungsfähigkeitsprinzip in seiner oben erarbeiteten verfassungsrechtlichen Verankerung mit keiner der bestehenden Theorien zum Gegenstand der Einkommensteuer im vollen Umfang vereinbar ist. Statt also diese Theorien einzeln oder sogar in Kombination[619] für die Bestimmung des Steuergegenstandes heranzuziehen, sollte dieser einheitlich aus dem oben herausgestellten inhaltlichen Vorgaben des Leistungsfähigkeitsprinzips folgen. Bezüglich des Ursprungs der Leistungsfähigkeit wurde dabei hier deutlich, daß dem Leistungsfähigkeitsprinzip ein synthetischer Steuergegenstand entspricht.

II. Umfang der Leistungsfähigkeit

Aussagen über den Steuergegenstand können nicht nur im Hinblick auf den Ursprung der Leistungsfähigkeit getroffen werden, sondern der Steuergegenstand wird auch davon geprägt, welchen Umfang Leistungsfähigkeit im Sinne der oben dargestellten verfassungsrechtlichen Verankerung hat.

1. Nettoprinzip

Zunächst ist bezüglich des Umfangs der Leistungsfähigkeit zu berücksichtigen, daß er den Zugang an ökonomischer Verfügungsmacht durch die in Art. 12 I und 14 I GG geschützte Grundrechtsbetätigung darstellt[620]. Diese Betätigung bringt allerdings nicht nur Einnahmen mit sich, sondern umfaßt auch den Einsatz des Steuerpflichtigen in Form von wirtschaftlichen Aufwendungen. Fraglich ist nun, ob diese Aufwendungen den Umfang der Leistungsfähigkeit mindern, das heißt, ob sie bei der Ermittlung des Verfügungsmachtzugangs mit den Einnahmen zu verrechnen sind. Eine solche Verrechnung wird allgemein unter

---

619 *Lang*, Bemessungsgrundlage (1988), S. 170 hält das bestehende Einkommensteuerrecht für einen "unglückliche[n] Kompromiß zwischen Reinvermögenszugangstheorie und Quellentheorie".

620 siehe oben S. 129f.

dem Begriff Nettoprinzip[621] zusammengefaßt, dessen Geltung und Bedeutung mit unterschiedlichen Ansätzen begründet werden kann.

a) Herleitung des Nettoprinzips aus der Leistungsfähigkeit als private Bedürfnisbefriedigung

Nach einer weit verbreiteten Ansicht[622] stehen die Mittel, welche im Rahmen wirtschaftlicher Aktivitäten aufgewendet werden, für eine Steuerzahlung nicht zur Verfügung. Dies folge daraus, daß Steuern nach dem Leistungsfähigkeitsprinzip nur aus solchen Mitteln entrichtet werden könnten, die für die Befriedigung der Lebensbedürfnisse des Steuerpflichtigen disponibel seien. "Was der Steuerpflichtige aber für Zwecke der Einkünfteerzielung ausgebe, könne er nicht zugleich zur privaten Bedürfnisbefriedigung ausgeben"[623]. Das Nettoprinzip wird hier mithin aus dem Leistungsfähigkeitsprinzip abgeleitet, wobei eine Definition der Leistungsfähigkeit als individuelle Bedürfnisbefriedigung erfolgt. Diese werde durch die Aufwendungen des Steuerpflichtigen gemindert, so daß eine steuerbare Leistungsfähigkeit diesbezüglich nicht gegeben sei.
Gegen die individuelle Bedürfnisbefriedigung als Ausdruck der Leistungsfähigkeit und damit als Steuergegenstand wurden bereits oben sowohl aus verfassungsrechtlicher[624] als auch aus wirtschaftswissenschaftlicher[625] Sicht

---

621 K/S-*Kirchhof* § 2 Rn A 127; *Uelner*, Referat, Verhandlungen des 57. Deutschen Juristentages, Bd. II (1988), S. N20; *Isensee*, Referat, Verhandlungen des 57. Deutschen Juristentages, Bd. II (1988), S. N46; *Söffing*, Verletzung des Nettoprinzips, StbJb 1988/89, 121, 125; *Lehner*, Einkommensteuerrecht und Sozialhilferecht (1993), S. 146; *Tipke*, Steuerrechtsordnung, Bd. II (1993), S. 591; *Schön*, Steuerbilanz zwischen Handelsrecht und Grundgesetz, StuW 1995, 366, 371; *Reiff*, Verlustabzug im Lichte des Gleichheitsgrundsatzes, DStZ 1998, 858, 858; *Haarmann*, Der Verlust im Steuerrecht, JbFSt 1999/2000, 187, 191; *Schulze-Osterloh*, Verfassungsrechtliche Grenzen, DStJG Bd. 23 (2000), S. 75. Dabei wird allgemein zwischen dem objektiven Nettoprinzip, welches die Erwerbsaufwendungen betrifft, und dem subjektiven Nettoprinzip, welches sich auf existenzsichernde Aufwendungen bezieht, unterschieden. Zumal diese existenzsichernden Aufwendungen oben (siehe oben S. 93ff) dem Sozialstaatsprinzip und nicht dem Leistungsfähigkeitsprinzip zugeordnet wurden, scheidet ein subjektives Nettoprinzip als Folge des Leistungsfähigkeitsprinzips von vornherein aus. Eine Unterscheidung ist daher überflüssig, so daß im folgenden allgemein vom Nettoprinzip die Rede sein wird.

622 K/S-*Kirchhof* § 2 Rn A126; *Söhn*, Betriebsausgaben, DStJG Bd. 3 (1980), S. 18; *Ruppe*, Abgrenzung der Betriebsausgaben, DStJG Bd. 3 (1980), S. 105; *Brandis*, Nettoeinkommen (1987), S. 103; *Söffing*, Verletzung des Nettoprinzips, StbJb 1988/89, 121, 125; *Lehner*, Einkommensteuerrecht und Sozialhilferecht (1993), S. 44; *Tipke*, Steuerrechtsordnung, Bd. II (1993), S. 591; ders., Abgrenzung der Betriebs- oder Berufssphäre von der Privatsphäre, StuW 1979, 193, 194.

623 *Söffing*, Verletzung des Nettoprinzips, StbJb 1988/89, 121, 125.

624 siehe oben S. 40 und 66ff.

625 siehe oben S.122f.

schwerwiegende Bedenken vorgetragen. In bezug auf das Nettoprinzip zeigt sich aber hier noch eine weitere entscheidende Schwäche dieses Bedürfnisbefriedigungskonzeptes: Wenn nach diesem Konzept nur besteuert werden darf, was dem Steuerpflichtigen an Mitteln für die private Lebensführung zur Verfügung steht, so scheiden sämtliche Mittel für indisponible Aufwendungen aus der Besteuerung aus. Dazu gehören dann auch die zwangsläufigen Aufwendungen des Steuerpflichtigen zur Sicherung der Existenz für sich und seine Familie. Eine theoretische Unterscheidung zwischen existenzsicherndem und erwerbssicherndem Aufwand im Rahmen wirtschaftlicher Betätigung wäre danach nicht möglich, weil beide Positionen jeweils die Leistungsfähigkeit minderten.

Allerdings wurde bereits oben[626] festgestellt, daß eine Freistellung des Existenzminimums sowie die Berücksichtigung von unvermeidbaren privaten Aufwendungen für die Familie des Steuerpflichtigen Ziele der sozialen Sicherung darstellen, welche im Sozialstaatsprinzip des Art. 20 I GG verankert sind und das Leistungsfähigkeitsprinzips gerade durchbrechen. Das Abstellen auf die private Bedürfnisbefriedigung hat aber zur Folge, daß diese Aspekte sozialer Sicherung zwangsläufig in den Leistungsfähigkeitsbegriff einbezogen werden. Diese Vermischung rechtlicher und faktischer Chancengleichheit steht aber der Anwendbarkeit der Leistungsfähigkeit als Maßstab für die Steuerlastverteilung gem. Art. 3 I GG entgegen und widerspricht der oben[627] erörterten Dialektik von Staat und Gesellschaft.

Folglich ist das Bedürfnisbefriedigungskonzept mit der hier herausgestellten verfassungsrechtlichen Verankerung des Leistungsfähigkeitsprinzips im Gleichheitssatz des Art. 3 I GG und in den Freiheitsrechten der Art. 12 I und 14 I GG als Maßstab rechtlicher Chancengleichheit nicht vereinbar. Für eine leistungsfähigkeitsgerechte Normierung der erwerbsbezogenen Ausgaben bietet der Gedanke des disponiblen Einkommens keinen Ansatz[628], so daß sich auch die Ableitung des Nettoprinzips mit Argumenten der privaten Bedürfnisbefriedigung als unbrauchbar erweist.

b) Herleitung des Nettoprinzips aus der Sozialbindung gem. Art. 14 II GG

Weiterhin bietet auch das oben geschilderte Markteinkommenskonzept eine Begründung für das Nettoprinzip[629]. Das Nettoprinzip folge daraus, daß der individuelle Erwerb der Steuerpflichtigen nicht nur auf ihrer eigenen Leistung

---

626 siehe oben S. 97.

627 siehe oben S. 96.

628 *Schön*, Steuerbilanz zwischen Handelsrecht und Grundgesetz, StuW 1995, 366, 370.

629 *Kirchhof*, Besteuerung nach der Leistungsfähigkeit, StuW 1985, 319, 328.

beruhe, sondern der Erfolg einer gemeinsamen Volkswirtschaft sei[630]. Dabei verbinde den Staat und die Steuerpflichtigen ein gemeinsames Interesse an der Stetigkeit und Vermehrung der Erwerbseinnahmen, welches aber nicht nur als Erfolgsgemeinschaft, sondern auch als Aufwandsgemeinschaft[631] zur Geltung komme. Ebenso wie sich die Besteuerung aus der besonderen Sozialbindung des (Markt-)Einkommens ergebe, wirkten die Erwerbsausgaben besonders gemeindienlich und seien deshalb vom Steuergegenstand auszunehmen[632].

Zwar wurden bereits oben[633] die grundsätzlichen Einwände gegen die Markteinkommenstheorie mit dem ihr zugrunde liegenden Gedanken der Sozialbindung erörtert; diese Einwände können an dieser Stelle aber im konkreten Bezug auf das Nettoprinzip vertieft und ergänzt werden: Zum einen unterstellt die Prämisse einer Aufwandsgemeinschaft, daß der Staat und die Bürger gemeinsam und mit gleichwertigen Beiträgen am Markt wirken, um ein möglichst hohes Ergebnis der Volkswirtschaft zu erzielen. Dieses Ergebnis wird dann derart untereinander aufgeteilt, daß der Staat für seinen Beitrag Steuern erhält, von denen der Beitrag des Steuerpflichtigen in Form seiner Aufwendungen frei bleibt. Damit wurzelt das Nettoprinzip hier in der gleichgeordneten Beteiligung von Staat und Bürgern bezüglich der Bildung des Sozialprodukts (iustititia commutativa) und ist folglich nicht leistungsfähigkeitsimmanent[634].

Der Weg des Leistungsfähigkeitsprinzips wird zum anderen auch verlassen, indem im Hinblick auf ein gemeinsames Interesse von Staat und Bürgern an der Entstehung von Erwerbseinnahmen die Aufwendungen der Steuerpflichtigen als gemeindienlich beschrieben werden. Ein derartiges gemeinsames Interesse bedeutet aber nicht, daß die Interessen von Fiskus und Steuerpflichtigen auch bezüglich der Verteilung der Steuerlast gleichgerichtet sein müssen. Im Gegenteil besteht in diesem Zusammenhang, wie oben[635] erörtert, ein Interessenkonflikt, der auf der Ebene der iustitia distributiva zu lösen ist. Das Leistungsfähigkeitsprinzip als Maßstab der distributiven Gerechtigkeit schützt dabei die Bürger vor der Besteuerungsmacht des Staates. Der Abzug der Erwerbsaufwendungen kann nach dem Leistungsfähigkeitsprinzip daher nicht mit deren Gemeindienlichkeit begründet werden, weil dieser Ansatz gerade nicht auf den Schutz vor dem Staat als vielmehr auf das Zusammenwirken mit dem Staat abstellt.

---

630 K/S-*Kirchhof* § 2 Rn A365; *Kirchhof*, Gutachten, Verhandlungen des 57. Deutschen Juristentagen, Bd. I (1988), S. F 17; ders., Steuerrechtsordnung als Wertordnung, StuW 1996, 3, 7; ders., Auftrag des Gesetzgebers zur Erneuerung des Steuerrechts, Stbg 1998, 385, 387.

631 *Kirchhof*, Besteuerung nach der Leistungsfähigkeit, StuW 1985, 319, 328; ders., Gutachten, Verhandlungen des 57. Deutschen Juristentages, Bd. I (1988), S. F40.

632 *Kirchhof*, Besteuerung nach der Leistungsfähigkeit, StuW 1985, 319, 328.

633 siehe oben S. 136f.

634 so auch *Jüptner*, Leistungsfähigkeit und Veranlassung (1985), S. 35.

635 siehe oben S. 51.

Folglich widerspricht die Herleitung des Nettoprinzips aus dem Gedanken der Sozialbindung gem. Art. 14 II GG dem Leistungsfähigkeitsprinzip und kann daher zu der Frage nach der Bedeutung des Leistungsfähigkeitsprinzips für den Steuergegenstand nichts beitragen.

c) Das Nettoprinzip als unmittelbare Folge des Leistungsfähigkeitsprinzips

An dieser Stelle schließt sich die Prüfung an, ob das Nettoprinzip aus dem oben verfassungsrechtlich verankerten Leistungsfähigkeitsprinzip abgeleitet werden kann. Ein solcher Ansatz muß die eben getroffene Feststellung beachten, daß die Steuerpflichtigen wirtschaftliche Aufwendungen nicht zur Förderung des Gemeinwohls, sondern im eigenen Interesse tätigen. Diese Aufwendungen stellen den Einsatz des Bürgers für die Erreichung seiner ökonomischen Ziele dar und beschreiben somit das von ihm eingegangene Risiko.

Der Schutz dieses Eigeninteresses erfolgt zunächst aus den Freiheitsrechten der Art. 12 I und 14 I GG, die dem Leistungsfähigkeitsprinzip zugrunde liegen[636]. Diese Grundrechte garantieren die wettbewerblichen Aktivitäten der Steuerpflichtigen[637] und damit auch ihre Freiheit, sich für das Eingehen eines Risikos zu entscheiden, indem sie ihre Mittel im Rahmen dieser Aktivitäten aufwenden. Die Wettbewerbsfreiheit im Sinne der Art. 12 I und 14 I GG verbietet es dem Staat, die Entscheidung für oder gegen dieses Risiko zu beeinflussen. Die Freiheitsrechte schützen somit die entstandenen Wettbewerbsverhältnisse vor staatlichen Eingriffen durch die Besteuerung insofern, daß der Staat mit der Steuer an die Ergebnisse dieser Grundrechtsbetätigung als rechtliche Normalität anknüpft[638]. Dieses Ergebnis besteht damit aber nicht nur aus den Einnahmen der Steuerpflichtigen, sondern auch ihre Aufwendungen sind das Resultat der Freiheitsausübung. Wie gesehen[639] wird mit der Leistungsfähigkeit als Maßstab für die wettbewerbliche Ausgangslage dieses Ergebnis abgebildet, so daß die Minderung der Leistungsfähigkeit durch die Erwerbsaufwendungen bereits aus dem freiheitsrechtlichen Bezug des Leistungsfähigkeitsprinzips folgt.

In diesem Zusammenhang kommt noch hinzu, daß jedem Bürger der gleiche Schutz seiner Freiheitsrechte im Sinne der Art. 12 I und 14 I GG zu gewähren ist[640]. Mit diesem Aspekt der rechtlichen Chancengleichheit wird wiederum die Verbindung zum Gleichheitssatz des Art. 3 I GG hergestellt, welcher die Gleichbehandlung im Rahmen der Steuerlastverteilung garantiert. Diesbezüglich wurde bereits oben[641] erörtert, daß bei der Steuerlastverteilung die Eigen-

---

636 siehe oben S. 103ff.

637 siehe oben S. 100.

638 siehe oben S. 103.

639 ebd.

640 ebd.

641 siehe oben S. 51 und 79.

interessen der Steuerpflichtigen zu beachten sind, um den Steueranspruch des Staates sachgerecht zu begrenzen. Dabei muß es für den anzuwendenden "Gleichheitsindex", also den Maßstab des Art. 3 I GG von Bedeutung sein, ob und wie viele Aufwendungen der Steuerpflichtige getätigt hat, da seine Interessen nur durch diese Berücksichtigung vollständig zur Geltung kommen[642]. Mithin folgt aus dem Gleichheitssatz, daß die Leistungsfähigkeit als Maßstab für die Steuerlastverteilung durch Erwerbsaufwendungen des Steuerpflichtigen gemindert wird.

Somit ist das Nettoprinzips die unmittelbare Folge des in den Freiheitsrechten der Art. 12 I und 14 I GG sowie im Gleichheitssatz des Art. 3 I GG verankerten Leistungsfähigkeitsprinzips.[643] Dieser verfassungsrechtliche Umfang der Leistungsfähigkeit bewirkt, daß Aufwendungen der Steuerpflichtigen von vornherein einen integralen Bestandteil des Steuergegenstandes darstellen[644] und bei seiner Ermittlung zu berücksichtigen sind.

d) Das Nettoprinzip in der Rechtsprechung des Bundesverfassungsgerichts

Die Geltung und Bedeutung des Nettoprinzips im Steuerrecht kann auch in der Rechtsprechung des Bundesverfassungsgerichtes nachvollzogen werden.

In einer ersten Phase dieser Rechtsprechung äußerte das Bundesverfassungsgericht die Ansicht, daß dem Einkommensteuerrecht ein Nettoprinzips in dem Sinne, "daß der Gesetzgeber jegliche Durchbrechungen, für die kein besonderer sachlicher Grund vorliegt, unterlassen müßte"[645], nicht zu entnehmen sei. Vorschriften, nach denen der Abzug von Erwerbsaufwendungen ausgeschlossen werde, seien demnach keine Ausnahmen eines allgemeingültigen Grundsatzes, sondern bildeten vielmehr als gleichwertige Normen selbst eine einheitliche Regelung[646].

Von dieser Auffassung wandte sich das Bundesverfassungsgericht in der Folge dadurch ab, daß es, ohne auf seine geänderte Systematik ausdrücklich einzugehen, Abweichungen vom Nettoprinzip mit sachlichen Gründen zu rechtfertigen suchte[647]. Dieses Vorgehen impliziert ein gewandeltes Verständnis des Gerichts, welches nun das Nettoprinzip als Regel ansah, dessen Durchbrechungen der Rechtfertigung bedurften. Die verfassungsrechtliche Verankerung dieses

---

642 "Die Anknüpfung an Bruttogrößen würde zu höchst willkürlichen Ergebnissen führen.", *Seer*, Verfassungsrechtliche Grenzen der Gesamtbelastung, DStJG Bd. 23 (2000), S. 120.

643 vgl. *Mössner*, Beschränkungen des Verlustausgleichs, DStJG Bd. 17 (1994), 231, 239; das Nettoprinzip ist folglich keine Entscheidung des Gesetzgebers im Sinne einer Primärableitung (so aber *Birk*, Leistungsfähigkeitsprinzip (1983), S. 55.

644 So auch *Schön*, Die Abzugsschranken des § 3c EStG, FR 2001, 381, 382.

645 BVerfG v. 07.11.1972, 1 BvR 338/68, E 34, 103, 115.

646 BVerfG v. 07.11.1972, 1 BvR 338/68, E 34, 103, 117.

647 BVerfG v. 13.03.1979, 2 BvR 72/76, E 50, 386, 393; v. 23.01.1990, 1 BvL 4, 5, 6, 7/87, E 81, 228, 237.

Prinzips blieb dabei allerdings unentschieden[648], da der Gesetzgeber in jedem Fall beim Vorliegen gewichtiger Gründe davon abweichen könne.
Die jüngste Rechtsprechung bezieht die Prüfung des Nettoprinzips aber zunehmend in die Prüfung des allgemeinen Gleichheitssatzes gem. Art. 3 I GG ein[649], so daß diesem Prinzip eine verfassungsrechtliche Relevanz nicht mehr abzusprechen ist. Dabei ist allerdings zu beachten, daß sich der Weg, den das Bundesverfassungsgericht im Hinblick auf den Gleichheitssatz und das darin verankerte Leistungsfähigkeitsprinzip in der Praxis eingeschlagen hat[650], auch bezüglich des Nettoprinzips fortsetzt. Das Gericht nutzt die ihm innerhalb des Art. 3 I GG offenstehenden Abwägungsmöglichkeiten nicht konsequent aus, sondern zieht sich mit einer Evidenzkontrolle hinter die Gestaltungsfreiheit des Gesetzgebers zurück. Statt dem Nettoprinzip als Abwägungskriterium Geltung zu verschaffen, werden Durchbrechungen meist nur im Rahmen einer Willkürprüfung auf das Bestehen irgendeines sachlichen Grundes hin untersucht[651].
Daß sich das Nettoprinzip in der Rechtsprechung nicht als Rechtssatz der Verfassung durchgesetzt hat, findet seine Ursache damit nicht in dessen mangelnder verfassungsrechtlicher Verankerung[652], sondern folgt aus der Schwäche des Gleichheitssatzes in der Praxis der Rechtsprechung. Auch das Bundesverfassungsgericht selbst scheint zu erkennen, daß dem Nettoprinzip im Rahmen dieser Praxis keine ausreichende Bedeutung zukommt, und versucht, es daher durch den Gedanken der Selbstbindung des Gesetzgebers aufzuwerten. Im Einkommensteuerrecht habe sich der Gesetzgeber für das Nettoprinzip entschieden, so daß er sich auch im Sinne einer folgerichtigen Belastungsgleichheit gem. Art. 3 I GG daran halten müsse[653]. Statt diesen Umweg zu beschreiten, sollte sich das Bundesverfassungsgericht auf das oben erörterte, theoretisch fundierte Instrumentarium des Gleichheitssatzes besinnen und das Nettoprinzip als unmittelbare Folge des Leistungsfähigkeitsprinzips zur Geltung bringen. Insbesondere unter dem bereits dargestellten Aspekt[654], daß auch die Auswirkungen einer Ungleichbehandlung auf grundrechtlich geschützte Freiheiten bei der Regelung des Art. 3 I GG ins Gewicht fällt, ist das Nettoprinzip zu beachten, weil es - wie gesehen - auch dem freiheitsrechtlichen Bezug des Leistungsfähigkeitsprinzips zu entnehmen ist. Der Versuch, diesen freiheitsrechtlichen Bezug für das Netto-

---

648 So ausdrücklich BVerfG v. 23.01.1990, 1 BvL 4, 5, 6, 7/87, E 81, 228, 237.
649 BVerfG v. 30.09.1998, 2 BvR 1818/91, DB 1998, 2247, 2248; 11.11.1998, 2 BvL 10/95, E 99, 280, 290; v. 07.12.1999. 2 BvR 301/98, E 101, 297, 310.
650 siehe oben S. 104ff.
651 BVerfG v. 30.09.1998, 2 BvR 1818/91, DB 1998, 2247, 2248; 11.11.1998, 2 BvL 10/95, E 99, 280, 290; v. 07.12.1999. 2 BvR 301/98, E 101, 297, 310.
652 So aber *Schön*, Die Abzugsschranken des § 3c EStG, FR 2001, 381, 382.
653 BVerfG v. 07.12.1999, 2 BvR 301/98, E 101, 297, 309f; dieser Gedanke wird an anderer Stelle noch an Bedeutung gewinnen, siehe unten S. 137f.
654 siehe oben S. 114.

prinzip zu nutzen, wurde vom Bundesverfassungsgericht zwar in einem Sondervotum einmalig unternommen[655], aber im Anschluß nicht weiter verfolgt.
Im Ergebnis bleibt festzuhalten, daß das Bundesverfassungsgericht in seiner Rechtsprechung eine stets wachsende verfassungsrechtliche Bedeutung des Nettoprinzips entwickelt hat. Andererseits schlagen die oben[656] erörterten Mängel bei der Anwendung des Gleichheitssatzes im Sinne des Art. 3 I GG und des darin verankerten Leistungsfähigkeitsprinzips auch bezüglich des Nettoprinzips durch, so daß die entwickelten Grundsätze in der Praxis der Rechtsprechung noch nicht vollständig umgesetzt werden.

e) Das Nettoprinzip aus wirtschaftswissenschaftlicher Sicht

An dieser Stelle ergibt sich wiederum die Frage, in welchem Verhältnis das Nettoprinzip als unmittelbare Folge des Leistungsfähigkeitsprinzips zum wirtschaftswissenschaftlichen Konzept der Entscheidungsneutralität[657] steht.
Eine Besteuerung, welche nicht dem Nettoprinzip folgte und somit eine Minderung der Leistungsfähigkeit durch Erwerbsaufwendungen nicht zuließe, würde sich auf die Roheinnahmen, das heißt den Umsatz der Steuerpflichtigen beziehen[658]. Besteuert würde danach mit diesem Umsatz eine Bruttogröße, so daß die Steuer in ihren Wirkungen einer Bruttoumsatzsteuer entspräche[659]. Eine solche Steuer betrifft das volle Entgelt auf jeder Produktions- und Handelsstufe, wodurch die Gesamtsteuerbelastung um so höher wird, je mehr Wirtschaftsstufen durchlaufen werden[660]. Die Möglichkeit einer Steuervermeidung besteht folglich dadurch, daß alle Produktions- und Handelsstufen in einem Unternehmen vereinigt werden. Die Entscheidungen der Steuerpflichtigen werden mithin im Hinblick auf eine vertikale Konzentration beeinflußt[661].
Diese Tendenz bringt für die Steuerpflichtigen zum einen Planungskosten mit sich, die für steuerausweichende Umstrukturierungen anfallen, worin sich der mikroökonomische Nachteil dieser Bruttobesteuerung ausdrückt. Zum anderen wird die Spezialisierung durch Arbeitsteilung sowie die Realisierung des tech-

---

655 Abweichende Meinung von Richter *Simon*, BVerfG v.11.10.1977, 1 BvR 343/73, E 47, 1, 38f.

656 siehe oben S. 114ff.

657 siehe oben S. 120ff.

658 *Schön*, Steuerbilanz zwischen Handelsrecht und Grundgesetz, StuW 1995, 366, 369.

659 Hdb. der Finanzwissenschaft-*Andel*, Bd. II, 3. Auflage (1980), S. 356; *Ruppe*, Abgrenzung der Betriebsausgaben, DStJG Bd. 3 (1980), S. 105; *Birk*, Leistungsfähigkeitsprinzip in der Unternehmenssteuerreform, StuW 2000, 328, 330.

660 Hdb. der Finanzwissenschaft-*Pohmer*, Bd. II, 3. Auflage (1980), S. 667f; *Wöhe*, Steuern des Unternehmens (1983), S. 266; *Brümmerhoff*, Finanzwissenschaft (2001), S. 528.

661 ebd.

nischen Fortschritts gehemmt[662], so daß auch die gesamtwirtschaftliche Allokationseffizienz durch makroökonomische Nachteile betroffen ist.
Es hat sich folglich gezeigt, daß der Verzicht auf eine Besteuerung nach dem Nettoprinzip nicht dem wirtschaftswissenschaftlichen Konzept einer entscheidungsneutralen Steuer entspricht. Mithin bestätigt auch das Nettoprinzip als unmittelbare Folge des Leistungsfähigkeitsprinzips das Bestehen eines gemeinsamen Fundamentes von Rechts- und Wirtschaftswissenschaften.

2. Folgen des Nettoprinzips

Anhand der vorstehenden Untersuchung wurde deutlich, daß der Aufwand, welcher bei der Entfaltung der wirtschaftlichen Leistungsfähigkeit entsteht, einen integralen Bestandteil des Steuergegenstandes darstellt. Durch diesen Aufwand wird die Leistungsfähigkeit des Steuerpflichtigen gemindert und bildet somit eine Nettogröße. Das Nettoprinzip als unmittelbare Folge des Leistungsfähigkeitsprinzips birgt folglich die Notwendigkeit zur Abgrenzung von brutto und netto in sich[663], so daß sich die Frage anschließt, nach welchen Kriterien zwischen abzugsfähigen und nichtabzugsfähigen Aufwendungen unterschieden werden muß.

a) Grundsätze der Unterscheidung aus rechtlicher Sicht

Aus rechtlicher Sicht findet die Unterscheidung zwischen abzugsfähigen und nichtabzugsfähigen Aufwendungen ihre Grundlage im oben[664] erörterten Ursprung der Leistungsfähigkeit. Wirtschaftliche Leistungsfähigkeit entsteht danach durch die Betätigung der Freiheitsrechte, wobei der Staat nicht durch eigene wirtschaftliche Aktivitäten in die Wettbewerbsfreiheit im Sinne der Art. 12 I und 14 I GG eingreifen darf, sondern an der im Wettbewerb entstandenen Leistungsfähigkeit als Ergebnis der Grundrechtsausübung partizipiert. Dieses Ergebnis berücksichtigt dabei als Reflex einer freiheitlichen Wirtschaftsordnung, wie gesehen[665], sowohl die Einnahmen als auch die Aufwendungen der Steuerpflichtigen im Rahmen der Freiheitsbetätigung und damit den gesamten Bereich der *Leistungsfähigkeitsentstehung*.
Auf der anderen Seite wurde aber auch dargestellt[666], daß sich diese Partizipation des Staates auf die Ausübung der wirtschaftlichen Freiheiten gem. Art. 12 I und 14 I GG beschränken muß und nicht die Ergebnisse, welche die Bürger

---

662 Hdb. der Finanzwissenschaft-*Andel*, Bd. II, 3. Auflage (1980), S. 356; Hdb. der Finanzwissenschaft-*Pohmer*, Bd. II, 3. Auflage (1980), S. 670; *Wöhe*, Steuern des Unternehmens (1983), S. 266.
663 *Langohr*, Veranlassungsprinzip (1990), S. 162.
664 siehe oben S. 129f.
665 siehe oben S. 145.
666 siehe oben S. 134 und 140.

durch Ausübung ihrer persönlichen Freiheit erzielen, umfaßt. Der Bereich der privaten Lebensführung kann begrifflich nicht zu einem Zugang an ökonomischer Verfügungsmacht und damit zu wirtschaftlicher Leistungsfähigkeit führen, so daß Aufwendungen, welche diesbezüglich getätigt werden, auch nicht dem Bereich der Leistungsfähigkeitserzielung zuzuordnen sind. Vielmehr wird dabei bereits bestehende Verfügungsmacht für Zwecke der persönlichen Lebensführung eingesetzt, so daß es sich um die steuerlich irrelevante *Verwendung entstandener Leistungsfähigkeit* handelt.
Folglich muß aus rechtlicher Sicht eine Unterscheidung zwischen abzugsfähigen und nichtabzugsfähigen Aufwendungen danach vorgenommen werden, ab er den Bereich der Leistungsfähigkeitsentstehung oder den Bereich der Leistungfähigkeitsverwendung betrifft[667].

b) Grundsätze der Unterscheidung aus wirtschaftswissenschaftlicher Sicht

Es stellt sich die Frage, wie diese Unterscheidung nach dem wirtschaftswissenschaftlichen Konzept der Entscheidungsneutralität zu treffen ist. Eine entscheidungsneutrale Steuer soll, wie bereits dargestellt[668], die Entscheidungen der Steuerpflichtigen zwischen verschiedenen Handlungsalternativen unbeeinflußt lassen. Als Handlungsalternativen bieten sich dabei entweder der gegenwärtige Konsum der vorhandenen Vermögensausstattung oder ihre Investition, welche den Konsum in die Zukunft aufschiebt, an[669]. Daneben muß sich der Steuerpflichtige auch zwischen verschiedenen Investitionsmöglichkeiten, die jeweils mit mehr oder weniger Risiko verbunden sein können[670], entscheiden.
Damit eine Steuer diese Entscheidungen nicht verändert, muß das Verhältnis der mit ihnen angestrebten Zielgrößen bei allen Möglichkeiten vor und nach der Besteuerung gleich bleiben[671]. Wie bereits oben[672] erörtert, bildet der Zugang an Verfügungsmacht im Konzept der entscheidungsneutralen Besteuerung die maßgebliche Zielgröße, so daß die Steuer an das ökonomische Ergebnis der wettbewerblichen Betätigung und mithin der Investitionen des Steuerpflichtigen anknüpft. Dabei ist zu beachten, daß nur das Nettoergebnis dieser Investitionen

---

667 So schon *Meyer*, Principien der gerechten Besteuerung (1884), S. 349; auch *Ruppe*, Abgrenzung der Betriebsausgaben, DStJG Bd. 3 (1980), 103, 128; *Birk*, Verteilungsgerechte Einkommensteuer, JZ 1988, 820, 824; *Jakob*, Einkünfteerzielungsabsicht, FR 1989, 665, 668; *Schuck*, Veranlassung, DStR 1993, 975, 975; *Beiser*, Leistungsfähigkeitsprinzip, ÖStZ 2000, 413, 419.

668 siehe oben S. 120ff.

669 *Kruschwitz*, Finanzierung und Investition (1985), S. 19; *Wissel*, Einkünfteerzielungsabsicht (1997), S. 24.

670 Zum Einfluß der Besteuerung auf die Entscheidung zwischen risikolosen, wenig riskanten und riskanteren Investitionen siehe noch unten S. 169.

671 siehe oben S. 121f.

672 siehe oben S. 123f.

als Zielgröße in Betracht kommt, da ansonsten die Roheinnahmen und damit der Umsatz mit den beschriebenen[673] aneutralen Folgen als Steuergegenstand herangezogen würde. Der Zugang an Verfügungsmacht entspricht folglich dem Nettoergebnis der getätigten Investitionen, so daß im Rahmen der entscheidungsneutralen Besteuerung alle investiven Aufwendungen abzugsfähig sein müssen[674]. Im Gegensatz dazu stellt der Konsum eine steuerlich unbeachtliche Verwendung bestehender Verfügungsmacht dar.
Mithin erfolgt aus wirtschaftswissenschaftlicher Sicht die Unterscheidung zwischen abzugsfähigen und nichtabzugsfähigen Aufwendungen danach, ob sie als Investition oder als Konsum getätigt wurde.

c) Die Unterscheidung nach den bestehenden Ansätzen und ihre Problematik

Dieser Vergleich der rechtlichen mit der wirtschaftswissenschaftlichen Sicht bezüglich der Unterscheidung in abzugsfähige und nichtabzugsfähige Aufwendungen macht wiederum deutlich, daß das verfassungsrechtliche Leistungsfähigkeitsprinzip und das wirtschaftswissenschaftliche Konzept der Entscheidungsneutralität auf einem gemeinsamen Fundament gründen. Dieses zeigt sich hier darin, daß sich jeweils Aufwendungen im Rahmen der Entstehung von ökonomischer Verfügungsmacht, hier als Bereich der Leistungsfähigkeitsentstehung bzw. als Investition bezeichnet, von Aufwendungen im Rahmen der Verwendung von ökonomischer Verfügungsmacht, also Leistungsfähigkeitsverwendung beziehungsweise Konsum, unterscheiden[675]. Die nach dem Nettoprinzip notwendige Abgrenzung zwischen brutto und netto erfolgt somit aus beiden Blickwinkeln nach gemeinsamen Kriterien.
Es stellt sich aber die Frage, ob dieser Zusammenhang von den bestehenden, für die Unterscheidung in abzugsfähige und nichtabzugsfähige Aufwendungen entwickelten Ansätzen beachtet wird, welche nach dem Wortlaut des § 4 IV EStG[676] als Veranlassungstheorien bezeichnet werden.
Innerhalb dieser Veranlassungstheorien stehen sich zwei Grundpositionen gegenüber[677]. Auf der einen Seite wird die Veranlassung final interpretiert, indem auf das auslösende Moment der Aufwendungen abgestellt wird. Dabei ist aller-

---

673 siehe oben S. 148f.

674 Eine Herleitung dieser Bedingungen im Rahmen der Cash-Flow-Besteuerung bieten *Schwinger*, Einkommens- und konsumorientierte Steuersysteme (1992), S. 41; *Claasen*, Steuerbelastung internationaler Investitionen (1994), S. 69; *Sureth*, Einfluß von Steuern (1999), S. 61.

675 Damit werden die Bereiche Leistungsfähigkeitsentstehung und Investition sowie Leistungsfähigkeitsverwendung und Konsum hier synonym angewandt.

676 § 4 IV EStG lautet: "Betriebsausgaben sind die Aufwendungen, die durch den Betrieb veranlaßt sind."

677 vgl. zum folgenden die Zusammenstellungen bei K/S-*Söhn* § 4 Rn E61ff; *Wanner*, Zurechnungszusammenhang, StuW 1987, 302, 310ff.

dings umstritten, ob dieses auslösende Moment nach dem objektiven Zusammenhang der Aufwendungen mit dem Steuergegenstand zu bestimmen ist[678] oder ob es auf die subjektiven Beweggründe des Steuerpflichtigen ankommt[679]. Auf der anderen Seite soll die Veranlassung einer Verursachung entsprechen, so daß sich die Unterscheidung der Aufwendungen als Kausalitätsproblem erweist[680]. Auch nach dieser Ansicht kann aber nicht jede Ursache im logisch-naturwisschenschaftlichen Sinne (conditio sine qua non) für diese Unterscheidung maßgeblich sein, da sonst auch Ursachen aus der privaten Lebensführung, von denen gerade abgegrenzt werden soll, in Betracht kommen[681]. Somit findet aus der Gesamtheit der Kausalfaktoren eine Ursachenselektion statt, für die es allerdings wieder umstritten ist, ob sie nach objektiven[682] oder nach subjektiven[683] Kriterien zu erfolgen hat. Diese Unsicherheit drückt sich auch in der Entwicklung der Rechtsprechung aus, welche bei der Unterscheidung zwischen abzugs- und nichtabzugsfähigen Aufwendungen von der subjektiven[684] zur objektiven[685] Perspektive wechselte, um gegenwärtig wieder auf subjektive Kriterien abzustellen[686].

Es ist also festzustellen, daß es bisher an einer klaren Linie zur Bewältigung des Komplexes "Veranlassung" fehlt[687]. Die Problematik der geschilderten Ansätze besteht darin, daß sie versuchen, unmittelbar aus dem Leistungsfähigkeitsprinzip gerechte Entscheidungen über die Abzugsfähigkeit von Aufwendungen zu

---

678 So *Offerhaus*, Steuerrechtliche Abgrenzung, BB 1979, 617, 617.

679 So *Wassermeyer*, Das Erfordernis objektiver und subjektiver Tatbestandsmerkmale, StuW 1982, 352, 358.

680 K/S-*Söhn* § 4 Rn E67; ders., Abgrenzung, DStJG Bd. 3 (1980), 13, 38ff; *Wanner*, Zurechnungszusammenhang, StuW 1987, 302, 314; *Jüptner*, Leistungsfähigkeit und Veranlassung (1989), S. 148.

681 "Daraus entsteht der Schein, als ob der Mensch esse und trinke, um zu produzieren, statt zu produzieren, um zu leben.", *Schneider*, Bezugsgrößen steuerlicher Leistungsfähigkeit, FinArch N. F. Bd. 38 (1979), 27, 28.

682 K/S-*Söhn* § 4 Rn E72ff; *Mittmann*, Aufwendungen, DStZ 1987, 99, 99; *Lohaus*, Abziehbare und nicht abziehbare Aufwendungen (1988), S. 61; *Jüptner*, Leistungsfähigkeit und Veranlassung(1989), S. 148.

683 *Tipke*, Abgrenzung der Betriebs- oder Berufssphäre von der Privatsphäre, StuW 1979, 193, 194f; *Prinz*, Veranlassungsprinzip, StuW 1996, 267, 271.

684 RFH v. 14.03.1929 VI A 1473/28, RStBl 1929, 329, 329; v. 24.01.1934 VI A 1230/31, RStBl 1934, 501, 501; v. 21.11.1935 VI A 9 /35, RStBl 1936, 216, 216; BFH v. 06.05.1954 IV 221/53 U, BStBl III 1954, 197, 197.

685 BFH v. 18.03.1976 IV R 113/73, BStBl II 1976, 485, 485; v. 06.03.1980 IV R 182/78, BStBl II 1980, 718, 720; v. 22.07.1982 IV R 74/79, BStBl II 1983, 2, 2.

686 BFH v. 25.06.1984 GrS 4 /82, BStBl II 1985, 751, 766.

687 *Kröger*, Veranlassungsprinzip, StuW 1978, 289, 290; *Wanner*, Zurechnungszusammenhang, StuW 1987, 302, 318.

treffen[688]. Das verfassungsrechtliche Prinzip einer Steuerlastverteilung nach der wirtschaftlichen Leistungsfähigkeit wird dabei in die Form einer normativen Regelung gepreßt, die mit Tatbestand und Rechtsfolge die Frage der Aufwendungen abschließend entscheiden soll.
Allerdings wurde oben[689] bereits erörtert, daß das Leistungsfähigkeitsprinzip ein aus dem Gerechtigkeitselement der Rechtsidee abgeleitetes Prinzip darstellt, welchem zwar als Fundamentalnorm allgemeine Gültigkeit zukommt, das aber nicht unmittelbar auf konkrete Tatbestände anzuwenden ist[690]. Eine solche Vorwegnahme aller konkreten Fragen ist dem Wesen des Leistungsfähigkeitsprinzips auch als Verfassungsprinzip[691] fremd und führt zu den auch hier konstatierten grundlegenden Meinungswidersprüchen.
Weiterhin werden mit den in diesem Sinne entwickelten Ansätzen formalrechtliche Konstruktionen für die rechtliche Unterscheidung zwischen abzugsfähigen und nichtabzugsfähigen Aufwendungen geschaffen, welche die Wirkungen der Steuern auf die wirtschaftlichen Handlungsalternativen der Steuerpflichtigen außer acht lassen[692]. Das oben[693] geschilderte gemeinsame Fundament der Rechts- und Wirtschaftswissenschaften wird dadurch verlassen, daß die Abgrenzung von Aufwendungen aus rechtlicher Sicht die wirtschaftswissenschaftliche Trennung von Investition und Konsum zunehmend aus dem Blick verliert. Diese Entfernung von der ökonomischen Wirklichkeit bietet den Steuerpflichtigen eine Möglichkeit zu Steuerausweichhandlungen, indem sie für die Besteuerung irrelevanten Konsum auf die Ebene der rechtlich abzugsfähigen Aufwendungen zu verlagern suchen[694], so daß auch ein Widerspruch zum Konzept der Entscheidungsneutralität besteht.
Wie bereits oben[695] dargestellt, setzen diese Ausweichhandlungen einen Teufelskreis von Anpassungen des Gesetzgebers in Gang, der als "Gefangenendilemma" der Steuerpolitik gerade dazu führt, daß das Leistungsfähigkeitsprinzip

---

688 so *Kröger*, Veranlassungsprinzip, StuW 1978, 289, 290; *Birk*, Leistungsfähigkeitsprinzip (1983), S. 53; *Jakob*, Einkünfteerzielungsabsicht, FR 1989, 665, 671.

689 siehe oben S. 69.

690 So auch *Horvath*, Betriebswirtschaftliche Steuerlehre und Steuerreform (1975) S. 45; *Koniarski*, Einkommen als Maßstab steuerlicher Leistungsfähigkeit (1984), S. 32f.

691 "Ich glaube der Fehler in der Diskussion besteht darin, daß man konkrete Probleme hat und deren Lösung aus allgemeinen Gesichtspunkten der Verfassung abzuleiten versucht.", *Mössner*, Beschränkung des Verlustausgleichs, DStJG Bd. 17 (1994), 231, 259.

692 "Ein Recht, das ökonomische Sachverhalte regelt, kann niemals "richtiges Recht" sein, wenn es ökonomisch irrational verfaßt ist.", *Lang*, Unternehmenssteuerreform, in: Elschen/Siegel/Wagner (Hrsg.), FS für Schneider (1995), S. 403, vgl. auch *Wissel*, Einkünfteerzielungsabsicht (1997), S. 131f.

693 siehe oben S. 126f.

694 *Tipke*, Steuerrechtsordnung, Bd. II (1993), S. 618; *Wissel*, Einkünfteerzielungsabsicht (1997), S. 133.

695 siehe oben S. 24f.

im geltenden Steuerrecht verschüttet wird. Indem die bestehenden Ansätze bezüglich der Unterscheidung von abzugs- und nichtabzugsfähigen Aufwendungen folglich den Zusammenhang zwischen der rechtlichen und der wirtschaftswissenschaftlichen Sicht dieser Unterscheidung verkennen, tragen sie dazu bei, daß das Leistungsfähigkeitsprinzip in dieser Frage an Bedeutung verliert, obwohl sie ihm in Form einer normativen Regelung gerade Geltung verschaffen wollen.

d) Unterscheidung im Rahmen einer Abwägung

Somit hat sich gezeigt, daß die konkrete Frage der Abzugsfähigkeit von Aufwendungen nicht durch eine unmittelbare Ableitung aus dem Leistungsfähigkeitsprinzip zu lösen ist. Dazu wurde bereits oben[696] erörtert, daß jedes Sachgebiet von einer Mehrheit an Prinzipien beherrscht wird. Bei der Regelung von Sachverhalten in konkrete Normen ist daher zwischen diesen gegenläufigen Prinzipien abzuwägen, welche sich klar abgegrenzt gegenüberstehen und im Rahmen praktischer Konkordanz zur Geltung kommen müssen[697].
Diese Vorgehensweise soll hier verdeutlicht werden, indem die Fälle der Liebhaberei und der Verlustzuweisungsprojekte als Beispiele herangezogen werden.

aa) Liebhaberei

Das erste Problemfeld betrifft die Frage, wie Tätigkeiten einzuordnen sind, deren äußeres Erscheinungsbild nicht eindeutig erkennen läßt, ob sie so als Ursprung der Leistungsfähigkeit im oben erörterten Sinne gelten können, daß auch das Nettoprinzip für diese Tätigkeiten eingreifen muß und die Abzugsfähigkeit der Aufwendungen begründet wird. Diese Zweifelsfälle werden allgemein unter den Begriff "Liebhaberei" gefaßt[698] und müssen zunächst in den Zusammenhang des hier entwickelten Leistungsfähigkeitskonzeptes eingeordnet werden.
Als aus dem Gerechtigkeitselement der Rechtsidee abgeleitetes Prinzip[699] findet die Steuerlastverteilung nach der wirtschaftlichen Leistungsfähigkeit danach ihre verfassungsrechtliche Verankerung im Gleichheitssatz des Art. 3 I GG und in den Freiheitsrechten der Art. 12 I und 14 I GG[700]. Die Ausübung dieser Rechte stellt den Ursprung der Leistungsfähigkeit dar, wobei der Staat mit der Steuer an die Ergebnisse dieser Grundrechtsbetätigung anknüpft. Zu diesem Ergebnis gehören auch die Aufwendungen des Steuerpflichtigen, mit denen er im

---

696 siehe oben S. 84.
697 siehe oben S. 92.
698 vgl. nur K/S - *Kirchhof* § 2 Rn 48; *Schulze-Osterloh,* Gute Verluste - Böse Verluste, JbFSt 1984/85, 267, 271; *Wissel*, Einkünfteerzielungsabsicht (1997), S. 3.
699 siehe oben S. 68.
700 siehe oben S. 67ff.

Rahmen des Wettbewerbs ein wirtschaftliches Risiko eingeht. Wie gesehen[701], ist diese Ausübung wirtschaftlicher Freiheiten von der privaten Lebensführung der Steuerpflichtigen zu trennen. In diesem Bereich der privaten Lebensführung getätigte Aufwendungen sind dabei gerade nicht Ausdruck eines wirtschaftlichen Risikos, welches als Minderung der Leistungsfähigkeit bei der Besteuerung zu berücksichtigen wäre. Mit anderen Worten stellen diese Aufwendungen keine relevanten Investitionen im Bereich der Leistungsfähigkeitsentstehung dar, sondern sie bilden als Leistungsfähigkeitsverwendung steuerlich unbeachtlichen Konsum. Eben solche konsumtiven Aufwendungen sind in den Fällen der Liebhaberei gegeben[702], welche sich nach der hier entwickelten Leistungsfähigkeitskonzeption folglich auch in die Unterscheidung zwischen abzugs- und nichtabzugsfähigen Aufwendungen nach rechtlichen und wirtschaftswissenschaftlichen Grundsätzen einordnen läßt.

Allerdings ist diese theoretische Unterscheidung in der Praxis der Steuererhebung deshalb problematisch, weil sie die Entscheidung darüber voraussetzt, welche Aufwendungen eine Investition und welche Aufwendungen privaten Konsum des Steuerpflichtigen widerspiegeln. Ob der Steuerpflichtige aber ein investives Risiko eingeht, um die Entstehung von Leistungsfähigkeit zu erreichen, oder ob er bestehende Leistungsfähigkeit für konsumtive Zwecke verwendet, läßt sich nur anhand einer (betriebs-)wirtschaftlichen Betrachtung aus Sicht der Steuerpflichtigen beurteilen. Maßgeblich ist danach die zugrundeliegende Motivation des Steuerpflichtigen, für die es keine auch Dritten zugänglichen Merkmale gibt, welche jeden Zweifel über die Motivationslage ausräumen[703]. Die Schwierigkeiten im Bereich der Liebhaberei liegen folglich darin, daß die Finanzverwaltung und die Finanzgerichtsbarkeit als außenstehende Dritte die in der Theorie so eindeutige Unterscheidung zwischen Investition und Konsum in der Praxis nicht zweifelsfrei vornehmen können, weil zwischen Fiskus und Steuerpflichtigen die Informationen über die Motivationslage asymmetrisch verteilt sind[704].

Die aufgrund dieser Informationsasymmetrie entstehenden Zweifel stehen im Gegensatz zum Prinzip der Rechtssicherheit im Steuerrecht, welches die Ermittlung des Steuergegenstandes nur aufgrund objektiv faßbarer Normen zuläßt[705]. Das Prinzip der Rechtssicherheit betrifft die Durchsetzung des Steuer-

---

701 siehe oben S. 133.

702 *Schuck*, Veranlassung, DStR 1993, 975, 977; *Wissel*, Einkünfteerzielungsabsicht (1997), S. 94f.

703 *Wissel*, Einkünfteerzielungsabsicht (1997), S. 96.

704 "Wettbewerb ist per Definition mit Unsicherheit und Ungleichverteilung des Wissens [...] behaftet.", *Schneider*, Sofortabschreibung, in: John (Hrsg.), FS für Wöhe (1989), S. 323; *Knoop*, Asymmetrische Information und Einkommensbesteuerung (1985), S. 102ff; *Wissel*, Einkünfteerzielungsabsicht (1997), S. 96.

705 *Kunig*, Das Rechtsstaatsprinzip (1986), S. 410.

anspruchs durch den Staat und leitet seine Legitimität somit aus dem Machtelement der Rechtsidee ab[706]. Verfassungsrechtlich verankert ist die Rechtssicherheit zudem als Element des Rechtsstaatsprinzips im Sinne des Art. 20 GG[707]. Indem dieses Prinzip eine greifbare Meßbarkeit innerhalb der Rechtsordnung verlangt[708], muß auch für die Unterscheidung zwischen investiven und konsumtiven Aufwendungen im Rahmen der Liebhabereiproblematik an äußere Merkmale angeknüpft werden. Um der Rechtssicherheit zu genügen, wird dabei auf widerlegbare Vermutungen und vereinfachende, typisierende Pauschalannahmen zurückgegriffen[709], die von der tatsächlichen Motivationslage des Steuerpflichtigen durchaus abweichen können. Mithin durchbricht das Prinzip der Rechtssicherheit die Einzelfallgerechtigkeit[710], also die Besteuerung nach der wirtschaftlichen Leistungsfähigkeit.

Das Problem der Liebhaberei ist folglich nicht dadurch zu lösen, daß aus dem Leistungsfähigkeitsprinzip eine Theorie zur Unterscheidung von abzugs- und nichtabzugsfähigen Aufwendungen deduziert wird, sondern es muß jeweils eine Abwägung zwischen dem Leistungsfähigkeitsprinzip, das zwischen Leistungsfähigkeitsentstehung und Leistungsfähigkeitsverwendung nach der tatsächlichen Motivationslage differenziert, und dem Prinzip der Rechtssicherheit, das dazu äußere Merkmale verlangt, stattfinden. Dabei wird das Leistungsfähigkeitsprinzip nicht durch sich widersprechende Theorien verschüttet, mit denen sich das Steuerrecht, wie oben erörtert, immer weiter von der wirtschaftlichen Realität entfernt. Indem im Rahmen der beschriebenen Abwägung die Gründe für eine Durchbrechung des Leistungsfähigkeitsprinzips offen gelegt und gerechtfertigt werden, behält es vielmehr sowohl sein verfassungsrechtliches als auch durch die Übereinstimmung mit dem Konzept der Entscheidungsneutralität sein wirtschaftswissenschaftliches Gewicht.

bb) Verlustzuweisungsprojekte

Ein weiteres Problemfeld bei der Unterscheidung zwischen abzugsfähigen und nicht abzugsfähigen Aufwendungen betrifft nicht – wie die Liebhaberei – den

---

706 siehe oben S. 67.

707 Schmidt-Bleibtreu/Klein-*Brockmeyer* Art. 20 Rn 37; v. Münch/Kunig-*Schnapp* Art. 20 Rn 21 und 23; Sachs-*Sachs* Art. 20 Rn 122; Jarass/Pieroth-*Jarass* Art. 20 Rn 61; Maunz/Dürig-*Herzog* Art. 20 (Rechtsstaatlichkeit) Rn 61; Dreier-*Schulze-Fielitz* Art. 20 Rn 134; v. Mangoldt/Klein/Starck-*Sommermann* Art. 20 III Rn 278.

708 Hdb. des Staatsrechts-*Schmidt-Aßmann* § 24 Rn 81.

709 *Tipke*, Abgrenzung der Betriebs- oder Berufssphäre von der Privatsphäre, StuW 1979, 193, 206; *Jüptner*, Leistungsfähigkeit und Veranlassung (1989), S. 162f; *Wissel*, Einkünfteerzielungsabsicht (1997), S. 96.

710 Schmidt-Bleibtreu/Klein-*Brockmeyer* Art. 20 Rn 37; Hdb. des Staatsrechts-*Schmidt-Aßmann* § 24 Rn 81; Maunz/Dürig-*Herzog* Art. 20 (Rechtsstaatlichkeit) Rn 61; Sachs-*Sachs* Art. 20 Rn 12.

Bereich der Leistungsfähigkeitsverwendung in privater Lebensführung, sondern die Ausübung der wirtschaftlichen Freiheiten gem. Art. 12 I und 14 I GG und damit investive Tätigkeiten. Bei diesen liegt aber hier der Sonderfall vor, daß der Steuerpflichtige bewußt ein wirtschaftliches Risiko eingeht, welches erwartungsgemäß nicht durch einen entsprechenden Zugang an Verfügungsmacht ausgeglichen wird. Der Steuerpflichtige tätigt somit Aufwendungen, die seine Einnahmen voraussichtlich übersteigen werden. Ein solches Vorgehen des Steuerpflichtigen wird als Verlustzuweisungsmodell bezeichnet[711].

Für diesen Fall wird vertreten[712], daß solche Aufwendungen nicht im Sinne des Nettoprinzips abgezogen werden dürfen, weil der Steuerpflichtige seine Tätigkeit zur Generierung von Verlusten instrumentalisiere. In der freiwilligen Übernahme von Verlusten könne keine Minderung der Leistungsfähigkeit liegen, so daß sich der Steuerpflichtige, indem er einen Verlust bewußt in Kauf nimmt, des Schutzes durch das Leistungsfähigkeitsprinzip begibt[713].

Dem ist entgegenzuhalten, daß die Minderung der Leistungsfähigkeit durch Erwerbsaufwendungen im Sinne des Nettoprinzips nicht – wie im Rahmen der oben[714] beschriebenen Markteinkommenstheorie – dem Gedanken einer Aufwandsgemeinschaft entspringt. Danach werden Aufwendungen nur dann berücksichtigt, wenn sie unter Nutzung des staatlichen Marktbeitrages bewußt zur Einnahmenerzielung am Markt eingesetzt werden und folglich gemeindienlich[715] sind.

Vielmehr partizipiert der Staat aber an den Ergebnissen eines marktmäßigen Wettbewerbs als Reflex einer freiheitlichen Wirtschaftsordnung. Indem der Staat die Besteuerung demnach akzessorisch an das Ergebnis der Grundrechtsausübung der Steuerpflichtigen knüpfen muß, akzeptiert er auch ihre Freiheit, Marktchancen zu erkennen und zu nutzen oder vorbeiziehen zu lassen, und der Staat überläßt es ihm, ob, welche und in welcher Höhe er Aufwendungen im Rahmen dieser Freiheitsausübung tätigt[716]. Aus dem freiheitsrechtlichen Ursprung des Leistungsfähigkeitsprinzips folgt somit, daß auch die bewußte Übernahme eines Verlustes eine Minderung der Leistungsfähigkeit bewirkt, welche im Steuergegenstand zu berücksichtigen ist.

Allerdings bringt diese Berücksichtigung des vom Steuerpflichtigen erzielten Ergebnisses mit sich, daß der Staat auch an dem bewußt generierten Verlust

---

711 *Birk*, Leistungsfähigkeitsprinzip in der Unternehmenssteuerreform, StuW 2000, 328, 331; *Günkel*, Fragen zum Steuerentlastungsgesetz, DStR 1999, 649, 660.

712 *Buchheister*, Steuerliche Berücksichtigung von Verlusten, DStZ 1997, 557, 558; *Birk*, Leistungsfähigkeitsprinzip in der Unternehmenssteuerreform, StuW 2000, 328, 331.

713 ebd.

714 siehe oben S. 135ff.

715 siehe oben S. 143f.

716 *Schuck*, Veranlassungszusammenhang (1991), S. 75 und 77; *Knepper*, Steuerrechtliches Nettoprinzip, in: Crezelius/Raupach/Schmidt/Uelner (Hrsg.), FS für Haas (1996), S. 201.

teilnimmt. Die Wohlstandsminderung durch den Verlust in der Person des Steuerpflichtigen wird demzufolge auf die Allgemeinheit abgewälzt, so daß der allgemeine Wohlstand betroffen ist. Wie bereits oben[717] erörtert, ist der Staat nach dem Sozialstaatsprinzip gem. Art. 20 I GG aber verpflichtet, durch eine soziale Wirtschaftsordnung die Hebung und Ausbreitung des Wohlstandes zu erreichen. Daß im Rahmen von Verlustzuweisungsmodellen getätigte Aufwendungen nicht zum Abzug zugelassen werden, entspricht also nicht dem Leistungsfähigkeitsprinzip, sondern durchbricht es gerade mit diesem Aspekt des Sozialstaatsprinzips.
Folglich darf bei der konkreten Regelung von Verlustzuweisungsprojekten das Leistungsfähigkeitsprinzip nicht von vornherein ausgeklammert und als nicht einschlägig zurückgewiesen werden, sondern es muß im Wege einer Abwägung mit dem Sozialstaatsprinzip zur Geltung kommen.

e) Ergebnis

Die vorstehende Untersuchung hat gezeigt, daß das Leistungsfähigkeitsprinzip nicht in die Form einer konkreten, normativen Regelung gepreßt werden kann, die alle Fragen bezüglich der Unterscheidung von abzugsfähigen und nichtabzugsfähigen Aufwendungen vorwegnimmt. Vielmehr gibt das Leistungsfähigkeitsprinzip die grundsätzliche Unterscheidung von Leistungsfähigkeitsentstehung und Leistungsfähigkeitsverwendung vor, welche mit der wirtschaftswissenschaftlichen Differenzierung von Investition und Konsum ein gemeinsames Fundament bildet. Diese Grundsätze sind bei der Regelung von Einzelfragen derart zu beachten, daß sie im Wege einer Abwägung mit den auf dem jeweiligen Sachgebiet widerstreitenden Prinzipien in praktischer Konkordanz zur Geltung kommen.

B. Die Leistungsfähigkeit in zeitlicher Hinsicht

I. Zeitpunkt des Eintritts der Leistungsfähigkeit

Nachdem somit die sachlichen Vorgaben des Leistungsfähigkeitsprinzips für den Steuergegenstand erörtert wurden, bleibt noch die Frage, wann Leistungsfähigkeit im oben verfassungsrechtlich verankerten Sinne eintritt. Diese Frage betrifft die Ermittlung des Steuergegenstandes und dabei im Hinblick auf das Nettoprinzip insbesondere die Problematik, in welchem Zeitpunkt abzugsfähige Aufwendungen zu erfassen sind.

---

717 siehe oben S. 87f.

1. Möglichkeiten der Ermittlung nach den bestehenden Theorien zum Steuergegenstand

Zunächst lassen sich aus den oben[718] beschriebenen bestehenden Theorien zum Steuergegenstand unterschiedliche Ansätze für dessen Ermittlung entwickeln.

a) Quellentheorie

Wie bereits ausgeführt[719], stellt der Steuergegenstand in der Quellentheorie auf die Regelmäßigkeit des Zuflusses an ökonomischer Verfügungsmacht aus einer bestimmten Quelle ab. Die Quelle selbst gehört danach nicht zum Objekt der Besteuerung, so daß Wertänderungen der Quelle auch nicht von ihm erfaßt werden. Bei der Ermittlung des Steuergegenstandes, welcher nach dem Nettoprinzip sowohl Einnahmen als auch Aufwendungen betrifft, bleiben mithin Mehrungen und Minderungen des Vermögensstammes außer Betracht. Es wird vielmehr nur der Wertzufluß bzw. –abfluß herangezogen, so daß der Steuergegenstand auf Basis der Zahlungen im Wege einer Kassenrechnung ermittelt wird. Aufwendungen werden folglich erst im Zeitpunkt des Mittelabflusses, das heißt als Ausgabe, Bestandteil des Steuergegenstandes[720].

b) Reinvermögenszugangstheorie

Demgegenüber definiert die Reinvermögenszugangstheorie den Steuergegenstand umfassender und bezieht dabei nicht nur die zu- und abfließenden Mittel, sondern auch den Vermögensstamm selbst in die Ermittlung ein[721]. Mehrungen und Minderungen dieses Vermögens und somit auch alle Wertänderungen sind nach dieser Betrachtung maßgeblich, so daß der Steuergegenstand nicht nur anhand einer Kassenrechnung bestimmt werden kann. Statt dessen ist ein Vermögensvergleich anzustellen, der die Summe der einzelnen Vermögensänderungen widerspiegelt[722].

---

[718] siehe oben S. 132ff.

[719] siehe oben S. 133.

[720] siehe oben S. 133 und *Schneider*, Steuerbilanzen (1978), S. 48; *Wagner*, Zeitliche Erfassung steuerlicher Leistungsfähigkeit, in: Hax, Kern, Schröder (Hrsg.), Zeitaspekte in betriebswirtschaftlicher Theorie und Praxis (1989), S. 263; *Kraft*, Steuergerechtigkeit und Gewinnermittlung (1991), S. 51; *Schön*, Steuerbilanz zwischen Handelsrecht und Grundgesetz, StuW 1995, 366, 370.

[721] siehe oben S. 133f.

[722] *Koniarski*, Einkommen als Maßstab der Leistungsfähigkeit (1984), S. 83; *Pezzer*, Bilanzierungsprinzipien, DStJG Bd. 14 (1991), 3, 13; *Wissel*, Einkünfteerzielungsabsicht (1997), S. 72; *Ohmer*, Grundlagen der Einkommensteuer (1997), S. 152 und 181; *Uelner*, Verbot der Teilwertabschreibung (1999), S. 29.

Danach sind Aufwendungen also nicht erst beim Abfluß der Mittel zu erfassen, sondern bereits dann, wenn sich das Vermögen des Steuerpflichtigen als Wertänderung im Vermögensstamm[723] verringert hat.

c) Markteinkommenstheorie

Einen ähnlichen Ansatz verfolgt die oben[724] beschriebene Markteinkommenstheorie, welche ebenso wie die Reinvermögenszugangstheorie den Vermögensstamm in die Ermittlung des Steuergegenstandes einbezieht. Allerdings hat die verfassungsrechtliche Herleitung gezeigt, daß dieser Vermögensstamm nur besteuert werden kann, wenn er der Sozialbindung des Art. 14 II GG unterliegt. Diese Sozialbindung entsteht dadurch, daß nicht allein die Leistungen des Steuerpflichtigen, sondern auch der staatlich bereitgestellte Marktmechanismus den wirtschaftlichen Erfolg des Steuerpflichtigen beeinflussen. Nur wenn dieser staatliche Beitrag bei der Mehrung bzw. Minderung des Vermögensstammes auch zum Ausdruck kommt, wird folglich eine Besteuerung legitimiert.
Mithin ist bei der Ermittlung des Steuergegenstandes zu beachten, daß die in Frage stehende Wertänderung des Vermögens durch einen Wertschöpfungsprozeß am Markt vollzogen wurde[725]. Insbesondere die Erfassung von Aufwendungen erfordert somit einen Austauschakt am Markt, mit welchem sich ihre Sozialbindung – und in diesem Falle die Gemeindienlichkeit – gem. Art. 14 II GG realisiert. Bis zu diesem Zeitpunkt müssen daher Aufwendungen bei der Ermittlung des Steuergegenstandes unberücksichtigt bleiben[726].

d) Bewertung

Es ist zu beachten, daß diese unterschiedlichen Ansätze zur Ermittlung des Steuergegenstandes sowie die dahinter stehenden Theorien von ihren Vertretern jeweils mit dem Prinzip der Besteuerung nach der wirtschaftlichen Leistungsfähigkeit gleichgesetzt werden. Indem dabei also die eigene Position zur Ermittlungsart aus dem Leistungsfähigkeitsprinzip hergeleitet und mit ihm identifiziert wird, ergibt sich die Möglichkeit, für diese Position verfassungsrechtlich zu argumentieren und konkrete Normen mit dem Leistungsfähigkeitsprinzip und damit aus der Verfassung zu begründen[727]. Diese Vorgehensweise bringt insbe-

---

723 siehe oben S. 133f.

724 siehe oben S. 135f.

725 siehe oben S. 1136

726 *Kirchhof*, Gutachten, Verhandlungen des 57. Deutschen Juristentages, Bd. I (1988), S. F 43f; vgl. auch *Schön*, Steuerbilanz zwischen Handelsrecht und Grundgesetz, StuW 1995, 366, 373.

727 *Weber-Grellet*, Bestand und Reform des Bilanzsteuerrechts, DStR 1998, 1343, 1348; *Doralt*, Rückstellungen, DB 1998, 1357, 1358; *Wiesbrock*, Verlustrückstellung (1999), S. 136; *Kessler*, Verluste, StuB 2000, 1091, 1092; *Siegel*, Drohverlustrückstellungen, StuB 2000, 564, 567; vgl. auch BT Drs. 14/23, S. 167ff und 238.

sondere für den Zeitpunkt der Erfassung abzugsfähiger Aufwendungen sehr unterschiedliche und widersprüchliche Ergebnisse mit sich.
Auf der einen Seite wird festgestellt, daß die Leistungsfähigkeit bei einer Wertänderung im Vermögensstamm schon gemindert sei, welche daher als Aufwendung bei der Ermittlung des Steuergegenstandes zwingend berücksichtigt werden müsse[728]. Für die Erfassung dieser Wertminderungen stehen dabei die bilanzrechtlichen Institute der Teilwertabschreibung und der Rückstellung zur Verfügung[729].
Eine Teilwertabschreibung erfolgt in diesem Zusammenhang, wenn der Wert eines Wirtschaftsgutes unter seine Anschaffungs- oder Herstellungskosten sinkt. Dieser Wertverlust wird bereits im Zeitpunkt seiner Entstehung als Aufwendung erfaßt[730]. Eine Rückstellung ist vorzunehmen, wenn ein Verlust aus einem schwebenden Geschäft oder eine künftige Verbindlichkeit vorherzusehen ist[731]. Die Aufwendung entsteht damit bereits in dem Zeitpunkt, in dem sie nach außen erkennbar wird und damit eine Wertänderung eintreten läßt.
Während also diese bilanzrechtlichen Institute auf der einen Seite nach dem Leistungsfähigkeitsprinzip gerade für erforderlich gehalten werden, stoßen sie andererseits ebenfalls unter Berufung auf das Leistungsfähigkeitsprinzip auf Ablehnung[732]. Eine bloße Wertminderung stelle noch keine Minderung der Leistungsfähigkeit dar, so daß Teilwertabschreibungen und Rückstellungen ihre Auswirkungen nicht leistungsfähigkeitsgerecht, sondern in einem zu frühen Zeitpunkt vorwegnähmen[733]. Eine derartige sogenannte Verlustantizipation sei ein systemwidriger Fremdkörper im Steuerrecht und mithin ein Steuerschlupfloch, welches als ungerechtfertigte Subvention dafür sorge, daß Einkommensmillionäre keine Steuern zahlten[734].

---

728 *Kessler*, Imparitätsprinzip, DStR 1994, 1289, 1294; *Bordewin*, Rückstellungen, FR 1998, 226, 232; *Strahl*, Leistungsfähigkeit, KÖSDI 1998, 11777, 11778; *Küting/Kessler*, Rückstellungsrecht, DStR 1998, 1937, 1939; *Wiesbrock*, Verlustrückstellung (1999), S. 138ff; *Hennrichs*, Maßgeblichkeitsgrundsatz, StuW 1999, 138, 142; *Weilbach*, Imparitätsprinzip, BB 1999, 564, 565; *Groh*, Imparitätsprinzip, DB 1999, 978, 979; *Piltz*, Verbindlichkeiten versus Drohverlust, StbJb 1999/2000, 221, 224; *Kessler*, Verluste, StuB 2000, 1091, 1094, *Versin*, Rückstellungsbildung, StuB 2000, 1207, 1208.

729 ebd.

730 vgl. nur Schmidt-*Glanegger* §6 Rn 215ff; K/S - *Werndl* § 6 Rn D64ff; jeweils m.w.N.

731 vgl. nur Schmidt-*Glanegger* § 5 Rn 351ff; K/S - *Lambrecht* § 5 Rn D1ff; jeweils m.w.N.

732 *Siegel*, Rückstellungen, BB 1994, 2237, 2244; *Doralt*, Rückstellungen, DB 1998, 1357, 1358; *Weber-Grellet*, Bestand und Reform des Bilanzsteuerrechts, DStR 1998, 1343, 1348; *Hommel/Berndt*, Teilwertabschreibung, FR 2000, 1305, 1306; *Schulze-Osterloh*, Verfassungsrechtliche Grenzen, DStJG Bd. 23 (2000), 67, 75.

733 ebd.

734 so das sog. Peters-Papier, zitiert nach *Raupach/Böckstiegel*, Verlustregelungen, FR 1999, 487, 488; BT-Drs. 14/23, S. 167ff und 237ff; vgl. dazu *Wosnitza*, Beschränkung der Verlustverrechnung, StuB 2000, 763, 767.

Schließlich läßt sich sogar ein Ansatz finden, der zwar Teilwertabschreibungen als mit dem Leistungsfähigkeitsprinzip im Einklang stehend bewertet, aber Rückstellungen für drohende Verluste als Verstoß gegen das Leistungsfähigkeitsprinzip betrachtet[735].

Dieser Überblick zeigt, daß offensichtlich unter Berufung auf eine Steuerlastverteilung nach der wirtschaftlichen Leistungsfähigkeit jede beliebige Position im Hinblick auf den Erfassungszeitpunkt von Aufwendungen begründet werden kann, so daß das Leistungsfähigkeitsprinzip tatsächlich – wie oben bereits angesprochen – als Leerformel erscheint.

Allerdings gehen diese Ansätze von einem unzutreffenden Verständnis des Leistungsfähigkeitsprinzips aus, indem sie aus den bestehenden Möglichkeiten zur Ermittlung des Steuergegenstandes eine auswählen oder sogar aus einer Kombination verschiedener Möglichkeiten[736] eine beliebige, neue Position entwikkeln. Der auf diesem Weg ermittelte Steuergegenstand wird dann als Leistungsfähigkeit definiert und erhält folglich eine verfassungsrechtliche Bedeutung.

Zum einen ist dieser Vorgehensweise entgegenzuhalten, daß keine der bestehenden Theorien zum Steuergegenstand mit dem Leistungsfähigkeitsprinzip in seiner hier erarbeiteten verfassungsrechtlichen Verankerung in vollem Umfang vereinbar ist, so daß ein Gleichsetzen von Leistungsfähigkeit mit den daraus entwickelten Ansätzen schon aus diesem Grund zweifelhaft erscheinen muß. Das Leistungsfähigkeitsprinzip dient dabei nur dazu, die eigene Ansicht mit dem Hinweis auf ihren normativen, verfassungsrechtlichen Charakter zu schützen[737].

Weiterhin wird dabei aber auch verkannt, daß nicht von konkreten Normen des Steuerrechts auf die Leistungsfähigkeit der Steuerpflichtigen geschlossen werden darf, weil das Leistungsfähigkeitsprinzip durch eine solche induktive Ableitung jeglichen Bezug zur Gerechtigkeitsidee verliert[738]. Den unterschiedlichen Aspekten des Steuerrechts läßt sich gerade kein sachgerechter Maßstab für die Verteilung der Steuerlast entnehmen, weil die getroffenen politischen Wertentscheidungen dabei unkontrolliert hingenommen werden, ohne daß ihnen ein theoretisches Fundament entgegenstünde.

Besonders deutlich treten diese Mängel bei der Aussage hervor, daß es ungerecht sei, wenn sich gut verdienende Abschreibungskünstler der Steuer entziehen könnten[739]. Hier wird der gute Verdienst des Steuerpflichtigen offensicht-

---

735 *Siegel,* Drohverlustrückstellungen, StuB 2000, 564, 567.

736 Gegen diese "Rosinentheorie" *Uelner/Albert*, Verbot der Teilwertabschreibung (1999), S. 26: "Es ist nicht zulässig, die die Unternehmen und die Unternehmer belastenden Elemente aus unterschiedlichen Besteuerungssystemen zu addieren, damit das Steueraufkommen erhöht wird."

737 siehe oben S. 56.

738 siehe oben S. 81.

739 Peters-Papier, nach *Raupach/Böckstiegel*, Verlustregelungen, FR 1999, 487, 488.

lich im Wege einer Kassenrechnung und damit als Zufluß auf der Geldvermögensebene beurteilt, während aber die Bemessungsgrundlage der Steuer nach erfolgten Abschreibungen, das heißt auf Reinvermögensebene ermittelt wird. Leistungsfähigkeit wird folglich innerhalb dieses Standpunktes auf zwei verschiedenen Rechenebenen eingesetzt, zwischen denen aber eine Argumentation wissenschaftlich sinnlos bleiben muß, weil ihr unterschiedliche Ausgangspunkte zugrunde gelegt werden[740]. Wenn diese Leistungsfähigkeitskonzeptionen nicht auseinander gehalten werden und sich jede Position beliebig auf eine dieser Konzeptionen oder auf eine Kombination daraus stützen kann, so wird das Leistungsfähigkeitsprinzip selbst beliebig und scheidet als sachgerechter Maßstab aus. Nur eine strikte gedankliche Trennung des Geldvermögens- von der Reinvermögensebene kann die Bedeutung des Leistungsfähigkeitsprinzips als notwendigen Vergleichsmaßstab im Sinne des Art. 3 I GG und als Maßstab rechtlicher Chancengleichheit im Sinne der Wettbewerbsfreiheit gem. Art. 12 I und 14 I GG erhalten.
Als Ergebnis bleibt somit festzuhalten, daß aus den bestehenden Theorien zum Steuergegenstand abgeleitete Ermittlungsmöglichkeiten und insofern auch die unterschiedlichen Zeitpunkte, in welchen die Aufwendungen der Steuerpflichtigen zu erfassen sind, nicht mit einer Besteuerung nach der wirtschaftlichen Leistungsfähigkeit gleichgesetzt werden können.

2. Folgen des Leistungsfähigkeitsprinzips für die Ermittlung des Steuergegenstandes

Damit stellt sich die Frage, welche Vorgaben dem Leistungsfähigkeitsprinzip für die Ermittlung des Steuergegenstandes und insbesondere für den Zeitpunkt der Aufwendungserfassung zu entnehmen sind.

a) Möglichkeiten der Ermittlung nach dem Verfügungsmachtkonzept

Zunächst ist in diesem Zusammenhang zu untersuchen, ob das Leistungsfähigkeitsprinzip eine bestimmte Form der Ermittlung des Steuergegenstands vorschreibt, wobei hier auf den Ursprung der Leistungsfähigkeit und mithin auf ihre verfassungsrechtliche Entstehung zurück zu kommen ist.
Dazu wurde oben[741] ausgeführt, daß sowohl der Gleichheitssatz des Art. 3 I GG als auch die Freiheitsrechte der Art. 12 I und 14 I GG dem Leistungsfähigkeitsprinzip eine verfassungsrechtliche Basis bieten. Im Vordergrund steht dabei

740 *Wenger*, Einkommensteuerliche Periodisierungsregeln, ZfB 1986, 132, 134; *Wosnitza*, Beschränkung der Verlustverrechnung, StuB 2000, 763, 767.
741 siehe oben S. 67ff.

insbesondere der Aspekt der rechtlichen Chancengleichheit[742], wonach den Steuerpflichtigen jeweils die gleichen Möglichkeiten zur Ausübung ihrer grundrechtlichen Freiheiten zu gewähren sind. Diese Gewährung rechtlicher Chancengleichheit verlangt sowohl im Rahmen der Prüfung des Gleichheitssatzes als auch für die Feststellung der wettbewerblichen Ausgangslage im Sinne der Art. 12 I und 14 I GG nach einem Maßstab, mit dem eine Ungleichbehandlung bzw. ein Eingriff in die Wettbewerbsfreiheit ermittelt werden kann[743].

Als ein derartiger Maßstab hat sich die Steuerlastverteilung nach der Leistungsfähigkeit erwiesen, die als Zugang an ökonomischer Verfügungsmacht das Ergebnis der grundrechtlich geschützten Aktivitäten bezeichnet[744]. Mit dieser verfassungsrechtlichen Verortung macht das Leistungsfähigkeitsprinzip – wie bezüglich des synthetischen Steuergegenstandes[745] oder des Nettoprinzips[746] – wichtige Vorgaben für die Beschaffenheit des Steuergegenstandes. Allerdings ist mit dem Ergebnis der Grundrechtsbetätigung als Maßstab der Steuerlastverteilung noch nicht festgelegt, wie dieses Ergebnis ermittelt werden muß. Ein Zugang an Verfügungsmacht kann vielmehr auf der einen Seite mit dem Zufluß von Geldmitteln vorliegen, andererseits kann aber auch schon eine Mehrung des Vermögensstamms als gesteigerte Dispositionskraft verstanden werden. Wie nach den bestehenden, oben[747] geschilderten Theorien zum Steuergegenstand, stehen sich hier also die Geldvermögensebene und die Reinvermögensebene als grundsätzlich mögliche Rechenebenen für die Ermittlung des Steuergegenstandes gegenüber. Auch das Bundesverfassungsgericht läßt in seiner bisherigen Rechtsprechung beide Ermittlungsarten als mit der Verfassung im Einklang gelten[748].

Dies bestätigt das schon oben[749] herausgestellte Ergebnis, daß das Verfügungsmachtkonzept keine bestimmte Bemessungsgrundlage zugrunde legt. Auf den ersten Blick erscheint das Leistungsfähigkeitsprinzip bezüglich der Ermittlung des Steuergegenstandes und damit auch für den Zeitpunkt, in welchem die Aufwendungen der Steuerpflichtigen zu erfassen sind, in der Tat als nicht aussagekräftig und sein Heranziehen demzufolge als Leerformel.

---

742 siehe oben S. 96.
743 siehe oben S. 96 und 103.
744 siehe oben S. 40f.
745 siehe oben S. 132.
746 siehe oben S. 145f.
747 siehe oben S. 132ff.
748 BVerfG v. 09.07.1969, 2 BvL 20/65, E 26, 302, 310f; v. 07.10.1969, 2 BvL 3/66, E 27, 111, 127.
749 siehe oben S. 41 und 57.

b) Das Leistungsfähigkeitsprinzip als Gebot der Folgerichtigkeit

Diese Schlußfolgerung verkennt aber die Eigenschaften des Leistungsfähigkeitsprinzips als Maßstab für eine gerechte Verteilung der Steuerlast.

Als notwendiger Vergleichsmaßstab im Sinne des Art. 3 I GG und als Maßstab rechtlicher Chancengleichheit im Sinne der Art. 12 I und 14 I GG läßt das Leistungsfähigkeitsprinzip zwar eine Entscheidung zwischen den möglichen Ermittlungssystemen offen; wenn nun aber der Gesetzgeber bei der Regelung konkreter Sachverhalte den Steuergegenstand beliebig nach einem dieser Systeme oder aus einer Kombination ermitteln könnte, wären Ungleichbehandlungen sowie Abweichungen von der wettbewerblichen Ausgangslage nicht mehr erkennbar. Ein derartiges Messen mit zweierlei Maß bedeutet Inkonsequenz und führt zu mangelnder Vergleichbarkeit[750], die insbesondere eine Anwendung des Gleichheitssatzes zum Schutze des Steuerpflichtigen ausschließt und dem Gesetzgeber auf diesem Weg den Rückzug in ein "prinzipienloses Vorschriftenchaos"[751] erlaubt.

Um diesen Bedeutungsverlust der Grundrechte im Steuerrecht zu verhindern, muß das Leistungsfähigkeitsprinzip auch dort zur Geltung kommen, wo dem Gesetzgeber mehrere Entscheidungsmöglichkeiten durch die Verfassung offen gelassen werden. Diese Geltung ist wiederum im Gleichheitssatz des Art. 3 I GG verankert, der mit seinem Bezug zur Gerechtigkeitsidee vom Gesetzgeber wertungsmäßige Konsequenz und Folgerichtigkeit verlangt[752]. Wie bereits oben[753] festgestellt, ist das Leistungsfähigkeitsprinzip dabei im Steuerrecht der Maßstab für die Vereinbarkeit verschiedener Entscheidungen untereinander und bestimmt vor allem, welche Konsequenzen sich daraus ergeben. Diese Eigenschaft des Leistungsfähigkeitsprinzips als Maßstab der Belastungsgleichheit bei der Umsetzung einmal getroffener Belastungsentscheidungen wird auch vom Bundesverfassungsgericht betont[754].

---

750 Sachs-*Osterloh* Art. 3 Rn 98; Hdb. des Staatsrechts-*Kirchhof* § 124 Rn 231; *Vogel*, Der Verlust des Rechtsgedankens im Steuerrecht, DStJG Bd. 12 (1989), 123, 138; *Schön*, Steuerbilanz zwischen Handelsrecht und Grundgesetz, StuW 1995, 366, 370f; *Raupach/Böckstiegel*, Verlustregelungen, FR 1999, 617, 619; *Tipke*, Steuerrechtsordnung, Bd. I (2000), S. 327; *Kirchhof*, Widerspruchsfreiheit, StuW 2000, 316, 322f.

751 siehe oben S. 79.

752 Sachs-*Osterloh* Art. 3 Rn 98; Hdb. des Staatsrechts-*Kirchhof* § 124 Rn 231; *Vogel*, Der Verlust des Rechtsgedankens im Steuerrecht, DStJG Bd. 12 (1989), 123, 138; *Schön*, Steuerbilanz zwischen Handelsrecht und Grundgesetz, StuW 1995, 366, 370f; *Raupach/Böckstiegel*, Verlustregelungen, FR 1999, 617, 619; *Tipke*, Steuerrechtsordnung, Bd. I (2000), S. 327; *Kirchhof*, Widerspruchsfreiheit, StuW 2000, 316, 322f.

753 siehe oben S. 57.

754 BVerfG v. 27.06.1991, 2 BvR 1493/89, E 84, 239, 271; v. 25.09.1992, 2 BvL5, 8, 14/91, E 87, 153, 170; v. 22.06.1995, 2 BvL 37/91, E 93, 122, 136; v. 30.09.1998, 2 BvR 1818/91, DB 1998, 2247, 2248.

Folglich muß das Prinzip der Steuerlastverteilung nach der Leistungsfähigkeit auch im Rahmen der Ermittlung des Steuergegenstandes Beachtung finden.

c) Bedeutung des Leistungsfähigkeitsprinzip als Gebot der Folgerichtigkeit für die Ermittlung des Steuergegenstandes

Das Leistungsfähigkeitsprinzip als Gebot der Folgerichtigkeit gewinnt an Bedeutung, sobald eine Entscheidung zwischen der Geldvermögensebene und der Reinvermögensebene als mögliche Rechenebenen bei der Ermittlung des Steuergegenstandes gefallen ist. Die Konsequenzen dieser Entscheidung müssen am Leistungsfähigkeitsprinzip als sachgerechtem Maßstab der Steuerlastverteilung ausgerichtet werden.

aa) Entscheidung für eine Ermittlung auf Geldvermögensebene

Zunächst stellt sich also die Frage, zu welchen Konsequenzen das Leistungsfähigkeitsprinzip bei einer Entscheidung für die Ermittlung des Steuergegenstandes auf Geldvermögensebene führt. Eine derartige Ermittlung bedeutet, daß allein die Zahlungsströme in die Bemessung des Steuergegenstandes einbezogen werden können. Der Steuergegenstand stellt sich folglich als Zahlungssaldo und damit als kassenmäßiger Einzahlungsüberschuß dar, worauf auch die Bezeichnung *Cash-flow-Steuer* für diese Besteuerungsform zurückgeht[755].

Der Zugang an Verfügungsmacht wird in diesem Sinne allein in Geld bemessen, wovon nach dem Leistungsfähigkeitsprinzips in Gestalt des Gebots der Folgerichtigkeit auch nicht abzuweichen ist. Eine konsequente Umsetzung der Cash-flow-Steuer, wie sie das Leistungsfähigkeitsprinzip verlangt, beinhaltet somit, daß investive Aufwendungen erst im Zeitpunkt des Mittelabflusses zu berücksichtigen, dann aber auch sofort und vollständig abzuziehen sind[756]. Regelmäßige Abschreibungen über die Nutzungsdauer sowie Teilwertabschreibungen bei einem Wertverlust stellen dagegen auf eine Wertänderung im Stammvermögen ab, welche die Reinvermögensebene betreffen und daher nach Maßgabe der Cash-flow-Steuer unbeachtlich sind. Ebenso müssen auch Rückstellungen bewertet werden, die eine Aufwendung schon erfaßt, obwohl die erwartete Aus-

---

755 *Head*, Fisher-Kaldor Regained, FinArch N.F. Bd. 37 (1979), 193, 201ff; *Rose*, Konsumorientierte Neuordnung, StuW 1989, 191, 193; *Schneider*, Sofortabschreibung, in: John (Hrsg.) FS für Wöhe (1989), S. 315ff; *Richter/Wiegard*, Cash Flow Steuern, StuW 1990, 40, 40ff; *Kraft*, Steuergerechtigkeit und Gewinnermittlung (1991), S. 52; *Schwinger*, Einkommens- und konsumorientierte Steuersysteme (1991), S. 191ff; *Naust*, Konsumorientierte Steuerreform, FinArch N.F. Bd. 49 (1991/92), 500, 509ff; *Mitschke*, Steuerpolitik, in: Baron/Handschuch (Hrsg.), Wege aus dem Steuerchaos (1996), S. 95f; *Treisch*, Entscheidungsneutralität, SteuStud

756 *Schneider*, Sofortsabschreibung, in: John (Hrsg.), FS für Wöhe (1989), S. 315ff; *Schwinger*, Konsum oder Einkommen als Bemessungsgrundlage direkter Steuern?, StuW 1994, 39, 42ff; *Wagner*, Aufgabe der Maßgeblichkeit, DB 1998, 2073, 2077; *Hennrichs*, Maßgeblichkeitsgrundsatz, StuW 1999, 138, 153.

zahlung erst in der Zukunft erfolgt. Aus Sicht einer Kassenrechnung nimmt eine Rückstellung somit tatsächlich erst künftig entstehende Auszahlungen vorweg und läßt sich mit dem System der Cash-flow-Steuer nicht vereinbaren[757]. Mit den bilanzrechtlichen Instituten der Teilwertabschreibungen und der Rückstellungen würde der Steuergegenstand im Rahmen der Cash-flow-Steuer daher gerade mit zweierlei Maß bemessen, so daß ein Verstoß gegen das Gebot der Folgerichtigkeit gem. Art. 3 I GG vorläge.

Das Leistungsfähigkeitsprinzip gibt bei einer Entscheidung für eine Ermittlung des Steuergegenstandes auf Geldvermögensebene folglich den Mittelabfluß als Zeitpunkt der Erfassung von abzugsfähigen Aufwendungen vor.

Zu erwähnen bleibt noch, daß sich eine Ermittlung des Steuergegenstandes auf Geldvermögensebene nicht nur durch eine Cash-flow-Steuer umsetzen läßt. Möglich ist weiterhin eine kapitalwertgleiche Umperiodisierung dieser Cash-flow-Steuer, bei der eine Besteuerung des Zahlungssaldos dadurch erreicht wird, daß das auf Reinvermögensebene ermittelte Einkommen um die kalkulatorische Verzinsung des Eigenkapitals vermindert wird[758]. Durch dieses Vorgehen wird die in einer Kassenrechnung festzustellende Aufwandsvorverlagerung durch Teilwertabschreibungen und Rückstellungen neutralisiert, da die Abschreibungen den Einfluß auf den Barwert der Steuerzahlungen verlieren[759] und da Rückstellungen nicht zum schutzzinsfähigen Eigenkapital gerechnet werden[760]. Nach dieser sog. *zinsbereinigten Einkommensteuer*[761] werden abzugsfähige Aufwendungen im Ergebnis wiederum erst im Zeitpunkt des Mittelabflusses und mithin auf Geldvermögensebene erfaßt. Die formal noch bestehenden Institute zur Berücksichtigung von Wertveränderungen im Stammvermögen verlieren dadurch ihre Wirkung, so daß die Entscheidung für eine Ermittlung des Steuergegenstandes auf Geldvermögensebene folgerichtig umgesetzt und das Leistungsfähigkeitsprinzip konsequent verwirklicht wird.

Als Ergebnis bleibt festzuhalten, daß das Leistungsfähigkeitsprinzip für die Ermittlung des Steuergegenstandes auf Geldvermögensebene vorgibt, alle Elemente, welche Wertänderungen im Stammvermögen betreffen, aus dieser Ermittlung auszuschließen. Nur durch diese Konsequenz wird das

---

757 ebd.

758 *Wenger*, Gleichmäßigkeit der Besteuerung, FinArch N.F. Bd. 41 (1983), 207, 227ff; ders., Einkommensteuerliche Periodisierungsregeln, ZfB 1985, 723, 710; *Keil*, Das Verhältnis von direkten zu indirekten Steuern, StB 1996, Beil 4 zu Heft 11, 1, 1ff; *Wissel*, Einkünfteerzielungsabsicht (1997), S. 229; *Kiesewetter*, Zinsbereinigte Einkommensteuer (1999), S. 31ff.

759 *Wissel*, Einkünfteerzielungsabsicht (1997), S. 229; *Treisch*, Entscheidungsneutralität, SteuStud 2000, 368, 368ff.

760 *Kiesewetter*, Zinsbereinigte Einkommensteuer (1999), S. 43f.

761 *Keil*, Das Verhältnis von direkten zu indirekten Steuern, StB 1996, Beil. 4 zu Heft 11, 1, 1ff; *Wissel*, Einkünfteerzielungsabsicht (1997), S. 229; *Kiesewetter*, Zinsbereinigte Einkommensteuer (1999), S. 31ff.

Leistungsfähigkeitsprinzip als Gebot der Folgerichtigkeit in seiner verfassungsrechtlichen Dimension ausreichend beachtet.

bb) Entscheidung für eine Ermittlung auf Reinvermögensebene

Auf der anderen Seite verlangt das Leistungsfähigkeitsprinzip seine ebenso konsequente Umsetzung, wenn die Ermittlung des Steuergegenstandes auf Reinvermögensebene erfolgt. Dies bedeutet, daß der Zugang an Verfügungsmacht nicht als Zahlungsüberschuß anhand von Geldströmen zu bemessen ist, sondern sich bereits in Wertänderungen des Vermögensstammes ausdrückt. Insofern macht das Leistungsfähigkeitsprinzip als Gebot der Folgerichtigkeit die Vorgabe, daß schon Wertminderungen im Vermögen des Steuerpflichtigen abzugsfähige Aufwendungen darstellen[762].

Allerdings hat die Darstellung der bestehenden Theorien zum Steuergegenstand gezeigt[763], daß trotz einer Festlegung auf die Reinvermögensebene unterschiedliche Auffassungen darüber bestehen können, in welchem Zeitpunkt Wertänderungen als abzugsfähige Aufwendungen zu erfassen sind. Dabei steht die Position der Reinvermögenszugangstheorie, welche den Eintritt der Wertminderung genügen läßt[764], dem Ansatz der Markteinkommenstheorie gegenüber, nach welchem die Wertänderung erst durch einen Wertschöpfungsprozeß am Markt vollzogen werden muß[765]. Danach können Aufwendungen erst dann berücksichtigt werden, wenn sich ihre Sozialbindung im Sinne des Art. 14 II GG durch einen Austauschakt am Markt realisiert hat. Diese Aufwendungen schließen die Teilwertabschreibungen und Rückstellungen, welche Wertminderungen auch ohne eine solche Realisation erfassen, als bilanzrechtliche Instrumente bei der Ermittlung des Steuergegenstandes aus[766].

Gegen die Markteinkommenstheorie mit ihrer verfassungsrechtlichen Verankerung im Gedanken der Sozialbindung des Eigentums wurden bereits oben[767] vielfältige Argumente vorgebracht. In diesem Zusammenhang muß aber noch ein weiterer Mangel dieses Ansatzes zum Tragen kommen: Die Legitimation des Steuergegenstandes mit der Sozialbindung des Eigentums im Art. 14 II GG zwingt dazu, den Steuergegenstand als Vielzahl von gesonderten Eigentumsbezügen und –abgaben zu atomisieren[768]. Allerdings hat die oben[769] erfolgte

---

762 siehe oben S. 132.

763 siehe oben S. 132f.

764 siehe oben S. 159.

765 siehe oben S. 159f.

766 *Kirchhof,* Gutachten ‚Verhandlungen des 57. Deutschen Juristentages, Bd. I (1988), S. F43f; so auch der von *Kirchhof* maßgeblich mitgestaltete sog. Karlsruher Entwurf eines Steuergesetzes, welcher sowohl Teilwertabschreibungen als auch Verlustrückstellungen ausschließt (vgl. insbesondere §§ 7 und 11).

767 siehe oben S. 136f.

768 *Schön,* Steuerbilanz zwischen Handelsrecht und Grundgesetz, StuW 1995, 366, 373.

769 siehe oben S. 66ff.

Grundrechtsprüfung für die Verteilung der Steuerlast ergeben, daß die Wettbewerbsfreiheit im Sinne des Art. 12 I und 14 I GG sowie der Gleichheitssatz des Art. 3 I GG als verfassungsrechtliche Basis des Leistungsfähigkeitsprinzips einen einheitlichen Steuergegenstand fordern. Die Leistungsfähigkeit als Gesamtergebnis der Grundrechtsbetätigungen stellt sich mithin als synthetischer Steuergegenstand dar[770]. Dieser synthetische Charakter macht es aber unmöglich, aus der Verwendung einzelner Eigentumsobjekte eine verfassungsrechtliche Grundlegung der steuerlichen Gewinnermittlung abzuleiten[771]. Folglich kann durch einen bloßen Verweis auf die Markteinkommenstheorie die Beschränkung der abzugsfähigen Aufwendungen auf realisierte Wertminderungen nicht begründet werden[772].

Vielmehr ist zu fragen, welcher Zeitpunkt der Aufwendungserfassung eine folgerichtige Umsetzung des Leistungsfähigkeitsprinzips bedeutet. An dieser Stelle ist noch einmal auf den Ursprung der Leistungsfähigkeit zurück zu kommen, welcher in der Betätigung der wettbewerblichen Freiheiten der Art. 12 I und 14 I GG zu finden ist. Das Ergebnis dieser Grundrechtsausübung stellt sowohl die wettbewerbliche Ausgangslage im Sinne rechtlicher Chancengleichheit dar[773] als auch den Vergleichsmaßstab im Sinne der Gleichheitsprüfung des Art. 3 I GG[774]. Um bei der Verteilung der Steuerlast die Eigeninteressen der Steuerpflichtigen zu schützen, muß dieses Ergebnis so ermittelt werden, daß es die Leistungsfähigkeit des Steuerpflichtigen auch zuverlässig widerspiegelt[775]. Für den Bereich der Aufwendung bedeutet diese Vorgabe, daß schon das mit einer Aufwendung eingegangene Risiko zu berücksichtigen ist. Wenn erst auf die tatsächliche Realisierung dieses Risikos am Markt gewartet würde, bezöge der Steuergegenstand mit dem Risiko behaftetes und somit zweifelhaftes Vermögen ein. Ein solcher mit Unwägbarkeiten und Zweifeln behafteter Vermögenszuwachs ist aber noch kein zuverlässiges Ergebnis der Grundrechtsausübung und mithin kein sicherer Indikator wirtschaftlicher Leistungsfähig-

---

770 siehe oben S. 132.

771 *Schön*, Steuerbilanz zwischen Handelsrecht und Grundgesetz, StuW 1995, 366, 374.

772 So auch *Müller*, Imparitätsprinzip, DB 1996, 689, 694.

773 siehe oben S. 103.

774 siehe oben S. 79f.

775 *Pezzer*, Bilanzierungsprinzipien, DstJG Bd. 14 (1991), S. 14 und 22; *Kessler*, Imparitätsprinzip, DStR 1994, 1289, 1294; *Müller*, Imparitätsprinzip, DB 1996, 689, 694.

keit[776]. Statt dessen würden mit dieser Art der Ermittlung des Steuergegenstandes "Scheingewinne" besteuert[777].

Dieser Bezug zum verfassungsrechtlichen Ursprung der Leistungsfähigkeit macht deutlich, daß Aufwendungen die Leistungsfähigkeit bereits bei Eintritt der Wertminderung des Vermögens betreffen und schon in diesem Zeitpunkt zu erfassen sind. Folglich wird steuerliche Leistungsfähigkeit gerade nicht mit den bilanzrechtlichen Instrumenten der Teilwertabschreibung und der Rückstellung vorweggenommen, sondern diese bilden die Leistungsfähigkeit der Steuerpflichtigen auf der Reinvermögensebene folgerichtig ab[778]. Antizipiert werden statt dessen Auszahlungen, die aber im Rahmen dieser Rechenebene nicht von Bedeutung sind[779]. Insofern argumentiert die Kritik an Teilwertabschreibungen und an Rückstellungen, welche damit künftige Verluste vorgezogen sehen, auf der Geldvermögensebene und addiert folglich Elemente aus unterschiedlichen Besteuerungssystemen. Ein solches Vorgehen widerspricht aber gerade dem Leistungsfähigkeitsprinzip als Gebot der Folgerichtigkeit und ist somit unzulässig.

d) Ergebnis

Die vorstehende Erörterung hat gezeigt, daß das Leistungsfähigkeitsprinzip bezüglich der Ermittlung des Steuergegenstandes nicht vorgibt, ob sie auf Reinvermögens- oder auf Geldvermögensebene zu erfolgen hat. Allerdings verlangt das Leistungsfähigkeitsprinzip als Maßstab der rechtlichen Chancengleichheit gem. Art. 12 I und 14 I GG und als Vergleichsmaßstab gem. Art. 3 I GG, daß eine zwischen diesen Besteuerungssystemen getroffene Entscheidung folgerichtig umgesetzt wird.

---

776 ebd., hier liegt der Grund für die "Imparität der Verlustrealisation und der Gewinnrealisation", *Lang*, Bemessungsgrundlage (1988), S. 368.

777 Es "werden heute "Gewinne" errechnet und besteuert, die später nicht durch Einnahmen gedeckt sind, so daß praktisch Verluste besteuert werden.", *Schneider*, Sofortiger Verlustausgleich, WPg 1970, 68, 69; "Denn der Fiskus erliegt bei der Suche nach dem "wahren Gewinn" nur allzuleicht der Versuchung, Gewinne zu sehen, wo (noch) keine sind.", *Hüttemann*, Suche nach dem "wahren" Gewinn, Handelsblatt v. 14.01.1999, S. 39; *Jakobs/Lorbacher*, Verbot von Teilwertabschreibungen, GmbHR 1998, 1204, 1205; *Bordewin*, Rückstellungen, FR 1998, 226, 232; *Weilbach*, Imparitätsprinzip, BB 1999, 564, 564f; *Beiser*, Rückstellungen, DB 2001, 296, 296.

778 Sachs-*Osterloh* Art. 3 Rn 98; Hdb. des Staatsrechts-*Kirchhof* § 124 Rn 231; *Gottschalk*, Periodengerechte Gewinnermittlung (1972), S. 96; *Vogel*, Der Verlust des Rechtsgedankens im Steuerrecht, DStJG Bd. 12 (1989), 123, 138; *Schön*, Steuerbilanz zwischen Handelsrecht und Grundgesetz, StuW 1995, 366, 370f; *Raupach/Böckstiegel*, Verlustregelungen, FR 1999, 617, 619; *Tipke*, Steuerrechtsordnung, Bd. I (2000), S. 327; *Kirchhof*, Widerspruchsfreiheit, StuW 2000, 316, 322f; *Versin*, Rückstellungsbildung, StuB 2000, 1207, 1208.

779 Im Gegenteil würde die Ertragsteuer antizipiert, vgl. *Weilbach*, Imparitätsprinzip, BB 1999, 564, 565.

Für eine Erfassung abzugsfähiger Aufwendungen auf der Reinvermögensebene bedeutet dies Gebot der Belastungsgleichheit, daß bereits der Zeitpunkt der Wertminderung maßgeblich ist. Folglich sind Teilwertabschreibungen und Rückstellungen für diese Erfassung die konsequente Folge aus einer Besteuerung nach der Leistungsfähigkeit.

e) Das Leistungsfähigkeitsprinzip als Gebot der Folgerichtigkeit und das Konzept der Entscheidungsneutralität

An dieser Stelle ist zu prüfen, wie sich das Leistungsfähigkeitsprinzip als Gebot der Folgerichtigkeit zum wirtschaftlichen Konzept einer entscheidungsneutralen Besteuerung verhält. Wie gesehen, gibt das unmittelbar aus dem Leistungsfähigkeitsprinzip mit seiner verfassungsrechtlichen Verankerung im Gleichheitssatz des Art. 3 I GG und in den Freiheitsrechten der Art. 12 I und 14 I GG folgende Nettoprinzip vor, daß Erwerbsaufwendungen des Steuerpflichtigen bei der Ermittlung des Steuergegenstandes zu berücksichtigen sind[780]. Insofern stimmt das Nettoprinzip mit den Vorgaben des Konzepts der Entscheidungsneutralität überein[781]. Weiterhin ergibt sich aber auch die Notwendigkeit aus dem Nettoprinzip, den Zeitpunkt, in welchem diese Aufwendungen zu erfassen sind, zu bestimmen. Dabei kommt entweder eine Erfassung im Wege einer Kassenrechnung bei Mittelabfluß oder im Wege eines Vermögensvergleichs bei Minderung des Vermögensstammes in Betracht[782]. Die Entscheidung für eines dieser Systeme zur Ermittlung des Steuergegenstandes muß nach dem Leistungsfähigkeitsprinzip folgerichtig umgesetzt werden[783]. Bezüglich eines Zusammenhangs mit dem Konzept der Entscheidungsneutralität ist zu beachten, daß die in Frage stehenden Aufwendungen den Einsatz des Bürgers zur Erreichung seiner wirtschaftlichen Ziele und somit das von ihm eingegangene Risiko darstellen[784]. Ein solches Risiko ist stets mit unsicheren Erwartungen verbunden. Unter dieser Bedingung der Unsicherheit gibt es bisher noch kein strukturgleiches Abbild eines entscheidungsneutralen Steuersystems in Zahlen, sondern lediglich Modellannahmen[785]. Für die Ermittlung des Steuergegenstandes auf Geldvermögensebene wird dabei die Cash-flow-Steuer[786] beziehungsweise die zinsbereinigte[787] Einkommensteuer als Modell herangezogen, für eine Ermittlung auf Reinvermögensebene das Modell des ökonomischen Gewinns[788].

---

780 siehe oben S. 145f.
781 siehe oben S. 146f.
782 siehe oben S. 163f.
783 siehe oben S. 174f.
784 siehe oben S. 145f.
785 *Schneider*, Mängel in der ökonomischen Begründung, StuW 2000, 421, 430.
786 siehe oben Fn. 192.
787 siehe oben Fn. 199.
788 *Schneider*, Betriebswirtschaftslehre, Bd. 3 (1997), S. 621.

Auch wenn diese Modelle unter Unsicherheit noch Mängel aufweisen, dürfen sie nicht als unbrauchbar verworfen werden, sondern sind als die einzige Möglichkeit zu sehen, überhaupt wirtschaftliche Steuerbelastungen formal zu erfassen und damit den Bezug des Steuerrechts zu den Wirtschaftswissenschaften aufrecht zu erhalten[789].
Dabei ist festzustellen, daß auch das Konzept der Entscheidungsneutralität mit den geschilderten Modellen grundsätzlich zwei Möglichkeiten für die Bemessung des Zugangs an Verfügungsmacht als Zielgröße offen läßt, so daß entweder auf Geldvermögens- oder auf Reinvermögensebene angesetzt werden kann. Nur wenn das Besteuerungssystem diese Ebenen strikt trennt und nicht einzelne Elemente daraus beliebig kombiniert, entsteht ein "modellmäßiger Eichstrich"[790], der den Maßstab für die Ausgestaltung einer entscheidungsneutralen Besteuerung liefert[791]. Mithin ist sowohl im Rahmen des Leistungsfähigkeitsprinzips als auch im Konzept der Entscheidungsneutralität eine Entscheidung für die Ermittlung des Steuergegenstandes auf Geldvermögensebene oder auf Reinvermögensebene möglich. Diese Entscheidung ist dann im entscheidungsneutralen Modell ebenso folgerichtig umzusetzen wie nach dem Leistungsfähigkeitsprinzip, so daß die verfassungsrechtliche und die wirtschaftswissenschaftliche Betrachtungsweise im Gebot der Folgerichtigkeit ein gemeinsames Fundament finden.

II. Der Zeitraum der Leistungsfähigkeit

Weiterhin stellt sich noch die Frage, auf welchen Zeitraum sich die Leistungsfähigkeit eines Steuerpflichtigen bezieht, das heißt, welche Vorgaben das Leistungsfähigkeitsprinzip für die zeitraumbezogene Ermittlung des Steuergegenstandes macht.

1. Das Leistungsfähigkeitsprinzip als Abschnittsprinzip

Zunächst besteht die Möglichkeit, daß das Leistungsfähigkeitsprinzip die Ermittlung des Steuergegenstandes auf einen bestimmten Zeitabschnitt beschränkt, so daß nur die Leistungsfähigkeit dieser Teilperiode für die Verteilung der Steuerlast maßgeblich ist.
Diese Übereinstimmung des Leistungsfähigkeitsprinzips mit dem Abschnittsprinzip wird zum einen mit dem zeitlichen Zusammenhang zwischen

789 "Aber eine erste, ausbaufähige Antwort ist immer noch besser als gar keine Antwort", *Schneider*, Betriebswirtschaftslehre, Bd. 3 (1997), S. 621; ders., Mängel in der ökonomischen Begründung, StuW 2000, 421, 430.
790 *Schneider*, Mängel in der ökonomischen Begründung, StuW 2000, 421, 430;
791 *König*, Ungelöste Probleme, zfbf 1997, 42, 62.

Leistungsfähigkeit und dem individuellen Bedarf des Steuerpflichtigen begründet[792]. Weil steuerliche Leistungsfähigkeit erst jenseits dieses Bedarfs und damit jenseits des Existenzminimums beginne, müsse der Zeitraum dieses Bedarfs auch dem Zeitraum der Leistungsfähigkeitsbemessung entsprechen. Da die individuellen Lebensbedürfnisse gegenwärtig und akut seien, widerspreche eine Gesamtschau über einen längeren als den Jahreszeitraum dem Sozialstaatsprinzip.
Diese Ansicht geht davon aus, daß das Leistungsfähigkeitsprinzip im Sozialstaatsprinzip des Art. 20 I GG verfassungsrechtlich verankert und somit an die individuelle Bedürfnisbefriedigung des Steuerpflichtigen als Maßstab gebunden ist. Die oben[793] erfolgte Untersuchung der verfassungsrechtlichen Verortung hat aber gezeigt, daß sich die Inhalte und Ziele des Leistungsfähigkeitsprinzips und des Sozialstaatsprinzips gerade nicht entsprechen, sondern sich im Steuerrecht entgegengesetzt und abwägungsbedürftig gegenüberstehen. Folglich ist es verfehlt, eine Beschränkung der Leistungsfähigkeitsbemessung auf den Jahreszeitraum mit dem Hinweis auf das Sozialstaatsprinzip und dem daraus entwikkelten zeitlichen Zusammenhang zwischen Leistungsfähigkeit und individuellem Bedarf zu begründen.

Ein weiterer Begründungsansatz geht dagegen zutreffend von der verfassungsrechtlichen Verankerung des Leistungsfähigkeitsprinzips im Gleichheitssatz des Art. 3 I GG aus[794]. Diese Anbindung an den Gleichheitssatz mache deutlich, daß sich steuerliche Leistungsfähigkeit nur im Vergleich feststellen lasse, wobei es nicht allein auf die Vergleichbarkeit in der Sache, sondern auch auf die Vergleichbarkeit in der Zeit ankomme[795]. Dabei könnten aber nur einzelne Abschnitte wertend miteinander in Beziehung gesetzt werden, denn "Steuerpflichtige verdienen hier und heute ihr Geld"[796] und befänden sich in einer durch die Zeit bestimmten Chancen- und Risikogemeinschaft.
Dieser Gedanke der gegenwartsnahen Besteuerung findet nach der Markteinkommenstheorie auch eine Stütze in der Sozialbindung des Eigentums gem. Art. 14 II GG[797]. Danach ist es der Staat, der durch Bereitstellung des Marktmechanismus den gegenwärtigen Erwerbserfolg der Steuerpflichtigen ermöglicht. Dieser Beitrag legitimiert den Staat dazu, an diesem gegenwärtigen Erfolg durch die Besteuerung teilzunehmen, um seine Gegenwartsaufgaben

792 *Giloy*, Periodizität der Einkommensteuer, FR 1979, 133, 134 und 136.
793 siehe oben S. 66ff.
794 K/S-*Kirchhof* § 2 Rn H2, 15 und 21; *Schick*, Verlustrücktrag (1976), S. 13f; *Kirchhof*, Gutachten, Verhandlungen des 57. Deutschen Juristentages, Bd. I (1988), S. F75ff.
795 *Schick*, Verlustrücktrag (1976), S. 14.
796 *Schick*, Verlustrücktrag (1976), S. 14.
797 K/S-*Kirchhof* § 2 Rn H2, 15 und 21; *Kirchhof*, Gutachten, Verhandlungen des 57. Deutschen Juristentags, Bd. I (1988), S. F75ff.

weiter erfüllen zu können. Diese Legitimationsgrundlage rechtfertige nur eine Belastung der gegenwärtigen Leistungsfähigkeit, gebe also dem materiellen Steuergegenstand ein Zeitmaß vor[798].

Gegen eine Legitimation der Besteuerung durch den Gedanken der Sozialbindung sowie gegen eine Ermittlung des Steuergegenstandes nach der Markteinkommenstheorie wurden bereits oben[799] Einwände aus unterschiedlichen Aspekten vorgebracht. Entscheidend ist hier aber wiederum die oben[800] entwickelte verfassungsrechtliche Verankerung des Leistungsfähigkeitsprinzips im Gleichheitssatz des Art. 3 I GG und in den Freiheitsrechten der Art. 12 I und 14 I GG und damit der Ursprung der Leistungsfähigkeit in der Ausübung dieser Grundrechte. Die Steuer knüpft mit der Leistungsfähigkeit an das Ergebnis dieser Grundrechtsbetätigung an, ohne die wettbewerbliche Ausgangslage zu verändern. Die Wettbewerbsfreiheit überläßt es somit den Steuerpflichtigen zu entscheiden, ob und wann sie wettbewerbliche Aktivitäten ausüben wollen, ohne daß die Besteuerung in diese Freiheit eingreift. Insbesondere sind auch die Höhe und der Zeitpunkt des dabei eingegangenen Risikos und mithin der getätigten Investitionen in der Hand des Steuerpflichtigen[801]. Da die Leistungsfähigkeit das akzessorische Ergebnis einer Betätigung der Freiheitsgrundrechte gem. Art. 12 I und 14 I GG darstellt, bestimmt folglich allein der Zeitraum dieser Betätigung die Leistungsfähigkeit als Maßstab der Steuerlastverteilung. Die Festlegung eines bestimmten Abschnittes und die Beschränkung der Leistungsfähigkeit auf eine Teilperiode widerspricht somit schon dem freiheitsrechtlichen Fundament des Leistungsfähigkeitsprinzips.

Hinzu kommt, daß über den Aspekt der rechtlichen Chancengleichheit auch die Verbindung zum Gleichheitssatz des Art. 3 I GG herzustellen ist. Rechtliche Chancengleichheit bedeutet, daß für alle Steuerpflichtigen der gleiche Schutz ihrer Freiheitsrechte zu gewährleisten ist[802]. Dieser gleiche Schutz wird durch eine Erfassung des Steuergegenstandes nach dem Abschnittsprinzips aber gerade nicht erreicht, sobald ein Steuerpflichtiger sich für das wettbewerbliche Risiko in Form von Investitionen derart entscheidet, daß in dem fraglichen Abschnitt kein positives, sondern ein negatives Ergebnis entsteht[803]. Zwar fällt in diesem Abschnitt keine Steuer an, aber das durch die Investitionen in folgenden Perioden erzielte Ergebnis wird ohne Rücksicht auf die zuvor getätigten Aufwendungen als Steuergegenstand herangezogen. Somit übersteigt die Summe aller steuerlich erfaßten Abschnitte das tatsächlich erwirtschaftete Totalergeb-

---

798 K/S-*Kirchhof* § 2 Rn H22.
799 siehe oben S. 136f.
800 siehe oben S. 66ff.
801 siehe oben S. 104f.
802 siehe oben S.103.
803 *Birtel*, Die Zeit im Einkommensteuerrecht (1985), S. 156.

nis[804]. Es wird also deutlich, daß schwankende Einkommen, die etwa aus riskanten Investitionen und Tätigkeiten resultieren, durch eine Abschnittsbesteuerung gegenüber gleichmäßigen Einkommen benachteiligt werden[805]. Sobald also eine Diskrepanz zwischen dem Rhythmus der Erfolgsentwicklung und der Länge des Besteuerungsabschnittes besteht[806], kommt es durch diese künstliche Abschnittsbildung zu Ungleichbehandlungen zwischen den Steuerpflichtigen. Damit führt auch die verfassungsrechtliche Verortung des Leistungsfähigkeitsprinzips in Art. 3 I GG dazu, daß nicht nur die Leistungsfähigkeit einer Teilperiode für die Ermittlung des Steuergegenstandes maßgeblich ist, sondern daß die gesamte Dauer der Grundrechtsausübung den Steuergegenstand prägen muß. Der freiheits- und gleichheitsrechtliche Ursprung der Leistungsfähigkeit verbietet folglich nicht nur eine sachliche Schedulensteuer, sondern auch eine Schedulensteuer im zeitlichen Sinne[807], so daß der Steuergegenstand auch in der Zeit synthetisch zu erfassen ist.
Es hat sich gezeigt, daß das Prinzip der Abschnittsbesteuerung nicht im Einklang mit dem Leistungsfähigkeitsprinzip steht, sondern es im Gegenteil gerade durchbricht.

2. Das Abschnittsprinzip als Durchbrechung des Leistungsfähigkeitsprinzips

Auch die Rechtsprechung des Bundesverfassungsgerichts[808] sieht dieses Spannungsverhältnis zwischen einer Jahresbesteuerung nach dem Abschnittsprinzip, die in § 2 VII 1 EStG[809] festgeschrieben ist, und einer Verteilung der Steuerlast nach der wirtschaftlichen Leistungsfähigkeit. Bei der Normierung konkreter Sachverhalte müsse der Gesetzgeber diesen Widerstreit in einer Abwägung entscheiden, wobei wegen der Gleichrangigkeit beider Prinzipien lediglich eine willkürliche Regelung das Leistungsfähigkeitsprinzip und somit den Gleichheitssatz im Sinne des Art. 3 I GG verletzte[810].

---

804 *Schmidlin*, Prinzip der Periodizität (1956), S. 220; *Orth*, Interperiodische Verlustkompensation (1980), S. 115; *Grotherr*, Verlustvor- und -rücktrag, BB 1998, 2337, 2341; *Schwendy*, Verlustausgleich und Verlustabzug, INF 1998, 737, 737.

805 *K/S-v. Groll* § 10d Rn A10f; *Strohmer*, Die Bürgersteuer, FR 1988, 434, 438; *Grotherr*, Verlustvor- und –rücktrag, BB 1998, 2337, 2341.

806 *Kröner*, Verrechnungsbeschränkte Verluste (1986), S. 117.

807 *Wosnitza*, Beschränkung der Verlustverrechnung, StuB 2000, 763, 769; vgl. auch *Treisch*, Einkommensmessung, DBW 2001, 306, 316: "Die Konkretisierung des Leistungsfähigkeitsprinzips durch eine bestimmte Ausprägung des Merkmals Totalerfolg greift zu kurz. Vielmehr muss auch die Auspräung des Merkmals Periodisierung festgelegt werden.".

808 BVerfG v. 03.06.1987, 1 BvL 5/81, E 75, 361, 367; v. 20.12.1989, 1 BvR 1268/89, HFR 1990, 517, 517; v. 22.07.1991, 1 BvR 313/88, DStR 1991, 1278, 1278f.

809 §2 VII 1 EStG lautet: "Die Einkommensteuer ist eine Jahressteuer.".

810 BVerfG v. 22.07.1991, 1 BvR 313/88, DStR 1991, 1278, 1278.

Gegen diese Rechtsprechung bezüglich der Anwendung des Gleichheitssatzes im Steuerrecht wurden oben[811] bereits einige Kritikpunkte vorgebracht. An dieser Stelle kommt allerdings noch hinzu, daß schon an der Gleichrangigkeit des Abschnittsprinzips und des Leistungsfähigkeitsprinzips Zweifel bestehen. Um mit dem Leistungsfähigkeitsprinzip auf einer Stufe zu stehen, müßte das Jahressteuerprinzip im Sinne des § 2 VII 1 EStG Verfassungsrang besitzen. Ein solcher Verfassungsrang wird dabei aus dem Gedanken der Rechtssicherheit, das heißt aus dem Rechtsstaatsprinzip im Sinne des Art. 20 GG abgeleitet[812]. Wie bereits angesprochen[813], verlangt das Rechtsstaatsprinzip im Steuerrecht, daß der Steuerpflichtige nur aufgrund objektiv faßbarer Normen belastet wird, so daß die Regeln für die Ermittlung des Steuergegenstandes klar und überschaubar sein müssen. Diese greifbare Meßbarkeit hat aber nicht zwingend zur Folge, daß sich die Ermittlung des Steuergegenstandes jeweils auf den Abschnitt von einem Jahr beschränkt. Es kann vielmehr nicht vorausgesetzt werden, daß eine kontrollierte Erfassung des Steuergegenstandes über diesen Abschnitt hinaus unmöglich ist, da insbesondere die Aufzeichnungspflichten der Steuerpflichtigen schon heute eine längerfristige Kontrolle gewährleisten.
Folglich sind zwar bei der Normierung konkreter Sachverhalte das Leistungsfähigkeitsprinzip und die Rechtssicherheit als Bestandteil des Rechtsstaatsprinzips gegeneinander abzuwägen[814]; eine Jahressteuer im Sinne des Abschnittsprinzips läßt sich dem Rechtsstaatsprinzip aber nicht entnehmen[815].
Damit bleibt als Begründung für das Abschnittsprinzips nur noch der Hinweis darauf, daß der Staat auf regelmäßige, jährliche Steuereingänge angewiesen ist, um seinen Aufgaben nachkommen zu können[816]. Diese "Rechtssicherheit für den Staat" findet aber keine Verankerung in Art. 20 GG, weil das Rechtsstaatsprinzip – ebenso wie die Grundrechte[817] – die Bürger und nicht den Staat schützt[818]. Es bleibt also festzuhalten, daß eine Jahressteuer im Sinne des Abschnittsprinzips ein technisches, budgetäres Prinzips darstellt und nicht materi-

---

811 siehe oben S. 115ff.

812 BVerfG v. 22.07.1991, 1 BvR 313/88, DStR 1991, 1278, 1278; vgl. auch *Lang*, Bemessungsgrundlage (1988), S. 188; *Arndt/Jenzen*, Verlustverrechnung, DStR 1998, 1818, 1821.

813 siehe oben S. 156f.

814 So schon für den Bereich der Liebhaberei, siehe oben S. 154.

815 vgl. Hdb. der Finanzwissenschaft-*Andel*, Bd. II, 3. Auflage (1980), S. 368.

816 K/S-*Kirchhof* § 2 Rn H21; *Schmidlin*, Prinzip der Periodizität (1956), S. 15; *Birtel*, Die Zeit im Einkommensteuerrecht (1985), S. 159; *Lang*, Bemessungsgrundlage (1988), S. 186.

817 vgl. nur Dreier-*Dreier* Vorb. Rn 77; v. Mangoldt/Klein/Starck-*Starck* Art. 1 Abs. 3 Rn 147f.

818 Dreier-*Schulze-Fielitz* Art. 20 (Rechtsstaat) Rn 207; Maunz/Dürig-*Herzog* Art. 20 (Rechtsstaatlichkeit) Rn 83; v. Mangoldt/Klein/Starck-*Sommermann* Art. 20 Rn 277.

ell in der Verfassung verortet ist[819]. Eine Jahressteuer ist insofern als Vorauszahlung zu verstehen, die herabzusetzen ist, wenn die tatsächliche Leistungsfähigkeit als Ergebnis der Grundrechtsbetätigung im Verlauf der Zeit eine Überzahlung der Steuer erkennen läßt[820].
Folglich ist das Zurückstellen des Leistungsfähigkeitsprinzips unter Berufung auf das Abschnittsprinzip nicht zulässig, sondern eine solche Durchbrechung muß im konkreten Einzelfall durch eine Prüfung und Abwägung mit dem Gedanken der Rechtssicherheit gem. Art. 20 GG gerechtfertigt werden.

3. Ergebnis

Diese Untersuchung hat gezeigt, daß sich die Leistungsfähigkeit ihrem verfassungsrechtlichen Ursprung nach auf die gesamte Dauer der Grundrechtsbetätigung der Steuerpflichtigen bezieht, also auch zeitlich einen synthetischen Steuergegenstand vorgibt. Diese Besteuerung nach der Leistungsfähigkeit kann auch nicht durch bloße Berufung auf das Abschnittsprinzip durchbrochen werden, da dieses keinen Verfassungsrang genießt, sondern ein technisches Prinzip darstellt. Vielmehr ist für den konkreten Sachverhalt das Leistungsfähigkeitsprinzip mit den Vorgaben der Rechtssicherheit im Sinne des Rechtsstaatsprinzips im Wege praktischer Konkordanz auszugleichen.

---

819 *Lang*, Das Steuerrecht als Fach einer rechtswissenschaftlichen Ausbildung, StuW 1976, 76, 81; ders., Bemessungsgrundlage (1988), S. 187; *Sachse*, Abschnittsbesteuerung (1977), S. 19; *Mohr*, Zeitliche Begrenzung des Verlustvortrags, BB 1987, 1326, 1327; *Paus*, Ist § 10d EStG verfassungswidrig?, BB 1988, 184, 185; *v. Groll*, §10d EStG im System des Einkommensteuerrechts, in: Crezelius/Raupach/Schmidt/Uelner (Hrsg.), FS für Haas (1996), S. 156; *Tipke/Lang*, Steuerrecht (2000), S. 224;

820 *Ritter*, Verluste, FR 1978, 397, 398.

Teil 4: Die Bedeutung des Leistungsfähigkeitsprinzips für das System des Verlustausgleichs

Nachdem somit die inhaltlichen Vorgaben des Leistungsfähigkeitsprinzips herausgestellt wurden, kann dessen Bedeutung für konkrete Bereiche der Einkommensbesteuerung am Beispiel des Systems des Verlustausgleichs nachvollzogen werden.

A. Horizontaler Verlustausgleich

Ausgangspunkt einer Beurteilung des Verlustausgleichs ist hier das oben[821] dargestellte Nettoprinzip. Durch die verfassungsrechtliche Verankerung des Leistungsfähigkeitsprinzips in den Freiheitsrechten der Art. 12 I und 14 I GG[822] sowie im Gleichheitssatz gem. Art. 3 I GG[823] leitet sich der Schutz der Eigeninteressen der Bürger dahingehend ab, daß der Staat mit der Besteuerung an das Ergebnis ihrer Grundrechtsbetätigung anknüpft. Dieser grundrechtliche Schutz verbietet es dem Staat, die entstandenen Wettbewerbsverhältnisse und damit auch die Entscheidungen der Steuerpflichtigen für oder gegen das Eingehen eines Risikos zu beeinflussen[824]. Die Interessen der Steuerpflichtigen kommen folglich nur durch die Berücksichtigung dieses Risikos zur Geltung, so daß im Rahmen der Grundrechtsausübung getätigte Erwerbsaufwendungen die wirtschaftliche Leistungsfähigkeit zwangsläufig mindern[825]. Diese als Nettoprinzip bezeichnete Verrechnung der Einnahmen mit den Aufwendungen ergibt sich mithin als unmittelbare Folge aus dem Leistungsfähigkeitsprinzip, wobei auch die Entscheidung über die Höhe der Aufwendungen in der Hand der Steuerpflichtigen liegt[826]. Das Nettoprinzip birgt folglich die Möglichkeit in sich, daß der Steuerpflichtige Aufwendungen tätigt, denen keine entsprechenden

---

821 siehe oben S. 145ff.
822 siehe oben S. 98ff.
823 siehe oben S. 71ff.
824 siehe oben S. 145.
825 ebd.
826 siehe oben S. 145f.

Einnahmen gegenüberstehen, so daß sich Verluste als direkte Konsequenz des Nettoprinzips ergeben können[827].
Bei der Behandlung dieser Verluste ist zunächst zu beachten, daß das Einkommensteuergesetz keinen einheitlichen Tatbestand zur Erfassung des Steuergegenstandes kennt, sondern diesen gem. § 2 I EStG mit Hilfe von sieben unterschiedlichen Einkunftsarten ermittelt. Dies bedeutet, daß die Ergebnisse, welche die Steuerpflichtigen durch ihre wirtschaftlichen Aktivitäten erzielen, jeweils einer dieser Einkunftsarten zuzuordnen sind, wobei eine Einkunftsart durchaus die Ergebnisse verschiedener Aktivitäten – sogenannter Einkunftsquellen[828] – zusammenfassen kann. Bezüglich dieser Zuordnung müssen hier die Folgen des Leistungsfähigkeitsprinzips für den Steuergegenstand herangezogen werden. Die oben[829] erfolgte Grundrechtsprüfung ergab dabei, daß sich die Leistungsfähigkeit des Steuerpflichtigen als Gesamtergebnis seiner durch Art. 12 I und 14 I GG geschützten Aktivitäten ergibt und daß die Steuerlast auf diese Aktivitäten im Rahmen des Art. 3 I GG mittels eines einheitliche Vergleichsmaßstabs zu verteilen ist. Eine Differenzierung der Besteuerung nach dem Ursprung der Verfügungsmacht widerspräche der rechtlichen Chancengleichheit, so daß es dem Gesetzgeber nicht freisteht, bei der Zusammenfassung einzelner wirtschaftlicher Tätigkeiten zu einer Einkunftsart die Leistungsfähigkeit für diese Tätigkeiten jeweils abschließend zu messen[830]. Vielmehr erfordert das Leistungsfähigkeitsprinzip, die Einkunftsart als Gesamtergebnis der ihr zugeordneten Einkunftsquellen zu ermitteln, so daß sowohl positive als auch negative Ergebnisse dieser Quellen zusammenzufassen sind.
Eine derartige Saldierung der Ergebnisse ist daher die unmittelbare Folge des dargestellten verfassungsrechtlichen Ursprungs der Leistungsfähigkeit, so daß die Verlustverrechnung innerhalb der Einkunftsart dem Leistungsfähigkeitsprinzip entspricht[831]. Diese Verrechnung innerhalb der Einkunftsarten wird auch als horizontaler Verlustausgleich bezeichnet[832]. Dieser horizontale Ver-

---

827 *Schulze-Osterloh*, Gute Verluste – Böse Verluste, JbFSt 1984/85, 267, 268; *Bühr*, Verlustverrechnungsbeschränkungen (1993), S. 9; *Mössner*, Beschränkungen des Verlustausgleichs, DStJG 17 (1994), 231, 240; *Reiff*, Verlustabzug im Lichte des Gleichheitsgrundrechts, DStZ 1998, 858, 859; *Arndt/Jenzen*, Verlustverrechnung, DStR 1998, 1818, 1820; *Raupach/Böckstiegel*, Verlustregelungen des Steuerentlastungsgesetzes, FR, 1999, 617, 617ff; *Haarmann*, Der Verlust im Steuerrecht, JbFSt 1999/2000, 187, 192; *Tipke/Lang*, Steuerrecht (2000), S. 231.

828 *Mössner*, Beschränkungen des Verlustausgleichs, DStJG 17 (1994), 231, 240 m.w.N.

829 siehe oben S. 104.

830 siehe oben S. 132.

831 so auch *Haarmann*, Der Verlust im Steuerrecht, JbFSt 1999/2000, 187, 192; *Tipke/Lang*, Steuerrecht (2000), S. 231.

832 *Bühr*, Verlustverrechnungsbeschränkungen (1993), S: 8; *Mössner*, Beschränkungen des Verlustausgleichs, DStJG 17 (1994), 231, 240; *Tipke/Lang*, Steuerrecht (2000), S. 231.

lustausgleich ist ein integraler Bestandteil einer Besteuerung nach der Leistungsfähigkeit, so daß Normen, welche diesen Verlustausgleich betreffen, auf ihre Vereinbarkeit mit dem Leistungsfähigkeitsprinzip hin überprüft werden können. Hierin zeigt sich die oben[833] angesprochene Funktion des Leistungsfähigkeits-prinzip als aus der Gerechtigkeitsidee abgeleitetes und in der Verfassung verankertes Rechtsprinzip, mit dem die Sachgesetzlichkeit und die Verfassungsmäßigkeit konkreter Normen untersucht werden kann.

I. Das Verlustverrechnungsverbot des § 22 Nr. 3 S. 3 a. F. EStG

Ein Beispiel für eine den horizontalen Verlustausgleich betreffende Norm, welche am Maßstab einer Steuerlastverteilung nach der wirtschaftlichen Leistungsfähigkeit zu bewerten ist, stellt § 22 Nr. 3 S. 3 a. F EStG.[834] dar. § 22 Nr. 3 EStG regelt die Besteuerung von Einkünften aus sonstigen Leistungen und dabei insbesondere die Vermietung von beweglichen Sachen. Für den Verlustausgleich normierte § 22 Nr. 3 S. 3 a. F. EStG :
"Übersteigen die Werbungskosten die Einnahmen, so darf der übersteigende Betrag bei der Ermittlung des Einkommens nicht ausgeglichen werden;".
Im Ergebnis war damit jede Berücksichtigung eines Verlustes aus diesen Einkünften untersagt, das heißt auch der Abzug von Verlusten innerhalb derselben Einkunftsart wurde ausgeschlossen[835].
Um die Vereinbarkeit des § 22 Nr. 3 S. 3 a. F. EStG mit dem Leistungsfähigkeitsprinzip zu untersuchen, muß der geregelte Sachverhalt zunächst in die oben[836] entwickelte, verfassungsrechtliche Systematik eingeordnet werden. Mit dem Vermieten beweglicher Sachen im Sinne des § 22 Nr. 3 EStG wird vorhandenes Eigentum im Rahmen einer Erwerbstätigkeit genutzt, so daß eine wettbewerbliche Aktivität vorliegt, welche von den Freiheitsrechten gem. Art. 12 I und 14 I GG erfaßt wird. Der durch diese Wettbewerbsfreiheit gewährte Schutz erkennt auch das vom Steuerpflichtigen mit der Vermietung eingegangene Risiko an, so daß getätigte Aufwendungen seine Leistungsfähigkeit mindern. Diese Leistungsfähigkeitsminderung ist dabei als Ergebnis der wirtschaftlichen Aktivitäten Bestandteil der wettbewerblichen Ausgangslage, welche als Zustand rechtlicher Chancengleichheit nicht nur freiheitsrechtlich geschützt ist, sondern auch eine Verortung in Art. 3 I GG findet. Der Gleichheitssatz gewährt allen

---

833 siehe oben S. 98 und 156f.
834 BGBl 1997 I, 821.
835 Schmidt-*Heinicke* § 22 EStG Rn 143ff; *Take/Take*, Anmerkung zu BVerfG v. 30.09.1998, 2 BvR 1818/91, DStR 1998, 1746, 1746; *Woring*, Verfassungsrechtliche Zulässigkeit von Einschränkungen der Verlustverrechnung, NWB Fach 3, 10717, 10719; *Luttermann*, Anmerkung zu BVerfG v. 30.09.1998, 2 BvR 1818/91, FR 1998, 1032, 1032f.
836 siehe oben S. 69ff.

Steuerpflichtigen den gleichen Schutz ihrer Freiheitsrechte[837], unabhängig durch welche Tätigkeit diese Rechte im einzelnen ausgeübt werden.
Insofern greift das Nettoprinzip als unmittelbare Folge des derart verankerten Leistungsfähigkeitsprinzips auch bei einer Tätigkeit nach § 22 Nr. 3 EStG uneingeschränkt ein, so daß dabei getätigte Aufwendungen im Rahmen der Ermittlung des Steuergegenstandes zu beachten sind.
Allerdings wurde die Geltung des Nettoprinzips durch die Vorschrift des § 22 Nr. 3 S. 3 a. F. EStG vollständig ausgeschlossen, indem sie jeglichen Verlustausgleich auch innerhalb der Einkunftsart untersagte. Dieses Verbot des horizontalen Verlustausgleichs für eine einzelne wirtschaftliche Aktivität im Sinne des § 22 Nr. 3 EStG versagt den Steuerpflichtigen ihren grundrechtlichen Schutz dadurch, daß die Steuerlast nicht nach der – durch die aufgrund des Verlustes geminderten – Leistungsfähigkeit verteilt wird. Dabei wird das Leistungsfähigkeitsprinzip nicht durch ein anderes Prinzip durchbrochen, was gegebenenfalls im Wege einer Abwägung zu rechtfertigen wäre[838], sondern die Geltung des Leistungsfähigkeitsprinzips wird von vornherein vollständig ausgeschlossen.
Diese Bewertung am Maßstab der Steuerlastverteilung nach der wirtschaftlichen Leistungsfähigkeit zeigt, daß die Regelung des § 22 Nr. 3 S. 3 a. F. EStG nicht den verfassungsrechtlichen Vorgaben des Leistungsfähigkeitsprinzips entsprach.
Zu diesem Ergebnis kam 1998 auch das Bundesverfassungsgericht[839], welches im völligen "Ausschluß der Verlustverrechnung bei laufenden Einkünften aus der Vermietung beweglicher Gegenstände nach § 22 Nr. 3 Satz 3 EStG" einen Verstoß gegen das Gleichbehandlungsgebot des Art. 3 I GG sah. Auf die in der Verfassungsbeschwerde ebenfalls gerügten Freiheitsrechte der Art. 12 und 14 GG ging das Gericht nicht mehr ein[840], weil die Beschwerde schon mit Art. 3 I GG begründet war. Diese Begründung des Gerichts stützt sich allerdings auf die "von der Rechtsgemeinschaft eröffneten Märkte" als Belastungsgrund, so daß mit dem Gedanken der Sozialbindung gem. Art. 14 II GG und folglich mit der

---

[837] siehe oben S. 102ff.
[838] siehe oben S. 84.
[839] BVerfG v. 30.09.1998, 2 BvR 1818/91, DB 1998, 2247ff; die Vorschrift des § 22 Nr. 3 EStG wurde daraufhin durch das Steuerentlastungsgesetz entsprechend geändert (BGBl 1999 I, 402).
[840] vgl. *Woring*, Verfassungsrechtliche Zulässigkeit von Einschränkungen der Verlustverrechnung, NWB Fach 3 10717, 10719.

Markteinkommenstheorie argumentiert wird[841]. Die vielfältigen, grundsätzlichen Mängel dieses Ansatzes wurden oben[842] bereits aufgezeigt. Insofern festigt der Beschluß des Bundesverfassungsgerichts zwar die verfassungsrechtliche Bedeutung des Leistungsfähigkeitsprinzips mit dem Nettoprinzip und dem Verlustausgleich als Bestandteilen, er schöpft aber die argumentatorischen Möglichkeiten des Gerichts nicht aus. Daher ist der Beschluß außerhalb dieses Sonderfalls eines vollständigen Ausschlusses des horizontalen Verlustausgleichs in seiner allgemeinen Bedeutung limitiert[843].

II. Das Verlustverrechnungsverbot des § 2b EStG

Als weiteres Beispiel einer Regelung, welche den horizontalen Verlustausgleich betrifft, kann die Vorschrift des § 2b EStG herangezogen werden. § 2b S. 1 EStG lautet:

"Negative Einkünfte auf Grund von Beteiligungen an Gesellschaften oder Gemeinschaften oder ähnlichen Modellen dürfen nicht mit anderen Einkünften ausgeglichen werden, wenn bei dem Erwerb oder der Begründung der Einkunftsquelle die Erzielung eines steuerlichen Vorteils im Vordergrund steht."

Sind also die Voraussetzungen des § 2b EStG erfüllt, so dürfen Verluste aus solchen Verlustzuweisungsmodellen nur noch mit positiven Einkünften aus diesen Modellen ausgeglichen werden. Der horizontale Verlustausgleich mit anderen Einkünften derselben Einkunftsart, die nicht aus Verlustzuweisungsmodellen stammen, wird folglich ausgeschlossen[844].

Um diese Norm anhand des Leistungsfähigkeitsprinzips zu bewerten, muß zunächst geprüft werden, ob das Leistungsfähigkeitsprinzip durch die in § 2b

---

841 BVerfG v. 30.09.1998, 2 BvR 1818/91, DB 1998, 2247, 2248; in diesem Zusammenhang muß beachtet werden, daß mit Kirchhof der Mitbegründer und Hauptvertreter der Markteinkommenstheorie (siehe oben S. 136) maßgeblich an dieser Entscheidung beteiligt war; vgl. *Birk/Kulosa*, Verfassungsrechtliche Aspekte des Steuerentlastungsgesetzes, FR 1999, 433, 440.

842 siehe oben S. 135ff, vgl. speziell zu § 22 Nr. 3 EStG *Weber-Grellet*, Verlustabzug bei sonstigen Einkünften, DStR 1998, 1781, 1782.

843 vgl. dazu die Verfügung der OFD Düsseldorf vom 06.07.1999, S 2256 A – St 121, NJW 2000, 195, 195, welche die bundeseinheitliche Verwaltungsauffassung ausdrückt. Nach dieser Verfügung ist der Beschluß des Bundesverfassungsgerichts auf § 22 Nr. 3 EStG zu beschränken und hat keine Geltung in anderen Bereichen ohne den vollständigen Ausschluß des Verlustausgleichs, insbesondere nicht für § 23 III 4 EStG.

844 *Raupach/Böckstiegel*, Verlustregelungen des Steuerentlastungsgesetzes, FR 1999, 557, 567; *Risthaus*, Geänderte Verlustverrechnungsmöglichkeiten, DB 1999, 605, 605; *Günkel*, Ausgewählte Fragen zum Steuerentlastungsgesetz, DStR 1999, 649, 660; *Kohlhaas*, Verlustzuweisungsgesellschaften, FR 504, 508ff; *Brandenberg*, Neuralgische Punkte der Einschränkung der Verlustverrechnung, StbJb 1999/2000, 267, 283.

EStG geregelten Verluste überhaupt betroffen ist, weil der Steuerpflichtige seine Tätigkeit dabei zur Generierung dieser Verluste instrumentalisiert. Dazu wurde oben[845] bereits festgestellt, daß der Staat die Besteuerung akzessorisch an das Ergebnis der Grundrechtsausübung der Steuerpflichtigen knüpfen muß. Die Steuerlastverteilung nach der Leistungsfähigkeit als Ergebnis eines marktmäßigen Wettbewerbs ist der Reflex einer freiheitlichen Wirtschaftsordnung und akzeptiert die Art und Höhe der getätigten Aufwendungen im Rahmen dieser Freiheitsausübung. Damit bewirkt auch die bewußte Übernahme eines Verlustes eine Minderung der Leistungsfähigkeit, welche im Steuergegenstand zu berücksichtigen ist[846].

Allerdings hat die oben[847] erfolgte Untersuchung ergeben, daß der Staat durch diese Berücksichtigung an dem bewußt generierten Verlust teilnimmt, so daß der Verlust nicht nur den Wohlstand in der Person des Steuerpflichtigen, sondern vielmehr den allgemeinen Wohlstand betrifft. Zur Hebung und Ausbreitung dieses allgemeinen Wohlstands ist der Staat aber nach dem Sozialstaatsprinzip gem. Art. 20 I GG verpflichtet[848]. Indem § 2b EStG also die Verrechnung von Verlusten aus Verlustzuweisungsmodellen ausschließt, verhindert er die Teilnahme des Staates an diesen Verlusten und mithin die allgemeine Wohlstandsminderung.

Die verfassungsrechtliche Bewertung des § 2b EStG erfordert folglich eine Abwägung zwischen dem Leistungsfähigkeitsprinzip und dem Sozialstaatsprinzip.

Dazu muß zunächst geklärt werden, wie die von § 2b EStG betroffenen Verluste entstehen. Die Gründe für diese Verlustentstehung gehen zurück auf das in den letzten Jahrzehnten in Deutschland bestehende Hochsteuersystem[849]. Die Kontrollratsgesetzgebung der Besatzungsmächte nach dem 2. Weltkrieg widersetzte sich einer Steuersenkung beharrlich, so daß es zeitweilig zu einem Spitzensteuersatz von 95 % kam. Da die Unternehmen aber auch im Interesse des Staates einen finanziellen Spielraum für den Wiederaufbau in der Nachkriegszeit benötigten, blieb nur noch eine "Tarifsenkung durch die Hintertür"[850], das heißt eine Verringerung der Bemessungsgrundlage durch Steuervergünstigungen, welche

---

845 siehe oben S. 129ff.

846 siehe oben S. 156ff.

847 siehe oben S. 157.

848 siehe oben S. 91.

849 *Raupach*, Niedergang des deutschen Einkommensteuerrechts, Möglichkeiten der Neubesinnung, in: Raupach/Tipke/Uelner (Hrsg.), Niedergang oder Neuordnung des deutschen Einkommensteuerrechts (1985), S. 15, 108; *Dziadkowski*, 50 Jahre "demokratischer" Einkommensteuertarif, BB 1996, 1193, 1193 und 1196; *Raupach/Böckstiegel*, Verlustregelungen des Steuerentlastungsgesetzes, FR 1999, 487, 490.

850 *Raupach/Böckstiegel*, Verlustregelungen des Steuerentlastungsgesetzes, FR 1999, 487, 490.

in Form von Sonderabschreibungen, erhöhten Absetzungen und steuerfreien Rücklagen Investitionsanreize schaffen sollten. So entstand ein vielfältiges System an Sonderregelungen, die bald nicht mehr nur zum Kernbereich des Unternehmens gehörende Tätigkeiten begünstigten[851].
Insbesondere wurde diese Steuerpolitik auch im Zuge des "Aufbau Ost"[852] wiederbelebt, um Investitionen in den neuen Bundesländern zu fördern. Dieses Ziel läßt sich mit den genannten Steuervergünstigungen nur wirksam erreichen, wenn die Steuerpflichtigen die dadurch entstandenen Verluste durch eine Verrechnung mit positiven Einkünften auch zur Senkung ihrer Bemessungsgrundlage und damit ihrer Steuerlast nutzen können[853], so daß Mittel für die gewollten Investitionen frei werden. Bei den Steuervergünstigungen, welche den Verlust generieren, handelt es sich folglich um Lenkungsnormen, mit deren Hilfe die Hebung und Ausbreitung des Wohlstands für die Bürger erreicht werden soll[854]. Um eine soziale Steuerung des Wettbewerbs vorzunehmen, werden am Markt entstandenen Spannungen Instrumente der lenkenden Gestaltung entgegengehalten. Die in § 2b EStG geregelten Verluste sowie ihre Nutzung im Wege der Verlustverrechnung sind mithin durch Lenkungsnormen im Sinne des Sozialstaatsprinzips gem. Art. 20 I GG begründet.
Diese verfassungsrechtlich verankerte Ursache der Verlustentstehung ist von entscheidender Bedeutung für die Bewertung des § 2b EStG im Rahmen der Abwägung des Leistungsfähigkeitsprinzips mit dem Sozialstaatsprinzip. Es ist festzustellen, daß im Sozialstaatsprinzip sowohl die Entstehung der Verluste durch die erörterten Lenkungsnormen verortet ist, es aber auch als Begründung für das Verlustverrechnungsverbot in § 2b EStG herangezogen wird, indem die Abwälzung der eigenen Wohlstandsminderung durch unerwünschte Steuersparmodelle auf den Staat verhindert werden soll[855].
Das Sozialstaatsprinzip ist also gleichzeitig Ursache für die Entstehung und die Bekämpfung der in § 2b EStG betroffenen Verluste und wird somit vom Ge-

---

851 Ein Beispiel ist die sog. "Oetker'sche Puddingflotte", die aus der Inanspruchnahme von Schiffahrtsvergünstigungen entstand, vgl. *Raupach/Böckstiegel*, Verlustregelungen des Steuerentlastungsgesetzes, FR 1999, 487, 490.

852 *Raupach/Böckstiegel*, Verlustregelungen des Steuerentlastungsgesetzes, FR 1999, 487, 490;

853 *Wosnitza*, Beschränkung der Verlustverrechnung, StuB 2000, 763, 768; vgl. auch *Oberhauser*, Hamburger Journal für Gesellschaftsrecht 1998, 113, 123.

854 *Birk/Kulosa*, Verfassungsrechtliche Aspekte des Steuerentlastungsgesetzes, FR 1999, 433, 440; *Raupach/Böckstiegel*, Verlustregelungen des Steuerentlastungsgesetzes, FR 1999, 487, 490f.

855 So die Gesetzesbegründung, BT-Drs. 14/433 S. 3: "Die Vorschrift soll die Neuregelung zur Mindestbesteuerung und Begrenzung des Verlustabzuges flankieren und längerfristig zur Vermeidung unerwünschter Steuersparmodelle beitragen.".

setzgeber widersprüchlich verwendet[856]. Für eine Abwägung mit dem Leistungsfähigkeitsprinzip folgt aus diesem Widerspruch, daß die Bedeutung des Sozialstaatsprinzips vollständig neutralisiert wird. Es verliert also im Rahmen der Abwägung sein Gewicht und kann die Durchbrechung des Leistungsfähigkeits-prinzips, welche durch den Ausschluß des Verlustausgleichs in § 2b EStG erfolgt, nicht rechtfertigen.

Folglich verstößt § 2b EStG gegen das im Gleichheitssatz des Art. 3 I GG und in den Freiheitsrechten der Art. 12 I und 14 I GG verankerten Leistungsfähigkeitsprinzips, insbesondere auch in seiner oben erörterten Eigenschaft als Gebot der Folgerichtigkeit, das heißt als Maßstab für die Vereinbarkeit verschiedener gesetzgeberischer Entscheidungen untereinander[857]. Damit ist § 2b EStG verfassungswidrig.

II. Ergebnis

Die vorstehende Untersuchung zeigt, daß und auf welche Weise Einschränkungen des horizontalen Verlustausgleichs anhand des Leistungsfähigkeitsprinzips als verfassungsrechtlichem Abwägungskriterium zu bewerten sind[858].

B. Der vertikale Verlustausgleich

Die oben[859] angesprochene Ermittlung des Steuergegenstandes mit Hilfe von sieben Einkunftsarten im Sinne des § 2 I GG bringt allerdings nicht nur die Notwendigkeit mit sich, die Ergebnisse einzelner wirtschaftlicher Aktivitäten in die jeweilige Einkunftsart einzuordnen und zusammenzufassen. Es stellt sich darüber hinaus die Frage, wie die sieben verschiedenen Einkunftsarten als Steu-

---

856 *Birk/Kulosa*, Verfassungsrechtliche Aspekte des Steuerentlastungsgesetzes, FR 1999, 433, 440; *Wosnitza*, Beschränkung der Verlustverrechnung, StuB 2000, 763, 768; *Raupach/Böckstiegel*, Verlustregelungen des Steuerentlastungsgesetzes, FR 1999, 617, 623.

857 Die mangelnde Bestimmtheit der einzelnen Tatbestände des § 2b EStG und damit die mögliche Verletzung des Rechtsstaatsprinzips betrifft die Ausgestaltung der Norm im einzelnen (dazu *Raupach/Böckstiegel*, Verlustregelungen des Steuerentlastungsgesetzes, FR 1999, 617, 624; *Seer*, Behandlung der sog. Verlustzuweisungsgesellschaften nach dem neuen § 2b EStG, BB 1999, 872, 878; *Brandenberg*, Neuralgische Punkte der Einschränkung der Verlustverrechnungen, StbJb 1999/2000, 267, 283. Dies stellt eine nachgelagerte Frage dar, die aufgrund der gegebenen Verfassungswidrigkeit der Norm im Grundsatz an Bedeutung verliert.

858 vgl. auch ähnliche Bewertungsansätze für andere, den horizontalen Verlustausgleich betreffende Normen von *Friauf*, Steuergleichheit (zu § 2a EStG), StuW 1985, 308, 309ff; *Landwehrjohann*, Verlustausgleichsbeschränkungen (1990); *Bühr*, Verlustverrechnungsbeschränkungen (1993); *Lüdemann*, Verluste bei beschränkter Haftung (zu § 15a EStG; 1998); *Wilk*, Die einkommensteuerliche Behandlung von Auslandsverlusten (zu § 2a EStG, 2000).

859 siehe oben S. 179f.

ergegenstand zu erfassen sind. Dabei können – wie oben[860] erörtert – zwei gegensätzliche Systeme zugrunde liegen: Zum einen kann die Leistungsfähigkeit des Steuerpflichtigen innerhalb der Einkunftsart abschließend gemessen werden, was der sogenannten Schedulenbesteuerung entspricht. Andererseits ist es auch möglich, die einzelnen Einkunftsarten als Steuergegenstand zusammenzufassen und dann einheitlich der Besteuerung zu unterwerfen, was als synthetisches Steuersystem bezeichnet wird.

In Bezug auf diese gegensätzlichen Steuersysteme hat die oben[861] erfolgte verfassungsrechtliche Verankerung des Leistungsfähigkeitsprinzips bereits gezeigt, daß der Zugang an Verfügungsmacht durch alle grundrechtlich geschützten Aktivitäten den einzig zulässigen Steuergegenstand darstellt. Die Steuerlastverteilung nach der wirtschaftlichen Leistungsfähigkeit setzt folglich das synthetische Steuersystem voraus.

Um daraus die Bedeutung des Leistungsfähigkeitsprinzips für den Verlustausgleich abzuleiten, muß zusätzlich das Nettoprinzip herangezogen werden, welches auch für den synthetischen Steuergegenstand die Berücksichtigung des eingegangenen Risikos in Form der getätigten Aufwendungen erfordert[862]. Durch die Saldierung positiver und negativer Ergebnisse innerhalb einer Einkunftsart im Sinne des horizontalen Verlustausgleichs kann es dazu kommen, daß der Steuerpflichtige einzelne Einkunftsarten mit einem Verlust abschließt, während bei anderen Einkunftsarten die Einnahmen die Aufwendungen übersteigen und somit ein positives Ergebnis vorliegt. Die Möglichkeit, daß einzelne Einkunftsarten einen Verlust aufweisen, ist also die unmittelbare Folge des Nettoprinzips[863].

Dieser im Rahmen des Nettoprinzips entstandene Verlust wird nun bei der Ermittlung des Steuergegenstandes dadurch berücksichtigt, daß die Einkunftsarten zu einem einheitlichen Steuergegenstand zusammengefaßt werden. Die Leistungsfähigkeit wird – wie gesehen[864] – nicht innerhalb der Einkunftsart gemessen, sondern sie ergibt sich aus der Saldierung der Ergebnisse als Gesamtleistungsfähigkeit. In der verfassungsrechtlichen Verankerung des Leistungsfähigkeitsprinzips und dabei insbesondere im Gedanken der rechtlichen Chancengleichheit[865], in welchem das Nettoprinzip und das synthetische Steuersystem zusammenwirken, resultiert mithin die Verlustverrechnung zwischen den Einkunftsarten des § 2 I. Diese Saldierung wird auch als vertikaler Verlustaus-

---

860 siehe oben S. 132.
861 siehe oben S. 104.
862 siehe oben S. 145f.
863 siehe oben S. 179.
864 siehe oben S. 132.
865 siehe oben S. 96.

gleich bezeichnet[866] und stellt eine unmittelbare Folge des Leistungsfähigkeitsprinzips dar[867].
Somit können auch Normen, welche den vertikalen Verlustausgleich betreffen, am Maßstab einer Steuerlastverteilung nach der wirtschaftlichen Leistungsfähigkeit bewertet werden.

I. Die Bewertung des Mindestbesteuerungskonzepts gem. § 2 III EStG

Insbesondere das Mindestbesteuerungskonzept des § 2 III EStG betrifft den vertikalen Verlustausgleich und soll hier anhand des Leistungsfähigkeitsprinzips bewertet werden.

1. Darstellung des § 2 III EStG

§ 2 III 2-5, welcher den Verlustausgleich für einzelne, ledige Steuerpflichtige regelt, lautet:

"Bei der Ermittlung der Summe der Einkünfte sind zunächst jeweils die Summen der Einkünfte aus jeder Einkunftsart, dann die Summe der positiven Einkünfte zu ermitteln. Die Summe der positiven Einkünfte ist, soweit sie den Betrag von 100 000 Deutsche Mark übersteigt, durch negative Summen der Einkünfte aus anderen Einkunftsarten nur bis zur Hälfte zu mindern. Die Minderung ist in dem Verhältnis vorzunehmen, in dem die positiven Summen der Einkünfte aus verschiedenen Einkunftsarten zur Summe der positiven Einkünfte stehen. Übersteigt die Summe der negativen Einkünfte den nach Satz 3 ausgleichsfähigen Betrag, sind die negativen Summen der Einkünfte aus verschiedenen Einkunftsarten in dem Verhältnis zu berücksichtigen, in dem sie zur Summe der negativen Einkünfte stehen."

Zunächst sind danach die Summen der Einkünfte aus jeder Einkunftsart zu ermitteln, wobei eine Beschränkung der Verlustberücksichtigung bei diesem Rechenschritt noch nicht vorgesehen ist, so daß der horizontale Verlustausgleich unbeschränkt möglich bleibt. Dagegen wird aber der vertikale Verlustausgleich

---

866 H/H/R-*Hallerbach* § 2 R7; Schmidt-*Seeger* § 2 Rn 52; *Mössner*, Beschränkungen des Verlustausgleichs, DStJG 17 (1994), 231, 341; *Tipke/Lang*, Steuerrecht (2000), S. 231; *Stapperfend*, Verluste im Einkommensteuerrecht, DStJG 24, 329, 333.

867 H/H/R-*Hallerbach* § 2 R9; *Raupach/Böckstiegel*, Verlustregelungen des Steuerentlastungsgesetzes, FR 1999, 617, *Herzig/Briesemeister*, Mindestbesteuerung, DB 1999, 299, 303; 620; *Haarmann*, Der Verlust im Steuerrecht, JbFSt 1999/2000, 187, 197; *Brandenberg*, Neuralgische Punkte der Einschränkung der Verlustverrechnung, StbJb 1999/2000, 267, 277; *Offerhaus*, Die Steuerreform, DStZ 2000, 9, 11; *Tipke/Lang*, Steuerrecht (2000), S. 233; *Stapperfend*, Kommentar, FR 2000, 1207, 1208; FG Münster v. 07.09.2000, 4 V 1612/00 E, FR 2000, 1204, 1206.

zwischen den Einkunftsarten dadurch betroffen, daß er oberhalb einer Bagatellgrenze von 100.000,-- DM nur noch bis zur Hälfte des übersteigenden Betrages der positiven Einkünfte zugelassen ist. Soweit der vertikale Verlustausgleich danach grundsätzlich möglich ist, ergibt sich eine weitere Einschränkung dadurch, daß der verbleibende Verlust verhältnismäßig gleich, und zwar gemäß dem Verhältnis der einzelnen positiven Einkünfte zur Summe aller positiven Einkünfte ausgeglichen werden darf. Das heißt, die Minderung der positiven Summen der Einkunftsarten um den ausgleichsfähigen Betrag soll das Verhältnis dieser Summen untereinander nicht verändern[868]. Der überschießende Anteil an negativen Einkünften wird auf andere Veranlagungszeiträume vor- bzw. rückgetragen.

2. Bezug des § 2 III EStG zum Leistungsfähigkeitsprinzip

Es stellt sich zunächst die Frage, ob und in welcher Weise das Leistungsfähigkeitsprinzip durch die Regelung des § 2 III EStG betroffen ist.

a) Gleichwertigkeit der Einkunftsarten

Auf der einen Seite wird dazu vertreten[869], daß diese Vorschrift eine Steuerlastverteilung nach der Leistungsfähigkeit nicht beeinträchtigte, weil durch sie alle Einkunftsarten gleichbehandelt würden. Damit liege kein Verstoß gegen den Grundsatz der Gleichwertigkeit der einzelnen Einkunftsarten vor, so daß dem synthetischen Einkommensteuersystem Rechnung getragen sei.
Diese Einschätzung geht davon aus, daß die Wirkung des Leistungsfähigkeitsprinzips mit der Gleichwertigkeit und der Gleichbehandlung der einzelnen Einkunftsarten erfüllt und erschöpft ist. Dem ist allerdings das Leistungsfähigkeitsprinzip in seiner hier entwickelten Dimension gegenüber zu stellen.
Die Grundstruktur der Leistungsfähigkeit als Maßstab distributiver Gerechtigkeit geht davon aus, daß die Interessen von Fiskus und Steuerpflichtigen entgegengesetzt sind[870]. Damit dient eine Besteuerung nach der Leistungsfähigkeit dazu, die Eigeninteressen der Bürger vor der Besteuerungsmacht des Staates zu schützen und private Macht vor staatlicher Macht abzuschirmen[871]. Diese

---

868 Beispiele zu dieser doch recht komplizierten Regelung finden sich in Schmidt-*Seeger* § 2 Rn 52g ff; *Offerhaus*, Die Steuerreform, DStZ 2000, 9, 11; Hinweise zu einer Verletzung des Rechtsstaatsprinzips durch § 2 III EStG wegen mangelnder Bestimmtheit und Nachvollziehbarkeit geben H/H/R-*Hallerbach* § 2 R9; *Raupach/Böckstiegel*, Verlustregelungen des Steuerentlastungsgesetzes, FR 1999, 617, 612f; *Stapperfend*, Verluste im Einkommensteuerrecht, DStJG 24 (2001), 328, 369; *Offerhaus*, Die Steuerreform, DStZ 2000, 9, 12.

869 *Altfelder*, Kommentar, FR 2000, 1209, 1209; BFH v. 09.05.2001, XI B 151/00, Bundesfinanzhof-Dateien/11B15100.html, 1, 5; dazu auch jja, Steuerprinzip der Leistungsfähigkeit eingeschränkt, FAZ v. 30.06.2001, S. 23.

870 siehe oben S. 51.

871 siehe oben S. 60.

Schutzfunktion wird in der verfassungsrechtlichen Verankerung des Leistungsfähigkeitsprinzips noch unterstrichen. Leistungsfähigkeit meint in diesem Zusammenhang den Zugang an Verfügungsmacht, welcher als Ergebnis der von Art. 12 I und 14 I GG geschützten wirtschaftlichen Aktivitäten entsteht[872]. Zudem wird jedem Steuerpflichtigen durch Art. 3 I GG die gleiche Ausübung dieser Freiheiten gewährt, so daß sich auch die rechtliche Chancengleichheit auf das gesamte wirtschaftliche Verhalten des Bürgers bezieht[873]. Wie alle grundrechtlich geschützten Positionen, entfaltet sich damit auch das Leistungsfähigkeitsprinzip nicht tätigkeits-, sondern personenbezogen[874].

Wenn die Wirkung des Leistungsfähigkeitsprinzips auf die Gleichwertigkeit der einzelnen Einkunftsarten beschränkt wird, so erfolgt aber gerade eine tätigkeitsbezogene Auslegung. Lediglich Steuerpflichtige mit der gleichen Einkunftsart werden danach gleich behandelt, so daß die Wahl einer anderen Einkunftsart auch eine unterschiedliche Besteuerung zur Folge haben kann[875]. Diese Auslegung des Leistungsfähigkeitsprinzips verkennt, daß es den Steuerpflichtigen frei steht, jede denkbare wirtschaftliche Aktivität im Sinne der Art. 12 I und 14 I GG zu wählen. Dieses Eigeninteresse ist grundrechtlich geschützt und darf nicht durch eine willkürliche Einteilung in Einkunftsarten mißachtet werden. Das Recht hat der staatlichen Besteuerungsmacht nichts entgegenzusetzen, wenn der Besteuerungsmaßstab nicht mehr die Person des Steuerpflichtigen mit seinem gesamten wirtschaftlichen Verhalten schützt, sondern dieses Verhalten beliebig unterteilt und nur noch diese Abteilungen nach dem Leistungsfähigkeitsprinzip als Maßstab rechtlichen Chancengleichheit besteuert.

So liegt es auch bei § 2 III EStG, der zwar die Einkunftsarten gleich behandelt, aber die Freiheit der Steuerpflichtigen, sich innerhalb unterschiedlicher Einkunftsarten wirtschaftlich zu betätigen, nicht respektiert, sondern an diese Wahl eine jeweils andere Besteuerung knüpft. Denn je nachdem, ob und mit welchem Volumen sich der Steuerpflichtige in einer oder in mehreren Einkunftsarten betätigt, wird der Verlustausgleich für ihn gewährt oder eingeschränkt.

Es kommt somit zu Ungleichbehandlungen von Steuerpflichtigen mit verschiedenen wirtschaftlichen Tätigkeiten, so daß dem synthetischen Steuersystem, welches die Ergebnisse aller dieser Tätigkeiten zu einer Gesamtleistungsfähig-

---

872 siehe oben S. 129ff.

873 siehe oben S. 132.

874 siehe oben S. 131.

875 vgl. das Beispiel bei *Offerhaus*, Die Steuerreform, DStZ 2000, 9, 11f; dabei ergibt sich für die Höhe der Einkünfte ein Unterschied von 70.000 DM, je nach dem, ob die Tätigkeit eines Gebäuderestaurators als freiberuflich oder als gewerblich eingeordnet wird.

keit als einheitlichen Steuergegenstand zusammenfaßt, nicht Rechnung getragen wird[876].

Folglich ist das Leistungsfähigkeitsprinzip in seiner geschilderten verfassungsrechtlichen Verankerung entgegen der oben beschriebenen Ansicht durch die Regelung des § 2 III EStG betroffen.

b) Kein sofortiger Verlustausgleich erforderlich

Weiterhin werde das Leistungsfähigkeitsprinzip deshalb nicht von der Vorschrift des § 2 III EStG durchbrochen, weil dieses nicht verlange, daß jedwede Verluste sofort zu verrechnen seien[877]. Es genüge vielmehr, daß Verluste überhaupt, sei es auch in einem anderen Veranlagungszeitraum, steuerlich berücksichtigt werden.

Um dieses Argument zu bewerten, soll hier noch einmal auf die Wirkungsweise des § 2 III EStG eingegangen werden. Die Beschränkung des vertikalen Verlustausgleichs hat besonders drastische Folgen, wenn bei einem Steuerpflichtigen die Verluste überwiegen und nicht voll ausgeglichen werden können. Die eingreifende Mindestbesteuerung führt in diesem Fall dazu, daß der Steuerpflichtige Steuern bezahlen muß, obwohl ihm insgesamt gesehen keine positiven Einkünfte verbleiben, aus denen er die Steuern bezahlen könnte.

Es kommt damit im Ergebnis zu einer Besteuerung des Soll-Einkommens[878], bei der die mit den positiven Einkünften entstandene Leistungsfähigkeit vollständig herangezogen wird, ohne ihre Minderung durch Verluste in anderen Einkunftsarten zu berücksichtigen. Diese Wirkungsweise des § 2 III EStG widerspricht aber insbesondere dem freiheitsrechtlichen Ursprung des Leistungsfähigkeits-prinzips, nach welcher der Staat die Besteuerung akzessorisch an das Ergebnis der Grundrechtsausübung der Steuerpflichtigen zu knüpfen hat[879]. Er akzeptiert dabei auch ihre Freiheit, Marktchancen zu erkennen und zu nutzen oder vorbeiziehen zu lassen, und überläßt es ihm, ob und welche Aufwendungen er im Rahmen dieser Freiheitsausübung tätigt[880]. Das Leistungsfähigkeitsprinzip garantiert auch die Freiheit des Einzelnen, sich für Aufwendungen zu

---

876 So auch H/H/R-*Hallerbach* § 2 R9; *Günkel*, Fragen zum Steuerentlastungsgesetz, DStR 1999, 649, 659; *Birk/Kulosa*, Verfassungsrechtliche Aspekte der Steuerreform, FR 1999, 433, 439; *Haarmann*, Verlust im Steuerrecht, JbFSt 1999/2000, 187, 196f; *Offerhaus*, Die Steuerreform, DStZ 2000, 9, 11; *Stapperfend*, Kommentar, FR 2000, 1207, 1208; vgl. auch den BFH in seinem Vorlagebeschluß zu § 32c EStG v. 24.02.1999, X R 171/96, BStBl II 1999, 450, 459: "Denn bei einem einheitlichen Steuersatz muß die Gleichheit der dem einzelnen Steuerpflichtigen zugeteilten Belastung bereits durch die gleichheitsgerechte Ausgestaltung der Bemessungsgrundlage gesichert werden.".

877 BFH v. 09.05.2001, XI B 151/00, Bundesfinanzhof-Dateien/11B15100.html, 1, 4.

878 *Stapperfend*, Verluste im Einkommensteuerrecht, DStJG 24 (2001), 329, 365.

879 siehe oben S. 102ff, 129f und 145.

880 siehe oben S. 145 und 157.

entscheiden, welche die Einnahmen übersteigen und zu einem Verlust führen. Indem § 2 III EStG den Ausgleich dieser Verluste einschränkt, wird diese Freiheit mit einer "Abgabe für Untätigkeit, Unvermögen oder Mißerfolg"[881] sanktioniert. Dies mißachtet das Leistungsfähigkeitsprinzip mit seiner verfassungsrechtlichen Verankerung in der Wettbewerbsfreiheit gem. Art. 12 I und 14 I GG, so daß es durch die Versagung des Verlustausgleichs – anders als nach der oben geschilderten Ansicht – durchbrochen wird.

Dieses Ergebnis kann auch durch den Hinweis darauf nicht verhindert werden, daß einkommensteuerrechtliche Verluste seit jeher im Verhältnis zu positiven Einkünften unterschiedlich behandelt werden, was nach der Rechtsprechung des Bundesverfassungsgerichts[882] auch für den Fall des vertikalen Verlustausgleichs zulässig sei. Die wechselvolle Geschichte der Verlustausgleichsbeschränkungen lasse erkennen, daß der Gesetzgeber durch das Leistungsfähigkeitsprinzip nicht zu einer Regelung verpflichtet sei, nach der Verluste sofort und vollständig ausgeglichen werden könnten.

Diese Ansicht verkennt, daß solche Regelungen auch nach der zitierten Rechtsprechung des Bundesverfassungsgerichts[883] nicht von vorn herein und ohne weiteres dem Leistungsfähigkeitsprinzip gerecht werden. Vielmehr bedarf es für jede dieser Verlustausgleichsbeschränkungen jeweils eines sachlichen Grundes, welcher die Durchbrechung des Leistungsfähigkeitsprinzips und den Eingriff der dadurch betroffenen Grundrechte rechtfertigt. Ein pauschaler Hinweis darauf, daß eine solche Rechtfertigung möglich sei, kann die konkrete, im Einzelfall erforderliche Abwägung des Leistungsfähigkeitsprinzips mit den entgegenstehenden, die in Frage stehenden Normen betreffenden Prinzipien nicht ersetzen. Auf diese Abwägung kann daher auch im Fall des § 2 III nicht verzichtet werden.

c) Zwischenergebnis

Folglich ist das Leistungsfähigkeitsprinzip durch die Einschränkung des vertikalen Verlustausgleichs in § 2 III EStG betroffen.

3. Rechtfertigung einer Durchbrechung des Leistungsfähigkeitsprinzips durch § 2 III EStG

Indem § 2 III EStG bei der Besteuerung danach differenziert, aus welchen Einkunftsarten die Steuerpflichtigen ihre Einkünfte beziehen, wird das Leistungsfähigkeitsprinzip also sowohl in seiner freiheitsrechtlichen als auch in seiner

---

881 *Stapperfend*, Verluste im Einkommensteuerrecht, DStJG 24 (2000), 329, 365.

882 BVerfG v. 29.05.1999, 1 BvL 20/84, BStBl II 1990, 653, 662f.

883 ebd.; das BVerfG rechtfertigt in diesem Beschluß den Verstoß durch die Verlustausgleichsbeschränkung des § 11 I BKGG mit einem unverhältnismäßigem Verwaltungsaufwand.

gleichheitsrechtlichen Komponente durchbrochen. Es bleibt zu prüfen, ob diese Durchbrechung anhand einer Abwägung mit dem Ziel des § 2 III EStG und den durch dieses Ziel betroffenen Prinzipien zu rechtfertigen ist.

a) Das Ziel des § 2 III EStG

Um das Ziel des § 2 III EStG zu ermitteln, müssen die Hintergründe bei der Entstehung dieser Norm näher beleuchtet werden.

Wie bereits oben[884] erörtert, brachte die Steuerpolitik der vergangenen Jahrzehnte eine Vielzahl von Steuervergünstigungen hervor, wobei in letzter Zeit insbesondere die Möglichkeit von Sonderabschreibungen und Abzugsbeträgen in den neuen Bundesländern nach dem Fördergebietsgesetz[885] von Bedeutung ist. Diese Förderung hatte zur Folge, daß Verluste aus den Sonderabschreibungen entstanden und mit anderen Einkünften ausgeglichen wurden. Dadurch reduzierte sich die Bemessungsgrundlage erheblich, so daß das Gesamtaufkommen der Einkommensteuer drastisch zurückging[886]. Dieser "Aushöhlung der Basis der Einkommensteuer"[887] sollte durch eine Einschränkung des Verlustausgleichs entgegengewirkt werden, "um Abschreibungskünstlern das Handwerk zu legen"[888]. Zur Verwirklichung dieses Vorhabens wurde zunächst ein Entwurf vorgelegt, der die Unterscheidung in aktive und passive Einkünfte vorsah. Dabei war der vertikale Ausgleich von Verlusten aus passiver Tätigkeit eingeschränkt, um zu verhindern, daß aktive Einkünfte der Besteuerung durch Abschreibungsmodelle entzogen würden[889].

Im weiteren Gesetzgebungsverfahren kam dieser Vorschlag nach anhaltender Kritik[890] nicht zur Umsetzung, weil er sich als zu kompliziert und mit unge-

---

884 siehe oben S. 184.

885 BGBl 1993 I 1654.

886 *Saathoff*, Steueroase Deutschland?, FR 1998, 917, 917f; *Stapperfend*, Verluste im Einkommensteuerrecht, DStJG 24 (2001), 329, 334.

887 BFH v. 09.05.2001, XI B 151/00, Bundesfinanzhof-Dateien/11B15100.html, 1, 4.

888 vgl. *Raupach/Böckstiegel*, Verlustregelungen des Steuerentlastungsgesetzes, FR 1999, 487, 488.

889 BT-Drs. 14/23.

890 *Herzig/Briesemeister*, Mindestbesteuerung, DB 1999, 299, 302f; *Schneider*, Abbau von Steuervergünstigungen, DB 1999, 105, 105f; *Ritzer/Stangl*, Einführung einer Mindestbesteuerung, DStR 1999, 1, 8f; Steuerfachausschuß des IDW, Entwurf eines Steuerentlastungsgesetzes, WPg 1999, 26, 28; *Dehme/Rosenberg/Zitzelsberger*, Einführung aktiver und passiver Einkünfte in das System des Einkommensteuerrechts, DB 1999, 114, 117.

wollten Konsequenzen[891] versehen erwiesen hatte. Es mußten mithin andere Konzepte entwickelt werden, um das angestrebte Ziel zu erreichen[892]: Im Zuge dessen entstand zum einen das "Nordrhein-Westfälische Modell", welches darauf zielte, Verlustzuweisungsmodell zu definieren und Verluste aus der Begründung oder Beteiligung an solchen Projekten nicht mehr zum Ausgleich zuzulassen. Dieser Ansatz wurde als oben beschriebener § 2b EStG verabschiedet. Daneben wurde aber auch mit dem "Hamburger Modell" ein Mindestbesteuerungskonzept entworfen, das den vertikalen Verlustausgleich so einschränkte, daß eine Reduzierung der Bemessungsgrundlage auf Null und damit eine "Umgehung" der Besteuerung ausgeschlossen war. Dieses Konzept fand seine gesetzliche Geltung in § 2 III EStG.
Somit verfolgen sowohl § 2b EStG als auch § 2 III EStG das Ziel, Verluste aus sog. Abschreibungsmodellen nicht zum Abzug zuzulassen und so "Abschreibungskünstlern" mit einer Mindestbesteuerung zu begegnen, welche die mißbräuchliche Nutzung einzelner Verlustquellen ausschließt[893].

b) Geeignetheit des § 2 III EStG

Fraglich ist, ob § 2 III EStG zur Erreichung dieses Zwecks geeignet ist.
Dies ist zum einen deshalb zweifelhaft, weil die zunächst als Alternativen geplanten Regelungen des § 2 III EStG und des § 2b EStG nun nebeneinander eingreifen. Somit werden die Verluste aus den zu verhindernden Abschreibungsmodellen bereits von den Verlustzuweisungsprojekten des § 2b EStG erfaßt, und nur noch darüber hinaus gehende Verluste unterliegen dem vertikalen Ausgleich nach § 2 III EStG. Für die erwünschte Wirkungsweise bleibt der Vorschrift des § 2 III EStG also kein Raum, so daß er insofern überflüssig ist[894].

---

891 vgl. *Raupach/Böckstiegel*, Verlustregelungen des Steuerentlastungsgesetzes, FR 1999, 487, 489: Konsequenz des Regelungsvorschlags wäre gewesen, daß für aktive Einkünfte das Mindestbesteuerungskonzept eingegriffen hätte, nicht dagegen für Bezieher passiver Einkünfte. Steuerpflichtige, die von ihrem Vermögen leben oder Einkünfte aus Vermietung und Verpachtung beziehen, hätten unbeschränkt negative Einkünfte aus Abschreibungsmodellen geltend machen können.

892 Zum folgenden *Raupach/Böckstiegel*, Verlustregelungen des Steuerentlastungsgesetzes, FR 1999, 487, 489; *Stapperfend*, Verluste im Einkommensteuerrecht, DStJG 24 (2001), 329, 334.

893 H/H/R-*Hallerbach* § 2 R7; *Brandenberg*, Neuralgische Punkte der Einschränkung der Verlustverrechnung, StbJb 1999/2000, 267, 276; *Stapperfend*, Verluste im Einkommensteuerrecht, DStJG 24 (2001), 329, 334.

894 evtl. ist § 2 III EStG als "Rückfallposition" vom Gesetzgeber geschaffen worden, falls sich § 2b EStG als verfassungswidrig erweisen sollte; dies vermuten *Raupach/Böckstiegel*, Verlustregelungen des Steuerentlastungsgesetzes, FR 1999, 617, 621.

Aber diese Kumulation der Normen sowie die Ausgestaltung des § 2 III EStG als Mindestbesteuerungskonzept machen diese Regelung nicht nur überflüssig, sondern sie lassen sie auch ihr Ziel mit bedenklichen Folgen verfehlen. § 2 III EStG knüpft die Beschränkung des Verlustausgleichs an das Vorliegen der verschiedenen Einkunftsarten, ohne dabei im Hinblick auf unerwünschte, mißbräuchlich eingesetzte Verlustquellen eine Differenzierung zu treffen. Durch dieses generelle Verbot werden nicht nur Verluste aus den durch Steuervergünstigungen entstandenen Sonderabschreibungsmodellen betroffen, sondern auch solche Verluste, die aus Aufwendungen, einschließlich ihrer Erfassung als Regel- und Teilwertabschreibungen sowie als Rückstellungen resultieren. Bei diesen Verlusten handelt es sich aber um die konsequente Folge aus der Ermittlung des Steuergegenstandes auf der Reinvermögensebene und somit auch um die unmittelbare Konsequenz des Leistungsfähigkeitsprinzips als Gebot der Folgerichtigkeit[895].
Mithin betrifft § 2 III EStG auch die sog. echten Verluste[896], so daß er zur zielgenauen Bekämpfung einzelner unerwünschter Verlustquellen nicht geeignet ist[897], weil Mißbräuche und Fehlentwicklungen eben nicht für generell bestimmte Einkunftsarten feststellbar sind[898].
Der Befund einer Zielverfehlung des § 2 III EStG wird noch dadurch verstärkt, daß gerade bei den anvisierten Abschreibungsmodellen eine Steuerung der Verlustnutzung häufig möglich ist. Die Verlustnutzung kann dabei so optimiert werden, daß Steuerpflichtige zunehmend Verluste in den Einkunftsarten anfallen lassen, in denen sie entsprechende positive Einkünfte zur horizontalen Verlustverrechnung haben[899]. Die Entstehung der beschriebenen echten Verluste kann dagegen kaum gesteuert werden[900], so daß die Norm auch in dieser Hinsicht ihre gewünschte Wirkung nicht erreicht, sondern fehlgeht.
Folglich ist die Regelung des § 2 III EStG zur Erreichung des durch sie angestrebten Ziels nicht geeignet.

c) Abwägung der Ziele des § 2 III EStG mit dem Leistungsfähigkeitsprinzip

Dennoch soll hier noch auf eine Abwägung der Ziele des § 2 III EStG mit dem Leistungsfähigkeitsprinzip eingegangen werden, um auch diese Dimension der

---

895 siehe oben S. 165f.

896 so *Stapperfend*, Verluste im Einkommensteuerrecht, DStJG 24 (2001), 329, 365.

897 *Birk/Kulosa*, Verfassungsrechtliche Aspekte des Steuerentlastungsgesetzes, FR 1999, 433, 438.

898 FG Münster v. 07.09.2000, 4 V 1612/00 E, FR 2000, 1204, 1206.

899 *Birk/Kulosa*, Verfassungsrechtliche Aspekte des Steuerentlastungsgesetzes, FR 1999, 433, 439; *Raupach/Böckstiegel*, Verlustregelungen des Steuerentlastungsgesetzes, FR 1999, 487, 492.

900 ebd.

Bewertung mit dem Leistungsfähigkeitsprinzip in seiner Funktion als Abwägungskriterium zu verdeutlichen.

Auf der einen Seite werden dem Leistungsfähigkeitsprinzip die aus § 2 III EStG resultierenden Mehreinnahmen des Fiskus gegenübergestellt[901]. Diese Haushaltssanierung sei schon ein hinreichender Grund für die Mindestbesteuerung, da für sie die Notwendigkeit eines strengen verfassungsrechtlichen Prüfungsmaßstabs nicht ersichtlich sei[902]. Allerdings kommt ein solcher verfassungsrechtlicher Prüfungsmaßstab nach der oben[903] erörterten Rechtsprechung des Bundesverfassungsgerichts stets dann zur Anwendung, wenn die gesetzgeberische Maßnahme Auswirkungen auf grundrechtlich geschützte Freiheiten hat. Dazu wurde bereits oben festgestellt[904], daß § 2 III EStG in die Freiheiten der Art. 12 I und 14 I GG eingreift, welche kumulativ den freiheitsrechtlichen Ursprung der Leistungsfähigkeit bilden. Folglich muß der Verstoß gegen diese Grundrechte auch auf verfassungsrechtlicher Ebene gerechtfertigt werden, so daß der bloße Hinweis auf ein gesteigertes Haushaltsaufkommen als Argument nicht ausreicht[905].

Auf der anderen Seite wird vorgebracht[906], daß die Ziele des § 2 III EStG dem Leistungsfähigkeitsprinzip entsprächen, so daß eine abwägungsbedürftiger Gegensatz danach gar nicht besteht. Die Leistungsfähigkeit sei normativ zu bestimmen, so daß mit ihr als Maßstab der Steuerlastverteilung eine "faire Belastungssymmetrie" erreicht werden könne. Diesbezüglich sollten auch Steuerpflichtige mit hohen positiven Einkünften der Gemeinschaft der Einkommensteuerzahler erhalten bleiben. Die Interpretation der Leistungsfähigkeit erlaube es dem Gesetzgeber zu berücksichtigen, daß Verluste planvoll und bewußt herbeigeführt werden, so daß ihr Ausschluß vom Verlustausgleich mit dem Leistungsfähigkeitsprinzip ohne weiteres vereinbar sei.

Diese Ansicht stellt auf das durch die Besteuerung erreichte Verteilungsergebnis ab, welches als gleichmäßige Heranziehung aller Steuerpflichtiger zur Finanzierung der allgemeinen Staatsaufgaben zu verstehen sei[907]. Eine ausgewogene Verteilungsgerechtigkeit sei nur erreicht, wenn sich kein Bürger seiner Steuerpflicht entziehen könne, so daß die Hebung und die Ausbreitung des Wohlstands durch die Steuer als Gemeinlast bewirkt werden können.

---

901 BFH v. 09.05.2001, XI B 151/00, Bundesfinanzhof-Dateien/11B15100.html, 1, 4; *Altfelder*, Kommentar, FR 2000, 1209, 1210.

902 *Altfelder*, Kommentar, FR 1999, 1209, 1210.

903 siehe oben S. 104ff.

904 siehe oben S. 104.

905 FG Münster v. 07.09.2000, 4 V 1612/00 E, FR 2000, 1204, 1206; *Brandis*, Verlustausgleichsverbot, FR 1986, 60, 62; *Offerhaus*, Die Steuerreform, DStZ 2000, 9, 12.

906 *Saathof*, Steueroase Deutschland?, FR 1998, 917, 924f; BFH v. 09.05.2001, XI B 151/00, Bundesfinanzhof-Dateien/11B15100.html, 1, 4.

907 BFH v. 09.05.2001, XI B 151/00, Bundesfinanzhof-Dateien/11B15100.html, 1, 3.

Diese Zielsetzung entspricht allerdings dem oben[908] geschilderten Gedanken der faktischen Chancengleichheit, welcher auf die Gleichheit im Verteilungsergebnis gerichtet ist, und von der rechtlichen Chancengleichheit, welche die Gleichheit in den Voraussetzungen betrifft[909], streng zu trennen ist. Faktische Chancengleichheit fällt vielmehr in den Bereich des Sozialstaatsprinzips und ist mit den Inhalten und Zielen des Leistungsfähigkeitsprinzips nicht vereinbar[910]. Daher entspricht Ausschluß des vertikalen Verlustausgleichs gem. § 2 III EStG auch nicht dem Leistungsfähigkeitsprinzip, sondern er fällt unter das Sozialstaatsprinzip im Sinne des Art. 20 I GG, so daß sich diese Prinzipien abwägungsbedürftig gegenüberstehen.
Zu dieser Abwägung wurde bereits oben[911] ausgeführt, daß das Sozialstaatsprinzip nicht nur Basis für das Verlustausgleichsverbot des § 2 III EStG darstellt. Vielmehr resultieren auch die Steuervergünstigungen, welche die betroffenen Verluste entstehen lassen, aus der sozialen Lenkung des Gesetzgebers. Die Inanspruchnahme von aufgrund des Sozialstaatsprinzips gewährten Gestaltungsmöglichkeiten unter Berufung auf des Sozialstaatsprinzip wieder einzuschränken ist so widersprüchlich, daß damit eine Durchbrechung des Leistungsfähigkeitsprinzips nicht gerechtfertigt werden kann. Das Gewicht des Sozialstaatsprinzips wird durch diesen Widerspruch in der Abwägung mit dem Leistungsfähigkeitsprinzip vollständig neutralisiert. Ohne eine Rechtfertigung durch das Sozialstaatsprinzip verstößt die Beschränkung des vertikalen Verlustausgleichs gem. § 2 III EStG folglich gegen das Leistungsfähigkeitsprinzip mit seiner verfassungsrechtlichen Verankerung im Gleichheitssatz des Art. 3 I GG und in den Freiheitsrechten der Art. 12 I und 14 I GG.

d) Zwischenergebnis

Folglich ist die Regelung des § 2 III EStG verfassungswidrig[912].

II. Bewertung von Einschränkungen des vertikalen Verlustausgleichs aus wirtschaftswissenschaftlicher Sicht

Nachdem somit die verfassungsrechtliche Bedeutung des vertikalen Verlustausgleichs am Beispiel des § 2 III EStG dargestellt wurde, bleibt noch die Frage,

---

908 siehe oben S. 96.
909 siehe oben S. 96.
910 siehe oben S. 97.
911 siehe oben S. 184f.
912 vgl. auch den Appell von *Böckstiegel/Betz*, "Der Widerspenstigen Zähmung"- Hilfestellungen zur praktischen Anwendung der Mindestbesteuerung, FR 2000, 793, 802: "Mr. Eichel, tear down this nonsense!"

wie Einschränkungen des vertikalen Verlustausgleichs anhand des wirtschaftswissenschaftlichen Konzepts der Entscheidungsneutralität zu bewerten sind.
Wie bereits oben[913] erörtert, verlangt dieses Konzept, daß die Steuer die Handlungsalternativen der Steuerpflichtigen unbeeinflußt läßt, sich also bezüglich ihrer Entscheidungen neutral verhält. Dieses Ergebnis wird durch eine Zielgrößenbesteuerung[914] erreicht, wobei das Verhältnis der Zielgrößen nach der Besteuerung bei allen Entscheidungsmöglichkeiten gleich bleibt. Der Zugang an Verfügungsmacht[915] stellt dabei diese maßgebliche Zielgröße dar, welche durch die Besteuerung so gekürzt wird, daß sie die Entscheidungen der Steuerpflichtigen nicht beeinflußt. Somit knüpft die entscheidungsneutrale Zielgrößenbesteuerung an das ökonomische Ergebnis der marktwirtschaftlichen Betätigung der Steuerpflichtigen an, so daß dieses Konzept auch mit dem Leistungsfähigkeitsprinzip im Einklang steht, da auch die Leistungsfähigkeit als Zugang an Verfügungsmacht das Ergebnis der grundrechtlich geschützten wirtschaftlichen Aktivitäten im Sinne des Art. 12 I und 14 I GG betrifft[916].
Dazu wurde bereits oben[917] ausgeführt, daß das Leistungsfähigkeitsprinzip und das Konzept der Entscheidungsneutralität auch gemeinsames Fundament bilden, wenn es um die konkrete Erfassung des Steuergegenstandes geht. Auch diese Erfassung muß eine unterschiedliche Besteuerung der verschiedenen Handlungsalternativen vermeiden, bei der nach dem Ursprung des Steuerobjektes differenziert wird. Das Ergebnis aller wirtschaftlicher Aktivitäten ist als einheitlicher Steuergegenstand zusammenzufassen, so daß für Steuerausweichhandlungen kein Raum bleibt. Insofern knüpft die Besteuerung akzessorisch an die ökonomischen Ergebnisse der Steuerpflichtigen an, welche als synthetischer Steuergegenstand erfaßt werden[918]. Die Folge dieses synthetischen Steuersystems ist es, daß der Staat sowohl an den positiven Einkünften als auch an den Verlusten der Steuerpflichtigen gleichermaßen partizipiert[919]. Mithin ist die Berücksichtigung von Verlusten, auch über alle Einkunftsarten hinweg, nicht nur im Leistungsfähigkeitsprinzip, sondern auch im Konzept der Entscheidungsneutralität unmittelbar angelegt.
Über diesen Aspekt der Erfassung des Steuergegenstandes hinaus muß auch das von Steuerpflichtigen eingegangene Risiko beachtet werden, welches bereits im Rahmen des Nettoprinzips geschildert wurde[920]. Aus dem Leistungsfähigkeitsprinzip folgt, daß die Besteuerung der Eigeninteressen des Steuerpflichtigen

---

913 siehe oben S. 120.
914 siehe oben S. 121.
915 siehe oben S. 123.
916 siehe oben S. 129f.
917 siehe oben S. 126.
918 siehe oben S. 132.
919 *Wosnitza*, Beschränkung der Verlustverrechnung, StuB 2000, 763, 770.
920 siehe oben S. 145 und 148f.

auch insoweit respektiert, als er sich für das Eingehen eines Risikos entscheidet, um seine ökonomischen Ziele zu erreichen. Danach sind die getätigten Aufwendungen bei der Ermittlung des Steuergegenstandes als Leistungsfähigkeitsminderung zu berücksichtigen.
Aus wirtschaftswissenschaftlicher Sicht sind alle Aktivitäten, die der Einkommenserzielung dienen, also alle Investitionen unter Unsicherheit prinzipiell mit einem Verlustrisiko behaftet[921]. Nach dem Konzept der Entscheidungsneutralität darf die Besteuerung die Entscheidung für oder gegen das Eingehen eines solchen Risikos nicht beeinflussen, insbesondere dürfen die Handlungsmöglichkeiten nicht zugunsten riskanterer oder weniger riskanter Investitionen verschoben werden.
Wenn nun aber eine Einschränkung der vertikalen Verlustverrechnung erfolgt, der Steuerpflichtige also seine Verluste nicht mehr mit positiven Einkünften aus anderen Einkunftsarten ausgleichen kann, so wird es ihm verwehrt, sein Risiko über das gesamte ökonomische Ergebnis zu streuen. Ohne die Verrechnungsmöglichkeit fällt zusätzlich zum Verlust in der einen Einkunftsart auch noch die Steuer für die positiven Einkünfte in den anderen Einkunftsarten an. Durch diesen Effekt wird die Risikobereitschaft des Steuerpflichtigen im Ergebnis gehemmt, so daß er riskantere Investitionen eher vermeidet[922]. Die Einschränkung des vertikalen Verlustausgleichs beeinflußt mithin die Portfolioentscheidung des Steuerpflichtigen zugunsten weniger riskanter Investitionen[923]. Folglich werden die Handlungsalternativen durch die Besteuerung verschoben, so daß eine Verlustausgleichsbeschränkung - wie der geschilderte § 2 III EstG - auch nicht dem wirtschaftswissenschaftlichen Konzept der Entscheidungsneutralität entspricht.

III. Ergebnis

Folglich ist eine Einschränkung des vertikalen Verlustausgleichs gem. § 2 III EStG sowohl aus verfassungsrechtlicher als auch aus wirtschaftswissenschaftlicher Sicht abzulehnen.

---

921 *Wissel*, Einkünfteerzielungsabsicht (1997), S. 136.

922 *Domar/Musgrave*, Proportional Income Taxation and Risk-Taking, in: Musgrave/Shoup(Hrsg.), Readings in the Economics of Taxation (1959), S. 493; *Neus/v. Hinten*, Besteuerung und Investitionsvolumen bei unsicheren Erwartungen, DBW 1992, 235, 239; *Wissel*, Einkünfteerzielungsabsicht (1997), S. 137; *Schneider*, Abbau von Steuervergünstigungen, DB 1999, 105, 106; *Wosnitza*, Beschränkung der Verlustverrechnung, StuB 2000, 763, 770.

923 ebd.

C. Intertemporaler Verlustausgleich

Ein weiterer Aspekt im System des Verlustausgleichs ergibt sich daraus, daß der Steuergegenstand gem. § 2 VII EStG innerhalb eines Kalenderjahres ermittelt wird. Es besteht folglich die Möglichkeit, daß der Steuerpflichtige einzelne Jahre mit einem positiven Ergebnis abschließt, während in anderen Jahren nach Anwendung des horizontalen und vertikalen Verlustausgleichs immer noch ein Verlust verbleibt. Es stellt sich daher die Frage, ob der Steuerpflichtige diese positiven und negativen Ergebnisse über die Kalenderjahre hinweg miteinander verrechnen kann, was als intertemporaler Verlustausgleich oder auch als Verlustabzug bezeichnet wird[924].

I. Verhältnis des Verlustabzugs zum Leistungsfähigkeitsprinzip

Um das Verhältnis des Verlustabzuges zu einer Steuerlastverteilung nach der wirtschaftlichen Leistungsfähigkeit aufzuklären, ist auf die oben[925] erörterten Vorgaben des Leistungsfähigkeitsprinzips für die zeitraumbezogene Ermittlung des Steuergegenstandes zurückzugreifen.

Dabei wurde zunächst die Ansicht geschildert, daß sich das Leistungsfähigkeitsprinzip streng am Prinzip der Abschnittsbesteuerung orientiere, so daß die Ermittlung der Leistungsfähigkeit als Steuergegenstand auf einen bestimmten Zeitabschnitt beschränkt werde. Zusammenhänge zwischen den einzelnen Teilperioden bestehen nach diesem Konzept nicht, weil der Staat lediglich dazu befugt sei, den gegenwärtigen Erfolg des Steuerpflichtigen mit der Besteuerung zu belasten. Durch diese Legitimationsgrundlage werde dem Steuergegenstand ein Zeitmaß im Sinne der gegenwärtigen Leistungsfähigkeit vorgegeben[926].

Nach dieser Übereinstimmung des Leistungsfähigkeitsprinzips mit dem Abschnittsprinzips stellt sich der Verlustabzug, welcher mit seiner interperiodischen Verlustverrechnung von der Besteuerung gegenwärtigen Einkommens abweicht, als systemfremd dar. Vielmehr entstehe damit ein periodenübergreifender Lastenausgleich, der in keiner Weise durch das Leistungsfähigkeitsprinzip vorgegeben sei, sondern als Subvention die Folgen einer leistungsfähigkeitsgerechten Abschnittsbesteuerung abmildere[927]. Somit steht nach dieser Ansicht die Gewährung des Verlustabzugs im freien Ermessen des Gesetzgebers, ohne daß eine verfassungsrechtliche Verankerung des Verlustabzugs gegeben ist. Eine solche Auslegung des Leistungsfähigkeitsprinzips läßt den in-

---

924 vgl. den Gesetzeswortlaut des § 10d EStG und K/S-*v. Groll* § 10d Rn A1; *Arndt/Jenzen,* Verlust im Lichte des Gleichheitsgrundrechts, DStZ 1998, 858, 859.

925 siehe oben S. 172ff.

926 K/S-*Kirchhof* § 2 Rn H2, H15; *Schick*, Verlustrücktrag (1976) S. 13f.

927 K/S-*Kirchhof* § 2 Rn H23.

tertemporalen Verlustausgleich folglich als nach Billigkeitserwägungen zu behandelnde Steuervergünstigung erscheinen[928].

Dem Gedanken einer gegenwartsnahen Besteuerung, welche die Leistungsfähigkeit des Steuerpflichtigen in abgeschlossenen Teilperioden erfaßt, wurde bereits oben[929] die hier entwickelte verfassungsrechtliche Verankerung des Leistungsfähigkeitsprinzips entgegengesetzt. Zum einen bildet die Leistungsfähigkeit danach das akzessorische Ergebnis einer Betätigung der Freiheitsrechte gem. Art. 12 I und 14 I GG, so daß auch der Zeitraum dieser Betätigung die Leistungsfähigkeit bestimmen muß[930]. Andererseits muß auch die rechtliche Chancengleichheit im Sinne des Art. 3 I GG beachtet werden, die für alle Steuerpflichtigen den gleichen Schutz ihrer Freiheitsrechte gewährleistet und so Ungleichbehandlungen infolge einer künstlichen Abschnittsbildung entgegenwirkt[931].

Die Folge dieses freiheits- und gleichheitsrechtlichen Ursprungs der Leistungsfähigkeit ist es, daß der Steuergegenstand nicht nur sachlich, sondern auch in der Zeit synthetisch zu erfassen ist[932]. Die isolierte Betrachtung einzelner Teilperioden nach dem Abschnittsprinzip widerspricht somit der Steuerlastverteilung nach der wirtschaftlichen Leistungsfähigkeit. Im Gegenteil muß die gesamte Dauer der Grundrechtsausübung den Steuergegenstand prägen, so daß auch die in diesem gesamten Zeitraum getätigten Aufwendungen zu berücksichtigen sind. Auch das Nettoprinzip endet folglich nicht an den Grenzen des Kalenderjahres, sondern die in diesen Perioden entstandenen Ergebnisse sind als erwirtschaftetes Totalergebnis zusammenzufassen.

Mithin ist auch die Berücksichtigung von Verlusten über den einzelnen Abschnitt hinweg eine unmittelbare Folge des Leistungsfähigkeitsprinzips in sei-

---

928 vgl. auch die frühere Rspr: BVerfG v. 26.03.1969, 1 BvR 512/66, BStBl II 1969, 331, 332 ("Billigkeitserwägungen"); BFH v. 25.01.1951, I D 4/50 S; BStBl III 1951, 68, 72 ("Vergünstigung des Verlustabzugs").

929 siehe oben S. 173

930 siehe oben S. 174.

931 siehe oben S.175.

932 siehe oben S. 175.

ner dargestellten verfassungsrechtlichen Verankerung[933]. Für die Bewertung von den Verlustabzug betreffenden Normen bedeutet diese Folge, daß nicht allein das freie Ermessen des Gesetzgebers über Art und Umfang des Verlustabzugs bestimmt. Vielmehr erhält der intertemporale Verlustausgleich als unmittelbare Konsequenz aus dem Leistungsfähigkeitsprinzip auch eine grundrechtliche Position, welche bei der Gestaltung einzelner Regelungen zu beachten ist. Somit sind die den Verlustabzug einschränkenden Normen am Maßstab einer Steuerlastverteilung nach der wirtschaftlichen Leistungsfähigkeit verfassungsrechtlich zu bewerten.

II. Formen des Verlustabzugs

Zunächst ist zu prüfen, welche Möglichkeiten für die Gewährung eines Verlustabzugs bestehen.

Auf der einen Seite kann der in einer Teilperiode erzielte Verlust mit den positiven Ergebnissen künftiger Teilperioden verrechnet werden. Diese Mitnahme von Verlusten in die Zukunft wird als Verlustvortrag[934] bezeichnet. Auf der anderen Seite ist es aber auch denkbar, daß einem "Verlustjahr" Abschnitte mit positiven Ergebnissen vorausgegangen sind. Die Verrechnung des gegenwärtigen Verlustes mit den Einkünften aus der Vergangenheit stellt den sog. Verlustrücktrag[935] dar.

In diesem Zusammenhang ergibt sich die Frage nach dem Verhältnis dieser beiden Erscheinungsformen des Verlustabzugs zum Leistungsfähigkeitsprinzip; insbesondere ist zu ermitteln, ob das Leistungsfähigkeitsprinzip den Verlustvortrag und den Verlustrücktrag als alternative Möglichkeiten des Verlustabzugs vorsieht, so daß der Gesetzgeber frei zwischen diesen auswählen kann[936],

---

933 So auch H/H/R-*Orth* § 10d Rn 15ff; Lademann/Söffing-*Brandt* § 10d Rn 6; *Schmidlin*, Prinzip der Periodizität (1956), S. 220; *Fischer*, Interperiodische Verlustverrechnung, DStZ/A 1966, 169, 171; *Karsten*, Der neue Verlustabzug, BB 1976, 176, 177; *Stein*, Steuerlicher Verlustausgleich, zfbf 1983, 29, 31; *Lang*, Bemessungsgrundlage (1988), S. 188; ders., Das Steuerrecht als Fach einer rechtswissenschaftlichen Ausbildung, StuW 1976, 76, 81; *Bahlau*, Verlustabzug, FR 1988, 565, 568; *v. Groll*, § 10d EStG im System des Einkommensteuerrechts, in: Crezelius/Raupach/Uelner (Hrsg.), FS für Haas (1996), S. 156; *Schwendy*, Verlustausgleich und Verlustabzug, INF 1998, 737, 739; *Grotherr*, Steht der Verlustvor- und -rücktrag steuerpolitisch zur Disposition?, BB 1998, 2337, 2341; *Krebs*, Einschränkungen des Verlustabzugs, in: Breuninger/Müller/Strobl (Hrsg.), FS für Rädler (1999), S. 405; *Tipke/Lang*, Steuerrecht (2000), S. 244.

934 vgl. die Legaldefinition in § 10d II 1 EStG a.E.

935 vgl. die Legaldefinition in § 10d I 1 EStG a.E.

936 Insbesondere wird dabei die Verpflichtung zur Gewährung des Verlustrücktrags zusätzlich zu einem Verlustvortrag bestritten, vgl. H/H/R-*Hallerbach* § 10d R9; -Frotscher -*Lindberg* § 10d Rn 5; *Schwendy*, Verlustausgleich und Verlustabzug, INF 1998, 737, 739; *Günkel*, Ausgewählte Fragen zum Steuerentlastungsgesetz, DStR 1999, 649, 659.

oder ob beide Formen kumulativ dem Leistungsfähigkeitsprinzip entsprechen. Dafür ist entscheidend, ob sowohl dem Verlustvortrag als auch dem Verlustrücktrag für das System des intertemporalen Verlustausgleichs eine selbständige Bedeutung zukommt.

Solch eine Bedeutung ist für den Vortrag von Verlusten in die Zukunft in dem Fall festzustellen, daß eine wirtschaftliche Tätigkeit neu aufgenommen wird und Aufwendungen mit sich bringt, welche in einem Anlaufverlust resultieren. Diese Anlaufverluste können nur mit künftigen positiven Ergebnissen ausgeglichen werden, weil der Steuerpflichtige vor Aufnahme der Tätigkeit keinerlei verrechenbare Einkünfte erzielt hat[937].

Im Gegensatz dazu gewinnt der Rücktrag von Verlusten in die Vergangenheit an Bedeutung, wenn die Steuerpflicht mit Ablauf des Verlustentstehungsjahres endet. Die Aufgabe jeglicher wirtschaftlicher Betätigung verhindert, daß künftige, mit dem Verlust verrechenbare positive Ergebnisse zustande kommen, so daß allein die Möglichkeit des Verlustrücktrags verbleibt[938].

Folglich kommt dem Verlustvortrag für den Beginn und dem Verlustrücktrag für das Ende der wirtschaftlichen Betätigung des Steuerpflichtigen eine selbständige Bedeutung zu. Nun ist für die Ermittlung des Steuergegenstandes – wie gesehen[939] – nicht nur die Leistungsfähigkeit einer Teilperiode maßgeblich, sondern der freiheits- und gleichheitsrechtlichen Ursprung des Leistungsfähigkeitsprinzips erfordern, daß die gesamte Dauer der Grundrechtsausübung den Steuergegenstand prägt. Die Leistungsfähigkeit als Totalergebnis erfaßt die wirtschaftlichen Aktivitäten von deren Beginn bis zu deren Ende, so daß auch das System des intertemporalen Verlustausgleichs auf diese Vorgaben abzustimmen ist. Mithin erfordert das Leistungsfähigkeitsprinzip in seiner geschilderten verfassungsrechtlichen Verankerung den Verlustabzug sowohl in Form des Verlustvortrags als auch in Form des Verlustrücktrags.

Eine Norm, welche den intertemporalen Verlustausgleich regelt, ist folglich im Hinblick auf diese beiden Erscheinungsformen kumulativ anhand des Leistungsfähigkeitsprinzips zu bewerten.

III. Bewertung der Regelung des § 10d EstG

Im geltenden Einkommensteuerrecht regelt § 10d EStG den intertemporalen Verlustausgleich, so daß sich die Frage ergibt, ob diese Vorschrift dem Maßstab

937 *Birtel*, Die Zeit im Einkommensteuerrecht (1985), S. 173; *Kroschel*, Referentenentwurf zur Steuerreform, DB 1998, 2387, 2391; *Wosnitza*, Beschränkung der Verlustverrechnung, StuB 2000,763, 771.

938 H/H/R-*Orth* § 10d Rn 15; *Birtel*, Die Zeit im Einkommensteuerrecht (1985), S. 173.

939 siehe oben S. 172ff.

einer Steuerlastverteilung nach wirtschaftlichen Leistungsfähigkeit gerecht wird.

1. Verlustvortrag

§ 10d II EStG betrifft dabei den Vortrag von Verlusten in die Zukunft und schreibt in seinem Satz 1 vor, daß nicht ausgeglichene negative Einkünfte in den folgenden Veranlagungszeiträumen vom Gesamtbetrag der Einkünfte abzuziehen sind. Diese Vorschrift gewährt den Steuerpflichtigen also einen zeitlich unbeschränkten Verlustvortrag, so daß sie diesbezüglich den oben erörterten Vorgaben des Leistungsfähigkeitsprinzips entspricht.

Allerdings regelt § 10d II EStG weiterhin:

"In jedem folgenden Veranlagungszeitraum sind die negativen Einkünfte zunächst jeweils von den positiven Einkünften derselben Einkunftsart abzuziehen, die nach der Anwendung des § 2 Abs. 3 verbleiben. Soweit in diesem Veranlagungszeitraum durch einen Ausgleich nach § 2 Abs. 3 die dort genannten Beträge nicht ausgeschöpft sind, mindern die nach der Anwendung des Satzes 2 verbleibenden negativen Einkünfte aus anderen Einkunftsarten bis zu einem Betrag von 100 000 Deutsche Mark, darüber hinaus bis zur Hälfte des 100 000 Deutsche Mark übersteigenden Teils der Summe der positiven Einkünfte aus anderen Einkunftsarten."

Mit dieser Einschränkung wird auch für den Verlustvortrag die Regelung des § 2 III EStG fortgeführt. Mithin enthält § 10 d II eine entsprechende Beschränkung des vertikalen Verlustausgleichs, welche aus den oben[940] bereits geschilderten Gründen die Vorgaben des Leistungsfähigkeitsprinzips insbesondere im Hinblick auf eine synthetische Erfassung des Steuergegenstandes verletzt. Die verfassungsrechtlichen Mängel des § 2 III EStG setzen sich folglich im Bereich des Verlustvortrag fort, so daß § 10d II EStG in diesem Punkt gegen das Leistungsfähigkeitsprinzip mit seiner grundrechtlichen Verankerung in den Freiheitsrechten gem. Art. 12 I und 14 I GG sowie im Gleichheitssatz des Art. 3 I GG verstößt. Soweit die Regelung des § 10d II EStG also den vertikalen Verlustausgleich betrifft, ist sie verfassungswidrig.

2. Verlustrücktrag

Im Gegensatz zum Verlustvortrag wird der Rücktrag von Verlusten in vergangene Veranlagungszeiträume differenzierter geregelt. § 10d I 1 EStG schreibt dazu vor:

"Negative Einkünfte, die bei der Ermittlung des Gesamtbetrags der Einkünfte nicht ausgeglichen werden, sind bis zu einem Betrag von 1 Million Deutsche Mark von Gesamtbetrag der Einkünfte des unmittelbar vorangegangenen Ver-

---

940 siehe oben S. 196ff.

anlagungszeitraums vorrangig vor Sonderausgaben, außergewöhnlichen Belastungen und sonstigen Abzugsbeträgen abzuziehen (Verlustrücktrag)"
Es ist also festzustellen, daß der Verlustrücktrag durch diese Regelung sowohl zeitlich als auch betragsmäßig begrenzt wird.

a) Zeitliche Beschränkung

Zunächst soll hier die zeitliche Beschränkung des § 10d I EStG untersucht werden, nach welcher Verluste nur mit positiven Ergebnissen des vorangegangenen Veranlagungszeitraums verrechnet werden können.
Diese Begrenzung des Verlustrücktrags auf 1 Jahr wird zum einen aufgrund ihrer Wirkungsweise als verfassungsrechtlich unbedenklich beurteilt[941]. Die Primärwirkung des Verlustvortrags ist es, daß der Steuergegenstand nachträglich reduziert wird und dem Steuerpflichtigen für die insofern zu viel gezahlte Steuer ein Erstattungsanspruch zukommt. Dadurch wird die Liquiditätssituation des Steuerpflichtigen unmittelbar verbessert, so daß die Vorschrift konjunkturpolitisch günstige Auswirkungen mit sich bringt[942]. Wenn nun § 10d I EStG aufgrund dieser Wirkungsweise steuersystematisch als wirtschaftsfördernde Steuervergünstigung eingeordnet wird, dann steht ihre Gewährung im Ermessen des Gesetzgebers, ohne daß eine zeitliche Begrenzung dabei beanstandet werden könnte. Diese Tendenz läßt sich auch in der früheren Rechtsprechung erkennen[943].
Allerdings wurde bereits oben[944] erörtert, daß es sich bei den Vorschriften des intertemporalen Verlustausgleichs nicht um Subventionen handelt, sondern daß sie dazu dienen, für die gesamte Dauer der wirtschaftlichen Betätigung des Steuerpflichtigen gleichmäßig die Gesamtleistungsfähigkeit zu ermitteln. In diesem Sinne stellt der Verlustabzug eine unmittelbare Folge des Leistungsfähigkeitsprinzips dar, wobei sowohl dem Verlustvortrag als auch dem Verlustrücktrag eine selbständige Bedeutung zukommt. Bei den geschilderten Folgen außerhalb des Steuerrechts handelt es sich um Reflexwirkungen, die für eine steuersystematische Einordnung nicht entscheidend sein können[945]. Mithin steht der Verlustrücktrag nicht als wirtschaftspolitische Subvention im freien Ermessen des Gesetzgebers, sondern er erfüllt die Vorgaben des Leistungsfä-

---

941 Frotscher-*Lindberg* § 10d Rn 5; H/H/R-*Hallerbach* § 10d R9; FG Hamburg v. 01.03.1999, II-318/98 (unv.); vgl. auch *Söffing*, Verlustrücktrag nach § 10d, FR 1976, 209, 211.

942 vgl. auch die wirtschaftswissenschaftliche Beurteilung nach dem Konzept der Entscheidungneutralität, siehe unten S. 183ff.

943 BVerfG v. 26.03.1969, 1 BvR 512/66, BStBl II 1969, 331, 332; BFH v. 25.01.1951, I D 4/50 S, BStBl III 1951, 68, 72.

944 siehe oben S. 200.

945 H/H/R-*Orth* § 10d Rn 15 und 18, *Fischer*, Die interperiodische Verlustverrechnung, DStZ/A 1966, 169, 172; *Karsten*, Der neue Verlustabzug, BB 1976, 176, 177; *Orth*, Interperiodische Verlustkompensation (1980), S. 118.

higkeitsprinzips, so daß dessen verfassungsrechtlicher Ursprung in den Freiheitsrechten des Art. 12 I und 14 I GG und im Gleichheitssatz des Art. 3 I GG zu beachten ist.
Dieser Erkenntnis hat sich auch die neuere Rechtsprechung angeschlossen[946], welche den Verlustrücktrag als Auswirkung des Leistungsfähigkeitsprinzips einordnet. Folglich durchbricht die vorliegende zeitliche Beschränkung des Verlustrücktrags das Leistungsfähigkeitsprinzip, so daß sich nach der oben[947] entwickelten Systematik die Frage ergibt, ob ein gegenläufiges Verfassungsprinzip diesen Eingriff rechtfertigt.
Wie bereits angesprochen[948], stellt das Bundesverfassungsgericht und ihm folgend auch die finanzgerichtliche Rechtsprechung[949] das Leistungsfähigkeitsprinzip bezüglich des intertemporalen Verlustausgleichs in ein Spannungsverhältnis mit einer Jahresbesteuerung nach dem Abschnittsprinzip. Der Gesetzgeber habe die Aufgabe, diesen Widerstreit zu entscheiden, wobei er nicht gehindert sei, die Abwägung einseitig zugunsten eines dieser Prinzipien ausfallen zu lassen, so daß sogar der völlige Ausschluß des Verlustrücktrags verfassungsrechtlich zulässig sei[950].
Durch die von der Rechtsprechung vorausgesetzte Gleichrangigkeit von Abschnittsprinzips und Leistungsfähigkeitsprinzip kommt die Verortung des Verlustrücktrags im Leistungsfähigkeitsprinzip zu keinem anderen Ergebnis als die Einordnung des Rücktrags als Steuervergünstigung, weil eine Stärkung der grundrechtlichen Position nicht ersichtlich ist.
Gegen diese materielle Gleichwertigkeit einer Jahresbesteuerung nach dem Abschnittsprinzip wurden bereits oben[951] Bedenken, insbesondere gegen die Herleitung des Verfassungsrangs aus dem Rechtsstaatsprinzip im Sinne des Art. 20 GG, vorgebracht. Das Rechtsstaatsprinzip im Steuerrecht mit seiner Ausprägung als Rechtssicherheit verlangt, daß der Steuerpflichtige aufgrund objektiv faßbarer Normen belastet wird und daß die Regelungen über die Ermittlung des Steuergegenstandes klar und überschaubar sind. Diese Anforderungen sind aber

---

946 BVerfG v. 08.03.1978, 1 BvR 117/78, HFR 1978, 293, 294; in der Tendenz auch BVerfG v. 30.09.1998, 2 BvR 1818/91, DB 1998, 2247, 2248f; BFH v. 28, 07, 1961, VI 25/61 U, BStBl III 1961, 436, 436; FG Münster v. 26.06.1986, IX 7095/85 (unv.); Hess. FG v. 19.09.1986, IV-107/81 (unv.); FG Bad.-Würt. V. 19.02.1993, 9 K 142/92, EFG 1994, 491, 492.

947 siehe oben S. 84.

948 siehe oben S. 175.

949 BFH v. 28, 07, 1961, VI 25/61 U, BStBl III 1961, 436, 436; FG Münster v. 26.06.1986, IX 7095/85 (unv.); Hess. FG v. 19.09.1986, IV-107/81 (unv.); FG Bad.-Würt. V. 19.02.1993, 9 K 142/92, EFG 1994, 491, 492.

950 BVerfG v. 08.03.1978, 1 BvR 117/78, HFR 1978, 293, 294; FG Münster v. 26.06.1986, IX 7095/85 (unv.).

951 siehe oben S. 176f.

nicht zwingend immer nur dann erfüllt, wenn die Ermittlung des Steuergegenstandes exakt den Abschnitt von einem Jahr umfaßt. Eine objektive Überschaubarkeit kann vielmehr ohne Abstriche bezüglich der Rechtssicherheit auch über einen längerfristigen Zeitraum gegeben sein, wie zum Beispiel durch einen Blick auf die bestehenden Abschreibungsmöglichkeiten deutlich wird[952]. Die Jahresbesteuerung nach dem Abschnittsprinzip ist mithin nicht die unmittelbare und zwingende Folge aus dem Rechtsstaatsprinzip im Steuerrecht, so daß ihr ein selbständiger Verfassungsrang fehlt. Zu beachten ist in diesem Zusammenhang auch, daß die Regelungen zum intertemporalen Verlustausgleich seit 1976 unter Berufung auf das Abschnittsprinzip siebenmal geändert wurden, so daß es der Klarheit und Überschaubarkeit bei der Ermittlung des Steuergegenstandes und folglich der Geltung des Rechtsstaatsprinzips eher abträglich erscheint[953]. Ein pauschaler Rückzug auf das Abschnittsprinzip kann somit die Durchbrechung des Leistungsfähigkeitsprinzips nicht rechtfertigen, sondern es muß im Einzelfall eine Abwägung mit den Erfordernissen der Rechtssicherheit gem. Art. 20 GG selbst erfolgen. Diese Vorgehensweise entspricht auch dem zuletzt zum Verlustabzug ergangenen Urteil des Bundesverfassungsgerichts, welches bei der Abwägung unmittelbar auf die Rechtssicherheit als Gegenposition des Leistungsfähigkeitsprinzips abstellt[954].

Im Rahmen einer solchen Abwägung kann für den Fall des Verlustrücktrags zunächst vorgebracht werden, daß die Entfernung von einer gegenwärtigen Besteuerung die Überschaubarkeit des Steuergegenstandes und mithin die Rechtssicherheit beeinträchtigt[955]. Gegen diese Bedenken ist noch einmal die Wirkungsweise des Verlustrücktrags anzuführen, welche die intertemporale Verrechnung des Verlustes durch eine Steuererstattung realisiert. Der Verlust und damit das durch entsprechende Aufwendungen getätigte Risiko wird folglich noch im Jahr seiner Entstehung berücksichtigt, so daß das Nettoprinzip und die ihm zugrundeliegende Steuerlastverteilung nach der Leistungsfähigkeit zeitnah verwirklicht wird[956]. Für den Steuerpflichtigen erfolgt also eine unmittelbare Beachtung des Leistungsfähigkeitsprinzips und somit eine Umsetzung seiner Freiheitsrechte gem. Art. 12 I und 14 I GG sowie des Gleichheitssatzes gem. Art. 3 I GG. Folglich wird die Überschaubarkeit bei der Ermittlung des Steuergegenstandes im Sinne der Rechtssicherheit für den Steuerpflichtigen durch den Verlustrücktrag noch gesteigert.

---

952 vgl. nur § 7 V EStG, der eine Abschreibungsdauer für Gebäude von mehreren Jahrzehnten festlegt.

953 *Schild*, Der Verlust im Steuerrecht, JbFSt 1999/2000, 209.

954 BVerfG v. 22.07.1991, 1 BvR 313/88, DStR 1991, 1278, 1279.

955 K/S-*Kirchhof* § 2 Rn H21; Karlsruher Entwurf (2001), S. 35: "Der Steuerpflichtige hat auch in der Verlustphase die staatlichen Leistungen genutzt, eine gegenwartsgerechte Zuordnung von staatlichen und unternehmerischen Leistungen ist deshalb zulässig.".

956 H/H/R-*Orth* § 10d Rn 18.

Andererseits wird zur Rechtfertigung einer zeitlichen Beschränkung des Verlustrücktrags noch ein weiterer Aspekt des Rechtsstaatsprinzips vorgebracht. Danach wird die Rechtssicherheit dadurch beeinträchtigt, daß eine zeitlich unbegrenzte Kontrolle der Jahresverluste für die Rechtsanwender nicht praktikabel sei, was Verzögerungen und Ungenauigkeiten bei der Ermittlung des Steuergegenstandes zur Folge habe[957]. Um dieses Argument zu bewerten, muß der Arbeitsaufwand, welcher bei der "unbegrenzten Kontrolle der Jahresverluste"[958] entsteht, genauer ins Auge gefaßt werden. Entscheidend für den Rücktrag ist die Feststellung des ausgleichsfähigen Verlustes. Diese Feststellung erfolgt nur einmal unabhängig davon, auf wie viele Veranlagungszeiträume der Verlust zurückzutragen ist. Eine zeitliche Begrenzung bewirkt insofern keinerlei Vermeidung von Verwaltungsaufwand[959]. Weiterhin erschöpft sich die Berücksichtigung des Verlustrücktrags "arbeitsmäßig" im wesentlichen in der Neuberechnung der Steuer für einen früheren Veranlagungszeitraum und in der Auszahlung oder Verrechnung eines sich dabei ergebenden Erstattungsbetrages. Es handelt sich hier also um Arbeiten, die weitgehend maschinell erledigt werden können."[960] Das Risiko einer Verzögerung oder einer Ungenauigkeit bei der Ermittlung des Steuergegenstandes ist dadurch nicht auszumachen, so daß auch eine Beeinträchtigung der Rechtssicherheit nicht vorliegt. Dieses Ergebnis wird durch einen Blick auf die schon jetzt bestehenden Regelungen der Ordnungsmäßigkeit der Buchführung und der Aufbewahrungsfristen bestätigt, mit welchen auch in anderen Bereichen sehr lange Zeiträume abgedeckt werden können[961].

Damit bleibt als Begründung der zeitlichen Beschränkung des Verlustrücktrags nur noch der – auch vom Bundesverfassungsgericht herangezogene[962] – Hinweis auf die Planungssicherheit des Staates, welche durch das Aufrollen bereits abgelaufener VerlanlagungsZeiträume gefährdet sei. Dazu wurde aber bereits oben[963] erarbeitet, daß diese "Rechtssicherheit für den Staat" keinerlei verfas-

---

957 vgl. BT-Drs. 7 /3667, Anl. 2), Einkommensteuerkommission, Untersuchungen zum Einkommensteuerrecht (1958) S. 164; Karlsruher Entwurf (2001) S. 35; BVerfG v. 22.07.1991, 1 BvR 313/88, DStR 1991, 1278, 1278f; vgl. *Orth*, Überlegungen zum zweijährigen Verlustrücktrag, FR 1981, 525, 527.

958 *Schmidlin*, Prinzip der Periodizität (1956), S. 222.

959 BT-Drs. 7/4799; *Gericke*, Ausdehnung der Frist, DB 1980, 224, 255; *Orth*, Überlegungen zum zweijährigen Verlustrücktrag, FR 1981, 525, 527; *Paus*, Ist § 10d EStG verfassungswidrig?, BB 1988, 184, 184.

960 Steuerreformkommission, Gutachten (1971), S. 520.

961 *Mohr*, Verfassungsmäßigkeit der zeitlichen Begrenzung des Verlustvortrags, BB 1987, 1326, 1329.

962 BVerfG v. 22.07.1991, 1 BvR 313/88, DStR 1991, 1278, 1279.

963 siehe oben S. 175f.

sungsrechtliche Verankerung in Art. 20 GG findet, da das Rechtsstaatsprinzip – genau wie die Grundrechte – die Bürger und nicht den Staat schützt.
Folglich sind die vorgebrachten Aspekte der Rechtssicherheit nicht geeignet, um die Durchbrechung des Leistungsfähigkeitsprinzips, welche durch die zeitliche Beschränkung des Verlustrücktrags in § 10d I 1 EStG erfolgt, zu rechtfertigen. Mithin muß sich das Leistungsfähigkeitsprinzip in der Abwägung mit dem Rechtsstaatsprinzip durchsetzen, so daß sich die Regelung des § 10d I 1 EStG in diesem Punkt als verfassungswidrig erweist.

b) Betragsmäßige Beschränkung

Es bleibt noch die Frage, wie die betragsmäßige Beschränkung des Verlustrücktrags auf 1 Million Deutsche Mark anhand einer Steuerlastverteilung nach der wirtschaftlichen Leistungsfähigkeit zu beurteilen ist.
Wie oben[964] erörtert, schützt das Leistungsfähigkeitsprinzip die gesamte wirtschaftliche Betätigung des Steuerpflichtigen, wie sie in den Freiheitsrechten der Art. 12 I und 14 I GG gewährt wird. Im Rahmen dieser Grundrechtsausübung entstandene Aufwendungen sind dabei Ausdruck des eingegangenen Risikos, für das sich der Steuerpflichtige nach dem Gedanken der rechtlichen Chancengleichheit sowohl dem Grunde als auch der Höhe nach entscheiden kann. Wenn der durch diese Betätigung seiner Freiheit entstandene Verlust nun nach § 10d I 1 EStG nicht in voller Höhe berücksichtigt wird, so werden die Vorgaben der Leistungsfähigkeit als auch zeitlich synthetischem Steuergegenstand sowie die Vorgaben des Nettoprinzips nicht beachtet. § 10d I 1 EStG durchbricht folglich das Leistungsfähigkeitsprinzip in seiner oben geschilderten verfassungsrechtlichen Verankerung.
Um diese Durchbrechung zu rechtfertigen, kommt allein der Gedanke der Haushaltssicherung in Betracht, wie er auch in der Gesetzbegründung zu finden ist[965]. Die Begrenzung des Rücktragbetrages dient folglich dazu, die haushaltsmäßigen Auswirkungen des Verlustrücktrags in Grenzen zu halten. Es wurde allerdings bereits oben[966] festgestellt, daß ein Verstoß gegen das Leistungsfähigkeitsprinzip mit den im zugrundeliegenden Grundrechten auch nur auf verfassungsrechtlicher Ebene gerechtfertigt werden kann. Der bloße Hinweis auf das Haushaltsaufkommen kann für diesen Zweck nicht genügen.
Folglich läßt sich eine verfassungsrechtliche Gegenposition nicht finden, hinter welcher das Leistungsfähigkeitsprinzip im Rahmen einer Abwägung zurücktreten müßte. Mithin verletzt die betragsmäßige Beschränkung des Verlustrück-

964 siehe oben S. 129ff.
965 BR-Drs. 14/23 S. 175.
966 siehe oben S. 196f.

trags in § 10d I 1 EStG das Leistungsfähigkeitsprinzip in seiner grundrechtlichen Verankerung und erweist sich daher als verfassungswidrig[967].

c) Zwischenergebnis

Die vorstehende Untersuchung hat gezeigt, daß zeitliche und betragsmäßige Beschränkungen des intertemporalen Verlustausgleichs nicht zu rechtfertigende Durchbrechungen des Leistungsfähigkeitsprinzips darstellen, die zur Verfassungswidrigkeit des § 10d I EStG führen[968].

3. Der Verlustabzug aus wirtschaftswissenschaftlicher Sicht

Schließlich ist noch auf die Frage nach der Bewertung des intertemporalen Verlustausgleichs aus wirtschaftswissenschaftlicher Sicht einzugehen.

a) Bewertung nach dem wirtschaftswissenschaftlichen Konzept der Entscheidungsneutralität

Im Mittelpunkt dieser Bewertung muß auch hier das Konzept der Entscheidungsneutralität stehen, welches verlangt, daß die Besteuerung die Handlungsalternativen der Steuerpflichtigen unbeeinflußt läßt, indem sie an das ökonomische Ergebnis ihrer wirtschaftlichen Betätigung anknüpft. Wie bereits oben[969] erörtert, hat diese Akzessorietät der Besteuerung zur Folge, daß der Staat sowohl an den positiven Einkünften als auch an den Verlusten der Steuerpflichtigen gleichermaßen partizipiert. Eine derartige Partizipation erfolgt aber unvollständig, wenn die Verluste nur mit positiven Einkünften aus dem Jahr ihrer Entstehung verrechnet werden können und ein darüber hinausgehender Verlust außerhalb dieser Periode verloren geht. Bei dieser Beschränkung auf einen innerperiodischen Verlustausgleich kann es dazu kommen, daß das positive Ergebnis einer Investition ohne Rücksicht auf die zuvor getätigten Aufwendungen als Steuergegenstand herangezogen wird, weil die Investition und das aus ihr resultierende Ergebnis zeitlich in verschiedene Besteuerungsabschnitte fallen.

Damit werden Investitionstätigkeiten mit einer schwankenden Ertragslage, bei welchen sich das erfolgsmäßige Auf und Ab über mehrere Perioden erstreckt, durch eine Beschränkung des Verlustabzug gegenüber gleichmäßig entstehen-

---

967 Allerdings setzt sich auch hier die Verfassungswidrigkeit des § 2 III EStG bzgl. des vertikalen Verlustausgleichs fort, da diese Regelung in § 10d I 2ff weitergeführt wird.

968 Insofern ist auch der Karlsruher Entwurf (2001), der in seinem § 8 den Verlustrücktrag aufhebt und den Verlustvortrag auf 4 Jahre beschränkt, als verfassungswidrig zurückzuweisen.

969 siehe oben S. 130f.

den Einkommen benachteiligt[970]. Die Handlungsalternativen der Steuerpflichtigen bleiben folglich durch die Besteuerung nicht unbeeinflußt, weil die Summe aller steuerlich erfaßten Abschnitte nicht mehr in jedem Fall mit dem erwirtschafteten Totalergebnis übereinstimmt. Um das Anknüpfen an das ökonomische Ergebnis und somit die Entscheidungsneutralität der Besteuerung zu gewährleisten, muß mithin für den Steuerpflichtigen die Möglichkeit eines intertemporalen Verlustausgleichs bestehen[971].
Dabei ist zu beachten, daß das Konzept der Entscheidungsneutralität ebenso wie das Leistungsfähigkeitsprinzip ein System des Verlustabzugs mit seinen Erscheinungsformen als Verlustvortrag und als Verlustrücktrag verlangt.
Dies zeigt sich zum einen an der Aufnahme einer wirtschaftlichen Tätigkeit mit den oft in diesem Zusammenhang entstehenden Anlaufverlusten. Wenn die Besteuerung einer Entscheidung für einen solchen Einstieg in wettbewerbliche Aktivitäten nicht entgegenstehen soll, so müssen die Verluste in die Zukunft vortragbar sein, da ein Rücktragsvolumen nicht besteht[972].
Auf der anderen Seite genügt dieser Verlustvortrag nicht in allen Fällen, um die Besteuerung an das ökonomische Ergebnis anknüpfen zu lassen. Wie bereits oben[973] geschildert, bleiben Verluste dabei unberücksichtigt, wenn die Steuerpflicht mit dem Ablauf des Verlustentstehungsjahres endet. Damit auch dieser Verlust in die Ermittlung des Steuergegenstands einfließen kann, muß er in die vergangenen Besteuerungsabschnitte zurückgetragen werden. Eine entscheidungsneutrale Besteuerung, welche die Handlungsalternativen im Rahmen der gesamten ökonomischen Betätigung der Steuerpflichtigen – auch bezüglich deren Beginn und Ende – unbeeinflußt läßt, hat folglich sowohl die Möglichkeit des Verlustvortrags sowie die Möglichkeit des Verlustrücktrags zu gewähren[974]. Nur dieses System des intertemporalen Verlustausgleichs wird der Er-

---

970 siehe oben S. 175 und *Stein*, Steuerlicher Verlustausgleich, zfbf 1983, 29, 31; *Grotherr*, Steht der Verlustvor- und -rücktrag steuerpolitisch zur Disposition?, BB 1998, 2337, 2344; *Wosnitza*, Beschränkung der Verlustverrechnung, StuB 2000, 763, 768f.

971 *Haegert/Kramm*, Bedeutung des steuerlichen Verlustrücktrags, zfbf 1977, 203, 203ff; *Schneider*, Steuerbilanzen (1978), S. 54; Hdb. der Finanzwissenschaften-*Andel*, Bd. II (1980), S. 368; *Kröner*, Verrechnungsbeschränkte Verluste (1986), S. 117f und 54; *Saathoff*, Steueroase Deutschland?, Fr 1998, 917, 920; Kiesewetter, Zinsbereinigte Einkommensteuer (1999), S. 134ff; *Wosnitza*, Beschränkung der Verlustverrechnung, StuB 2000, 763, 770; *Brümmerhoff*, Finanzwissenschaft (2001), S. 481f.

972 siehe oben S. 202.

973 siehe oben S. 202.

974 *Haegert/Kramm*, Bedeutung des steuerlichen Verlustrücktrags, zfbf 1977, 203, 203ff; *Schneider*, Steuerbilanzen (1978), S. 54; Hdb. der Finanzwissenschaften-*Andel*, Bd. II (1980), S. 368; *Kröner*, Verrechnungsbeschränkte Verluste (1986), S. 117f und 54; *Saathoff*, Steueroase Deutschland?, FR 1998, 917, 920; *Kiesewetter*, Zinsbereinigte Einkommensteuer (1999), S. 134ff; *Wosnitza*, Beschränkung der Verlustverrechnung, StuB 2000, 763, 770; *Brümmerhoff*, Finanzwissenschaft (2001), S. 481f.

kenntnis gerecht, daß allein das Totalergebnis vom Anfang bis zum Ende der wirtschaftlichen Tätigkeit die Zielgröße darstellen kann, an der sich die entscheidungsneutrale Besteuerung orientiert[975].
Insofern stellt der Verlustabzug auch keine Begünstigung verlustreicher Unternehmen dar, welche eine auf dem Markt stattfindende Selektion, das heißt ein Ausscheiden weniger erfolgreicher Betätigungen aus dem Wettbewerb behindert oder verzögert[976]. Auch dieses sog. Selektionsprinzip muß vielmehr am Markt von der Besteuerung unbeeinflußt zur Geltung kommen, so daß dabei nur auf das ökonomische Ergebnis abgestellt wird. Eine Beschränkung des Verlustabzuges läßt Teile dieses Ergebnisses außer Betracht und stellt somit eine steuerliche Benachteiligung dar. Diese zusätzliche Belastung kann bei Steuerpflichtigen die Entscheidung für eine Beendigung ihrer wirtschaftlichen Aktivitäten begründen oder beschleunigen, obwohl sie anderenfalls auch bereit gewesen wären, eine mehrjährige Verlustphase abzuwarten[977]. Folglich stellt der intertemporale Verlustausgleich keine Steuervergünstigung dar, sondern seine Einschränkung erschwert für Unternehmen "die Wahrnehmung ihrer Überlebenschanchen"[978].
Weiterhin kommt es auch hier zu dem im Rahmen des vertikalen Verlustausgleichs beschriebenen[979] Effekt, daß eine Begrenzung der Verrechnungsmöglichkeiten die Risikobereitschaft der Steuerpflichtigen hemmt und seine Entscheidungen zugunsten weniger riskanter Investitionen beeinflußt. Nur der unbegrenzte Verlustausgleich verhindert diese Verzerrung und gewährt die Entscheidungsneutralität der Besteuerung.
Daß die Investitionsneigung der Steuerpflichtigen auch in ungünstigen Wirtschaftsphasen erhalten bleibt und zyklische Konjunkturschwankungen durch einen Liquiditätszufluß abgemildert werden, ist dabei eine Reflexwirkung des unbegrenzten Verlustabzugs[980]. Wenn diese Wirkung als Steuervergünstigung aufgefaßt wird, welche dem Konzept der Entscheidungsneutralität zuwiderläuft, so erfolgt ein Vergleich mit der Situation des Steuerpflichtigen bei einer Besteuerung ohne Gewährung eines Verlustabzugs. Allerdings verlangt das Konzept der Entscheidungsneutralität einen Vergleich mit der Situation des Steuer-

---

975 vgl. BFH v. 28.07.1961, VI 25/61 U, BStBl III 1961, 436, 436..."obgleich das Wirtschaftsjahr ein mehr formaler, jedenfalls kein organischer Abschnitt im Gesamtleben einer Unternehmens ist."; Blümich-*Horlemann* § 10d Rn 11; *Gnam*, Substanzbesteuerung, FR 1953, 317, 319; *Knobbe-Keuk*, Bilanz- und Unternehmensteuerrecht (1993), S. 303.

976 vgl. dazu *Krawitz*, Problematik des Verlustausgleichs, BFuP 1972, 485, 496; *Mohr*, Verfassungsmäßigkeit der zeitlichen Begrenzung des Verlustvortrags, BB 1987, 1326, 1328f.

977 *Krawitz*, Problematik des Verlustausgleichs, BFuP 1972, 485, 496.

978 *Mohr*, Verfassungsmäßigkeit des Verlustvortrags, BB 1987, 1326, 1329.

979 siehe oben S. 199; vgl. auch *Auerbach/Potera*, Tax-Loss Carryforwards, in: Feldstein (Hrsg.), The Effects of Taxation on Capital Accumulation (1987), S. 334.

980 *Orth*, Überlegungen zum zweijährigen Verlustrücktrag, FR 1981, 525, 530.

pflichtigen ohne jegliche Steuerbelastung, weil nur dann erkennbar ist, ob die Besteuerung die Handlungsalternativen der Steuerpflichtigen unbeeinflußt läßt. Wie oben[981] erörtert, zeigt dieser Vergleich, daß das Konzept der Entscheidungsneutralität einen unbeschränkten Verlustausgleich erfordert und ihm nicht zuwiderläuft.
Die Beteiligung des Staates am Verlustrisiko ist auch gesamtwirtschaftlich deshalb sinnvoll, weil der Staat dieses Risiko über die große Zahl von Steuerpflichtigen verteilen kann, so daß er im Gegensatz zu dem einzelnen Steuerpflichtigen bei Eintritt des Verlustes nicht in seiner Existenz gefährdet wird[982].
Das Argument der Planungssicherheit bezüglich des Steueraufkommens des Staats kann daher aus wirtschaftswissenschaftlicher Sicht genausowenig für eine Beschränkung des Verlustausgleichs sprechen, wie das Argument der Haushaltssicherung die Durchbrechung des Leistungsfähigkeitsprinzips rechtfertigen konnte.
Nachdem folglich festgestellt wurde, daß das System des intertemporalen Verlustausgleichs mit dem Konzept der Entscheidungsneutralität übereinstimmt, können die einzelnen Regelungen des § 10d EStG auch aus wirtschaftswissenschaftlicher Sicht bewertet werden.

aa) Verlustrücktrag

Der Rücktrag von Verlusten in die Vergangenheit wird in § 10d I 1 EStG zeitlich auf ein Jahr und betragsmäßig auf 1 Million Deutsche Mark begrenzt.
Der intertemporale Verlustausgleich wird diesbezüglich also nicht uneingeschränkt gewährt, so daß die Regelung des § 10d I 1 EStG nicht mit dem wirtschaftswissenschaftlichen Konzept der Entscheidungsneutralität übereinstimmt.
Da diese Beschränkungen auch gegen eine Steuerlastverteilung nach der Leistungsfähigkeit verstoßen[983], zeigt sich in diesem Zusammenhang erneut das gemeinsame Fundament der verfassungsrechtlichen und der wirtschaftswissenschaftlichen Betrachtungsweise.

bb) Verlustvortrag

Dem Wortlaut nach gewährt § 10d II 1 EStG dagegen eine unbegrenzte Möglichkeit zum Vortrag von Verlusten in die Zukunft.
Bei der Bewertung dieser Vorschrift muß allerdings ein weiterer Aspekt einer entscheidungsneutralen Besteuerung Beachtung finden, der insbesondere bei einer Verlustverrechnung über mehrere Perioden hinweg zum tragen kommt. Es wurde oben[984] festgestellt, daß das ökonomische Gesamtergebnis, welches der

---

[981] siehe oben S. 196ff.
[982] *Wosnitza*, Beschränkung der Verlustverrechnung, StuB 2000, 763, 771.
[983] siehe oben S. 204ff.
[984] siehe oben S. 123ff.

Steuerpflichtige durch seine wirtschaftlichen Betätigungen erzielt, die für die Besteuerung maßgebliche Zielgröße darstellt. Dieser Zugang an ökonomischer Verfügungsmacht muß als Steuergegenstand herangezogen werden, wobei Verluste mit positiven Ergebnissen zu saldieren sind. Wenn nun diese Saldierung über mehrere Besteuerungsabschnitte hinaus verschoben wird, erfolgt im Gegensatz zum Verlustrücktrag kein sofortiger Verlustabzug, sondern dieser tritt erst verzögert ein. Diese Verzögerung ist deshalb problematisch, weil dem Steuerpflichtigen diese Teile seines erzielten Gesamtergebnisses tatsächlich bis zur späteren Verrechnung im Wege des Verlustvortrags gegenwärtig nicht zur Verfügung stehen, so daß er damit auch in keiner Weise arbeiten kann. Mit dem Verlustvortrag sind folglich negative Zinseffekte verbunden, welche die Vorteilhaftigkeit einer Investitionsentscheidung zumindest teilweise wieder aufheben[985].

Damit die Besteuerung also die Handlungsalternativen auch im Falle des Verlustvortrags unbeeinflußt läßt, muß eine Verzinsung des Vortragsvolumens stattfinden. Ohne diese Verzinsung gewährt § 10d II 1 trotz seines Wortlauts den intertemporalen Verlustausgleich nur eingeschränkt, so daß er dem Konzept der Entscheidungsneutralität nicht gerecht wird[986].

b) Folgen der wirtschaftswissenschaftlichen Betrachtung für die verfassungsrechtliche Beurteilung

In der vorstehenden Untersuchung wurde festgestellt, daß die Regelung des § 10d II 1 EStG zum Verlustvortrag ohne eine Verzinsung des Vortragsvolumens nicht mit dem Konzept der Entscheidungsneutralität übereinstimmt. Auf der anderen Seite ließ der Wortlaut, welcher einen zeitlich und betragsmäßig unbeschränkten Verlustvortrag gewährt, den Schluß zu, daß die Vorschrift den Vorgaben des Leistungsfähigkeitsprinzips entspricht[987]. Somit fallen hier die Ergebnisse der wirtschaftswissenschaftlichen und der verfassungsrechtlichen Betrachtung auseinander, was erneut das Verhältnis einer entscheidungsneutralen Besteuerung und einer Steuerlastverteilung nach der Leistungsfähigkeit in den Blickpunkt rückt. Dieses Verhältnis wurde bereits oben[988] angesprochen und muß sich nun für den Fall der konkreten Regelung des Verlustvortrags im Sinne des § 10d II 1 EStG bewähren.

---

985 *Haegert/Kramm*, Bedeutung des steuerlichen Verlustrücktrags, zfbf 1977, 203, 210; *Wagner/Dirrigl*, Steuerplanung der Unternehmung (1980), S. 69; *Voß*, Auswirkungen steuerlicher Verlustbehandlungen (1990), S. 232; *Grotherr*, Steht der Verlustvor- und –rücktrag steuerpolitisch zur Disposition?, BB 1998, 2337, 2344ff; *Kiesewetter*, Zinsbereinigte Einkommensteuer (1999), S. 134ff; *Wosnitza*, Beschränkung der Verlustverrechnung, StuB 2000, 763, 771.

986 ebd.

987 siehe oben S. 203.

988 siehe oben S. 126f.

Dazu ist erneut auf die verfassungsrechtliche Verankerung des Leistungsfähigkeitsprinzips zurückzukommen, welche sich zum einen aus dem Gleichheitssatz des Art. 3 I GG ergibt[989]. Aus der Wechselwirkung der diesem Grundrecht zugrundeliegenden Gerechtigkeitsidee mit dem Bereich des Steuerrechts[990] ergibt sich die Leistungsfähigkeit als Maßstab für eine (sach-)gerechte Verteilung der Steuerlast, welcher für die Anwendung des Gleichheitssatzes notwendig ist und die Eigeninteressen der Bürger durch die Gewährung rechtlicher Chancengleichheit schützt.
Rechtliche Chancengleichheit bedeutet daneben aber auch, daß jedem Bürger der gleiche Schutz seiner Freiheitsrechte zukommt[991]. Die Leistungsfähigkeit als Ergebnis der wirtschaftlichen Aktivitäten des Steuerpflichtigen im Sinne der Art. 12 I und 14 I GG hat mithin auch einen freiheitsrechtlichen Ursprung. Das Verhältnis der bei den Marktteilnehmern jeweils durch den freien Wettbewerb entstandenen Leistungsfähigkeit bildet die wettbewerbliche Ausgangslage. Eine Veränderung dieser Ausgangslage durch die Besteuerung läßt sich somit am Maßstab der Leistungsfähigkeit erkennen, so daß ein Eingriff in die Wettbewerbsfreiheit gem. Art. 12 I und 14 I GG feststellbar wird[992].
Seinem Wortlaut nach blieb die wettbewerbliche Ausgangslage durch den unbegrenzten Verlustvortrag im Sinne des § 10d II 1 EStG unberührt. Allerdings zeigte die wirtschaftswissenschaftliche Überprüfung, daß ein Vortrag der Verluste in künftige Perioden negative Zinseffekte mit sich bringt und mithin verzerrend auf die Wettbewerbsverhältnisse der Steuerpflichtigen einwirkt[993]. Durch das Heranziehen des Konzepts der Entscheidungsneutralität wird die tatsächliche Wirkung der Besteuerung als Eingriff in die Wettbewerbsfreiheit gem. Art. 12 I und 14 I GG erst deutlich. Hier bestätigt sich die oben[994] erörterte Bedeutung der Entscheidungsneutralität für die verfassungsrechtliche Beurteilung des Steuerrechts. Mit dem Blick auf die wirtschaftlichen Entscheidungswirkungen kann festgestellt werden, wieviel ökonomischen Bezug das Recht tatsächlich hat, so daß es dem freiheitsrechtlichen Ursprung der Leistungsfähigkeit – als wettbewerbliche Ausgangslage im Zustand rechtlicher Chancengleichheit – erst gerecht wird.
Mithin führt die wirtschaftswissenschaftliche Beurteilung des § 10d II 1 EStG anhand der Entscheidungsneutralität dazu, daß die Wirkung des Verlustvortrags auf die Wettbewerbsfreiheit der Steuerpflichtigen erkennbar wird, so daß sich das Leistungsfähigkeitsprinzip in seiner hier erörterten grundrechtlichen Veran-

---

989 siehe oben S. 87.
990 siehe oben S. 81.
991 siehe oben S. 98.
992 siehe oben S. 98.
993 siehe oben S. 213.
994 siehe oben S. 126f.

kerung als betroffen erweist. Dieser ökonomische Bezug muß in die verfassungsrechtliche Abwägung einfließen[995], so daß zu fragen ist, ob die fehlende Verzinsung des Vortragsvolumens schon zur Verfassungswidrigkeit dieser Regelung führt oder ob der Verstoß gegen das Leistungsfähigkeitsprinzip durch entgegenstehende Prinzipien gerechtfertigt werden kann.

In Betracht kommt hier wiederum das Rechtsstaatsprinzip im Sinne des Art. 20 GG , weil mit der Verzinsung die Klarheit und Überschaubarkeit bei der Ermittlung des Steuergegenstandes beeinträchtigt wird. Im Gegensatz zu einer Gewährung des unbeschränkten Verlustvortrags an sich, für welchen eine verminderte Rechtssicherheit nicht auszumachen war[996], bringt die Verzinsung sowohl bezüglich der objektiven Erfaßbarkeit des Steuergegenstandes als auch bezüglich der Praktikabilität seiner Ermittlung deutliche Schwierigkeiten mit sich. Folglich stehen sich das Leistungsfähigkeitsprinzip und das Rechtsstaatsprinzip abwägungsbedürftig gegenüber. Nur durch eine solche Abwägung wird die Durchbrechung des Leistungsfähigkeitsprinzips offengelegt, so daß es sowohl sein verfassungsrechtliches als auch durch die Übereinstimmung mit dem Konzept der Entscheidungsneutralität sein wirtschaftswissenschaftliches Gewicht behält[997].

Im Fall der Verzinsung des Verlustvortrags steht diesem Gewicht – anders als bei der Frage des Verlustabzuges an sich – allerdings das Rechtsstaatsprinzip mit seinen Anforderungen an die Rechtssicherheit einer Norm gleichwertig entgegen, so daß keinem dieser Aspekte von vornherein ein Vorrang einzuräumen ist. Vielmehr obliegt es in dieser Konstellation tatsächlich dem Gesetzgeber, diesen Widerstreit zu entscheiden[998], was dann aber kein nicht nachvollziehbares politisches Werturteil beinhaltet, sondern eine rechtliche Abwägung darstellt, die den verfassungsrechtlichen Anforderungen des Leistungsfähigkeitsprinzips an das Steuerrecht genügt[999].

Zu beachten ist für den konkreten Fall der Verzinsung des Verlustvortrags, für welchen dem Gesetzgeber unterschiedliche Entscheidungsmöglichkeiten durch die Verfassung offen stehen, daß das Leistungsfähigkeitsprinzip auch als Maßstab für die Vereinbarkeit verschiedener Entscheidungen untereinander zur Geltung kommen muß[1000]. Das Leistungsfähigkeitsprinzip als Gebot der Folgerichtigkeit erlangt hier deshalb eine ausschlaggebende Bedeutung, weil der Gesetzgeber bereits für den Fall der Rückstellungen in § 6 I Nr. 3d EStG eine Ab-

---

995 siehe oben S. 127.

996 siehe oben S. 208; vgl. auch dazu *Lang*, Bemessungsgrundlage (1988), S. 189: ..."denn die vollständige einkommensteuerliche Berücksichtigung der Einkünfte ist technisch ohne weiteres durchführbar und mit dem Gedanken der Rechtssicherheit zu vereinbaren."

997 siehe oben S. 156.

998 siehe die oben (S. 175) geschilderte Rspr.

999 siehe oben S. 59.

1000 siehe oben S. 137f.

zinsung als objektiv überschaubare und praktikable Ermittlung des Steuergegenstandes bewertet hat. Indem der Gesetzgeber die Aspekte der Rechtssicherheit, welche durch eine jährliche Verzinsung betroffen werden, in den Hintergrund stellt, trifft er eine Entscheidung gegen das Rechtsstaatsprinzip. Das Leistungsfähigkeitsprinzip erfordert eine konsequente Umsetzung dieser Entscheidung für alle Sachverhalte, weil sonst das Messen mit zweierlei Maß[1001] eine beliebige Ermittlung des Steuergegenstands möglich machte, so daß zum Beispiel das Rechtsstaatsprinzip bei der Aufzinsung zulasten des Fiskus der Vorzug eingeräumt wird[1002], es bei einer Abzinsung zugunsten des Fiskus aber zurücktritt[1003].

Dieses Vorgehen würde zu einer mangelnden Vergleichbarkeit der Sachverhalte führen und die Anwendung des Gleichheitssatzes gem. Art. 3 I GG zum Schutze des Steuerpflichtigen ausschließen, so daß dem Leistungsfähigkeitsprinzip jegliche Bedeutung verloren ginge.

Folglich gibt das Leistungsfähigkeitsprinzip als Gebot der Folgerichtigkeit im geltenden Steuerrecht vor, daß die Aspekte der Rechtssicherheit bezüglich einer jährlichen Verzinsung in den Hintergrund treten. Mithin kann das Rechtsstaatsprinzip für den Fall der Verzinsung des Verlustvortragsvolumens die oben erörterte Durchbrechung des Leistungsfähigkeitsprinzips nicht rechtfertigen, so daß sich die Regelung des § 10d II 1 GG auch in diesem Punkt[1004] als verfassungswidrig erweist.

c) Zwischenergebnis

Es hat sich gezeigt, daß das wirtschaftswissenschaftliche Konzept der Entscheidungsneutralität und das Leistungsfähigkeitsprinzip auch bezüglich des intertemporalen Verlustausgleichs ein gemeinsames Fundament bilden. Insbesondere wurde deutlich, wie eine wirtschaftswissenschaftliche Betrachtung die ökonomischen Wirkungen von konkreten steuerrechtlichen Regelungen offenlegt.

Diese wirkungsorientierte Funktion der Entscheidungsneutralität ist vor allem erforderlich, um Veränderungen der wettbewerblichen Ausgangslage zu erkennen und damit eine Durchbrechung des Leistungsfähigkeitsprinzips in seiner freiheitsrechtlichen Verankerung gem. Art. 12 I und 14 I GG festzustellen. Dieses Zusammenwirken von ökonomischen Entscheidungswirkungen und verfassungsrechtlicher Steuerlastverteilung nach der Leistungsfähigkeit verhindert,

---

1001 siehe oben S. 137f.

1002 Damit erfolgt dann keine Verzinsung.

1003 Damit ist dann eine Verzinsung vorzunehmen.

1004 siehe schon oben S. 167 bzgl. der Verfassungswidrigkeit des § 10d II wegen der Fortführung des vertikalen Verlustausgleichs im Sinne des § 2 III EStG.

daß sich das Recht von der Wirklichkeit entfernt, was sich vorliegend für den konkreten Fall des Verlustabzugs bestätigt hat.

D. Ergebnis

Es hat sich folglich herausgestellt, daß dem Leistungsfähigkeitsprinzip mit seiner verfassungsrechtlichen Verankerung im Gleichheitssatz und in den Freiheitsrechten für den horizontalen, den vertikalen und den intertemporalen Verlustausgleich inhaltliche Vorgaben zu entnehmen sind. Dadurch wird es auch möglich, konkrete gesetzliche Regelungen, welche den Verlustausgleich betreffen, anhand des Leistungsfähigkeitsprinzips als Abwägungskriterium verfassungsrechtlich zu bewerten. Aus der Steuerlastverteilung nach der Leistungsfähigkeit ergibt sich dabei keine pauschale Abgrenzung von "guten"[1005], also ausgleichsfähigen und "bösen"[1006], das heißt nicht ausgleichsfähigen Verlusten, sondern das System des Verlustausgleichs ist konkret aus dem Widerstreit des Leistungsfähigkeitsprinzips mit anderen ihm entgegenstehenden Prinzipien zu entwickeln. Zugleich wurde anhand des konkreten Beispiels des Verlustausgleichs erneut das gemeinsame Fundament mit dem wirtschaftswissenschaftlichen Konzept der Entscheidungsneutralität deutlich, welches insbesondere die verfassungsrechtliche Verankerung der Leistungsfähigkeit in den Freiheitsrechten der Art. 12 I und 14 I GG in der Praxis unterstützt.

1005 vgl. *Schulze-Osterloh*, Gute Verluste – Böse Verluste, JbFSt 1984/85, 267, 267ff.
1006 ebd.

Schlußbetrachtung und Zusammenfassung der Ergebnisse

Die vorliegende Untersuchung hat das Thema "Das Leistungsfähigkeitsprinzip und das System des Verlustausgleichs im deutschen Einkommensteuerrecht" anhand einer Verbindung von allgemein steuerwissenschaftlicher, verfassungsrechtlicher, wirtschaftswissenschaftlicher und konkret steuerrechtlicher Methoden beleuchtet.

Als Ergebnis läßt sich die in der Einleitung gestellte Frage jetzt dahingehend beantworten, daß das Leistungsfähigkeitsprinzip ein theoretisch fundiertes Prinzip zur Verteilung der Steuerlast darstellt, welches auch den Anforderungen der Praxis an diese Verteilung genügt.

Die einzelnen Stationen auf dem Weg zu diesem Ergebnis sollen im folgenden thesenförmig zusammengefaßt werden:

1. Sachgerechte Prinzipien sind in unserer freiheitlich demokratischen Grundordnung unentbehrlich, denn nur mit ihnen ist wissenschaftlicher Fortschritt in der Einsicht und dadurch auch eine Annäherung des Rechts an Sachgerechtigkeit möglich.
Somit müssen gerade im Steuerrecht die vorhandenen Prinzipien untersucht und entwickelt werden, an die der Steuergesetzgeber gebunden ist.

2. Weder der Entgeltcharakter der Steuer in der Beziehung zwischen Staat und Steuerpflichtigem noch das Austauschverhältnis zwischen Steuer und Staatsausgaben läßt sich theoretisch oder praktisch aufrecht erhalten, so daß die Äquivalenztheorie als allgemeines, sachgerechtes Besteuerungsprinzip abzulehnen ist.

3. Die Voraussetzungen und das Ziel der Opfertheorie sind abzulehnen. Anhand dieses nutzenorientierten Ansatzes kann ein geeigneter Steuergegenstand nicht ermittelt werden, so daß das Leistungsfähigkeitsprinzip im Sinne der Opferfähigkeit kein sachgerechtes Besteuerungsprinzip darstellt.

4. Statt dessen entspricht das Leistungsfähigkeitsprinzip in Gestalt des Verfügungsmachtkonzeptes den Anforderungen an ein sachgerechtes Besteuerungsprinzip.

5. In der gesellschaftspolitischen Entwicklung haben sich zwei Gerechtigkeitsebenen herausgebildet. Zum einen die horizontale Gerechtigkeit, die eine unterschiedslose Besteuerung gleicher Leistungsfähigkeit erfordert; zum anderen die vertikale Gerechtigkeit mit der Forderung, eine höhere Leistungsfähigkeit relativ stärker zu besteuern.

Es ist nicht sachgerecht, sowohl den Vergleichsmaßstab im Sinne der horizontalen Gerechtigkeit als auch das Umverteilungsziel im Sinne vertikaler Gerechtigkeit unter dem Begriff Leistungsfähigkeitsprinzip zusammenzufassen.

6. Weiterhin ist zwischen Tauchgerechtigkeit (= iustitia commutativa) und zuteilender Gerechtigkeit (= iustitia distributiva) zu unterscheiden. Das Leistungsfähigkeitsprinzip betrifft nur die distributive Gerechtigkeit und ist von Umverteilungspostulaten und Lenkungszwecken der Steuern im Sinne kommutativer Gerechtigkeit streng zu trennen.

7. Das Leistungsfähigkeitsprinzip stellt keine Leerformel dar, auf die im Steuerrecht verzichtet werden könnte.

8. Die Kritik, welche dem Leistungsfähigkeitsprinzip soziale Nivellierung durch eine unkontrollierbare Staatsmacht vorwirft, verkennt, daß Umverteilung von einer Besteuerung nach der Leistungsfähigkeit im Sinne distributiver Gerechtigkeit zu trennen ist.

9. Bestehende Durchbrechungen des Leistungsfähigkeitsprinzips im geltenden Steuerrecht machen es nicht unbrauchbar oder überflüssig.

10. Das aus dem Gerechtigkeitselement des Rechtsstaats abgeleitete Prinzip der Steuergerechtigkeit hat in der Rechtsordnung eine Stellung als allgemein verbindliches Fundamentalprinzip.

11. Das Leistungsfähigkeitsprinzip ist das Ergebnis einer juristischen Argumentation im hermeneutischen Zirkel, das heißt der wechselseitigen Erhellung der Gerechtigkeitsidee, dem dieser Idee verpflichteten Gleichheitssatz des Art. 3 I GG und dem Sachgebiet des Steuerrechts. Es ist dabei aufgrund der Struktur des Art. 3 I GG als Maßstab notwendig und auch für die praktische Ableitung und Bewertung von konkreten Normen im Steuerrecht als juristisches Abwägungskriterium unerläßlich.
Folglich ist das Leistungsfähigkeitsprinzip im Gleichheitssatz des Art. 3 I GG verfassungsrechtlich verankert.

12. Das Sozialstaatsprinzip und das Leistungsfähigkeitsprinzip betreffen verschiedene Gerechtigkeitsebenen. Die Funktion des Sozialstaatsprinzips und dessen Einordnung in das Verfassungsgefüge zeigen, daß es den Maßstab für faktische Chancengleichheit darstellt, während das Leistungsfähigkeitsprinzip den Maßstab für die rechtliche Chancengleichheit bildet.
Folglich entsprechen sich die Inhalte und Ziele von Sozialstaatsprinzip und Leistungsfähigkeitsprinzip nicht, sondern stehen sich im Steuerrecht entgegenge-

setzt und abwägungsbedürftig gegenüber. Eine verfassungsrechtliche Verankerung des Leistungsfähigkeitsprinzips im Sozialstaatsprinzip des Art. 20 GG ist daher ausgeschlossen, so daß auch dem sog. "subjektive" Leistungsfähigkeitsbegriff, welcher soziale Aspekte mit einbezieht, nicht zugestimmt werden kann.

13. Die Freiheitsrechte der Art. 12 I und 14 I GG konstituieren zwar keine bestimmte Wirtschaftsverfassung, aber doch eine wettbewerblich geprägte Wirtschaftsordnung als reales Ergebnis der Grundrechtsausübung. Die Leistungsfähigkeit ist das Ergebnis der wettbewerblichen Aktivitäten, das Verhältnis der bei den Steuerpflichtigen jeweils durch den freien Wettbewerb entstandenen Leistungsfähigkeit bildet die wettbewerbliche Ausgangslage.
Durch eine Veränderung dieser Ausgangslage, das heißt durch ein Abweichen vom Leistungsfähigkeitsprinzip greift die Besteuerung in die Freiheitsrechte ein.
Folglich ist das Leistungsfähigkeitsprinzip in den Freiheitsrechten der Art. 12 I und 14 I GG verfassungsrechtlich verankert.

14. Das Willkürverbot in der Praxis der Rechtsprechung des Bundesverfassungsgerichts wird den heutigen Anforderungen des Grundgesetzes an den Gesetzgeber nicht gerecht. Auch die sog. "neue Formel" für die Prüfung des Art. 3 I GG bringt keinen Neuanfang in der Gleichheitssatzrechtsprechung mit sich.
Das Bundesverfassungsgericht hat zwar für das Leistungsfähigkeitsprinzip eine theoretische Struktur mit einer Verankerung im Gleichheitssatz gefunden, bleibt aber hinter diesen theoretischen Möglichkeiten in der Praxis der Rechtsprechung zurück.

15. Steuern sind nicht nur als rechtliche Kategorie, sondern auch als Wirtschaftsfaktor zu bewerten. Dazu wurde von den Wirtschaftswissenschaften das Konzept einer entscheidungsneutralen Besteuerung entwickelt. Diese richtet sich an dem Zugang an Verfügungsmacht als ökonomischer Zielgröße aus und ist von Lenkungs- und Umverteilungsaspekten zu trennen.
Das Konzept der Entscheidungsneutralität und das Leistungsfähigkeitsprinzip stützen sich daher auf ein gemeinsames Fundament, was auch notwendig ist, um das Steuerrecht nicht an der ökonomischen Wirklichkeit vorbeigehen zu lassen.

16. Die Ausübung der Freiheitsrechte gem. Art. 12 I und 14 I GG ist der Ursprung der Gesamtleistungsfähigkeit, wobei der Gleichheitssatz gem. Art. 3 I GG für alle Bürgern den gleichen Schutz ihrer Freiheitsrechte sicherstellt.
Aus dieser verfassungsrechtlichen Verankerung folgt, daß das Leistungsfähigkeitsprinzip einen synthetischen Steuergegenstand im Sinne einer Gesamtleistungsfähigkeit fordert.

17. Sowohl die Quellentheorie als auch die Reinvermögenszugangstheorie sind mit dem Leistungsfähigkeitsprinzip nicht vereinbar. Die Markteinkommenstheorie mit ihrer verfassungsrechtlichen Verankerung in der Sozialbindung gem. Art. 14 II GG ist abzulehnen und widerspricht ebenfalls dem Leistungsfähigkeitsprinzip. Statt nach diesen Theorien sollte der Steuergegenstand daher einheitlich nach dem Leistungsfähigkeitsprinzip bestimmt werden.

18. Das (objektive) Nettoprinzip stellt eine unmittelbare Folge des Leistungsfähigkeitsprinzips dar.

19. Die Vorgaben des Leistungsfähigkeitsprinzips für den Steuergegenstand stimmen auch mit dem wirtschaftswissenschaftlichen Konzept der Entscheidungsneutralität überein.

20. Die konkrete Frage der Abzugsfähigkeit von Aufwendung ist nicht durch eine unmittelbare Ableitung aus dem Leistungsfähigkeitsprinzip, sondern durch eine Abwägung mit gegenläufigen Prinzipien – insbesondere dem Rechtsstaatsprinzip und dem Sozialstaatsprinzip – zu lösen.

21. Das Leistungsfähigkeitsprinzip macht in zeitlicher Hinsicht für die Erfassung des Steuergegenstandes keine unmittelbaren Vorgaben, sondern läßt sowohl die Ermittlung auf Geldvermögensebene als auch auf Reinvermögensebene zu. Allerdings verlangt das Leistungsfähigkeitsprinzip als Gebot der Folgerichtigkeit, daß die Konsequenzen der Entscheidung für eine dieser Ebenen an seinen Anforderungen auszurichten sind.
Für eine Ermittlung des Steuergegenstandes auf Reinvermögensebene bedeutet diese Folgerichtigkeit, daß der Zeitpunkt der Wertminderung maßgeblich ist, so daß sowohl Rückstellungen als auch Teilwertabschreibungen dem Leistungsfähigkeitsprinzip unmittelbar entsprechen.

22. Das Leistungsfähigkeitsprinzip beschränkt die Ermittlung des Steuergegenstandes nicht auf einen bestimmten Zeitabschnitt, sondern wird durch das Abschnittsprinzip im Gegenteil durchbrochen. Das Leistungsfähigkeitsprinzip gibt einen zeitlich synthetischen Steuergegenstand vor.
Das Abschnittsprinzip im Sinne einer Jahressteuer ist dabei kein verfassungsrechtlich verankertes, sondern lediglich ein technisches Prinzip. Vielmehr ist das Leistungsfähigkeitsprinzip unmittelbar mit dem Gedanken der Rechtssicherheit im Sinne des Rechtsstaatsprinzips gem. Art. 20 GG abzuwägen.

23. Die Verlustverrechnung innerhalb der Einkunftsart entspringt unmittelbar dem Leistungsfähigkeitsprinzip. Einschränkungen dieses horizontalen Ver-

lustausgleichs sind nur in der Abwägung mit andern Verfassungsprinzipien zu rechtfertigen.
Eine solche Rechtfertigung gelingt für § 22 Nr. a. F EStG und für § 2b EStG nicht, so daß diese Normen verfassungswidrig sind.

24. Auch der vertikale Verlustausgleich ist eine unmittelbare Folge des Leistungsfähigkeitsprinzips, so daß Normen, welche diesen einschränken, am Maßstab der Leistungsfähigkeit zu bewerten sind.
Eine solche Bewertung des § 2 III EStG ergibt dessen Verfassungswidrigkeit.

25. Das Leistungsfähigkeitsprinzip verlangt auch den uneingeschränkten intertemporalen Verlustausgleich in seinen Erscheinungsformen des Verlustvortrags und des Verlustrücktrags.
An diesem Maßstab bewertet erweist sich der Verlustrücktrag gem. § 10d I EStG mit seiner zeitlichen und betragsmäßigen Beschränkung als verfassungswidrig.
Bei der Überprüfung des Verlustvortrag im Sinne des § 10d II EStG wird die Verletzung des Leistungsfähigkeitsprinzips erst unter Heranziehung der wirtschaftswissenschaftlichen Betrachtungsweise deutlich, welche die fehlende Verzinsung des Vortragsvolumens als Eingriff in die wettbewerbliche Ausgangslage offenlegt.

Diese Ergebnisse mögen diskutabel sein, aber wenn eine sinnvolle, wissenschaftliche Diskussion jetzt möglich wird, dann ist das Ziel der Arbeit erreicht.

"Man kann nicht über einen Gegenstand diskutieren,
wenn jeder darunter etwas anderes versteht."[1007]

1007 *Wolff*, Ungeschriebenes Verfassungsrecht (2000), S. 187.

Literaturverzeichnis

Alexy, Robert
Theorie der Grundrechte
Baden-Baden 1985

Altfelder, Stefan
Kommentar zu FG Münster v. 07.09.2000, 4 V 1612/00 E
in: FR 2000, 1209ff

Amonn, Alfred
Zur Frage der steuerlichen Lastenverteilung
in: Jahrbücher für Nationalökonomie und Statistik Bd. 123 (1925), 165ff

Anschütz, Gerhard
Die Verfassung des deutschen Reiches vom 11. August 1919: ein Kommentar für Wissenschaft und Praxis
13. Auflage
Berlin 1930

Apelt, Willibalt
Die Gleichheit vor dem Gesetz nach Art. 3 Abs. 1 des Grundgesetzes
in: JZ 1951, 353ff

Aristoteles
Nikomachische Ethik
in: Manfred Fuhrmann (Hrsg.)
Aristoteles
Zürich, München 1951

Aristoteles
Politik: Schriften zur Staatstheorie
Stuttgart 1989

Arndt, Adolf
Gedanken zum Gleichheitssatz
in: Karl Dietrich Bracher/Willi Geiger/Rudolf Smend (Hrsg.)
Festschrift für Gerhard Leibholz zum 65. Geburtstag
Tübingen 1966

Arndt, Hans-Wolfgang
Verlustverrechnung und Verfassungsrecht
zusammen mit Holger Jenzen
in: DStR 1998, 1818ff

Arndt, Hans-Wolfgang Gleichheit im Steuerrecht
in: NVwZ 1988, 786ff

Arndt, Hans-Wolfgang Steuerliche Leistungsfähigkeit und Verfassungsrecht
in: Jürgen Damrau (Hrsg.), Festschrift für Otto Mühl, 17ff
Stuttgart, Berlin, Köln, Mainz 1981

Arndt, Hans-Wolfgang Einkommensbesteuerung und Grundrechte
in: AöR 118 (1993), 513ff

Auerbach, Alan Tax-Loss Carryforwards and Corporate Tax Incentives
in: Martin Feldstein (Hrsg.), The Effects of Taxation on Capital Accumulation
Chicago, London 1987

Bach, Stefan Die Perspektiven des Leistungsfähigkeitsprinzips im gegenwärtigen Steuerrecht
in: StuW 1991, 116ff

Badura, Peter Das Prinzip der sozialen Grundrechte und seine Verwirklichung im Recht der Bundesrepublik Deutschland
in: Der Staat 14 (1975), S. 17ff

Badura, Peter Eigentum
in: Ernst Benda /Werner Maihofer/Hans-Jochen Vogel (Hrsg.)
Handbuch des Verfassungsrechts der Bundesrepublik Deutschland
2. Auflage
Berlin, New York 1995

Bahlau, Jürgen Der Verlustabzug nach dem Steuerreformgesetz 1990
in: FR 1988, 565ff

Balke, Michael Symposium zu Ehren von Klaus Tipke aus Anlaß seines 70. Geburtstages
in: StuW 1996, 192ff

Bareis, Hans Peter — Steuerreform durch Steuersystembereinigungen
in: Stefan Baron, Konrad Handschuch (Hrsg.),
Wege aus dem Steuerchaos, 28ff
Stuttgart 1996

Bareis, Peter — Transparenz bei der Einkommensteuer
in: StuW 1991, 38ff

Battis, Ulrich — Systemgerechtigkeit
in: Rolf Stöder, Werner Thieme (Hrsg.),
Festschrift für Hans Peter Ipsen zum 70. Geburtstag
Tübingen 1977

Bäumler, Alfred — Handbuch der Philosophie
München/Berlin 1934

Bayer, Hermann-Wilfried — Zum Systemgedanken des deutschen Einkommensteuerrechts
in: FR 1983, 105ff

Bea, Franz Xaver — Steuerpolitische Grundsatzfragen
in: FinArch N.F. Bd. 29 (1970), 17ff

Beiser, Reinhold — Die Abzinsung von Verbindlichkeiten und Rückstellungen im Lichte des Leistungsfähigkeitsprinzips
DB 2001, 296ff

Beiser, Reinhold — Das Leistungsfähigkeitsprinzip – Irrweg oder Richtschnur ?
in: ÖStZ 2000, 413ff

Beland, Ulrike — Die Besteuerung im Lebenszyklus unter Gerechtigkeitsgesichtspunkten
in: Wsi Mitteilungen 1999, 40ff

Benda, Ernst — Der soziale Rechtsstaat
in: Ernst Benda, Werner Maihofer, Hans-Jochen Vogel (Hrsg.)
Handbuch des Verfassungsrechts der Bundesrepublik Deutschland
2. Auflage
Berlin, New York 1995

Bentham, Jeremy	Manual of political economy in: W. Stark (Hrsg.) Jeremy Bentham's economic writings London 1952
Beranek, Axel	Verlustabzug und Verlustausgleich nach dem Steuerentlastungsgesetz 2000/2002 in: INF 1999, 65ff
Bergbohm, Karl	Jurisprudenz und Rechtsphilosophie Glashütten im Taunus 1973 (unveränderter Nachdruck der Ausgabe Leipzig 1892)
Bethge, Herbert	Die Grundrechtsberechtigung juristischer Personen nach Art. 19 Abs. 3 Grundgesetz Passau 1983
Biergans, Enno	Zum Tatbestand der Besteuerung und zum Leistungsfähigkeitsbegriff in der Einkommensteuer in: FR 1985, 57ff
Bilgery, Wolfgang	Die steuerrechtliche Vergünstigungsnorm im Lichte der Theorie vom Stufenbau des Steuertatbestandes unter besonderer Berücksichtigung der Einkommensteuer Tübingen 1988
Birk, Dieter	Verfassungsrechtliche Aspekte des Steuerentlastungsgesetzes 1999/2000/2002 zusammen mit Egmont Kulosa in: FR 1999, 433ff
Birk, Dieter	Die verteilungsgerechte Einkommensteuer - Ideal oder Utopie? in: JZ 1988, 820ff
Birk, Dieter	Zum Stand der Theoriendiskussion in der Steuerrechtswissenschaft in: StuW 1983, 293ff

Birk, Dieter	Gleichheit und Gesetzmäßigkeit der Besteuerung in: StuW 89, 212ff
Birk, Dieter	Rezension in: StuW 1980, 68ff
Birk, Dieter	Steuerentlastung durch Sozialleistungen an Dritte zusammen mit Michael Inhester in: StuW 1996, 227ff
Birk, Dieter	Das Leistungsfähigkeitsprinzip in der Unternehmenssteuerreform in: StuW 2000, 328ff
Birk, Dieter	Das Leistungsfähigkeitsprinzip als Maßstab der Steuernormen Köln 1993
Birtel, Thomas	Die Zeit im Einkommensteuerrecht Berlin 1985
Blaurock, Uwe	Steuerrecht und Grundgesetz in: JA 1980, 142ff
Böckenförde, Ernst-Wolfgang	Steuergerechtigkeit und Familienlastenausgleich in: StuW 1986, 335ff
Böckstiegel, Martin	„Der Widerspenstigen Zähmung" – Hilfestellungen zur praktischen Anwendung der Mindestbesteuerung zusammen mit Hans-Dieter Betz in: FR 2000, 793ff
Bodenheim, Dieter	Zur verfassungsdogmatischen Reformulierung des Steuergerechtigkeitsproblems in: Der Staat 17 (1978), 480ff
Bodenheim, Dieter	Der Zweck der Steuer Baden-Baden 1979

Böhme, Helmuth Prologmena zu einer Sozial- und Wirtschaftsgeschichte Deutschlands im 19. und 20. Jahrhundert
Frankfurt a. M. 1978

Bordewin, Arno Keine Rückstellungen für drohende Verluste in der Steuerbilanz
in: FR 1998, 226ff

Brandenberg, Hermann Neuralgische Punkte der Einschränkung der Verlustverrechnung
in: StbJb 1999/2000, 267ff

Brandis, Peter Geldstrafe und Nettoeinkommen
Köln 1987

Brandis, Peter Einkommensbegriffe und Verlustausgleichsverbot
in: FR 1986, 60ff

Brandt, Karl Geschichte der deutschen Volkswirtschaftslehre
Bd. 1
Freiburg 1993

Bredt, Viktor Die Besteuerung nach der Leistungsfähigkeit
Leipzig 1912

Breuer, Rüdiger Freiheit des Berufs
in: Josef Isensee/Paul Kirchhof (Hrsg.)
Handbuch des Staatsrechts
Bd. IV: Freiheitsrechte
Heidelberg 1989

Brinkmann, Johannes Tatbestandsmäßigkeit der Besteuerung und formeller Gesetzesbegriff
Köln 1982

Brümmerhoff, Dieter Finanzwissenschaft
8. Auflage, München, Wien 2001

Buchheister, Hans-Otto Ist die steuerliche Berücksichtigung von Verlusten ein notwendiger Bestandteil des Einkommensteuerrechts?
in: DStZ 1997, 556ff.

Buchholz, Rainer
Möglichkeiten und Grenzen entscheidungneutraler Besteuerung
Lüneburg 1994

Bühr, Oliver
Verlustverrechnungsbeschränkungen im Einkommensteuerrecht
Aachen 1993

Bydlinski, Franz
Fundamentale Rechtsgrundsätze
Wien, New York 1988

Canaris, Claus Wilhelm
Die Feststellung von Lücken im Gesetz
2. Auflage
Berlin 1983

CDU Deutschland
Neue Soziale Marktwirtschaft
Berlin 2001

Claasen, Frank
Steuerbelastung internationaler Investitionen
Hamburg 1994

Coing, Helmut
Grundzüge der Rechtsphilosophie
5. Auflage
Berlin, New York 1993

Costede, Jürgen
Zur dogmatischen Leistungsfähigkeit des Leistungsfähigkeitsprinzips
in: Dieter Karle', Klaus Korn, Rudolf Stahl (Hrsg.), Festgabe für Günther Felix zum 60. Geburtstag
Köln 1989

Czub, Hans-Joachim
Verfassungsrechtliche Gewährleistungen bei der Auferlegung steuerlicher Lasten
Berlin 1982

Dahm, Georg
Deutsches Recht
Stuttgart, Köln 1951

Dehne, Klaus-Jörg
Einführung aktiver und passiver Einkünfte in das System des Einkommensteuerrechts
zusammen mit Dirk Rosenberg und Heribert Zitzelsberger
in: DB 1999, 114ff

Di Fabio, Udo — Grundrechte im präzeptoralen Staat am Beispiel hoheitlicher Informationstätigkeit
in: JZ 1993, 689ff

Dietz, Richard — Ist der Einkommensbegriff für Betriebsvermögen im Hinblick auf den für Privatvermögen noch verfassungskonform?
in: FR 1999, 85ff

Domar, Evsey — Proportional Income Taxation and Risk-Taking
zusammen mit Richard Musgrave
in: Richard Musgrave, Carl Shoup (Hrsg.), Readings in the Economics of Taxation
London 1959

Doralt, Werner — Sind Rückstellungen steuerpolitisch gerechtfertigt?
in: DB 1998, 1357ff

Dorenkamp, Christian — Unternehmenssteuerreform und partiell nachgelagerte Besteuerung von Einkommen
in: StuW 2000, 121ff

Dreier, Horst — Grundgesetz
Kommentar
Siebeck 1998

Dziadkowski, Dieter — Das Ende der Besteuerung nach der Leistungsfähigkeit?
in: BB 1995, 278ff

Dziadkowski, Dieter — 50 Jahre „demokratischer“ Einkommensteuertarif in Deutschland
in: BB 1996, 1193ff

Ebnet, Otto — Die Besteuerung des Wertzuwachses
Baden-Baden 1978

Ehmke, Horst — Prinzipien der Verfassungsinterpretation
in: DStJG Bd. 20
Berlin 1963

Eichenberger, Kurt
Vom Umgang mit Strukturprinzipien des Verfassungsstaates
in: Joachim Burmeister (Hrsg.)
Festschrift für Klaus Stern zum 65. Geburtstag
München 1997

Einkommensteuerkommission
Gutachten zum Einkommensteuerrecht
Bonn 1958

Elicker, Michael
Kritik der direkt progressiven Einkommensbesteuerung
in: StuW 2000, 3ff

Elschen, Rainer
Entscheidungsneutralität, Allokationseffizienz und Besteuerung nach der Leistungsfähigkeit - Gibt es ein gemeinsames Fundament der Steuerwissenschaften?
in: StuW 1991, 99ff

Elschen, Rainer
Steuerliche Gerechtigkeit - Unzulässiger oder unzulänglicher Forschungsgegenstand der Steuerwissenschaften
in: StuW 1988, 1ff

Elschen, Rainer
Steuerneutralität in Finanzwissenschaft und Betriebswirtschaftslehre – Diskrepanzen und Konsequenzen
in: FinArch N.F. Bd. 41 (1983), 253ff

Elschen, Rainer
Institutionale oder personale Besteuerung von Unternehmensgewinnen
2. Auflage
Hamburg 1994

Erichsen, Hans-Uwe
Allgemeine Handlungsfreiheit
in: Ernst Benda, Werner Maihofer, Hans-Jochen Vogel (Hrsg.)
Handbuch des Verfassungsrechts der Bundesrepublik Deutschland
2. Auflage
Berlin, New York 1995

Erichsen, Hans Uwe — Allgemeine Handlungsfreiheit
in: Josef Isensee, Paul Kirchhof (Hrsg.)
Handbuch des Staatsrechts
Bd. VI: Freiheitsrechte Heidelberg 1989

Esser, Josef — Grundsatz und Norm in der richterlichen Fortbildung des Privatrechts
4. Auflage
Tübingen 1990

Esser, Josef — Vorverständnis und Methodenwahl in der Rechtsfindung
Frankfurt am Main 1972

Faltlhauser, Kurt — Die Verlockung der Schedule
in: Max Dietrich Kley (Hrsg.), Festschrift für Wolfgang Ritter, 511ff
Köln 1997

Fane, G. — Neutral Taxation under Uncertainty
in: Journal of Public Economics 1987, 95ff

Fechner, Erich — Freiheit und Zwang
in: Ernst Forsthoff (Hrsg.)
Rechtsstaatlichkeit und Sozialstaatlichkeit
Darmstadt 1968

Feldmann, Horst — Konstitutionelle Begrenzung der Steuerbelastung
in: StuW 1998, 114ff

Fellhauer, Eric — Liberalismus und Verteilungsgerechtigkeit
Frankfurt a. M. 1994

Fellmeth, Rainer — Staatsaufgaben im Spiegel politischer Ökonomie
München 1981

Fikentscher, Wolfgang — Methoden des Rechts
Bd. IV: Dogmatischer Teil
Tübingen 1977

Fischer, Lutz — Die interperiodische Verlustverrechnung - § 10d EStG vom Standpunkt der betriebswirtschaftlichen Steuerlehre in: DStZ/A 1966, 169ff

Fischer, Peter — Überlegungen zur Lückenhaftigkeit des Steuergesetzes in: StuW 1995, 303ff

Flume, Werner — Besteuerung und Wirtschaftsordnung in: StbJb 1973/74, S. 53ff

Forsthoff, Ernst — Verfassungsprobleme des Sozialstaats in: Ernst Forsthoff (Hrsg.) Rechtsstaatlichkeit und Sozialstaatlichkeit Darmstadt 1968

Forsthoff, Ernst — Begriff und Wesen des sozialen Rechtsstaats in: Ernst Forsthoff (Hrsg.) Rechtsstaatlichkeit und Sozialstaatlichkeit Darmstadt 1968

Franke, Siegfried — Zur politischen Funktion konsensmobilisierender Formeln in der parlamentarischen Demokratie: Das Beispiel des Leistungsfähigkeitsprinzips in: StuW 1984, 32ff

Franke, Siegfried — Steuerreformpolitik in der Demokratie in: Hansmeyer (Hrsg.) Staatsfinanzierung im Wandel Berlin 1983

Franz, Christoph — Einkommensbegriffe im Steuer- und Sozialrecht in: StuW 1988, 17ff

Frey, René — Finanzpolitik und Verteilungsgerechtigkeit in: FinArch N.F. Bd. 31 (1972/1973), 1ff

Friauf, Karl Heinrich — Steuergleichheit, Systemgerechtigkeit und Dispositionssicherheit als Prämissen einer rechtsstaatlichen Einkommensbesteuerung in: StuW 1985, 308

Friauf, Karl Heinrich — Der Staatshaushaltsplan im Spannungsfeld zwischen Parlament und Regierung
Bd. I: Verfassungsgeschichtliche Untersuchungen über den Haushaltsplan im deutschen Frühkonstitutionalismus
Berlin, Bad Homburg, Zürich 1968

Friauf, Karl Heinrich — Eigentum am Unternehmen
zusammen mit Rudolf Wendt
Köln 1977

Friauf, Karl Heinrich — Verfassungsrechtliche Grenzen der Wirtschaftslenkung und Sozialgestaltung durch Steuergesetze
Tübingen 1966

Friauf, Karl Heinrich — Verfassungsrechtliche Anforderungen an die Gesetzgebung über die Steuern von Einkommen und vom Ertrag
in: Heinrich Friauf (Hrsg.), Steuerrecht und Verfassungsrecht
Veröffentlichungen der Deutschen Steuerjuristischen Gesellschaft Bd. 12, 123ff
Köln 1989

Frieges, Holger — Der Gleichheitssatz im Steuerrecht
in: DStZ 1989, 34ff

Frotscher, Gerrit — Kommentar zum Einkommensteuergesetz
6. Auflage
Freiburg 2000

Fuisting, Bernhard — Die Preußischen direkten Steuern
Bd. 4: Grundzüge der Steuerlehre
Berlin 1902

Gadamer, Hans-Georg — Wahrheit und Methode
4. Auflage
Tübingen 1975

Gandenberger, Otto — Theorie und Praxis des finanzpolitischen Interventionismus
in: FinArch N. F. Bd. 31 (1972/73), S. 354ff

Gassner, Wolfgang — Das Leistungsfähigkeitsprinzip im Einkommen- und Körperschaftsteuerrecht
Gutachten des 14. Österreichischen Juristentages
Bd III/1
Wien 2000

Georgi, Andreas — Steuern in der Investitionsplanung
2. Auflage
Hamburg 1994

Gerber, Hans — Die Sozialstaatsklausel des Grundgesetzes
in: Ernst Forsthoff (Hrsg.)
Rechtsstaatlichkeit und Sozialstaatlichkeit
Darmstadt 1968

Gericke, Fritz — Ausdehnung der Frist für den steuerlichen Verlustvortrag
in: DB 1980, 244ff

Gerloff, Wilhelm — Die Rechtfertigung der Besteuerung
in: Hans Teschemachen (Hrsg.), Festschrift für Georg von Schanz zum 75. Geburtstag, Bd. II
Tübingen 1928

Gerloff, Wilhelm — Die öffentliche Finanzwirtschaft
2. Auflage
Frankfurt a. M. 1947

Gerloff, Wilhelm (Hrsg.) — Handbuch der Finanzwissenschaft
2. Auflage
Tübingen 1952

Germann, O. A. — Probleme und Methoden der Rechtsfindung
2. Auflage
Berlin 1967

Giloy, Jörg — Zur Periodizität der Einkommensteuer
in: FR 1979, 133ff

Gnam, Arnulf — Substanzbesteuerung und Steuerreform
in: FR 1953, 317ff

Göldner, Detlef Christoph	Verfassungsprinzip und Privatrechtsnorm in der verfassungskonformen Auslegung und Rechtsfortbildung Berlin 1969
Gottschalk, Hans-Joachim	Der Grundsatz der periodengerechten Gewinnabgrenzung im Steuerrecht Münster 1972
Gottwald, Peter	"Windfall-profits" - Phantom oder Herausforderung an das Ertragsteuerrecht? in: FR 1985, 459ff
Goutier, Klaus	Die evolutionäre Erkenntnistheorie als Grundlage einer leistungsfähigen Gesetzgebungslehre und einer anwendungsbezogenen juristischen Methodologie in: StuW 1989, 18ff
Grabitz, Eberhard	Freiheit und Verfassungsrecht Tübingen 1976
Groh, Manfred	Steuerentlastungsgesetz 1999/2000/2001: Imparitätsprinzip und Teilwertabschreibung in: DB 1999, 978ff
Grossekettler, Heinz	Der Brennan-Buchanan-Plan zur Eindämmung der Staatstätigkeit in: FinArch N.F. Bd. 39 (1981), 495ff
Grotherr, Siegfried	Steht der Verlustvor- und rücktrag steuerpolitisch zur Disposition ? in: BB 1998, 2337ff (Teil I), 2392ff (Teil II)
Günkel, Manfred	Ausgewählte Fragen zum Steuerentlastungsgesetz: Bilanzierung und Verlustverrechung in: DStR 1999, 649ff
Gusy, Christoph	Die Weimarer Reichsverfassung Tübingen 1997

Haarmann, Wilhelm Der Verlust im Steuerrecht
in: JbFSt 1999/2000, 187ff.

Häberle, Peter Grundrechte im Leistungsstaat
in: VVDStRL Bd. 30 (1972), S. 43ff

Hackmann, Heinz Die Besteuerung des Lebenseinkommens
Tübingen 1979

Hackmann, Johannes Zur wohlfahrstheoretischen Behandlung von Verteilungsproblemen
Berlin 1952

Haegert, Lutz Die Bedeutung des steuerlichen Verlustrücktrags für die Rentabilität und das Risiko von Investitionen
in: zfbf 1977, 203ff

Haig, Robert The Concept of Income – Economics and Legal Aspects
in: Richard Musgrave (Hrsg.)
Readings in the Economics of Taxation
London 1959

Haller, Carl Ludwig Restauration und Staatswissenschaft
Winterthur 1820

Haller, Heinz Zur Diskussion über das Leistungsfähigkeitsprinzip
in: FinArch N.F. Bd. 31 (1972/73), 461ff

Haller, Heinz Die Steuern
3. Auflage
Tübingen 1981

Hartung, Fritz Deutsche Verfassungsgeschichte vom 15. Jahrhundert bis zur Gegenwart
9. Auflage
Stuttgart 1959

Hausherr, Hans Wirtschaftsgeschichte der Neuzeit
Köln, Wien 1981

Head, John
Fisher-Kaldor Regained
in: FinArch N. F. Bd. 37 (1979), 193ff

Helsper, Helmut
Erfolgreich Steuern und Subventionen reformieren, erfolgreich Wähler gewinnen
in: FR 1999, 49ff

Helsper, Helmut
Die Chaotisierung der Steuerrechtsordnung als Folge eines verfehlten Zusammenspiels von politischer Führung und juristischer Expertenkompetenz
in: BB 1995, 17ff

Hennrichs, Joachim
Der steuerrechtliche sog. Maßgeblichkeitsgrundsatz gem. § 5 EStG
in: StuW 1999, 138ff

Hensel, Albert
Verfassungsrechtliche Bindungen des Steuergesetzgebers. Besteuerung nach der Leistungsfähigkeit – Gleichheit vor dem Gesetz
in: Vierteljahresschrift für Steuer- und Finanzrecht Bd. 4 (1930), 441ff

Hensel, Albert
Steuerrecht
Berlin 1924

Herrmann, Carl
Die Steuergerechtigkeit in der Rechtsprechung des Bundesverfassungsgerichts und des BFH
in: Franz Klein, Klaus Vogel (Hrsg.), Der Bundesfinanzhof und seine Rechtsprechung, Festschrift für Hugo von Wallis, 196ff
Bonn 1985

Herzig, Norbert
Mindestbesteuerung - ein steuerpolitischer Fehlschlag?
zusammen mit Simone Briesemeister
in: DB 1999, 299ff

Herzig, Norbert
Besteuerung privater Veräußerungsgeschäfte nach dem Steuerentlastungsgesetz 1999/2000/2002
in: DStR 1999, 521ff

Herzig, Norbert Mindestbesteuerung - ein steuerpolitischer Erfolg?
in: DB 1999, 298

Herzog, Roman Steuerrecht und Verfassungsrecht
in: 75 Jahre Reichsfinanzhof - Bundesfinanzhof, Festschrift, Der Präsident des Bundesfinanzhofs (Hrsg.), 105ff
Bonn 1993

Hesse, Konrad Der Rechtsstaat im Verfassungssystem des Grundgesetzes
in: Ernst Forsthoff (Hrsg.)
Rechtsstaatlichkeit und Sozialstaatlichkeit
Darmstadt 1968

Hesse, Konrad Der allgemeine Gleichheitssatz in der neueren Rechtsprechung des Bundesverfassungsgerichts zur Rechtssetzungsgleichheit
in: Peter Badura, Rupert Scholz (Hrsg.)
Festschrift für Peter Lerche zum 65. Geburtstag
München 1993

Hesse, Konrad Der Gleichheitssatz in der neueren deutschen Verfassungsentwicklung
in: AöR 109 (1984), 174ff

Hesse, Konrad Grundzüge des Verfassungsrechts der Bundesrepublik Deutschland
20. Auflage Heidelberg 1995

Hessler, Heinz Dieter Theorie und Politik der Personalsteuern
Frankfurt a. M. 1994

Hiller, Gerhard Die Steuerreform - Über die Anlässe, ihre Zielsetzung und über die Ursachen ihres Scheiterns
in: StWa 1998, 37ff

Hinterberger, Friedrich "Gerechte Tariftypen bei alternativen Opfertheorien und Nutzenfunktionen
zusammen mit Klaus Müller und Hans-Georg Petersen
in: FinArch N.F. Bd. 45 (1987), S. 45ff.

Hobbes, Thomas | Leviathan oder von Materie, Form und Gewalt des kirchlichen und bürgerlichen Staates
Zürich, Leipzig 1976
(Übersetzung der Ausgabe von 1651)

Hoerster, Norbert | Verteidigung des Rechtspositivismus
Neuwied/Frankfurt a. M. 1989

Hoerster, Norbert | Zur Verteidigung der rechtspositivistischen Trennungsthese
in: Ralf Dreier (Hrsg.), Rechtspositivismus und Wertbezug des Rechts
Stuttgart 1990

Höffe, Otfried | Politische Gerechtigkeit
Frankfurt a. M. 1987

Hoffmann, Wolf-Dieter | Die vermeintliche Verlustantizipation als Mutter des Verbots der Teilwertabschreibung
in: DStR 1999, 1545ff

Hoffmann, Wolf-Dieter | Drohverlustrückstellungen und Leistungsfähigkeitsprinzip
in: StuB 2000, 248ff

Homburg, Stefan | Steuerrecht für Ökonomen
München 1996

Hommel, Michael | Voraussichtlich dauernde Wertminderungen bei der Teilwertabschreibung und Abschlussstichtagsprinzip
zusammen mit Thomas Berndt
in: FR 2000, 1305ff

Horvath, Peter | Betriebswirtschaftliche Steuerlehre und Steuerreform
Meisenheim am Glan 1975

Huber, Bernd | Besteuerung, intertemporale Neutralität und zeitliche Inkonsistenz
in: FinArch N.F. Bd. 49 (1991/1992), 423ff

Huber, Ernst Rudolf Rechtsstaat und Sozialstaat in der modernen industriellen Revolution
in: Ernst Forsthoff (Hrsg.)
Rechtsstaatlichkeit und Sozialstaatlichkeit
Darmstadt 1968

Huber, Ernst Rudolf Der Streit um das Wirtschaftsverfassungsrecht
in: DÖV 1956, 97ff (Teil 1), 135ff (Teil 2); 200ff (Teil 3)

Huber, Ernst Rudolf Deutsche Verfassungsgeschichte seit 1789
Bd. II: Der Kampf um Einheit und Freiheit 1830 bis 1850
3. Auflage
Stuttgart, Berlin, Köln Mainz 1960

Hübschmann, Walter Abgabenordnung, Finanzgerichtsordnung
Kommentar
zusammen mit Ernst Hepp und Armin Spitaler
10. Auflage
Köln 1999

Hufen, Friedhelm Berufsfreiheit – Erinnerung an ein Grundrecht
in: NJW 1994, 2913ff

Hull, Ch. (Hrsg.) The Economic Writings of Sir William Petty
Cambridge 1899

Huster, Stefan Gleichheit und Verhältnismäßigkeit
in: JZ 1994, 541ff

Huster, Stefan Rechte und Ziele
Berln 1993

Hüttemann, Rainer Der Fiskus auf der Suche nach dem „wahren" Gewinn
in: Handelsblatt Nr. 9 vom 14.01.1999, S. 39

Icking, Jan Deutsches Einkommensteuerrecht zwischen Quellen- und Reinvermögenszugangstheorie
Wiesbaden 1993

Institut der Wirtschaftsprüfer Entwurf eines Steuerentlastungsgesetzes
in: Wpg 1999, 26ff

Inzelmann, Rainer Vermeidung der Hinzurechnung von gemäß § 2a Abs. 3 Satz 1 EStG im Inland abgezogenen Betriebsstättenverlusten
in: IStR 1999, 40ff

Ipsen, Hans Peter Verwaltung durch Subventionen
in: VVDStRL Bd. 25 (1967), S. 256ff

Isensee, Josef Referat
in: Verhandlungen des 57. Deutschen Juristentages, Bd. II, Teil N, 32ff
München 1988

Isensee, Josef Steuerstaat als Staatsform
in: Rolf Stödter, Werner Thieme (Hrsg.), Festschrift für Hans Peter Ipsen zum 70. Geburtstag
Tübingen 1977

Isensee, Josef Handbuch des Staatsrechts
zusammen mit Paul Kirchhof
Heidelberg 1987

Jachmann, Monika Leistungsfähigkeitsprinzip und Umverteilung
in: StuW 1998, 293ff

Jachmann, Monika Grundthesen zu einer Verbesserung der Akzeptanz der Besteuerung, insbesondere durch Vereinfachung des Einkommensteuerrechts
in: StuW 1998, 193

Jachmann, Monika Sozialstaatliche Steuergesetzgebung im Spannungsverhältnis zwischen Gleichheit und Freiheit: Belastungsgrenzen im Steuersystem
in: StuW 1996, 97ff

Jakob, Wolfgang Einkünfteerzielungsabsicht oder Liebhaberei im Rahmen der Einkünfte aus Vermietung und Verpachtung
in: FR 1989, 665ff

Jakob, Wolfgang Steuern vom Einkommen
Stuttgart 1980

Jakobs, Michael | Der Grundsatz der Verhältnismäßigkeit
Köln, Berlin, Bonn, München 1985

Jakobs, Norbert | Verbot der Teilwertabschreibungen und Gebot zur Wertaufholung
zusammen mit Christina Lorbacher
in: GmbHR 1998, 1204ff

Jarass, Hans | Grundgesetz für die Bundesrepublik Deutschland
zusammen mit Bodo Pieroth
5. Auflage
München 2000

Jarass, Hans | Wirtschaftsverwaltungsrecht und Wirtschaftsverfassungsrecht
2. Auflage
Frankfurt a. M. 1984

Jecht, Horst | Der Problemkreis „Besteuerung und Wirtschaftspolitik" in der deutschen finanzwissenschaftlichen Literatur
in: FinArch N.F. Bd. 22 (1959/60), 5ff

Jehner, Hansgeorg | Zur Verfassungswidrigkeit des § 2a EStG
in: DStR 1986, 279ff

Jenetzky, Johannes | System und Entwicklung des materiellen Steuerrechts in der wissenschaftlichen Literatur des Kameralismus von 1640 – 1840
Tübingen 1977

Jesch, Dietrich | Gesetz und Verwaltung
Tübingen 1961

jja | Steuerprinzip der Leistungsfähigkeit eingeschränkt
in: FAZ v. 30.06.2001, S. 23

Jüptner, Roland | Leistungsfähigkeit und Veranlassung
Heidelberg 1989

Kaerst, Julius | Die Entstehung der Vertragstheorie im Altertum
in: ZfP 1909, 505ff

Kamp, Andreas — Die politische Philosophie des Aristoteles und ihre metaphysischen Grundlagen
Freiburg/München 1985

Kanzler, Hans-Joachim — Steuerreform: Von der synthetischen Einkommensteuer zur Schedulenbesteuerung
in: FR 1999, 363ff

Karsten, Johann — Der neue Verlustabzug
in: BB 1976, 176ff

Kaufmann, Arthur — Einführung in Rechtsphilosophie und Rechtstheorie der Gegenwart
5. Auflage
Heidelberg 1989

Kaufmann, Erich — Die Gleichheit vor dem Gesetz im Sinne des Art. 109 der Reichsverfassung
in: VVDStRL Bd. 3 (1927), S. 6ff

Keil, Thomas — Das Verhältnis von direkten zu indirekten Steuern
in: StB 1996, Beilage 4 zu Heft 11, 1ff

Keller, Paul — Dogmengeschichte des wohlstandspolitischen Interventionismus
Winterthur 1955

Kelsen, Hans — Reine Rechtslehre
2. Auflage
Wien 1960

Kessler, Harald — Verabschiedet sich der Bundesfinanzhof vom Imparitätsprinzip?
DStR 1994, 1289ff

Kessler, Harald — Von realisierten, erwarteten und bestrittenen Verlusten
in: StuB 2000, 1091ff

Kiesewetter, Dirk — Zinsbereinigte Einkommen- und Körperschaftsteuer
Bielefeld 1999

Kirchhof, Paul Steuergleichheit durch Steuervereinfachung in: DStJG Bd. 21 Köln 1998

Kirchhof, Paul Die Steuerrechtsordnung als Wertordnung in: StuW 1996, 3ff

Kirchhof, Paul Der verfassungsrechtliche Auftrag zur Besteuerung nach der finanziellen Leistungsfähigkeit in: StuW 1985, 319ff

Kirchhof, Paul Einwirkungen des Verfassungsrechts auf das Steuerrecht in: JbFSt 1992/93, 11ff

Kirchhof, Paul Der Auftrag des Grundgesetzes zur Erneuerung des Steuerrechts in: StBg 1998, 385ff

Kirchhof, Paul Empfiehlt es sich, das Einkommensteuerrecht zur Beseitigung von Ungleichbehandlungen und zur Vereinfachung neu zu ordnen? in: Verhandlungen des 57. Deutschen Juristentages, Bd. I, Teil F München 1988

Kirchhof, Paul Steuergleichheit in: StuW 1984, 297ff

Kirchhof, Paul Der Schutz von Ehe und Familie in: Essener Gespräche zum Thema Staat und Kirche, Bd. 21 (1986), 126ff

Kirchhof, Paul Die Widerspruchsfreiheit im Steuerrecht als Verfassungspflicht in: StuW 2000, 316ff

Kirchhof, Paul Der allgemeine Gleichheitssatz in: Josef Isensee, Paul Kirchhof (Hrsg.) Hdb. des Staatsrechts Bd. V: Allgemeine Grundrechtslehren Heidelberg 1992

Kirchhof, Paul — Einkommensteuergesetz
Kommentar
zusammen mit Hartmut Söhn
Heidelberg 2000

Kirchhof, Paul — Verfassungsrechtliche Maßstäbe der Steuergesetzgebung
in: StbJb 1999/2000, 17ff

Kirchhof, Paul — Verwalten durch „mittelbares" Einwirken
Köln, Berlin, Bonn, München 1977

Kirchhof, Paul — Besteuerung im Verfassungsstaat
Tübingen 2000

Kirchhof, Paul — EStG Kompaktkommentar
Heidelberg 2001

Kirchhof, Paul (Hrsg.) — Karlsruher Entwurf zur Reform des Einkommensteuergesetzes
Heidelberg 2001

Kischel, Uwe — Systembindung des Gesetzgebers und Gleichheitssatz
in: AöR 124 (1999), 174ff

Klein, Alexander — Steuerreform und Akzeptanz - Die Aktualisierung der Steuerrechtfertigung als Vorbereitung der allfälligen Steuerreform
in: BB 1998, 1180ff

Klein, Alexander — Steuermoral und Steuerrecht: Akzeptanz als Element einer steuerlichen Rechtfertigungslehre
Frankfurt a.M., Berlin, Bern u.a. 1997

Klein, Franz — Zur Frage der verfassungsrechtlichen Zulässigkeit von Einschränkungen des objektiven Nettoprinzips, dargestellt an § 4 Abs. 5 Satz 1 Nr. 1 EStG
in: DStZ 1995, 630ff

Klein, Franz

Verfassungsrechtliche Grenzen der Steuerreform
in: Gerhard Leibholz, Hans Joachim Faller, Paul Mikat, Hans Reis (Hrsg.)
Festschrift für Willi Geiger
Tübingen 1974

Klein, Franz

Gleichheitssatz und Steuerrecht
Köln 1966

Kloepfer, Michael

Gleichheit als Verfassungsfrage
Berlin 1980

Knepper, Karl Heinz

Anmerkungen zum steuerrechtlichen Nettoprinzip
in: Georg Crezelius, Arndt Raupach, Ludwig Schmidt, Adalbert Uelner (Hrsg.), Steuerrecht und Gesellschaftsrecht als Gestaltungsaufgabe, Freundesgabe für Franz Josef Haas, 201ff
Herne/Berlin 1996

Knies, Wolfgang

Steuerzweck und Steuerbegriff
München 1976

Knobbe-Keuk, Brigitte

Bilanz- und Unternehmenssteuerrecht
9. Auflage
Köln 1993

Knoop, Herbert

Asymmetrische Information und Einkommensbesteuerung
Frankfurt am Main, Bern, New York 1985

Koch, Waldemar

Das Verhältnis zwischen gesellschaftlicher und steuerlicher Gerechtigkeit bei Adolph Wagner
in: FinArch N.F. Bd. 23 (1965), 36ff

Köhler, Herbert W.

Plädoyer für eine Verfassungslehre der Wirtschaft
Köln, Bonn, Berlin, München 1993

Kohlhaas, Karl-Friedrich

Verlustzuweisungsgesellschaften i.S. der bisherigen BFH-Rechtsprechung
in: FR 1999, 504

Koniarski, Lothar Einkommen als Maßstab steuerlicher Leistungsfähigkeit
München 1984

König, Rolf Ungelöste Probleme einer investitionsneutralen Besteuerung – Gemeinsame Wurzel unterschiedlicher neutraler Steuersysteme und die Berücksichtigung unsicherer Erwartungen
in: zfbf, 1997, 42ff

Krabbe, Helmut Verlustberücksichtigung bei Auslandseinkünften
in: DStJG Bd. 8, 82ff
Köln 1985

Kraft, Cornelia Steuergerechtigkeit und Gewinnermittlung
Wiesbaden 1991

Krawitz, Norbert Die betriebswirtschaftliche Problematik des Verlustausgleichs und des Verlustabzugs und die Beurteilung von Verbesserungsvorschlägen im Rahmen einer Reform des Ertragsteuerrechts
in: BFuP 1972, 485ff

Krebs, Hans-Joachim Einschränkungen des Verlustabzug – eine fragwürdige Verbesserung der Unternehmenssteuerreform
in: Gottfried Breuninger, Wolf Müller, Elisabeth Strobl-Haarmann (Hrsg.), Festschrift für Albert Rädler zum 65. Geburtstag
München 1999

Kriele, Martin Kriterien der Gerechtigkeit
Berlin 1963

Kröger, Horst Zum Veranlassungsprinzip im Einkommensteuerrecht
in: StuW 1978, 289ff

Kröner, Michael Verrechnungsbeschränkte Verluste im Ertragsteuerrecht
Wiesbaden 1986

Kroschel, Jörg — Der Referentenentwurf zur Steuerreform der rot-grünen Bundesregierung: Abkehr von dem Ziel der Vereinfachung des Steuerrechts
in: DB 1998, 2387ff

Krüger, Herbert — Der Verfassungsgrundsatz
in: Roman, Schnur (Hrsg.)
Festschrift für Ernst Forsthoff zum 70. Geburtstag
2. Auflage
München 1974

Kruschwitz, Lutz — Finanzierung und Investition
Berlin 1995

Kruse, Heinrich Wilhelm — Über die Gleichmäßigkeit der Besteuerung
in: StuW 1990, 322ff

Kruse, Heinrich Wilhelm — Die Einkommensteuer und die Leistungsfähigkeit des Steuerpflichtigen
in: Rudolf Wendt, Wolfram Höfling, Ulrich Karpen, Martin Oldiges (Hrsg.), Staat - Wirtschaft - Steuern, Festschrift für Karl Heinrich Friauf, 793ff
Heidelberg 1996

Kruse, Heinrich Wilhelm — Steuerspezifische Gründe und Grenzen der Gesetzesbindung
in: DStJG Bd. 5
Köln 1982

Kunig, Philip — Das Rechtsstaatsprinzip
Tübingen 1986

Küting, Karlheinz — Zur geplanten Reform des bilanzsteuerrechtlichen Rückstellungsrechts nach dem Entwurf einen Steuerentlastungsgesetzes 1999/2000/2002
zusammen mit Harald Kessler
in: DStR 1998, 1937ff

Landwehrjohann, Michael — Verlustausgleichsbeschränkungen im Rahmen von Überschußeinkünften
Münster 1990

Lang, Joachim	Die Reform der Unternehmensbesteuerung auf dem Weg zum Binnenmarkt und zur deutschen Einheit in: StuW 1990, 110ff
Lang, Joachim	Verantwortung der Rechtswissenschaft für das Steuerrecht in: StuW 1989, 201ff
Lang, Joachim	Steuergerechtigkeit durch Steuervereinfachung in: Wilhelm Bühler (Hrsg.), Steuervereinfachung, Festschrift für Dietrich Meyding, 33ff Heidelberg 1994
Lang, Joachim	Das Einkommensteuergesetz 1975 - Gewinn an Steuergerechtigkeit und Vereinfachung? in: StuW 1974, 293ff
Lang, Joachim	Rezension zu Dieter Birk, Das Leistungsfähigkeitsprinzip als Maßstab der Steuernormen, Köln 1993 in: StuW 1983, 269ff
Lang, Joachim	Verfassungsmäßigkeit der rückwirkenden Steuerabzugsverbote für Geldstrafen und Geldbußen in: StuW 1985, 10ff
Lang, Joachim	Unternehmenssteuerreform in: Rainer Elschen, Theodor Siegel, Franz F. Wagner Festschrift für Dieter Schneider zum 60. Geburtstag Wiesbaden 1995
Lang, Joachim	Das Steuerrecht als Fach einer rechtswissenschaftlichen Ausbildung in: StuW 1976, 76ff
Lang, Joachim	Reformentwurf zu Grundvorschriften des Einkommensteuergesetzes Münsteraner Symposium Bd. II Köln 1985

Lang, Joachim — Die Bemessungsgrundlage der Einkommensteuer
Köln 1988

Lang, Joachim — Prinzipien und Systeme der Besteuerung von Einkommen
in: DStJG 24 (2001), 49ff

Langohr, Thomas — Das Veranlassungsprinzip im Einkommensteuerrecht
Münster/New York 1990

Larenz, Karl — Methodenlehre der Rechtswissenschaften
6. Auflage
Berlin, Heidelberg, New York 1991

Larenz, Karl — Richtiges Recht – Grundzüge einer Rechtsethik
München 1979

Lehner, Moris — Wirtschaftliche Betrachtungsweise und Besteuerung nach der wirtschaftlichen Leistungsfähigkeit
in: Joachim Lang (Hrsg.)
Festschrift für Klaus Tipke zum 70. Geburtstag
Köln 1995

Lehner, Moris — Einkommensteuerrecht und Sozialhilferecht
Tübingen 1993

Leibholz, Gerhard — Grundgesetz für die Bundesrepublik Deutschland
Kommentar an Hand der Rechtsprechung des Bundesverfassungsgerichts
zusammen mit Hans-Justus Rinck und Dieter Hesselberger
7. Auflage
Köln 2001

Leibholz, Gerhard — Die Gleichheit vor dem Gesetz und das Bonner Grundgesetz
in: DVBl 1951, 193 ff

Leibholz, Gerhard — Die Gleichheit vor dem Gesetz
2. Auflage
Berlin 1959

Leisner, Walter — Von der Leistung zur Leistungsfähigkeit - die soziale Nivellierung
in: StuW 1983, 97ff

Leisner, Walter — Steuer- und Eigentumswende - die Einheitswertbeschlüsse des Bundesverfassungsgerichts
in: NJW 1995, 2591ff

Leisner, Walter — Verfassungsschranken der Unternehmensbelastung
in: NJW 1996, 1511ff

Leisner, Walter — Eigentum
in: Josef Isensee, Paul Kirchhof (Hrsg.)
Handbuch des Staatsrechts
Bd. IV: Freiheitsrechte
Heidelberg 1989

Leisner, Walter — Der Gleichheitsstaat
Berlin 1980

Lerche, Peter — Grundrechtsschranken
in: Josef Isensee, Paul Kirchhof (Hrsg.)
Handbuch des Staatsrechts
Bd. V: Allgemeine Grundrechtslehren
Heidelberg 1992

Lieber, Bettina — Zur Verfassungsmäßigkeit des Familienlastenausgleichs
in: DStZ 1997, 207ff

Lingemann, Wolfgang — Das rechtliche Konzept der Familienbesteuerung
Berlin 1994

Littmann, Konrad — Ein Valet dem Leistungsfähigkeitsprinzip
in: Heinz Haller, Lore Kullmer, Carl Shoup, Herbert Timm (Hrsg.), Theorie und Praxis des finanzpolitischen Interventionismus, Festschrift für Fritz Neumark, 113ff
Tübingen 1970

Loritz, Karl-Georg — Die systemgerechte Einkommensteuer - ein unerreichbares Ziel?
in: StuW 1986, 9ff

Lüdemann, Peter — Verluste bei beschränkter Haftung
Berlin 1998

Luttermann, Claus — Anmerkung zu BVerfG vom 30.09.1998 - 2 BvR 1818/91
in: FR 1998, 1032ff

Maaß, Rainald — Die neuere Rechtsprechung des BVerfG zum allgemeinen Gleichheitssatz – Ein Neuansatz?
in: NVwZ 1988, 14ff

Maaßen, Wolfgang — Privatrechtsbegriffe in Tatbeständen des Steuerrechts
Berlin 1977

Maiterth, Ralf — Wettbewerbsneutralität der Besteuerung
Bielefeld 2001

Manke, Klaus — Angeklagt: § 2a EstG
in: DStZ 1984, 235ff

Mann, Fritz Karl — Die Gerechtigkeit in der Besteuerung
in: Hans Teschemacher (Hrsg.), Festschrift für Georg von Schanz zum 75. Geburtstag, Bd. II
Tübingen 1928

Mann, Fritz Karl — Zur Frage der steuerlichen Lastenverteilung
in: Jahrbücher für Nationalökonomie und Statistik Bd. 124 (1926), 30ff

Mann, Fritz Karl — Steuerpolitische Ideale
Stuttgart, New York 1978
(Nachdruck der Ausgabe Jena 1937)

Martens, Joachim
Grundrecht auf Steuergerechtigkeit?
in: KritV 1987, 39ff

Martini, Peter
Art. 3 Abs. 1 GG als Prinzip absoluter Rechtsgleichheit
Köln, Berlin, Bonn, München 1997

Marx, Karl
Manifest der Kommunistischen Partei
in: Siegfried Landshuth (Hrsg.)
Die Frühschriften
Stuttgart 1968

Mathiak, Walter
Die erste Einkommensteuer in Deutschland
in: StuW 1995, 352ff

Maunz, Theodor
Grundgesetz
Kommentar
zusammen mit Günter Dürig
München 2000

Meincke, Jens Peter
Empfiehlt es sich, das Einkommensteuerrecht zur Beseitigung von Ungleichbehandlungen und zur Vereinfachung neu zu ordnen?
in: DB 1988, 1869ff

Menger, Christian Friedrich
Der Begriff des sozialen Rechtsstaats
in: Ernst Forsthoff /Hrsg.)
Rechtsstaatlichkeit und Sozialstaatlichkeit
Darmstadt 1968

Menger, Christian-Friedrich
System des verwaltungsgerichtlichen Rechtsschutzes
Tübingen 1954

Merzbacher, Friedrich
Das Wesen der Steuer und die historischen Ansätze des deutschen Steuerrechts
in: Heinz Wilhelm Kruse (Hrsg.), Festschrift für Heinz Paulick zum 65. Geburtstag
Köln 1973

Meyding, Dietrich
Steuerchaos - und kein Ende?
in: Stbg 1993, 550ff

Meyer, Robert
Die Principien der gerechten Besteuerung in der neueren Finanzwissenschaft
Berlin 1884

Miehler, Kurt
Das Steuerrecht und die Gerechtigkeit
zusammen mit Ludwig Kronthaler
in: DStZ 1992, 257ff

Mielke, Axel
Spitzenbelastung: „Gegenwärtig nicht das Problem?"
in: StuW 1994, 233ff

Miessl, Georg
Betriebswirtschaftliche Aspekte bei der Operationalisierung des Leistungsfähigkeitsprinzips
in: BB 1991, 2130ff

Mitschke, Joachim
Steuerpolitik für mehr Beschäftigung und qualitatives Wachstum
in: Stefan Baron, Konrad Handschuch (Hrsg.), Wege aus dem Steuerchaos, 89ff
Stuttgart 1996

Mitschke, Joachim
Ökonomische Aspekte einkommensteuerlicher Einkunftsermittlung und Alternativen steuerlicher Einkommensperiodisierung
in: StuW 1988, 111ff

Mitschke, Joachim
Methoden der indirekten Konsummessung für Zwecke einer persönlichen allgemeinen Ausgabensteuer
in: FinArch 38 (1980), 274ff

Mitschke, Joachim
Lebenseinkommensbesteuerung durch interperiodischen Progressionsausgleich
in: StuW 1980, 122ff

Mittmann, Volker
Aufwendungen für unbebaute Grundstücke als Werbungskosten?
in: DStZ 1987, 99ff.

Model, Otto Grundgesetz für die Bundesrepublik Deutschland
fortgeführt von Klaus Müller
11. Auflage
Köln, Berlin, Bonn, München 1996

Mohr, Heinrich Zur Frage der Verfassungsmäßigkeit der zeitlichen Begrenzung des Verlustvortrags
in: BB 1987, 1326ff

Mössner, Jörg Manfred Beschränkungen des Verlustausgleichs und Verlustabzugs
in: DStJG Bd. 17 (1994), 231ff

Mössner, Jörg Manfred Gerechtigkeit und Moral im Steuerrecht
in: DStZ 1990, 132ff

Moxter, Adolf Künftige Verluste in der Handels- und Steuerbilanz
in: DStR 1998, 509ff

Müller-Franken, Sebastian Das Verbot des Abzugs der „Zuwendung von Vorteilen" nach dem Jahressteuergesetz 1996
in: StuW 1997 1869ff

Müller, Friedrich Juristische Methodik
7. Auflage
Berlin 1997

Müller, Georg Der Gleichheitssatz
VVDStRL 47 (1989), S. 36ff
Seite 61

Müller, Ursula Imparitätsprinzip und Erfolgsermittlung
in: DB 1996, 689ff

Musgrave, Richard Finanztheorie
2. Auflage
Tübingen 1969

Musgrave, Richard Die öffentlichen Finanzen in Theorie und Praxis
Tübingen 1975

Naust, Hermann Konsumorientierte Steuerreform
in: FinArch N.F. Bd. 49 (1991/92), 500ff

Nawiasky, Hans Die Gleichheit vor dem Gesetz im Sinne des Art. 109 der Reichsverfassung
in: VVDStRL Bd. 3 (1927), S. 28ff

Neumann, Friedrich Die Steuer nach der Steuerfähigkeit
in: Jahrbücher für Nationalökonomie und Statistik
Bd. 35 (1880), 511ff

Neumark, Fritz Wirtschafts- und Finanzprobleme des Interventionsstaates
Tübingen 1961

Neumark, Fritz Grundsätze der Besteuerung in Vergangenheit und Gegenwart
2. Auflage
Wiesbaden 1970

Neumark, Fritz Grundsätze gerechter und ökonomisch – rationaler Steuerpolitik
Tübingen 1970

Neumark, Fritz (Hrsg.) Handbuch der Finanzwissenschaft
3. Auflage
Tübingen 1977

Neus, Werner Besteuerung und Investitionsvolumen bei unsicheren Erwartungen
zusammen mit Peter v. Hinten
in: DBW 1992, 235ff

Nickel, K.E. Besprechung von Hans Ritschel, Theorie der Staatswirtschaft und Besteuerung
in: FinArch Bd. 44 (1927), 413ff

Nipperdey, Hans Carl Die Grundrechte und Grundpflichten der Reichsverfassung
Berlin 1929

Oberhauser, Alois — Leistungsfähigkeitsprinzip und Steuerreform
in: Hamburger Journal für Gesellschaftsrecht
1998, 113ff.

Oepen, Wilhelm — Aktuelle Probleme der Familienbesteuerung
in: FR 1992, 149ff

Offerhaus, Klaus — Zur steuerrechtlichen Abgrenzung zwischen betrieblich (beruflich) veranlaßten und durch die Lebensführung veranlaßten Aufwendungen
in: DB: 1979, 617ff

Offerhaus, Klaus — Die Steuerreform – eine Herausforderung an den Rechtsstaat
in. DStZ 2000, 9ff

Ohmer, Michael — Die Grundlagen der Einkommensteuer
Frankfurt a. M.1997

Oncken, Wilhelm — Die Staatslehre des Aristoteles in historisch politischen Umrissen
Aalen 1964

Orth, Manfred — Interperiodische Verlust-Kompensation im Gewerbesteuerrecht
Frankfurt a. M. 1980

Orth, Manfred — Überlegungen zum zweijährigen Verlustrücktrag i.d.F. des Entwurfs eines 2. Haushaltsgesetzes
in: FR 1981, 525ff

Orth, Manfred — Verlustausgleich und Verlustabzug beim Wechsel zwischen unbeschränkter und beschränkter Steuerpflicht oder umgekehrt
in: FR 1983, 1ff

Ossenbühl, Fritz — Die Freiheiten des Unternehmers nach dem Grundgesetz
in: AöR 115 (1990), S. 1ff

Ossenbühl, Fritz Rechtsquellen und Rechtsbindung der Verwaltung
in: Hans-Uwe Erichsen (Hrsg.)
Allgemeines Verwaltungsrecht
11. Auflage
Berlin, New York 1998

Ott, Walter Der Rechtspositivismus
2. Auflage
Berlin 1992

Pahlke, Jürgen Steuerpolitische Grundsatzfragen
in: FinArch 28 (1968/69), 42ff

Papier, Hans-Jürgen Grundgesetz und Wirtschaftsordnung
in: Ernst Benda, Werner Maihofer, Hans-Jochen Vogel (Hrsg.)
Handbuch des Verfassungsrechts der Bundesrepublik Deutschland
2. Auflage
Berlin, New York 1995

Papier, Hans-Jürgen Die finanzrechtlichen Gesetzesvorbehalte und das grundgesetzliche Demokratieprinzip
Berlin 1973

Park, Jeong Hoon Rechtsfindung im Verwaltungsrecht
Berlin 1999

Paulick, Heinz Die wirtschaftspolitische Lenkungsfunktion des Steuerrechts und ihre verfassungsmäßigen Grenzen
in: Heinz Haller, Lore Kullmer, Carl Shoup, Herbert Timm (Hrsg.), Theorie und Praxis des finanzpolitischen Interventionismus, Festschrift für Fritz Neumark, 113ff
Tübingen 1970

Paulick, Heinz Der Grundsatz der Gleichmäßigkeit der Besteuerung – sein Inhalt und seine Grenzen
in: Armin Spitaler (Hrsg.)
Festschrift für Ottmar Bühler
Köln 1954

Paus, Bernhard — Einschränkungen beim Verlustausgleich und Verlustabzug
in: StWa 1999, 81ff

Paus, Bernhard — Gestaltungsfragen beim Verlustabzug
in: DB 1994, 1842ff

Paus, Bernhard — Ist § 10d EStG verfassungswidrig?
in: BB 1988, 184ff

Pausch, Alfons — Steuern in der Bibel
zusammen mit Jutta Pausch
Köln 1986

Peter, Hans — Das Problem der Gerechtigkeit und die Theorie der Steuerverteilung
in: FinArch N.F. Bd. 2 (1934), 41ff

Pezzer, Heinz-Jürgen — Familienbesteuerung und Grundgesetz
in: StuW 1989, 219ff

Pezzer, Heinz-Jürgen — Verfassungsrechtliche Perspektiven der Familienbesteuerung
in: Walther Fürst, Roman Herzog, Dieter Umbach (Hrsg.)
Festschrift für Wolfgang Zeidler
Berlin, New York 1987

Pezzer, Heinz-Jürgen — Bilanzierungsprinzipien als sachgerechte Maßstäbe der Besteuerung
in: DStJG Bd. 14 (1991), 3ff

Pieroth, Bodo — Rückwirkung und Übergangsrecht
Berlin 1981

Piltz, Detlev — Verbindlichkeiten versus Drohverlust – welche Rückstellungen sind noch erlaubt?
in: StbJb 1999/2000, 221ff

Pohmer, Dieter — Einige Bemerkungen zu Inhalt und Bedeutung des Leistungsfähigkeitsprinzips
in: FinArch N.F. Bd. 46 (1988), 135ff

Pohmer, Dieter Die Steuern als Instrument der Staatsfinanzierung oder Wirtschaftslenkung? in: DStZ 1993, 577ff

Pohmer, Dieter Zu Geschichte und Bedeutung des Leistungsfähigkeitsprinzips zusammen mit Gisela Jurke in: FinArch N.F. Bd. 42 (1984), 445ff

Pohmer, Dieter Leistungsfähigkeitsprinzip und Einkommensverteilung in: Heinz Haller, Lore Kullmer, Carl Shoup, Herbert Timm (Hrsg.), Theorie und Praxis des finanzpolitischen Interventionismus, Festschrift für Fritz Neumark, 113ff Tübingen 1970

Pommerehne, Werner Steuerhinterziehung: Einige romantische, realistische und nicht zuletzt empirische Befunde in: ZWS 1992, 433ff

Posner, Richard Recht und Ökonomie: Eine Einführung in: Heinz Dieter Assmann, Christian Kirchner, Erich Schanze (Hrsg.) Ökonomische Analyse des Rechts Kronberg 1978

Praechter, Karl Die Philosophie des Altertums in: Friedrich Überweg (Hrsg.), Grundriß der Geschichte der Philosophie Tübingen 1953

Prinz, Ulrich Grundfragen und Anwendungsbereiche des Veranlassungsprinzips im Ertragsteuerrecht in: StuW 1996, 267ff

Puchta, Dieter Gerechtere Steuergesetzgebung in: StWa 1998, 217ff.

Püschel, Hanns Der beunruhigte Bürger – Symptom eines komplexen Steuerwesens in: DStZ 1978, 248ff

Radbruch, Gustav — Rechtsphilosophie
8. Auflage
Stuttgart 1973

Rau, Karl Heinrich — Grundsätze der Volkswirtschaftslehre
3. Auflage
Heidelberg 1837

Raupach, Arndt — Die Verlustregelungen des Steuerentlastungsgesetzes 1999/2000/2002
zusammen mit Martin Böckstiegel
in: FR 1999, 487

Raupach, Arndt — Wege aus dem Chaos
in: Paul Kirchhof (Hrsg.), Steuerrecht, Verfassungsrecht, Finanzpolitik, Festschrift für Franz Klein, 308ff
Köln 1994

Raupach, Arndt — Erfahrungen aus der Steuergesetzgebung für die Steuerreform
in: StBJb 1998/99, 7ff

Raupach, Arndt — Einkommensteuer- und Körperschaftsteuergesetz
Kommentar
zusammen mit Gerhard Heuer, Carl Herrmann
21. Auflage
Köln 2000

Raupach, Arndt — Der Niedergang des deutschen Einkommensteuerrechts - Möglichkeiten der Neubesinnung
in: Arndt Raupach, Klaus Tipke, Adalbert Uelner (Hrsg), Niedergang oder Neuordnung des deutschen Einkommensteuerrechts
Münsteraner Symposion
Köln 1985

Raupach, Arndt (Hrsg.) — Steuerreform 1999/2000/2002
Köln 1999

Recktenwald, Horst Claus Gossens Gesetze – Leitmuster moderner Nutzentheorie
zusammen mit Wilhelm Krelle
Mainz 1988

Reiff, Gunter Der Verlustabzug im Lichte des Gleichheitsgrundsatzes
in: DStZ 1998, 858ff.

Reiß, Wolfram Der Belastungsgrund der Umsatzsteuer und seine Bedeutung für die Auslegung des UStG
in: DStJG Bd. 13 (1990), S. 3ff

Rengeling, Hans-Werner Rechtsgrundsätze beim Verwaltungsvollzug des Europäischen Gemeinschaftsrechts
Köln, Berlin, Bonn, München 1977

Richter, Wolfram Cash Flow Steuern
zusammen mit Wolfgang Wiegard
in: StuW 1990, 40ff

Riggert, Rainer Die Selbstbindung der Rechtsprechung durch den allgemeinen Gleichheitssatz
Berlin 1993

Risthaus, Anne Steuerentlastungsgesetz 1999/2000/2002 - Geänderte Verlustverrechnungsmöglichkeiten im Rahmen der Einkommensfestsetzung
in; DB 1999, 605ff

Risthaus, Anne Steuerentlastungsgesetz 1999/2000/2002: Änderungen im Bereich der Einkünfte aus Kapitalvermögen, der Einkünfte aus privaten Veräußerungsgeschäften und rund ums Grundstück im Privatvermögen
in: DB 1999, 1032ff

Ritter, Gerhard Deutsche Sozialgeschichte
Bd. II: 1880 – 1914
München 1977

Ritter, Wolfgang Verluste – Stiefkinder des Steuerrechts
in: FR 1978, 397ff

Ritzer, Claus
Einführung einer Mindestbesteuerung durch Beschränkung von Verlustausgleich und -abzug bei Verlusten aus passiver Tätigkeit durch das Steuerentlastungsgesetz 1999/2000/2002
zusammen mit Ingo Stangl
in: DStR 1999, 1ff

Robbers, Gerhard
Der Gleichheitssatz
in: DÖV 1988, 749ff

Robbers, Gerhard
Gerechtigkeit als Rechtsstaatsprinzip
Baden-Baden 1980

Rodi, Michael
Die Rechtfertigung von Steuern als Verfassungsproblem - Dargestellt am Beispiel der Gewerbesteuer
München 1994

Roellecke, Gerd
Der Begriff des positiven Gesetzes und das Grundgesetz
Mainz 1969

Rose, Gerd
Planungssicherheit im Steuerrecht - ein unerfüllbarer Wunschtraum?
in: Horst Vogelsang (Hrsg.), Perspektiven der Finanzverwaltung, 132ff
Köln 1992

Rose, Gerd
Über die Entstehung von "Dummensteuern"
in: Joachim Lang (Hrsg.), Die Steuerrechtsordnung in der Diskussion, Festschrift für Klaus Tipke, 153ff
Köln 1995

Rose, Gerd
Überlegungen zur Steuergerechtigkeit aus betriebswirtschaftlicher Sicht
in: StuW 1985, 330ff

Rose, Manfred
Argumente zu einer "konsumorientierten Neuordnung des Steuersystems"
in: StuW 1989, 191ff

Rose, Manfred Argumente für ein konsumbasiertes Einkommensteuersystem ohne Subventionselemente und die Schutzverzinsung (das Existenzminimum) des Kapitals
in: Stefan Baron, Konrad Handschuch (Hrsg.), Wege aus dem Steuerchaos, 65ff
Stuttgart 1996

Rosenbaum, Wolf Naturrecht und positives Recht
Neuwied, Darmstadt 1972

Rupp, Hans Heinrich Die Unterscheidung von Staat und Gesellschaft
in: Josef Isensee, Paul Kirchhof (Hrsg.)
Handbuch des Staatsrechts
Bd. I: Grundlagen von Staat und Verfassung
Heidelberg 1987

Ruppe, Hans Grundgesetz und Wirtschaftsverfassung
Tübingen 1974

Ruppe, Hans Georg Steuergleichheit als Grenze der Steuervereinfachung
in: DStJG Bd. 21, 29ff
Köln 1998

Ruppe, Hans Georg Die Abgrenzung der Betriebsausgaben/Werbungskosten von den Privatausgaben
in: DStJG Bd. 3
Köln 1980

Ruppe, Hans Georg Grundsätze der persönlichen steuerlichen Zurechnung von Einkünften und Abzugsposten innerhalb des Angehörigenverbandes
in: DStJG Bd. 1 (1978), S. 7ff

Saathoff, Jan Steueroase Deutschland? Verlustberücksichtigung und Besteuerung von Vermögenszuwächsen im internationalen Vergleich
in: FR 1998, 917ff

Sachs, Holger — Einkommensbesteuerung in Deutschland und Frankreich
Frankfurt a. M. 1998

Sachs, Michael — Der Gleichheitssatz
in: NWVBl 1988, 295ff

Sachs, Michael — Grundgesetz
Kommentar
2. Auflage
München 1999

Sachse, Uwe Bernd — Die Abschnittsbesteuerung im deutschen Ertragsteuerrecht –Prinzipien und Ausnahmen
Mainz 1977

Sarrazin, Viktor — Die vorgesehenen Einschränkungen des Verlustabzuges
in: Stbg 1997, 295ff

Sax, Emil — Grundlegung der theoretischen Staatswirtschaft
Wien 1887

Schäffle, Albert Eberhard Friedrich — Mensch und Gut in der Volkswirtschaft
in: Deutsche Vierteljahresschrift

Schanz, Georg — Der Einkommensbegriff und die Einkommensteuergesetze
in: FinArch Bd. 13 (1896), S. 1ff

Schau, Götz-F. — Das Verhältnis von Verfassungsrecht und einfachem Recht in der Staatsrechtslehre der Weimarer Republik
Frankfurt a. M., Berlin, Brüssel u. a. 2002

Schäuble, Wolfgang — Steuerpolitik als gesetzgeberische Aufgabe
in: Paul Kirchhof (Hrsg.), Steuerrecht, Verfassungsrecht, Finanzpolitik, Festschrift für Franz Klein, 241ff
Köln 1994

Schaumburg, Harald — Das Leistungsfähigkeitsprinzip im internationalen Steuerrecht
in: Joachim Lang (Hrsg.), Die Steuerrechtsordnung in der Diskussion, Festschrift für Klaus Tipke, 125ff
Köln 1995

Schemmel, Lothar — Zur Aufnahme des Leistungsfähigkeitsprinzips und anderer Grenzen für den Steuerstaat in das Grundgesetz
in: StuW 1995, 39ff

Scherrer, Gerhard — Zum Einfluß des Verlustrücktrags auf die unternehmerische Investitionsentscheidung
in: Horst Albach, Hermann Simon (Hrsg.), Investitionstheorie und Investitionspolitik privater und öffentlicher Unternehmen
Wiesbaden 1976

Schick, Walter — Der Verlustrücktrag
München 1976

Schlözer, August Ludwig — Allgemeines Staatsrecht und Staatsvertragslehre
Bd. II
Göttingen 1793

Schmidlin, Lorenz — Das Prinzip der Periodizität in der Gewinnbesteuerung
Winterthur 1956

Schmidt, Kurt — Die Besteuerung nach der Leistungsfähigkeit - Reflexionen über ein altes Thema
in: JbFSt 1995/96, 31ff

Schmidt, Kurt — Renaissance der Opfertheorien
in: FinArch N.F. Bd. 30 (1971/72), 193ff

Schmidt, Kurt — Das Leistungsfähigkeitsprinzip und die Theorie vom proportionalen Opfer
in: FinArch N.F. Bd. 26 (1967), 385ff

Schmidt, Kurt — Die Steuerprogression
Basel/Tübingen 1960

Schmidt, Ludwig Einkommensteuergesetz - Kommentar
20. Auflage
München 2001

Schmidt, Reiner Öffentliches Wirtschaftsrecht
Allgemeiner Teil
Berlin, Heidelberg, New York u. a. 1990

Schmidt-Aßmann, Eberhard Der Rechtsstaat
in: Josef Isensee, Paul Kirchhof
Handbuch des Staatsrechts
Bd. I : Grundlagen von Staat und Verfassung
Heidelberg 1987

Schmidt-Bleibtreu, Bruno Der allgemeine Gleichheitssatz im Steuerrecht
in: BB 1968, 677ff

Schmidt-Bleibtreu, Bruno Kommentar zum Grundgesetz
zusammen mit Franz Klein
9. Auflage
Neuwied, Kriftel 1999

Schmitz, Helmut Die durchgreifenden Reformen gelingen nicht
in: Stbg 2000, 127ff

Schmölders, Günter Das Gerechtigkeitspostulat in der Besteuerung
in: FinArch N.F. Bd. 23 (1965), 53ff

Schmoller, G. Die Lehre vom Einkommen in ihrem Zusammenhang mit den Grundprinzipien der Steuerlehre
in: Zeitschrift für die gesamte Staatswissenschaft, Bd. 19 (1863), 33ff

Schnädtner, Helmut Das Leistungsfähigkeitsprinzip - nur ein rechtsethisches Postulat?
in: BB 1984, 739ff

Schneider, Dieter Abbau von Steuervergünstigungen durch Skalpierung der Maßgeblichkeit und Verlustverrechnung als "Stärkung der Investitionskraft"?
in: DB 1999, 105ff

Schneider, Dieter — Steuergerechtigkeit durch Regelungen gegen Steuervermeidung - ein "Gefangenendilemma" des Steuerrechts
in: StuW 1985, 345ff

Schneider, Dieter — Bezugsgrößen steuerlicher Leistungsfähigkeit und Vermögensbesteuerung
in: FinArch 38 (1979), 27ff

Schneider, Dieter — Leistungsfähigkeitsprinzip und Abzug von der Bemessungsgrundlage
in: StuW 1984, 356ff

Schneider, Dieter — Der Einkommensbegriff und die Einkommensteuerrechtsprechung
in: FinArch N.F. Bd. 42 (1984), S. 407ff.

Schneider, Dieter — Betriebswirtschaftliche Steuerlehre als Steuerplanungslehre oder als ökonomische Analyse des Steuerrechts
in: Lutz Fischer (Hrsg.)
Festschrift zur Vollendung des 80. Lebensjahres von Peter Scherpf
Wiesbaden 1983

Schneider, Dieter — Sofortabschreibung, sofortiger Verlustausgleich und Marktlenkung von Risikokapital
in: Gerd John (Hrsg.)
Festschrift für Günter Wöhe
München 1989

Schneider, Dieter — Betriebswirtschaftliche Analyse von Bundesfinanzhof-Urteilen als Grundlage einer Deduktion handelsrechtlicher GoB
in: Jörg Baetge, Dietrich Börner, Karl-Heinz Forster, Lothar Schruff (Hrsg.)
Festschrift für Rainer Ludewig zum 70. Geburtstag
Düsseldorf 1996

Schneider, Dieter — Sofortiger Verlustausgleich statt Teilwertabschreibung – ein Problem der Steuerreform
in: WPg 1970, 68ff

Schneider, Dieter	Mängel in der ökonomischen Begründung einer Steuerfreiheit für Kapitaleinkünfte in: StuW 2000, 421ff
Schneider, Dieter	Grundzüge der Unternehmensbesteuerung 6. Auflage Wiesbaden 1994
Schneider, Dieter	Steuerbilanzen Rechnungslegung als Messung steuerlicher Leistungsfähigkeit Wiesbaden 1978
Schneider, Dieter	Betriebswirtschaftslehre Bd. 3: Theorie der Unternehmung München, Wien 1997
Schneider, Hans	Prinzipien der Verfassungsinterpretation in: VVDStRL Bd. 20 (1963), 3ff
Schneider, Uwe	Sollten Leistungsfähigkeitsprinzip und Steuergrenzen in die Verfassung aufgenommen werden? - Plädoyer in: StuW 1994, 58ff
Schoch, Friedrich	Der Gleichheitssatz in: DVBl 1988, 863ff
Scholler, Heinrich	Die Interpretation des Gleichheitssatzes als Willkürverbot oder als Gebot der Chancengleichheit Berlin 1969
Scholz, Rupert	Wirtschaftsaufsicht und subjektiver Konkurrentenschutz Berlin 1971
Schön, Wolfgang	Verfassungsrechtliche Rahmenbedingungen der Unternehmensbesteuerung in: StbJb 1998/1999, 57ff

Schön, Wolfgang — Unternehmerrisiko und Unternehmerinitiative im Lichte der Einkommenstheorien
in: Paul Kirchhof, Wolfgang Jakob, Albert Beermann (Hrsg.)
Festschrift für Klaus Offerhaus zum 65. Geburtstag
Köln 1999

Schön, Wolfgang — Die Abzugsschranken des § 3 c EstG zwischen Verfassungs- und Europarecht
in: FR 2001, 381 ff

Schön, Wolfgang — Die Steuerbilanz zwischen Handelsrecht und Grundgesetz
in: StuW 1995, 366ff

Schön, Wolfgang — Zur Verfassungsmäßigkeit der rückwirkenden Wertaufholung von Teilwertabschreibungen
in: BB 1997, 1333ff

Schreiber, Werner — Das Sozialstaatsprinzip in der Praxis der Rechtsprechung
Berlin 1972

Schrezenmacher, Heinz — Das Sozialstaatsprinzip zwischen Verfassung und Politik
Würzburg 1985

Schuck, Stephan — Veranlassung als Kriterium der „Liebhaberei"
in: DStR 1993, 979ff

Schuck, Stephan — Der Veranlassungszusammenhang als die Frage nach der im Ertragsteuerrecht geltenden Kausalitätstheorie
Bonn 1991

Schulze-Osterloh, Joachim — Verfassungsrechtliche Grenzen der bilanzsteuerrechtlichen Gesetzgebung
in: Jürgen Pelka (Hrsg.), Europa- und verfassungsrechtliche Grenzen der Unternehmensbesteuerung, Veröffentlichungen der Deutschen Steuerjuristischen Gesellschaft Bd. 23
Köln 2000

Schulze-Osterloh, Joachim | Gute Verluste - Böse Verluste
Ausschluß und Beschränkungen des Verlustausgleichs und -abzugs
in: JbFSt 1984/85, 267ff

Schuppert, Gunnar | Verfassungsrechtliche Prüfungsmaßstäbe bei der verfassungsgerichtlichen Überprüfung von Steuergesetzen
in: Walter Fürst, Roman Herzog, Dieter Umbach (Hrsg.)
Festschrift für Zeidler
Berlin, New York 1987

Schwendy, Klaus | Der Gleichheitssatz in der Rechtsprechung des Bundesverfassungsgerichts zur Steuergesetzgebung
in: DB 1971, 1681ff.

Schwendy, Klaus | Verlustausgleich und Verlustabzug auf neuen Wegen
in: INF 1998, 737ff

Schwinger, Rainer | Einkommens- und konsumorientierte Steuersysteme
Heidelberg 1992

Schwinger, Reiner | Konsum oder Einkommen als Bemessungsgrundlage direkter Steuern?
in: StuW 1994, 39, 42ff

Seer, Roman | Steuergerechtigkeit durch Steuervereinfachung
in: StuW 1995, 184ff

Seer, Roman | Verfassungsrechtliche Grenzen der Gesamtbelastung von Unternehmen
in: DStJG Bd. 23 (2000), S 9ff

Seer, Roman | Die Behandlung der sogenannten Verlustzuweisungsgesellschaften nach dem neuen § 2b EStG
in: BB 1999, 872ff

Seidl, Christian Die Renaissance des Opfergleichheitsprinzips der Besteuerung, in: StuW 1988, 93ff

Seidl, Christian Betriebsteuer und Neutralität in: StuW 1989, 350ff

Selmer, Peter Der gerechte Steuerstaat in: FinArch N.F. Bd. 52 (1995), 234ff

Siegel, Theodor Saldierungsprobleme bei Rückstellungen und die Subventionswirkung des Maßgeblichkeitsprinzips in: BB 1994, 2237ff

Siegel, Theodor Die Beziehung zwischen steuerlich abzulehnenden Drohverlustrückstellungen und gebotenen Teilwertabschreibungen in: StuB 2000, 564ff

Simons, Henry Personal Income Taxation Chicago, London 1938

Smith, Adam An Inquiry into the Nature and Causes of the Wealth of Nations Edwin Cannan (Hrsg.) New York 1937

Söffing, Günter Verletzung des Nettoprinzips in: StbJb 1988/89, 121ff

Söffing, Günter Der neue Verlustrücktrag nach § 10d EStG in: FR 1976, 209ff

Söhn, Hartmut Betriebsausgaben, Privatausgaben, gemischte Aufwendungen in: DStJG Bd. 3 Köln 1980

Söhn, Hartmut Neuordnung des Einkommensteuerrechts zur Beseitigung von Ungleichbehandlungen und zur Vereinfachung in: ZRP 1988, 344ff

Söhn, Hartmut | Erwerbsbezüge, Markteinkommenstheorie und Besteuerung nach der Leistungsfähigkeit
in: Joachim Lang (Hrsg.), Die Steuerrechtsordnung in der Diskussion, Festschrift für Klaus Tipke, 343ff
Köln 1995

Söhn, Hartmut | Einkommensteuer und subjektive Leistungsfähigkeit
in: FinArch N.F. Bd. 51 (1994), 372ff

Stapperfend, Thomas | Verluste im Einkommensteuerrecht
in: DStJG 24 (2001), 329ff

Stapperfend, Thomas | Kommentar zu FG Münster v. 07.09.2000, 4 V 1612/00 E
in: FR 2000, 1207ff

Starck, Christian | Die Anwendung des Gleichheitssatzes
in: Christoph Link (Hrsg.)
Symposium zum 80. Geburtstag von Bundesverfassungsrichter i.R. Gerhard Leibholz
Baden-Baden 1982

Starck, Christian | Die Verfassungsauslegung
in: Josef Isensee, Paul Kirchhof (Hrsg.)
Handbuch des Staatsrechts
Bd. VII: Normativität und Schutz der Verfassung
Heidelberg 1992

Steichen, Alain | Die Markteinkommenstheorie: Ei des Kolumbus oder rechtswissenschaftlicher Rückschritt?
in: Joachim Lang (Hrsg.)
Festschrift für Klaus Tipke zum 70. Geburtstag
Köln 1995

Stein, Heinz-Gerhard | Steuerlicher Verlustausgleich und Strukturwandel der Unternehmer
in: zfbf 1983, 29ff

Stern, Klaus
Idee der Menschenrechte und Positivität der Grundrechte
in: Josef Isensee, Paul Kirchhof (Hrsg.)
Handbuch des Staatsrechts
Bd V: Allgemeine Grundrechtslehren
Heidelberg 1992

Stern, Klaus
Das Staatsrecht der Bundesrepublik Deutschland
Bd. I: Grundbegriffe und Grundlagen des Staatsrechts, Strukturprinzipien der Verfassung
2. Auflage
München 1984

Stiglitz, Joseph
Finanzwissenschaft
zusammen mit Bruno Schönfelder
2. Auflage
München, Wien 1996

Stober, Rolf
Allgemeines Wirtschaftsverfassungsrecht
12. Auflage
Stuttgart, Berlin, Köln 2000

Stober, Rolf
Grundrechtsschutz der Wirtschaftstätigkeit
Köln, Berlin, Bonn, München 1989

Strahl, Martin
Von Vereinfachung, Gleichbehandlung und Leistungsfähigkeit
in: KÖSDI 1998, 11777ff

Strnad, Oliver
Vererblichkeit des einkommensteuerlichen Verlustabzugs (§10d EStG 1997)?
in: FR 1998, 935ff

Strohmer, Klaus
Die Bürgersteuer
in: FR 1988, 434ff

Sureth, Caren
Der Einfluß von Steuern auf Investitionsentscheidungen bei Unsicherheit
Wiesbaden 1999

Surrey, Sunley Generalbericht: Steuervergünstigungen als ein Mittel zur Erreichung staatlicher Zielsetzungen, Emil Sunley in: Cahiers de droit fiscal international Bd. LXIa
Rotterdam 1976

Take, Reinhard Anmerkung zu BVerfG vom 30.09.1998 - 2 BvR 1818/91
zusammen mit Michael Take
in: DStR 1998, 1746ff

Tautscher, Anton Die Steuer als Gestaltungsmittel der Volkswirtschaft bei den deutschen Merkantilisten
in: FinArch N.F. Bd. 9 (1943), 303ff

Teschemacher, Hans Ueber den traditionellen Problemkreis der deutschen Finanzwissenschaft
in: Hans Teschemacher (Hrsg.)
Festschrift für Georg von Schanz zum 75. Geburtstag, Bd. II
Tübingen 1928

Thoma, Richard Ungleichheit und Gleichheit im Bonner Grundgesetz
in: DVBl 1951, 457ff

Tipke, Klaus Sollten Leistungsfähigkeitsprinzip und Steuergrenzen in die Verfassung aufgenommen werden? - Stellungnahme
in: StuW 1994, 58ff

Tipke, Klaus Über Steuergerechtigkeit in Steuergesetzgebung, Steuerverwaltung und Steuergerichtsbarkeit - Vom politischen Schlagwort zum Rechtsbegriff und zur praktischen Anwendung
in: StuW 1980, 281ff

Tipke, Klaus Über "richtiges Steuerrecht"
in: StuW 1988, 262ff

Tipke, Klaus Das Bundesverfassungsgericht zum Nettoprinzip
in: StuW 1974, 84ff

Tipke, Klaus — Fundamentalrevision des Einkommensteuerrechts
in: NJW 1988, 2090ff

Tipke, Klaus — Zur Abgrenzung der Betriebs- oder Berufssphäre von der Privatsphäre im Einkommenssteuerrecht
in: StuW 1988, 193 ff

Tipke, Klaus — Steuergerechtigkeit in Theorie und Praxis
Köln 1981

Tipke, Klaus — Steuerrecht
zusammen mit Joachim Lang
17. Auflage
Köln 1999

Tipke, Klaus — Über Steuergerechtigkeit
in: Burkhardt Ziemske (Hrsg.)
Festschrift für Martin Kriele zum 64. Geburtstag
München 1997

Tipke, Klaus — Besteuerung von Einkommen
zusammen mit Nadya Bozza
Berlin 2000

Tjong, Zong Uk — Der Weg des rechtsphilosophischen Relativismus bei Gustav Radbruch
Bonn 1967

Treisch, Corinna — Entscheidungsneutralität der Besteuerung als ökonomische Anforderung an ein "gutes" Steuersystem
in: SteuStud 2000, 368ff

Treisch, Corinna — Einkommensmessung und Steuerbelastung bei Renditen oberhalb des Kapitalmarktzinssatzes
in: DBW 2001, 306ff

Trzaskalik, Christoph — Personalgebundene Einkommensteuerpflicht und Gesamtrechtsnachfolge
in: StuW 1979, 103ff

Tsiliotis, Charalambos Der verfassungsrechtliche Schutz der Wettbewerbsfreiheit und seine Einwirkungen auf die privatrechtlichen Beziehungen
Berlin 2000

Uelner Adalbert Zum geplanten Verbot der Teilwertabschreibung
IFSt-Schrift Bd. 369
Bonn 1999

Uelner, Adalbert Referat
in: Verhandlungen des 57. Deutschen Juristentages, Bd. II, Teil N, 9ff
München 1988

Uelner, Adalbert Zur Konkretisierung des subjektiven Nettoprinzips im Einkommensteuerrecht
in: Festschrift für Ludwig Schmidt
München 1993

Uhländer, Christoph Rechtsfortbildung im Steuerrecht durch das BVerfG
in: StB 1999, 91ff

Ulbrich, Rudi Das Leistungsfähigkeitsprinzip der Besteuerung
Frankfurt a.M. 1975

Uldall, Gunnar Modell einer radikalen Reform der Einkommensteuer
in: Stefan Baron, Konrad Handschuch (Hrsg.), Wege aus dem Steuerchaos, 189ff
Stuttgart 1996

Urban, Bernd Kritische Würdigung der Neuregelung des § 23 EStG durch das geplante StEntlG 1999/2000/2002
in: NWB Meinungen - Stellungnahmen (Heft 8), 1999, 661ff

v. Arnim, Hans Herbert Besteuerung und Eigentum
in: VVDStRL Bd. 39 (1981), 286ff

v. Bockelberg, Helmut Der Anfang vom Ende der progressiven Besteuerung nach der Leistungsfähigkeit
in: BB 1971, 925ff

v. Groll, Rüdiger § 10d EStG im System des Einkommensteuerrechts
in: Georg Crezelius, Arndt Raupach, Ludwig Schmidt, Adalbert Uelner (Hrsg.), Steuerrecht und Gesellschaftsrecht als Gestaltungsaufgabe, Freundesgabe für Franz Josef Haas, 149ff
Herne/Berlin 1996

v. Haller, Carl Ludwig Restauration der Staatswissenschaft
2. Auflage
Winterthur 1820

v. Hayek, Friedrich Recht, Gesetzgebung und Freiheit
Bd. 1: Regeln und Ordnung
München 1981

v. Hayek, Friedrich Recht, Gesetzgebung und Freiheit
Bd. 2: Die Illusion der sozialen Gerechtigkeit
München 1981

v. Hayek, Friedrich Recht, Gesetzgebung und Freiheit
Bd. 3: Die Verfassung einer Gesellschaft freier Menschen
München 1981

v. Hayek, Friedrich Liberalismus
Tübingen 1979

v. Hermann, Friedrich Staatswirthschaftliche Untersuchungen über Wirthschaft, Productivität der Arbeiten, Kapital, Gewinn, Preis, Einkommen und Verbrauch
München 1932

v. Hippel, Ernst Ungeschriebenes Verfassungsrecht
in: Veröffentlichungen der Vereinigung der Deutschen Staatsrechtslehrer, Bd. 10
Berlin 1952

v. Mangoldt, Hermann Das Bonner Grundgesetz
zusammen mit Friedrich Klein und Christian Starck
4. Auflage
München 2000

v. Münch, Ingo Grundgesetz – Kommentar
zusammen mit Philip Kunig
4. Auflage
München 1999

v. Stein, Lorenz Lehrbuch der Finanzwissenschaft
4. Auflage
Leipzig 1878

Vallender, Klaus Verfassungsmäßig begrenzte Besteuerungsbedürfnisse des Gesetzgebers
in: Ernst Höhn (Hrsg.), Steuerrecht im Rechtsstaat, Festschrift für Francis Cagianut, 21ff
Bern, Stuttgart 1990

Van Lishaut, Ingo Leistungsfähigkeitsprinzip, schonendster Eingriff und Zurechenbarkeit von Besteuerungsfolgen
in: FR 1988, 406ff

Verdross-Drossberg Grundlinien der antiken Rechts- und Staatsphilosophie
2. Auflage
Wien 1948

Versin, Volker Die Einschränkung der Rückstellungsbildung durch das sog. Steuerentlastungsgesetz und das Leistungsfähigkeitsprinzip
In : StuB 2000, 1207ff

Vocke, W. Die Idee der Steuer in der Geschichte
in: FinArch Bd. 7 (1890), 1ff

Vogel, Emanuel Hugo Die direkten Steuern Frankreichs und ihre Reform
in: FinArch Bd. 31 (1914), 497ff

Vogel, Klaus Der Verlust des Rechtsgedankens im Steuerrecht als Herausforderung an das Verfassungsrecht
in: DStJG Bd. 12, 123ff
Köln 1989

Vogel, Klaus Verfassungsgrenzen für Steuern und Staatsausgaben?
in: Peter Lerche, Hans Zacher, Peter Badura (Hrsg.), Festschrift für Theodor Maunz, 414ff
München 1981

Vogel, Klaus Rechtfertigung von Steuern: Eine vergessene Vorfrage
in: Der Staat 1986, 481ff

Vogel, Klaus Anmerkung zu BVerfG v. 22.06.1995 -2 BvR 552/91
in: JZ 1996, 43ff

Vogel, Klaus Steuergerechtigkeit und soziale Gestaltung
in: DStZ 1975, 409ff

Vogel, Klaus Die Abschichtung von Rechtsfolgen im Steuerrecht
in: StuW 1977, 97ff

Vogel, Klaus Verbot des Verlustausgleichs für bestimmte ausländische Verluste
in: BB 1983, 180ff

Vogel, Klaus Der Finanz- und Steuerstaat
in: Josef Isensee, Paul Kirchhof (Hrsg.), Handbuch des Staatsrechts
Bd. I: Grundlagen von Staat und Verfassung
Bonn 1987

Vogel, Klaus (Hrsg.) Bonner Kommentar zum Grundgesetz
zusammen mit Rudolf Dolzer
Heidelberg 1999

Völtzer, Friedrich Der Sozialstaatsgedanke in der Weimarer Reichsverfassung
Berlin, Bern, New York, Paris, Wien 1992

Vorländer, Karl Philosophie des Altertums
München 1963

Voß, Andreas Auswirkungen steuerlicher Verlustbehandlung auf betriebswirtschaftliche Entscheidungen
Duisburg 1990

Wachenhausen, Manfred Staatsausgabe und Öffentliches Interesse in den Steuerrechtsfertigungslehren des naturrechtlichen Rationalismus
Berlin 1972

Wagner, Adolf Steuergeschichte vom Altertum bis zur Gegenwart, 1. Buch
Nachdruck der Ausgabe Leipzig 1910
Glashütten im Taunus 1973

Wagner, Adolf Lehr- und Handbuch der politischen Ökonomie
4. Hauptabteilung: Finanzwissenschaft
2. Teil: Theorie der Besteuerung
2. Auflage
Leipzig 1890

Wagner, Adolph Finanzwissenschaft und Staatssozialismus 1883
Frankfurt a. M. 1948

Wagner, Franz Neutralität und Gleichmäßigkeit als ökonomische und rechtliche Kriterien steuerlicher Normkritik
in: StuW 1992, 2ff

Wagner, Franz Steuersystem und Unternehmenstheorie
in: Dieter Ordelheide, Bernd Rudolph, Elke Büsselmann (Hrsg.)
Betriebswirtschaftslehre und ökonomische Theorie
Stuttgart 1991

Wagner, Franz Aufgabe der Maßgeblichkeit bei einer Internationalisierung der Rechnungslegung
in: DB 1998, 2073ff

Wagner, Franz Die zeitliche Erfassung steuerlicher Leistungsfähigkeit
in: Herbert Hax, Werner Kern, Hans-Horst Schröder (Hrsg.)
Zeitaspekte in betriebswirtschaftlicher Theorie und Praxis
Stuttgart 1989

Wagner, Franz
Die Steuerplanung der Unternehmung
zusammen mit Hans Dirrigl
Stuttgart 1980

Waldhoff, Christian
Verfassungsrechtliche Vorgaben für die Steuergesetzgebung im Vergleich Deutschland - Schweiz
München 1997

Walz, Rainer
Empfiehlt sich eine rechtsformunabhängige Besteuerung der Unternehmen?
in: Verhandlungen des 53. Deutschen Juristentages, Bd. I, Teil F
München 1980

Walz, Rainer
Steuergerechtigkeit und Rechtsanwendung
Heidelberg, Hamburg 1980

Walzer, Klaus
Hauptgründe für die Wahl einer Besteuerung nach dem Leistungsfähigkeitsprinzip
in: StuW 1986, 201ff

Walzer, Klaus
Steuergerechtigkeit - Eine entscheidungstheoretische Interpretation
Berlin 1987

Wanner, Eva
Der einkommensteuerliche Zurechnungszusammenhang steuerbarer Wertabgänge
in: StuW 1987, 303ff

Wassermeyer, Franz
Das Erfordernis objektiver und subjektiver Tatbestandsmerkmale in der ertragsteuerlichen Rechtsprechung des BFH
in: StuW 1982, 352ff

Weber, Max
Die "Objektivität" sozialwissenschaftlicher und sozialpolitischer Erkenntnis (1904),
in: Johannes Winckelmann (Hrsg.), Gesammelte Aufsätze zur Wissenschaftslehre von Max Weber
4. Auflage
Tübingen 1973

Weber, Werner — Das Bundesverfassungsgericht und die Steuerordnung
in: AöR 90 (1965), 452ff

Weber-Grellet, Heinrich — Der Steuerstaat - Inhalt und Grenzen
in: Franz Josef Düwell (Hrsg.), Anwalt des Rechtsstaates, Festschrift für Diether Posser, 395ff
Köln, Berlin, Bonn, München 1997

Weber-Grellet, Heinrich — Bestand und Reform des Bilanzsteuerrechts
in: DStR 1998, 1343ff

Weber-Grellet, Heinrich — Verlustabzug auch bei sonstigen Einkünften
in: DStR 1998, 1781ff

Weilbach, Erich — Das „umgekehrte Imparitätsprinzip"
in: BB 1999, 564ff

Wendt, M. — Kommentar zum Vorlagebeschluß des BFH z § 32c EStG
in: FR 1999, 595ff

Wendt, Rudolf — Empfiehlt es sich, das Einkommensteuerrecht zur Beseitigung von Ungleichbehandlungen und zur Vereinfachung neu zu ordnen?
in: DÖV 1988, 710ff

Wendt, Rudolf — Der Gleichheitssatz
in: NVwZ 1988, 778ff

Wenger, Ekkehard — Einkommensteuerliche Periodisierungsregeln, Unternehmenserhaltung und optimale Einkommensbesteuerung
in: ZfB 1986, 132ff

Wenger, Ekkehard — Einkommensteuerliche Periodisierungsregeln, Unternehmenserhaltung und optimale Einkommensbesteuerung
in: ZfB 1985, 723ff (1. Teil) und
1986, 132ff (2. Teil)

Wenger, Ekkehard — Gleichmäßigkeit der Besteuerung von Arbeits- und Vermögenseinkünften
In : FinArch N. F. Bd. 41 (1983), 207ff

Wernsmann, Rainer — Die verfassungsrechtliche Rechtfertigung der Abzugsfähigkeit von Vorsorgeaufwendungen
in: StuW 1998, 317ff

Wieland, Joachim — Steuerliche Wohneigentumsförderung, Finanzverfassung und Gleichheitssatz
in: Walter Fürst, Roman Herzog, Dieter Umbach (Hrsg.), Festschrift für Zeidler
Berlin, New York 1987

Wiesbroch, Michael — Die Verlustrückstellung im Steuer- und Verfassungsrecht
Frankfurt a. M. 1999

Wilk, Stefan — Die einkommensteuerliche Behandlung von Auslandsverlusten
Berlin 2000

Wilke, Gustav — Die Entwicklung der Theorie des staatlichen Steuersystems in der deutschen Finanzwissenschaft des 19. Jahrhunderts
in: FinArch Bd. 38 (1921), 1ff

Will, Christian — Das Äquivalenzprinzip und die Gewerbesteuer
Königsberg/Münster 1967

Winkel, Harald — Die deutsche Nationalökonomie im 19. Jahrhundert
Darmstadt 1977

Wintrich, Josef — Über Eigenart und Methode verfassungsrechtlicher Rechtsprechung
in: Institut für Staatslehre und Politik (Hrsg.) Festschrift für Wilhelm Laforet zum 75. Geburtstag
München 1952

Wissel, Harald — Einkünfteerzielungsabsicht und Einkommensbegriff
Hamburg 1997

Wittmann, Rolf — Besteuerung des Markteinkommens – Grundlinien einer freiheitsschonenden Besteuerung
in: StuW 1993, 35ff

Wittmann, Rolf — Das Markteinkommen: einfachgesetzlicher Strukturbegriff oder verfassungsdirigierter Anknüpfungsgegenstand der Einkommensteuer?
Augsburg 1992

Wittmann, Walter — Steuergerechtigkeit in der Sozialen Marktwirtschaft
in: DStZ 1986, 193ff

Wöhe, Günter — Die Steuern des Unternehmens
5. Auflage
München 1983

Wolf, Erik — Griechisches Rechtsdenken
Bd. II: Rechtsphilosophie und Rechtsdichtung im Zeitalter der Sophistik
Frankfurt a. M. 1952

Wolff, Hans J. — Rechtsgrundsätze und verfassungsgestaltende Grundentscheidungen als Rechtsquellen
in: Otto Bachof, Martin Drath, Ernst Walz (Hrsg.)
Gedächtnisschrift für Walter Jellinek
München 1955

Wolff, Heinrich Amadeus — Ungeschriebenes Verfassungsrecht unter dem Grundgesetz
Tübingen 2000

Woring, Siegbert — Verfassungsrechtliche Zulässigkeit von Einschränkungen der Verlustverrechnung
in: NWB Fach 3, 10717ff

Wosnitza, Michael — Die Besteuerung von Ehegatten und Familien
in: StuW 1996, 123ff

Wosnitza, Michael — Leistungsfähigkeitskonzeptionen und steuerliche Behandlung des Existenzminimums zusammen mit Corinna Treisch in. DBW 1999, 351ff

Wosnitza, Michael — Die Beschränkung der ertragsteuerlichen Verlustverrechnung in: StuB 2000, 763ff

Zacher, Hans — Soziale Gleichheit in: AöR 93 (1968), 341ff

Zacher, Hans F. — Das soziale Staatsziel in: Josef Isensee, Paul Kirchhof (Hrsg.) Handbuch des Staatsrechts Bd. I: Grundlagen von Staat und Verfassung Heidelberg / Bonn 1987

Zeidler, Wolfgang — Verfassungsrechtliche Fragen zur Besteuerung von Familien- und Alterseinkommen in: StuW 1985, 1ff

Zippelius, Reinhold — Der Gleichheitssatz in: VVDStRL Bd. 47 (1989), S. 7ff

Zuck, Rüdiger — Was ist Willkür? in: MDR 1986, 723ff.

Namensregister

Sachwortregister

FSC
www.fsc.org
MIX
Papier | Fördert gute Waldnutzung
FSC® C083411

Kolibri 360 GmbH
Ferdinand-Jühlke-Straße 7
99095 Erfurt, Deutschland
produktsicherheit@kolibri360.de

Druck:
CPI Druckdienstleistungen GmbH
im Auftrag der
Kolibri 360 GmbH
Ferdinand-Jühlke-Str. 7
99095 Erfurt